Les termes fondamentaux et les
modèles théoriques dans la pensée de
Jacques Lacan （1959–1973）

拉康思想的基本概念
及理论模型(1959—1973)

吴蒣　著

广西师范大学出版社
·桂林·

图书在版编目（CIP）数据

拉康思想的基本概念及理论模型：1959—1973／吴蕤
著.—桂林：广西师范大学出版社，2022.3
ISBN 978 - 7 - 5598 - 4753 - 9

Ⅰ．①拉… Ⅱ．①吴… Ⅲ．①拉康（Lacan, Jacques
1901—1981）-哲学思想-研究 Ⅳ．①B565.59

中国版本图书馆 CIP 数据核字（2022）第 026311 号

拉康思想的基本概念及理论模型：1959—1973
LAKANG SIXIANG DE JIBEN GAINIAN JI LILUN MOXING：1959—1973

出 品 人：刘广汉
责任编辑：刘孝霞
执行编辑：宋书晔
装帧设计：李婷婷　王鸣豪
广西师范大学出版社出版发行

（广西桂林市五里店路 9 号　　　邮政编码：541004）
（网址：http：//www. bbtpress. com）
出版人：黄轩庄
全国新华书店经销
销售热线：021 - 65200318　021 - 31260822 - 898
山东新华印务有限公司印刷
（济南市高新区世纪大道 2366 号　邮政编码：250104）
开本：690mm×960mm　1/16
印张：35.25　　　　字数：420 千字
2022 年 3 月第 1 版　2022 年 3 月第 1 次印刷
定价：148.00 元

_____

如发现印装质量问题,影响阅读,请与出版社发行部门联系调换。

谨以此书，献给我的妻子。

自　序

与弗洛伊德著书立说不同，拉康选择通过举办讨论班，即直接面对受众，来阐述自己的思想。其讨论班从 1953 年开始直到 1978 年结束，跨越了二十五年。按其教学的内容，我们可以把拉康的思想分为三个阶段：

第一阶段：1953—1959 年。在此期间拉康提出了光学图示、L 图、阳具图等图示，并以这些图示来解释临床，拉康思想中的基本概念亦悉数登场，而被这些概念所涉及的不定常的含义又渗透到了拉康思想的第二阶段。

第二阶段：1959—1973 年。这一时期拉康的思想变换得极为丰富，他使用了逻辑学、数学和拓扑学的模型来建构他的主体理论。正是在这些模型中，拉康思想所蕴含的基本概念的定义以及概念之间的关系得到了充分的阐述。

第三阶段：1973—1978 年。这也是拉康教学的晚期，此时拉康使用波罗米结作为模型，对精神病的结构进行了最后的摸索；他以波罗米结分析了作家乔伊斯，并将乔伊斯的症状定义为"圣状"。

本书初始是笔者的博士论文——《拉康思想和东西方逻辑学》，这个主题所瞄准的就是拉康思想的第二个阶段。按照其使用的理论模型，本书将拉康这个时期的教学分成六个部分，并且在介绍理论模型的过程中，阐述蕴含在其中的基本概念的内涵。然而，我们并未满足于仅仅介绍基本概念和理论模型，在本书的第三部分中，为了纠正流行的错误观点，我们考证了"能指"概念在拉康思想中的真正含义，并指出在其不同理论模型中，基本概念含义的变化，以及由此引起的矛盾。

事实上，拉康教学的第二个阶段与另两个阶段并无矛盾，在澄清了基本概念的含义之后，反而更利于人们审视拉康思想在前期应用于临床的有效性与局限性，以及研究其后期的拓扑学。

拉康思想总是被大多数读者认为是无法真正理解的，甚至有人说是不可能被解读的，这说明他的思想确实艰涩难懂，且这艰涩并不以语种的变换而减弱或加剧。因此我们可以说，拉康在中国人面前和在法国人面前是等高的，大家都摸不着头脑，从另一个角度来看，这也十分公平：解读拉康的思想对所有人来说都是公平的难题。当然这里不是说拉康向所有人发难，而是说在笔者看来，制造困难的主体并不完全是拉康，读者自己也参与其中：拉康虽有意地隐瞒着自己思想的线索，且以晦涩的修辞让人厘不清头绪，但他在很多地方都泄露了自己的秘密，只是思维惯性使然，读者很少注意到而已。

另外，现代大学的教学模式为解读拉康思想增加了一层难度。现代教育首先建立在学科之间井水不犯河水的专科基础上，因此，对于精神分析专业的学生来说，学习仅仅围绕临床治疗就足矣，但凡和临床没有直接关系的知识和思考都应尽量避免。可是，即便只限于临床分析，精神分析家所面对的分析者也都是一个个完整而丰满的人，灵魂又没有义肢，何况每个分析者都有自己特殊的专业和兴趣，更有独特的个人历史，如果分析家不具备丰富的知识和人生阅历，就基本无法面对每一个独特的分析者。解读拉康思想亦是如此。

拉康的教学中不仅有古希腊哲学、戏剧，更有中世纪经院神学的参与，又从早期现代哲学引述到当代现象学，除此以外他在课堂上还常常谈及数学、物理和生物学等学科，可见他精力之充沛、兴趣之广泛、综合能力之高，同时代的人确实是无出其右，更不用说他又用逻辑学与数学启动其理论模型来构建他的主体理论，凡此种种，要想理解拉康思想，不能简单地局限在他的文本，必须跳脱出来，从其他学科反过来切入其思想。因此，正是研究者给自己设限才导致了研究进入死胡同，以至于连一个基本概念都无法理解，进而产生面对拉康思想的无助感，最终放弃学习和研究。这不仅仅对理论，对临床工作同样会带来巨大危害。

综上，笔者从拉康教学中的逻辑学和数学模型出发，勘探他是如何借助这两个学科来构建自己的理论的。此外，为了让读者进入拉康的法文文本，笔者特意保留了重要术语的法语形式，以防读者过度陷入中文语境，产生想当然的联想和误解。

关于笔者的意图：

第一章和第二章介绍了"sujet"（主语／主体）和"objet"（对象／客体）这两个概念的历史，希望读者能够在此打开思路，不要局限在某个很狭窄的专业语境中，看看拉康是如何将自己的思考整合到西方思想史中的。

第三章简要地介绍了亚里士多德和弗雷格的逻辑学，这将是整个拉康思想的基础，因为拉康正是参考弗雷格的逻辑学，而不是亚里士多德的逻辑学，来构建其主体理论的。

第四章至第十章分别介绍了拉康在第二个教学阶段中的六个理论模型，读者可以看到拉康的理论是如何演进的。

第十一章特别介绍了拉康的能指理论，笔者希望通过这一个小小的基本概念向读者展示拉康思想和西方哲学之间的深刻联系。

第十二章指出了拉康思想中一些矛盾的观点。拉康思想并非没有瑕疵，笔者在思考整理的过程中发现他的某些观点之间是存在矛盾冲突的，读者可以借此深入理解拉康在构造其理论时的思路。

读完本书之后，读者很有可能会对拉康思想更加困惑：为什么拉康要用这些逻辑学和数学的模型来构建理论呢？这些产生于逻辑学和数学的基本概念该如何对应临床现象呢？在此也请读者不要着急，本来研究拉康就是要拼尽全力且每每都会历久弥新的，笔者将在未来的出版物中针对存留的问题一一作答。

关于这本我第一次出版的书，要感谢的人很多，没有他们的支持和帮助，我的博士论文及此书都无法完成并交予读者手上：

感谢我的父母，没有他们的理解和支持，我不可能奔赴法国开启学习。

感谢我的妻子雍雅，回国之后我选择继续以读书、研究为志业，无暇分心于社交和现实收入，是她一并全力支持。

特别感谢我的导师法比耶娜·于拉克（Fabienne Hulak）夫人，如果没有她对研究主题方向的引导和鼓励，我不会想到更不敢挑战"逻辑学"这个命题，且当我论文中的观点与主流观点相左时，于拉克夫人在仔细研读了我的论文后，转而支持我的立论和研究方向……其实，做研究本来就意味着有可能会挑战传统和过往，一个中国人要在拉康思想的大本营与本土的研究者各执一词，要赌上的不仅是自己抚心研究的时光，还有导师的胸怀，好在，于拉克夫人有且广博。

感谢朋友冯力，如果没有他推荐给我里贝拉先生的书，我将永远无法打通拉康和逻辑学之间的壁垒，更无法完成博士论文。

感谢朋友范兴，我在巴黎这些年常常需要和他讨论中国哲学，感谢他耐心的讲解让我有机会继续深入对拉康思想的研究，同时也让我在论文中增加了一章，专门讨论拉康思想中的逻辑学背后的思路。事实上，范兴对我的帮助不止于此，我希望我的努力值得这些帮助和启发。

感谢同事鞠睿，在我刚去巴黎的时候她鼓励我多读哲学书，但当时我完全不觉有此必要，直到后来读了里贝拉先生的书，拉康和哲学之间的关系日益凸显，才理解她当初的深意。并且在和她的讨论中，我发现拉康思想虽然建立在弗雷格逻辑学的基础上，但拉康并未完全遵循后者的模型，这个发现启发我的思考，于是才有了最后一章的内容。

感谢纳塔莉·沙罗（Nathalie Charraud）夫人，她不仅帮助中国学生们去巴黎第八大学学习，还组织我们留学生每月在她家里举办探讨拉康的讨论班，在我参与的长达七年的讨论中，她讲解了讨论班中很多的细节和法国文化，给我许多灵感和启发。

感谢里夏尔·阿比邦（Richard Abibon）先生，在巴黎的这几年中，我们经常互通邮件，从理论聊到临床。他非常热心，无偿帮助我修改了论文中的四章。

感谢帕斯卡尔·阿索（Pascal Hassou）夫人，在我出国之前她给了我许多学习文件，并帮助我顺利拿到了签证。她也无偿帮我修改了论文中的一章。

最后，感谢广西师范大学出版社，自己的书稿能得以铅印，这在过往，是很多读书人的幸事，在以后，也是，也都是。

吴　菻

2020 年 11 月于深圳

目　录

第一部分

"主语／主体"的历史以及逻辑学基础

引　论

　　拉康思想的一个特征是，他在构建理论过程中使用了大量当代哲学中流行的术语。然而，如果按照常识来理解这些术语并以此来解读拉康思想，读者会发现，拉康思想是如此晦暗不明：原本清晰的概念在他的话语中含义变得模糊，而拉康独特的修辞又加深了语义的模糊性。有意思的是，拉康思想的神秘性并非仅仅针对外国读者，对法国读者来说，也同样存在。这至少说明一点：语言的差异并不是解读拉康思想的关键障碍，而是另有其他因素在背后起作用。遗憾的是，对此，人们却一无所知。

　　另外，拉康与弗洛伊德思想之间有一明显的沟壑：弗洛伊德思想中的基本概念具有离散性，也就是说，单独挑出一个概念来解读，比如"无意识"或"压抑"，并不会对此概念的理解造成太大的偏差，且这些基本概念的含义和我们的常识之间并没有巨大的差距，我们仅凭常识和直觉就能抓住这些概念。但如果我们以操刀弗洛伊德的这种思路来解读拉康的思想，就会碰壁，因为在他严密的思想体系中，各个概念是由一个基本文本而被组织起来的，概念之间的含义是彼此关联、相互决定的，所以这意味着，如果我们不能抓住这个基本（且隐藏）的文本，或许我们连一个概念都理解不了。这就是拉康思想最难也最具特色的地方。所以我们解读拉康的思想，最主要的下刀处应该是隐藏在那些概念之后的文本，然后才能厘清他的基本概念和理论模型。在此，"主体"（sujet）这个概念就是我们启程的地方。

"主体"这个概念流行于当代哲学并融入我们的日常话语中，它融合了甚至替代了"人""个体""自我""意识"和"自我意识"等术语；并且，它和"客体"相对立，组成了众人皆知的"主体-客体"的对子；在语义上，这个概念包含施动者（agent）、主动性和原因的意思。

这个概念并不出现在弗洛伊德的思想中，至少并没有直接出现在文本中，但它以隐含的方式存在：从《论自恋：导论》（1914）这篇文章开始，弗洛伊德引入了"客体"的概念并和"自我"组成对子，进而构造了"自我力比多"和"客体力比多"的概念。很显然，在这些概念的背后，就是当代思想中的主体-客体的思想。

然而，拉康的"主体"概念和此术语的当代含义却毫无关系：

首先，从其教学的一开始（1953），拉康就将"主体"和"自我"分别安放在符号维度和想象维度以示区分；在《精神分析的关键性问题》讨论班（1964—1965）中，拉康明确地表示，他的"主体"不是"个体"（individu）——在当代哲学中，"主体"是包含了"自我"和"个体"这两个概念的。那么，拉康的"主体"和它们相左，这意味着"主体"在拉康思想中具有完全不同的含义。

然后，"主体"出现在"能指"概念的定义中：一个能指为另一个能指而代表着"主体"。我们先不考虑"能指"的含义，单就这个定义的形式来入手。如果按照"个体"来理解"主体"，那么不管在日常生活还是当代思想中，"一个能指为另一个能指而代表着'个体'"，这句话是无法理解的；由此我们不难发现，拉康的"主体"的含义绝不寻常。

再进一步，拉康说，"主体"不是一个整体，而是"被划杠的主体"，换句话说，是"分裂的主体"，这里的"被划杠"和"分裂"该如何理解呢？如果按照当代哲学中的定义，"主体"的正常状态绝对依赖于其整体性，那么"主体的分裂"就是一种病理学的状态，如同"精神分裂"一样；但拉康又认为，"分裂的主体"是常态，没有主体的整体性状态。这意味着拉康的"主体"概念肯定和这个概念在当代哲学语境中的定义是不一样的。

最后，最为关键的是，拉康将"主体"（sujet）和"主语"（sujet）联系了起来。在《精神分析的行为》讨论班（1967—1968）中，拉康的一席话惹人深思：

> 我们认为，今天正是围绕着关于主体（sujet）的话语，我们才重拾"行为"（这个术语），并且我们的优势和以下事实有关，它通过向我们施加最为严厉的纪律，使得这个主体（sujet）的支点缩小，为了仅仅确保这个维度，通过它，主体（sujet）存有：语法的主语（le sujet grammatical）。①

作为一个要面向临床，也就是日常话语的学科，精神分析的从业者不得不用一套符合经验的词汇（话语）来描述和讨论临床，进而抽象和总结出现象背后的结构和规律。事实上这就是精神分析的奠基人弗洛伊德的思路：从一开始，他就力求理论的描述和临床的现象有高度的重合性，这样理论对临床的适用性看上去就更高。所以拉康的思路就让人摸不着头脑。

不仅仅是将"主体"（sujet）和"主语"（sujet）相联系，拉康还将

---

① Jacques Lacan，*Le Séminaire*，*L'acte psychanalytique*，séance du 17 janvier 1968，inédit.

精神分析的基本概念放在逻辑学和数学的模型中讨论，并且在其整个 20 世纪 60 年代的逻辑学教学中，不要说临床，就连经验现实都很少出现在其话语中。这一切都向我们展现了一个事实，即拉康的理论构建并不是用来直接描述临床现象的。实际上，不仅仅是"主体"，拉康所有概念的含义都不是靠常识和直观能够理解的，这需要我们能够跟随并抓住其话语背后的隐藏文本。

为此，我们从拉康思想中最基本也是最困难的概念"sujet"出发，逐步扩展到对整个术语体系的把握。在西方思想史中，这个概念随着时间的变化，其含义也在演变，我们希望依靠哲学家阿兰·德·里贝拉（Alain de Libera）的一系列著作，在这个概念的演变史中定位拉康的"主体"概念。另外，拉康将"主体"（sujet）和"主语"（sujet）联系起来，两者在外文中对应同一个词，在中文中却指示两个完全不相干的词，为了提醒读者注意，我们会经常标记法文，以示两者之间的相关性。

第一章
"主语/主体"的考古学

一 问题重重的"当代主体"

在我们的常识和日常话语中，"主体"指的就是话语或者行为的发起人。这个行动者首先是一个独立的个体，他拥有自我意识，能够决定自己做出的事和说出的话，并对之负责。因此，"主体"往往是"自我"的同义词，这导致了关于"自我"的哲学的转向，根据德孔布（Descombes）的观点，"自我"和"反-自我"哲学拥有同一个前提：真正的主体（sujet）仅仅以第一人称出现[1]。他认为："在所有的情况中，主体（sujet），是'我'。"[2] 每一个说"我"的个体，就是一个主体。

将第一人称代词和"主体"（sujet）联系起来并不是德孔布独创的观点，我们能够在康德《纯粹理性批判》的论述中找到类似的看法：

> 我；关于这个表象，人们就连说它是一个概念也不能，它只不过是一个伴随着一切概念的意识。通过这个能思维的"我"或者"他"或者"它（物）"所表象出来的不是别的，无非是思想的一

---

[1] Paul Ricœur, *Soi-même comme un autre* (Paris：Seuil，1969)，p. 29.

[2] Ibid.，p. 14.

个先验主体（sujet transcendantal）= X······①

在 1927 年夏天，海德格尔在马尔堡大学的课程中也表达了类似的观点，即区分人和物的标志是人称代词：人不是物；准确来说，因为物的存有模式和我们作为定在（Dasein）的存有模式不一样，作为定在的"我""你"和"我们"不是物 ②。

最后，此概念演化中最为关键的一步是这个以第一人称出现的、等同于自我的"主体"（sujet）和"施动者"（agent）结合，成了一个主动的主体，它保证了我们真正成为自己的主人：我是自己行动和思维的原因。

这个"主体–施动者"（sujet-agent）被哲学家称为"当代主体"（sujet moderne）。

然而，这个概念遭到了两位哲学家的猛烈批评。第一位是尼采，他指出，是语言让人们创造出了这个作为主体–施动者的主体：

> 说到逻辑学家的迷信，我会不倦地强调一个很简单的、这些迷信的人不愿承认的事实，即一个思想出现了，是当"它"愿意的时候，而不是当"我"愿意的时候；因此，说"主语'我'是谓词'思考'的条件"，这是伪造事实。某物思考，但这个某物正是那个古老且著名的"我"，所以，适当地说，这个某物是一个假定、一个断言，但无论如何这不是一个"直接的确定性"。最后，这个"某物思考"断定过多；这个"某物"已经包含了对过程的解

---

① 康德：《纯粹理性批判》，李秋零译，中国人民大学出版社，2012，第 71 页。
② Heidegger, *Grundprobleme der phänomenologie*, trad. J.-F. Courtine（Paris：Gallimard，1985），p. 151.

释，但它却不属于这个过程本身。在这里，按照语法的习惯，我们推理："思考是一个行动，所有行动假设了一个完成它的主体，因此……"大致按照相同的格式，古老的原子论力图寻求"力量"，后者对物质的微粒起作用，这个力量将原子看作其基座和源泉。更为严格的人让我们学会接受"内容的后遗症"，也许有一天逻辑学家也同样会接受这个"某物"，这个可敬的、古老的"我"所简约为的"某物"。①

里贝拉指出，这一非凡的文本包含了两个要点：

（1）反对逻辑学家的迷信。这种迷信将"我"变成了思想过程的主体，或者说，它将"它"变成了一个外在于由谓词指示的过程的主体；

（2）语法的推理具有三段论的形式，人们可以借此合理地将"我"规定为思想的施动者，即"当我希望如此时，思想到来"。②

以下是里贝拉给出的三段论推理的例子：

大前提：思考是一个行动

小前提：所有的行动假设了一个完成它的主体

结论：因此，"我"是此行动的主体

对此三段论的分析引导尼采批判笛卡儿的"我思故我在"：

它被思考；紧接着就是，这里有思考的某物：从这里出发，笛

---

① Nietzsche, *Par-delà le bien et le mal*, trad. Patrick Wotling（Paris：GF Flammarion, 2000），p. 64.

② Alain de Libera, *L'invention du sujet moderne*（Paris：Vrin, 2015），p. 11.

卡儿的论证得以展开。但，这等于从提出"先天的真"出发，开始我们对"实体"概念的信仰：当它被思考，某物必然被提出，"谁思考"，这是我们语法习惯的非常简单的公式，这个习惯给所有的行为安放了一个施动者。总之，人们在这里一上来就建立一个逻辑–形而上学的公设，但人们并没有察觉到……在笛卡儿的道路上，人们没有抵达绝对确定的某物，而是仅仅抵达了非常强烈的信仰。①

以上尼采的批判开启了我们的旅途。毫无疑问，"当代主体"（sujet moderne）这个概念统治着人们的日常话语并深深地影响了大众思维。事实上弗洛伊德就深受这个概念的影响，比如，我们甚至可以用这个概念替换掉 1914 年之后出现的"自我"概念而不会出现任何语义上的偏差，除此之外，它还渗透到人们对"无意识"这个概念的理解中：在过失行为和症状的背后，我们都可以找到无意识的观念或思想，那么这个观念或思想有没有施动者？人们通常会说，此施动者就是"无意识的主体"（sujet inconscient），是它制作了这个无意识的观点。在此人们表达的实际上就是"主体–施动者"（sujet-agent）的概念。而就像我们之前指出过的那样，用此概念来理解拉康的"主体"（sujet）概念是无论如何都行不通的，但遗憾的是，即使是在法国，人们也常常在施动者或个体的含义下谈论拉康的"主体"一词。只有当年拉康的一位学生、比利时的精神分析家安托万·韦尔戈特（Antoine Vergote）在其一篇论述"无头的主体"的文章中指出，拉康的主体绝不是"我思"的无意识版本，也就是说，和尼采的立场一样，他认为，绝对不能按照我们的语法习惯和对"施动者"这个概念的信仰来理解拉康的"主体"概念。虽然韦尔戈特

---

① Nietzsche, *Frammenti postumi 1887—1888*, Vol. III, t. II, éd. Par G. Colli, M. Montinari（Milan：Adelphi, 1971）, p. 191.

并没有阐明此概念的含义，但他的思路毫无疑问是正确的。

根据里贝拉的观点，"当代主体"（sujet moderne）在 16 世纪以前的西方思想中并不存在，也就是说它是一个晚近的概念。[①] 事实是，从 16 世纪开始，sujet 作为"主体"才开始出现在人们的话语中，而作为当代人之形象的"人"（homme）这个概念，却要等到 18 世纪才出现 [②]，这意味着在之前的哲学讨论中，sujet 一词的含义应该是"主语"。那么，既然拉康将他的"主体"（sujet）和"主语"（sujet）联系在一起，并且这个"主体"（sujet）和"人"也多少有联系，这迫使我们不得不追溯 sujet 从"主语"到"主体"的演变史，看看它是如何脱离了逻辑学和语言学的框架并和"人"结合在一起的，这同时也是在考察"人"作为其思想的主体–施动者（sujet-agent）是如何进入历史的。

二 "主语"的含义及其演变

根据里贝拉的观点，在古希腊的思想中，sujet 仅仅指示主语，且它和施动者（agent）在语义上是相互排斥的 [③]。比如在亚里士多德的思想中，"主语"（sujet）对应着希腊文 hupokeimenon，关于这个概念的陈述可以在《范畴篇》中找到："被一个主语（sujet）所说"和"在一个主语（sujet）之中"。并且在亚里士多德的世界中，当人们说起"主语"（sujet），意指被动性，或者是接纳性、承载力、荷载，绝不是行动或活动的意思 [④]。

---

① Alain de Libera，*L'invention du sujet moderne*，p. 11.

② Ibid.，p. 15.

③ Ibid.，p. 60.

④ Ibid.，p. 61.

对此赫尔曼·伯尼特兹写道：

在亚里士多德对 hupokeimenon 这个词的准确用法中，人们可以区分出三种主要的方式，要么 hupokeimenon 是质料，它通过形式而被决定，要么它是 ousia，而激情和偶性内在于它，要么它是逻辑主语（sujet logique），谓词赋予它。①

在《哲学的欧陆辞典》关于"sujet"（主语）的词条中，作者们总结出了这个概念的三个含义：

第一个是相对于形式的"质料"；

第二个是相对于偶性的"实体-主语"（substance-sujet）；

第三个是相对于谓词的"命题主语"（sujet de la proposition）。②

里贝拉指出，对于词源考古学者来说，关键的是，古代哲学中的"主语"（sujet）不是"行动的主体"（sujet d'action）：它要么是质料，未决定的主语（sujet indéterminé）；要么是实体，被决定的主语（sujet déterminé）；要么是叙述的主语（sujet d'énoncé）③。从另一个角度说，这个古代的主语是双重的：它是内在的主语（sujet d'inhérence）或者是赋谓的主语（sujet d'attribution）。

中世纪的亚里士多德注释者认为，从存在（existence）的角度考虑，

---

① H.Bonitz，*Index Aristotelicus*（Berlin：W. De Gruyter，1961），p. 798.

② Barbara Cassin et Alain de Libera，"Sujet" dans *Vocabulaire européen des philosophies*（Paris：Le Robert-Seuil，2004），p. 1235.

③ Alain de Libera，*L'invention du sujet moderne*，p. 61.

内在的主语（sujet d'inhérence）就是我们今天所称的"本体论的主体"（sujet ontologique），而从范畴或者谓词角度考虑，赋谓的主语（sujet d'attribution）是我们今天的"逻辑主语"（sujet logique）。[①]

1613年，郭克兰纽（Goclenius）对古代和中世纪传统中subjectum（主语）的本体-逻辑词义进行了重排：他划分了"形而上学的主语"（sujet métaphysique）和"谓词的主语"（sujet axiomatique）。[②]前者实际上是"偶性的主语"（sujet d'accidents），后者是"谓词的主语"（sujet de prédicats）。在这里，axiomatique指的是陈述、普遍原则和谓词，而不是我们今天使用的"公理"的义项。而这个对"主语"（sujet）的划分对应于本体论的主体（sujet ontologique）和逻辑主语（sujet logique）的区分。

哲学家们接下来将重心放在了谓词和主语的关系上，并且区分了两种不同的关系。不管在何种关系中，主语（sujet）都是谓词或者偶性的基础，它允许后者堆积在它之上，并且使得后者可以持续存有。既然"主语"一直指示的是语法关系，这个概念又是如何变成施动者的呢？

三　思想的"主体-施动者"

里贝拉指出，当代主体（sujet moderne）实际上是"思考的主体"（sujet pensant），其本质是主体-施动者（sujet-agent de la pensée），对于它的历史的考察不能满足于主语（sujet）和自我之间的相遇、同化、区分和最终对立的过程，这个考察必须同样整合从古代到现代的关于自

---

① Alain de Libera, *L'invention du sujet moderne*, p. 62.

② Ibid., p. 69.

我、主语（sujet）和人身（personne）之间关系的历史。①里贝拉从三个角度阐述了这些术语之间的关系。

1 两个术语网络

第一个术语网络涉及拉丁语 subjectum（主语）的不同模式，在其中我们可以发现希腊语 hupokeimenon 的一些新的、衍生的或者推论的特征。

通过这个图示可以很直观地发现，这个解构允许"施动者的交错配对法"，比如，转移给主语 sujet 一些施动者的条件和功能。

第二个图示包含了四个术语，它们对于表达从"基底性"（sub-jectité）④ 到"主体性"（sub-jectivité）的过渡是必不可少的。

对里贝拉来说，以上两个图的复杂关系表明，任何一个学科都无法独自给出这些关系的完整解释，并且他总结出三个蕴含在这些关系中的

---

① Alain de Libera，*L'invention du sujet moderne*，p. 173.

② Alain de Libera，*Naissance du sujet*，*Archeologie du sujet I*（Paris：Vrin，2007），p. 83.

③ Ibid.，p. 84.

④ 这个术语是海德格尔提出的，我们将在第十一章详细介绍。

关键时刻：

    （1）"我"的出现；

    （2）主体（sujet）的出现；

    （3）主体-施动者（sujet-agent）的出现。

最后，这三个术语在当代思想中变得相等：

$$主体（sujet）= 施动者（= 我）$$

在自己的表象中拥有"我"使得我们成为一个人身（personne）。[①]
也就是说，说"我"就是说"我是一个人身（personne）"，这不是说
"我是一个主体（sujet）"。然而从康德开始，"我"的表象和"人身"
就已经蕴涵在主体性（subjectivité）中，在《实用观点下的人类学》这
篇文章中，他阐述了两个术语之间的密切关系：

    在其表象中拥有这个"我"：这个能力将人无限地抬高到地上
其他存有物之上。通过这样，他是一个人身（personne）；感谢这个
在所有突如其来的变化中的意识统一性，他是独一无二和同一个人
身（personne），即通过等级和崇高，他是一个和物体完全不一样的
存有（Être），比如没有理性的动物，对此人们可以自行安置对象；
而在他无法说"我"时，因为他已经在他的思想中这样说了，所以
在所有言语以第一人称说话时，这些言语必须思考这个"我"，即

---

① Alain de Libera, *Naissance du sujet*, *Archeologie du sujet I*, p. 85.

使它们没有用一个特殊的词来表达这个"我"。因为这个思考的能力是知性。①

里贝拉认为，康德在这里谈论的"我"（Ich）也表达了自我性（égoïté/ Ichheit）。②但无论怎样，以第一人称说话可以让人（homme）变成人身（personne），但成为一个人身对于"我"来说是不够的，他必须是独一无二的且是同一个人身，这必须依靠"意识统一性"。

康德发明了"先验的主体性"（subjectivité transcendantale）这个概念，并且在《纯粹理性批判》以及其他著作中引入了"主体性"（subjectivité）和"主体"（sujet），而"主体"这个概念就隐藏在对"意识统一性"的要求之后，它还占据了本体论主语（sujet ontologique）的功能和位置，这个亚里士多德的"第一实体"（ousia）的位置，其本质的特征正是接受对立物而保持自身同一。这是从亚里士多德到康德术语的替换③。

主体（sujet）可以隐藏在人身（personne）这个面具之下。这是一个概念交换器。但这不是唯一的演化路径。在"基底性"（sub-jectité）这个概念的框架下，里贝拉发现了一个替换词的家族：主语/主体（sujet）、实体、实质（hypostase）、支撑（suppôt）、我（je/moi）、自己（soi/soi-même）、意识（conscience）、自我意识（conscience de soi）、人身（personne）、个体（individu）、施动者（agent）、行动者（acteur/actant）、精神（esprit）、灵魂、理智和知性④。这个网络中的所有术语都是可互相交换的。

---

① Kant, *Anthropologie d'un point de vue pragmatique*, trad. M. Foucault（Paris: Vrin, 1984）, p. 17.

② Alain de Libera, *Naissance du sujet*, *Archeologie du sujet I*, p. 86.

③ Ibid., p. 87.

④ Ibid.

2　人身与实质

我们看到,"人身"(personne)这个术语在康德的文本中和"我"(je)及自我性(Ichheit)建立了关系。在第二个视角下,需要提出的问题是:"人身"这个神学的概念是何时以及怎样进入哲学中的?

众所周知的是波爱修斯关于"人身"的定义,即"理性本性的个体化实体"[①],构成了进程的起点。对此韦伯解释道:中世纪的人用很多术语或概念来指示"独特的人身"(personne singulière),比如支撑、个体、独特的主体(sujet singulier),而波爱修斯用的是"实质"(hypostase)。[②]他自己强调,他的关于"人身"的定义仅仅使古希腊人所说的"实质"出现在拉丁语中。[③]

"实质"(hypostase)在希腊语中指的是被放置于下面的东西,这和"实体"(substance)概念的含义相同,它们都被用来指示一个独特的人身(personne singulière)。波爱修斯的此定义影响力非常大,它甚至出现在莱布尼茨对于"个体"定义的背景中,后者将"个体"(individu)定义成"如同支撑(suppôt)的实体(substance)"[④]。

这个理论的图示(上图)从中世纪的开端一直延伸到现象学的开始。而另一个路径是从笛卡儿开始,人们一方面开始物化主

---

① Alain de Libera, *Naissance du sujet*, *Archeologie du sujet I*, p. 88.

② É.-H. Wéber, *La personne humaine au XIIIe siècle* (Paris: Vrin, 1991), p. 496.

③ Alain de Libera, *Naissance du sujet*, *Archeologie du sujet I*, p. 88.

④ Ibid., p. 90.

语（chosifier le sujet），即灵魂、意识、精神或者人身都占据主语（sujet）的位置，但另一方面还是将其定义为"物化的实体存有"，并且把对"主语（人身）"的分析封闭在一个当下的主体（sujet）-对象（objet）的关系中，而不是将之放在"意向性"的关系中①。在现象学中，从舍勒（Max Scheler）开始，"人身"的概念建立在抛弃精神持续存有（subsistance psychique）的模型基础上，海德格尔指出，马克斯·舍勒所说的"人身"，是相对于行为来构成的，而对于以实际经验为轴心的现象学来说，行为不是精神性的。② 从舍勒的现象学角度来看，所有精神的对象性都是去个人化（dépersonnalisation），这意味着"精神的存有"和"人身的存有"（l'être d'une personne）没有丝毫关系。

海德格尔认为，传统的人类学有双重的起源，一个是古希腊的，一个是基督教的：

（1）人（homme）在古希腊的定义中是"理性的动物"，其存有模式是续存和显现。

（2）人的本质（essence）和存有（Être）的神学定义是，人如同一个超越自己的定在（étant），因为人注视着上天、上帝和他的话语；人以上帝的形象被创造，因此他和上帝有着某种关系。

在日常语言中，人们将"物化"（chosifier / réifier）和"实质化"（hypostasier）视为同义词。在这个意义上，人们谈论着自我的实质，或者意识的实质，其本质是将其物化。但当代的人对"实质"（hypostase）

---

① Alain de Libera, *Naissance du sujet*, *Archeologie du sujet I*, p. 90—91.

② Ibid., p. 91.

这个概念实际上是忽视的。根据里贝拉的观点，将"存有"（Être）简约为"定在"（étant），这对主语／主体（sujet）的历史来说正是"实质的物化"（réification/chosification de l'hypostase）。[①] 并且在持续定在（étant subsistant）的意义上，将主语（sujet）和支撑（suppôt）等同于实体（substance）就是"实质物化"的基本姿态。这个过程是否是由笛卡儿完成的还有待确定，但中世纪的人的立场却是完全不一样的。

不仅仅奥古斯丁没有物化"实质"（hypostase），很多中世纪的哲学家也没有这样做，因为"实质"这个概念还蕴含着"三位一体的位"的意思。所以，整个经院哲学为了思考三位一体的奥秘，都力图使"实质"这个概念不要物化 [②]。

实际上，主体（sujet）的历史在很大程度上诞生于 sujet/hupokeimenon（主语）和 hypostase（实质／三位一体的位）之间持续的对峙，也诞生于 sujet（主语）、substance（实体）和 hypostase（实质）之间问题的复杂性中。传统人类学不是一个被物化主体（sujet chosifié）的人类学，它一直在关于主语–实体（sujet-substance）的人类学和关于实质的人类学之间的张力下前行，也就是说，它至少包含了关于人身（personne）的两个概念，一个是物化的，一个是非物化的。并且，古希腊哲学、新柏拉图主义哲学和基督教哲学一直有一个共同点，即主语的去现实化，换句话说，为了三位一体的位／实质而抛弃主语。

当代主体的历史在很大程度上就建立在对主语抛弃的基础上。

---

① Alain de Libera, *Naissance du sujet*, *Archeologie du sujet I*, p. 95.

② Ibid.

3　赋谓的主语和归罪的主体

在当代主体（sujet moderne）的历史中，从"赋谓"到"归罪"的过渡构成了一个关键的转折点，而这个转折还是基于亚里士多德的"主语–谓词（sujet-prédicat）"学说。

根据亚里士多德的思想，对主语–谓词（sujet-prédicat）关系的考察是在命题中进行的：

$$S \text{ 是 } P$$

谓词不能独立存在，它必须坐落在作为基石的主语（sujet）之上。从内容上来讲，谓词指的是一种性质、一种状态、一种偶性或本质的属性。在句法的层面，谓词被赋给主语，因此我们将 attribuer 翻译为"赋谓"，专门用来表达主语–谓词（sujet-prédicat）的关系。

如果这时人们将"人"和"其行为"的关系放在"S 是 P"的逻辑关系中来理解，准确来说是将一个行为归因给某人而不是某物，那么主语位置上的内容就发生了变化，即从"什么"到"谁"的过渡："人"占据了主语的位置，他变成了主体。同时，这个"主体"还可以被考虑成"施动者"的同义词，人们还可以加上一个新的特征，即可归罪性（imputabilité）。[1]

在前亚里士多德时期，希腊语 κατηορειν 的流行含义是指控（accusation），而从亚里士多德开始，名词 κατηορειν 具有了双重的含义：指控和赋谓（attribution）。在当代，这个赋谓的主语是心理学的主体，而归罪的主体是道德的主体。动词 κατηορειν 的原初含义是指控

---

[1]　Alain de Libera，*L'invention du sujet moderne*，p. 79.

（accuser）：人们控诉某人干了什么。而亚里士多德则利用这个结构表达将某个谓词赋予主语（sujet）。J. 巴恩斯（Barnes）总结道：

> 亚里士多德抓住了这个动词，将之从其故土上拔出，并把它移植到他的哲学花园中。通过这样，他（亚里士多德）扩大了这个动词的含义和用法：敌意的指控变成了中性的赋谓，并且被指控的某人变成了某物——"用某物指控某人"变成了"将某物赋谓给某物"。①

κατηορειν 的双重含义肯定被古希腊人熟知，尤其是亚里士多德著作的注疏者们。在18世纪，"赋谓"和"指控"连接出现在洛克的"赋谓-归罪"的理论中。② 对洛克来说，"归罪"这个概念是搭建"意识""自我"以及作为法律用词的"人身"（personne）这几个概念关系的关键环节：一个有行动能力的人，如果能够将某个行动归罪于他，这意味着他对于自己的行为是有自我意识的，因此他必然是这个行动的主语（sujet d'action），换句话说，他是一个可归罪的主体（sujet d'imputation）。

主语——谓词

主体——行为

进一步，虽然 κατηορειν 中指控的含义早于赋谓的含义，但在历

---

① J.Barnes, *Les catégories et leur histoire*（Paris：Vrin, 2005），p. 12.

② Alain de Libera, *Naissance du sujet*, *Archeologie du sujet I*, p. 98.

史上，可归罪的主体（sujet d'imputation）却晚于赋谓的主语（sujet d'attribution）。借助于亚里士多德的主语-谓词（sujet-prédicat）学说，为了成为可归罪的主体，首先必须成为赋谓的主语，因此，"可归罪的主体"的概念是构建在对人可以赋谓（attribuer）的能力之上的，从另一方面说，将某一行为赋谓于一个人。这个赋谓将人（homme）变成了人身（personne）。[1]

洛克在《人类理解论》中不仅阐述了"人身"（personne）的含义，还将之和施动者（agent）联系在了一起。

> "人身"这个词是一个法律术语，它被用来将行动归于人并且表示行动的价值。因此，这个名词只能属于有智慧的施动者，而且这个施动者是能受法律支配，是能感受幸福或苦难的。[2]

以上段落翻译自法文版，而当我们对比中文版时发现，译者将 agent（施动者）直接译成了"主体"。[3] 这说明在我们当代思想中，主体和施动者是同义词。

另一方面，为了将"人"（homme）变成"人身"（personne），必须要有一个伦理学的能力，即认识到自己是其行为的真正施动者，而人们称呼这个能力为"可归罪性"。这个词有两个含义：第一个是客观的含

---

① Alain de Libera，*Naissance du sujet*，*Archeologie du sujet I*，p. 80.

② Locke，*Essai philosophique concernant l'entendement humain*，trad. Pierre Coste（Paris：Vrin，1972），p. 128—129.

③ Locke，*An Essay Concerning Human Understanding*，éd. révisée par J. Yolton［Londres：J.M.Dent & Sons（Everyman's Library），1965］，vol. XXVI.

义，即行为必须可归于施动者，这意味着一些行为只能归于人，而另外的行为归于其他生命体；第二个是主观的含义，施动者能够将行为归于自己。只有这样，"施动者-人"（agent-homme）能够被考虑成一个人类的"人身"（personne humaine）。

这样，伴随着"意识""自我"和"人身"概念的冒起，从"什么"［主语（sujet）］到"谁"［主体（sujet）］的过渡就完成了，而"人身"（personne）这个司法术语是当代主体的基本元素。

另外，"什么"［主语（sujet）］和"谁"［主体（sujet）］的区分引出了一系列的问题：我是谁？我是什么？这涉及个人的同一性。

"我是谁"的问题的关键在于这个"我"，在当代思想中，"我"被解读为主体（sujet）和自己（soi-même），是这个在行为和外界不断变化的过程中仍然保持同一的东西，同时这个主体也依赖于这些多样性。

但当"我是谁"的问题触及 sujet 时，不管 sujet 被理解成主语还是主体，都不应该再是亚里士多德的 hupokeimenon 之意。奥古斯丁是第一个拒绝了"基础"含义的人，在关于三位一体的讨论中，"爱"和"认识"不在如同主语（sujet）的灵魂中。[1]海德格尔认为，如果主体（sujet）被理解为基质或者基础，那么主体就被还原为主语（sujet），也就是说，主体变成了物，变成了偶性的支撑。[2]他认为，回答"我是谁"的答案必然是人称代词，即"我""你"或"我们"。

简而言之，可归罪性存在于主-谓关系中，它必然要求一个主语（sujet），但这个主语不一定要有"主体"（sujet）的名字，它首先是

---

[1] Alain de Libera，*L'invention du sujet moderne*，p. 109.

[2] Ibid.

主语的位置和主语的角色，并且有一系列的术语可以占据这个位置和扮演这个角色：它们可以是灵魂、精神、人身、自我、自身、施动者或者"我"。

四　赋谓主义和实体主义

1　基底性和赋谓主义 *①

海德格尔在 1941 年的文章中区分了基底性（sub-jectité）和主体性（sub-jectivité），这为考察主语 / 主体（sujet）的历史奠定了基础。

通过发明新词"基底性"，海德格尔想说明几点：

（1）"存有"（Être）是被拉丁语的 subjectum（基底）形而上学地决定，而更为原初地是被希腊语 hupokeimenon 所决定，而不是被"我"或自我性（égoïté）决定；

（2）当代形而上学的"主体性"（sub-jectivité）其实是"基底性"（sub-jectité）的一个模式；

（3）从"基底性"（sub-jectité）到"主体性"（sub-jectivité）标志着进入当代，这是从笛卡儿开始的，即从自我变成了卓越的主体（sujet insigne）开始，从此自我获得最为确实的地位。②

---

① 哲学家里贝拉使用"*"符号以区分两种赋谓论。

② Heidegger, "La métaphysique en tant qu'histoire de l'être," *Nietzsche*, t. 2, trad. P. Klossowski（Paris：Gallimard，1971），p. 319—365.

我们在第二节中已经介绍，希腊语中的"主语"（hupokeimenon）在亚里士多德的逻辑中指示的是基础或基石，这是一个结构性的含义；拉丁语在翻译这个希腊语时，选择了 subjectum 这个术语，这个词的前缀 sub- 表达的就是"在……之下"的意思，而拉丁语 subjectum（基底）决定了欧洲思想关于"主体"（sujet）的最初含义：主体（sujet）并非一开始就具有主动和施动的含义，相反，它表达的是结构中的被动性，仅仅随着后来欧洲思想的演变，这个术语才慢慢具有了主动性的含义。

里贝拉根据海德格尔的分析，总结出在形而上学历史中围绕灵魂/精神、身体和行为的三个理论，它们分别是：赋谓论（attributivisme）、赋谓论*（attributivisme*）和实体论（substantialisme）。

根据里贝拉的定义，

赋谓论指的是将灵魂、精神甚至是理智变成是身体性质的学说。

实体论是将灵魂、精神或理智定义成一个实体或者物的学说。

赋谓论*是将精神的、思想的行为或状态看成是一个主语（sujet）的谓词或者属性的学说，而自我被定义成这个主语（sujet）。①

不过，这并不意味着可以将某个思想完全划归在某个定义之下，比如奥古斯丁的理论，人们可以说他是赋谓论*，实际上他却是实体论和非赋谓论*；而笛卡儿的理论则可以被归类于实体论和赋谓论*；阿奎那

---

① Alain de Libera, *Naissance du sujet*, *Archeologie du sujet I*, p. 126—127.

和他所理解的亚里士多德，从"灵魂是身体的形式［或者是身体第一行为，或者是第一隐德来希（完成）］"的观点来看，他们是赋谓论者，但当他们认为理智是灵魂的一种能力（一种潜能或者一部分），而且这个灵魂是和身体分离的形式，且它的运作不需要身体器官就可以实现的时候，他们是非赋谓论者 ①。

但这不会妨碍我们讨论亚里士多德关于灵魂和身体的学说，而且这个学说构成了之后所有对灵魂-身体关系思考的基础，我们必须对此有所了解。

2　亚里士多德的赋谓论

巴恩斯给出了对亚里士多德理论的第一个赋谓的解释，他称这个理论是"赋谓理论"。巴恩斯认为，亚里士多德关于灵魂的论点既不是实体论也不是物理论的，而是一种不是严格意义上的物理论的唯物主义学说，它将灵魂变成身体的一个特征或性质。另一方面，巴恩斯强调，拥有灵魂意味着拥有了一系列的心理能力，即能力或权力。

博迪什（R. Bodéüs）指出，灵魂既不是个人的整体，也不是某个实体的偶性特征，而是如同形式那样的实体。灵魂的这种混合状态可以在亚里士多德的论述中找到。

在巴恩斯看来，亚里士多德的赋谓论建立在《论灵魂》中的"质料-形式论"基础之上且蕴含三个论点：

（1）所有生物都是由身体和灵魂组成的；

（2）身体是生物的质料；

---

① Alain de Libera, *Naissance du sujet*, *Archeologie du sujet I*, p. 128.

（3）灵魂是生物的形式。[①]

他还认为，这三个论点是将"主语-谓词"（sujet-prédicat）图示运用于"质料-形式"（matière-forme）的结果，由此人们可以总结出三个结论：

（1）身体是主语（sujet）或者物，它有灵魂；

（2）灵魂不是身体的一部分；

（3）灵魂是身体拥有的一个性质。[②]

将身体和灵魂之间的关系用"质料-形式论"来理解，并且将灵魂理解为身体的第一行为，这构成了赋谓论的两个主要立场。但另一方面，实体论的观点也具有很大的影响力。

实体论的解释支持以下观点："灵魂要么是一个物，要么是一个形式或者实体，而不是身体的性质或者属性。"[③]在格朗热（Granger）看来，灵魂是独立的，而且它是实体，是活动的，而科斯曼（Kosman）认为，这就是"理智-施动者"[④]。

这个将理智理解成施动者，并且将理智放在优越地位的观点，在后笛卡儿的现代性中得到了发展：将"思想的施动者"和"思想的主体（sujet）"结合成关于"思想的主体-施动者"的问题显得很有必要。这

[①]　Alain de Libera，*Naissance du sujet*，*Archeologie du sujet I*，p. 158.

[②]　Ibid.

[③]　Ibid.，p. 159.

[④]　Ibid.，p. 160.

是将亚里士多德的动力因（causalité efficiente）重新解读为施动。

　　"主语"和"施动者"两个概念结合的原因，我们还找不到线索，不过我们常常可以看到的是，不同的学派针对亚里士多德的一个观点有不同的解读，比如在《论灵魂》里面，亚里士多德说："灵魂有施动者的地位"，对于赋谓论来说，这意味着"灵魂如同主语（sujet）的性质一样运行"，它如同有机体的第一行为那样运作；但在实体论那里，"灵魂如同主体（sujet）那样运作"，即它如同原则或者动力因那样对肉体施加影响。

　　另外，亚里士多德确实在《论灵魂》中将灵魂定义成"生命体的形式"：身体不等同于灵魂，它自身是主语（sujet）和质料；灵魂是生物的形式，在这个意义上它是实体，而这个形式的实体是"隐德来希"（完成），即灵魂是身体的隐德来希（完成）。这个观点似乎证明了亚里士多德关于灵魂的赋谓论观点：身体是主语，灵魂是这个主语的属性。

　　事实上大量的段落表明，亚里士多德将质料和主语（sujet）等同，将形式和属性/谓词等同："灵魂是身体的属性。"复杂的是，灵魂不仅是属性还是实体，而实体和主语（sujet）的关系在亚里士多德的文本中非常模糊。我们不在这里深入这个话题，不过值得注意的是，笛卡儿在17世纪遇到的 sujet（主体）经历了漫长的等待，这个术语原来是亚里士多德的"主语"，简单的"基石""实体"或"承载的主语"。有意思的是，笛卡儿自以为提出了自己的"主语"概念，其实这是亚里士多德的 hupokeimenon。在他第二次回复批评时阐述的关于"实体"的定义中，我们可以很清晰地看到亚里士多德的影子：

　　　　某物居于另一个如同主语（sujet）的某物中，或者通过另一物它存在，而我们在我们自身之中对这个物体有一个实在的观念，一个如同特征、属性或性质的观念，而那个如同主语（sujet）的另一物被称为"实体"。因为我们对实体没有任何观念，除了它是一个物，在它之中，我们知觉到的东西形式地或卓越地存在着，或者对象性地在我们的观念之中的东西在它之中存在着，自然之光教导我们，虚无不能有任何实在的属性。[①]

这里关于"实体"的定义可以追溯到亚里士多德关于"偶性"的概念，即"在主语（sujet）中的东西"，而霍布斯和笛卡儿围绕这个定义的争论又可以引出中世纪一系列的论点：

（1）偶性命名了它们的主语；
（2）行动归属于支撑；
（3）行动命名了它们的主语；
（4）这些命名和支撑相关。[②]

"虚无不能有任何实在的属性"这个论点建立在中世纪的观点之上，后者正是从亚里士多德的思想中被提取出来的，根据这个观点，我们是通过偶性或属性来认识实体的。那么，既然有实体就有属性，有主语就有特征，有思想就有思考之物，而人们绝对不能给虚无赋予任何属性，那么虚无不能成为主语。[③]

但，亚里士多德思想和笛卡儿思想之间存在断裂，没有任何东西能够把前者直接引向后者。比如把亚里士多德的"主语"（sujet）理解为身

---

① Alain de Libera, *Naissance du sujet*, *Archeologie du sujet I*, p. 170.
② Ibid., p. 171.
③ Ibid., p. 171—172.

体和灵魂的组合，这不是亚里士多德的观点，而是人们从当代的意识主体（sujet conscient）出发，以笛卡儿的知识形态为参考，来解释《论灵魂》中的"主语"。

3　人是什么？

关于主语的问题，人们可以找到从古希腊晚期到中世纪的一系列理论著作，以及复杂的答案，而托马斯·阿奎那在和阿维洛伊（Averroès）的争论中给出的回答，构成了考古学中关键的一步。

里贝拉将阿奎那的论述总结在下图中：

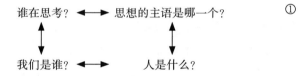

阿奎那首先着手的是"人是什么？"这个问题。里贝拉根据他的陈述总结出了三个回答：

（1）人是其灵魂或理智；
（2）人是通过感知的灵魂推动的身体；
（3）人是灵魂和身体的组合物。[2]

这些回答以后在洛克的理论中得到了发展，后者思考的问题是"人类个体的同一性"，最后洛克给出的回答是：个体的同一性必须安放在意识中。

---

① Alain de Libera，*Naissance du sujet*，*Archeologie du sujet I*，p. 188.
② Ibid.，p. 189.

回到阿奎那。阿奎那通过特米斯提乌斯（Themistius）而进入柏拉图的思想，而特米斯提乌斯从理智的角度讨论了"我们是什么"。在《论理智的统一性》中，阿奎那用"我们是谁？"和"人是什么？"两个问题来批评阿维洛伊的"理智分离论"，同时他打开了另外两个问题：

（1）谁在思考？

（2）思想的主语（sujet）是哪一个？[1]

这是两个典型的中世纪式的问题。

特米斯提乌斯在关于"某物和某物的本质"的亚里士多德式模型之上，提出了"我"和"我的存有"的区分。这打开了另一个关于"什么是我？"的问题。[2] 这不再是关于灵魂和身体的问题，而是关于理智的问题：关于潜在的理智和在行动中的理智的问题。

亚里士多德从来没有谈论过自我（moi）。主体（sujet）的问题在他那里似乎是缺席的，而他引入了一套关于基底性（subjectité）的学说，在这个意义上说，亚里士多德是关于主语（hupokeimenon）的思想家。直到17世纪，斯塔吉拉带着对自我理论的担心，试图在亚里士多德的文本中找到主语（sujet）和"我"的关系，并且他的工作确实对主体（sujet）的诞生起到了重要作用[3]。

对于"人是什么？"的问题，阿维洛伊认为，人完全是活跃的理智本身。阿奎那则把重点放在了思维过程中的"自我"和"我们"的概念

---

[1] Alain de Libera, *Naissance du sujet*, *Archeologie du sujet I*, p. 192.

[2] Ibid., p. 194.

[3] Ibid., p. 203—204.

上，不过他也认为，人主要是理智。对阿奎那来说，亚里士多德和柏拉图不一样，他并没有将人等同于理智，事实上他的真正观点是，理智是人的主要部分，通过理智，人履行了他本来的操作，即思考。[1] 亚里士多德认为，人是通过理智和（理智的）灵魂而成为人。为了将亚里士多德和柏拉图区分开，阿奎那拿出了一个由内梅西乌斯（Némésius）和马克罗比乌斯（Macrobius）提到的"柏拉图-普罗提诺（Plotinus）"的观点：个体的人仅仅是理智，或者是这个使用身体的灵魂。[2]

很明显，亚里士多德和普罗提诺的观点类似但并不相同，普罗提诺认为人完全是理智，但亚里士多德说的是人主要是理智，很明显还有一部分并不是。[3]

阿奎那试图通过解读亚里士多德的思想来回答问题，但他忘记了"自我"的概念。他将"主语"和"施动者"、"基底性"和"机构"这几个概念扭结在了一起，但没有命名它们。但他引入了"思考的主语"，这个当代的亚里士多德式的概念，并且他还提出了"主语-施动者"（sujet-agent）的观念，即在自身中有其行动的原则，这个论点在《论灵魂的不朽》中萌芽，并且在《论三位一体》中因为抛弃"主语-偶性"（sujet-accident）的对子而被放弃。[4]

接下来，我们将梳理另外一个学说：赋谓论*。

4　赋谓论*

赋谓论*是将精神的、思想的行为或状态看成是一个主语（sujet）

---

[1]　Alain de Libera, *Naissance du sujet*, *Archeologie du sujet I*, p. 204.

[2]　Ibid., p. 206.

[3]　Ibid., p. 207.

[4]　Ibid., p. 208.

的谓词或者属性的学说，"自我"被定义成这个主语。虽然这个学说会得到当代人的肯定，但它的历史充满了戏剧性：奥古斯丁将之引入主语的历史是为了抛弃它。赋谓论*起源于对古希腊和中世纪哲学、神学的某种翻译，最终由奥利维（Pierre de Jean Olivi）在 13 世纪将之完整地阐述出来。

里贝拉总结了赋谓论*的起源和发展过程中几个值得注意的要点：

（1）"实体 / 本质−实质"（ousia-hypostase）代替了"主语−偶性"（hupokeimenon-accident）的对子。对子"实体 / 本质−实质"的引入是拉丁文明中的事件，而对于 ousia 这个术语，直到今天也存在着应将其翻译成"实体"（substance）还是"本质"（essence）的争论。这不是唯一的问题，还存在着很多术语的争论，而在这些旋涡中，奥古斯丁的立场是飘浮的。①

在《论三位一体》的文章中，他承认自己并不知道实体和本质的区别，实际上他想说的是：一个实体或本质，三个位格（personne）。问题在于他并不坚持自己的立场，在大部分关于主语考古学的重要文章中，他的观点都是：一个本质，三个实体或三个位格。②

（2）奥古斯丁在三位一体神学中还抹去了"主语−偶性"（hupokeimenon-accident）的关系：将实体（substantia）和主语（subjectum）看成不同的东西，分离两者，这也是在位格（personne）之中理解实质（hypostase），但不是以基石（sub-）的方式来理解。进一步说，"位格"的概念被引入"基底性"（sub-jectité）的世界，而后者在之

---

① Alain de Libera, *Naissance du sujet*, *Archeologie du sujet I*, p. 212—213.
② Ibid., p. 214—215.

后变成了"主体性"（sub-jectivité）。①

奥古斯丁并不是很了解亚里士多德，他主要是普罗提诺的读者，而后者是反对赋谓论的：灵魂不是在身体中，如同偶性在主语中那样，相反灵魂是分离的，因为它是实体。从《论灵魂的不朽》到《论三位一体》，奥古斯丁用赋谓论*的术语提出了关于"精神状态和行为的主语（sujet）"的问题，随后他又通过抛弃普罗提诺理解的亚里士多德的模型来解决问题，在这个模型中"爱""记忆""理智"和"意志"被当成"灵魂的偶性"。②

对奥古斯丁来说，"灵魂"和"在灵魂中的理性"都是实体，没有任何东西能够让一方脱离另一方。这种灵魂和理性的内在模式（mode d'immanence），只有《论三位一体》中的概念图示能够表达。里贝拉用命题表达了这种模式：

（1）灵魂是主语，理性在这个主语中；

（2）理性是主语，灵魂在这个主语中；

（3）灵魂和理性都是实体。③

灵魂和理性都是主语，而这两个主语都是实体，它们的关系是互为内在性（immanence mutuelle）。

（3）三位一体论带来的最为困难的问题是如何理解"一个实体同时是单一的又是复合的"。在《论灵魂的不朽》中，奥古斯丁的公式是：

---

① Alain de Libera，*Naissance du sujet*，*Archeologie du sujet I*，p. 215.

② Ibid.，p. 218.

③ Ibid.

灵魂和理性互相存在于对方之中，而双方都是实体；但在《论三位一体》中，他对这一问题却给出了不同的答案："灵魂-实体"和"其实体性的行为"的互为内在性。

普罗提诺思考了这个问题的一般形式：一个整体同时有多重性和统一性。阿维洛伊处理的是一个特殊的版本，他要考虑的是"被思索之物"（intelligible）和"被思索之物同时出现在多个理智中"的问题，为此他提出了他那颇受争议的论点：关于理智的双主语理论和"唯一的质料的理智"（intellect matériel unique）理论。我们稍后会详细介绍此论点。

奥古斯丁遇到的问题有着同样的逻辑形式，但很显然这和阿维洛伊所思考的问题的内容不同：奥古斯丁考虑的是两种不同的"互为内在性"。而这个从古希腊的祖先那里借来的"内在性"，让中世纪的人们能够思考三位一体的统一性，也构成了中世纪文献中关于主语（sujet）的关键元素。

五　阿维洛伊的双主语理论：人不思考

在当代主体（sujet moderne）漫长的诞生过程中，阿维洛伊占据了和奥古斯丁一样重要的位置。事实上，这个"如同思想的主体-施动者（sujet-agent）的人"的观念，正是部分地依靠反对两者的思想才得以诞生。

阿维洛伊提出的一系列观点在当代人看来一定极不寻常。比如，在实体论和赋谓论的争论中，阿维洛伊是坚定的实体论者：对他来说，"理智"和"理智的灵魂"是实体，而"理智的灵魂"不是归属于身体的，它既不是身体的属性也不是所有物，而是一个物，一个分离的实体①；而关于思想的主语（sujet），这位科尔多瓦的哲学家提出了思想的双主语（sujet）理论："理智"和"图像（image）或形式"都是主语。"理智"，准确来说是"质料的理智"，是一个和身体分离的实体，它不以任何方式和身体连接②，而是和我们的灵魂相连。

我们之所以强调阿维洛伊的理论，是因为其中陈述的这些在当代看起来怪异并且过时的观点，即主语（sujet）和主体（sujet）之间的转换和分裂、思想的主语/主体（sujet）以及"人是否思考"等论点，它们都在拉康理论中得到讨论。

1　阿维洛伊处理的问题

在阿奎那看来，阿维洛伊思考的问题是"我思"，但里贝拉指出，阿维洛伊一直想解决的问题是"我们思考"，或者更准确地来说是"我们能思考同一事情"③。这个问题可以用教育的例子来说明，它涉及师生之间"知识的分享"和"认识的获得"：老师如同唯一的理智，而每个学生代表独特个体的精神；在教学过程中，老师会将自己的思想传递给在场的每个学生。阿维洛伊由此提出的问题是"思想的统一性和多样性"④：同一思想如何在它自身中，同时又被众多个体所思考。

这种类似的问题弗雷格⑤也探讨过。他认为思想如同客观存在之物，

---

① Alain de Libera, *La double revolution*, *L'acte de penser*（1）, *Archeologie du sujet III*（Paris：Vrin，2014），p. 165.

② Ibid., p. 169.

③ Ibid., p. 186.

④ Ibid.

⑤ 我们在第三章中将详细讨论拉康思想和弗雷格逻辑之间的紧密关系。

如同柏拉图思想中的"理念"一样，永存于我们之外的某个空间或者领域之中：

> 必须承认第三种范围（领域①）。属于这种范围（领域）的东西在它们不能被感官感觉这一点上是与表象一致的，而在它们不需要它们属于其意识内容的承载者这一点上是与事物一致的。譬如，我们以毕达哥拉斯定理表达的思想就永远是真的，无论是否有某人认为它是真的，它都是真的。它不需要承载者。它绝非自它被发现以来才是真的，而是像一颗行星一样，在人们发现它以前，就已经处于其他行星的相互作用中。②

因此在弗雷格看来，我们不是产生了某种思想，而是通过我们的思维活动，**把握**了某个已经存在的思想：

> 因此，这里最好选择一种特殊的表达，而"把握"这个词为我们提供了这样一种表达。相应于对思想的把握必须有一种特殊的精神能力，思维能力。在进行思考时，我们不是制造思想，而是把握思想。因为我称之为思想的东西与真有密切联系。对于我承认是真的东西，我做出判断说，它完全不依赖于我对其真的承认，也不依赖于我是否对它进行思考而是真的。一个思想是真的，与这个思想

---

① 法语 domaine 可以被翻译成"产业／财产""领域／范围"和"（数学中的）域"，考虑到弗雷格在这里谈论的是一个思想的存在空间，我们将之翻译成"领域"。本书引用文献的中文译本时，我们对特定术语的翻译如与引文有差异，则以正文字体括注标出，下文不再赘述。

② 弗雷格：《思想：一种逻辑研究》，收录于《弗雷格哲学论著选辑》，王路译，商务印书馆，2006，第144页。

是否被考虑无关。①

弗雷格和阿维洛伊一样，都认为"人不思考"，但两者的观点并不一样：在弗雷格看来，思想是某种客观存在之物，是静态的，人可以通过思考去把握它；而在阿维洛伊的理论中，思想随着理智和我们灵魂的结合，被带入我们的精神之中。

2　阿维洛伊的主要观点

里贝拉总结了阿维洛伊的十个主要观点：

（1）思想不是如同形式和柏拉图的理念那样是分离的。

（2）所有的思想都属于一个主语。

（3）思想有**两个**主语：一个在人之中，是"想象的形式"，另一个和身体分离，是所谓的"质料的理智"。

（4）从理智的角度来看，只有一个思考的主语，即"质料的理智"，这是一个分离的实体。

（5）人（复数）不是思想的理智主语，思想可以赋谓给他们（赋谓论＊）。在人之中的是思想的另一个主语，即被动的理智，通过这个理智，阿维洛伊指认这些"想象的形式"，或者能够容纳这些形式的能力，或者他指认一个认识的形态。

（6）思考的主语是唯一的：是"质料的理智"（赋谓论＊）。

（7）在人当中，通过将其变成思考的主语，激活思想的主语。第一步是激活一个施动者（agent），它是一个分离的实体，或者一

---

① 弗雷格：《思想：一种逻辑研究》，收录于《弗雷格哲学论著选辑》，第151页。

个分离实体的活跃潜能，而这个被称为施动者的理智，它使得在想象的幻想中潜在的被思索之物现实化。

（8）在人之中的思想（行动中的被思索之物）不是在思考的主语中：它唯一的思维主语是理智，后者显现在人之中，这个理智同时是思想的产生者和接收者。

（9）通过幻想，人连接于思想的主语，而分离理智的积极潜能施加影响在幻想之上，分离理智将思想的形式和幻想分离，而思想的形式推动理智的被动潜能，这就是接收思想。

（10）这两个潜能的活动通过被动的理智显现，这个被动的理智在人之中，而正是这个理智将人与人分开，将人与动物区分。[1]

总之，在阿维洛伊看来，如果有一个思考的主语（sujet pensant），则这个主语是分裂的："理智一方面是施动者而另一方面是形式。"[2] 这个分裂产生了两个紧密相连的功能，（思想的）接收器和生产者。[3] 但值得注意的是，阿维洛伊想表达的不是存在着两个理智，而是只有一个理智，这意味着理智既在我们之外，又在我们之中，这意味着"理智的连续性"[4]，即理智和形式（图像）的统一。

"质料的理智"作为思想唯一的主语，它可以和人们相连，并且在人当中激起潜能，一方面是主动的，另一方面是被动的。这个"双面"的潜能在我们的灵魂之中却不属于我们，它属于和我们身体分离的一个灵魂，一个"理智－实体"的灵魂。进一步说，潜能在我们之中，但不

---

[1] Alain de Libera, *La double revolution*, *L'acte de penser*（1），*Archeologie du sujet III*，p. 178—180.

[2] Ibid., p. 220.

[3] Ibid., p. 224.

[4] Ibid., p. 225.

是作为我们的属性，也不隶属于我们，因为一个实体又不能作为另一个实体的谓词①。所以，这个"质料的理智"作为主语，既是主动又是被动的，而只有通过它我们才能行动。

因此，我们不能简单地用赋谓论和实体论来理解阿维洛伊的模型。

3　人不思考

在阿维洛伊的理论中，人是不思考的，准确来说，是我们接收思想。这种观点和当代主体性（subjectivité）框架下的观点完全不相容，即使弗洛伊德的无意识理论颠覆了"意识的主体性"这一观点，这对主体性的假设也并没有带来任何影响，人们仅仅是将主体转移到了无意识中：人在思考，只不过是在无意识水平上进行思考。

然而在西方思想史上，阿维洛伊的观点不是孤论，在他之后，1270年或者1271年初，一位不知名的（anonyme）美术大师，在今天被称为阿诺尼姆·德·吉埃勒（Anonyme de Giele），他支持以下论点：从字面上来说，人不思考。对此观点，阿诺尼姆的解释是：思考的行为不需要器官，并且它和身体分离。②

阿诺尼姆在亚里士多德的背景下引入了"思想的人类主语"这个观念：人们可以不在字面意义上说"人思考"。另外，他还将思考和感觉进行对比。在感觉的例子中，人们可以在字面意义上说"人感知"，因为人是感觉的主语，而感觉归属于人类身体。③ 不过在思想中，理智才是思想的主语，而且理智不是身体中的一项能力。

---

① Alain de Libera, *La double revolution*, *L'acte de penser*（1）, *Archeologie du sujet III*, p. 233.

② Ibid., p. 170.

③ Ibid.

因此准确来说，阿诺尼姆的意思是，人不是理智活动的主语，但如果没有人，理智无法实施思维活动，因此，人不是主语，而是客体。[①]

阿诺尼姆和阿维洛伊的观点被后人简约为"人不思考"，而拉丁语系的阿维洛伊主义论点也并非独一无二。在一个关键点上他们和奥古斯丁的观点一致：思想不应该归属于身体；思考不是感知。阿奎那也认为，身体不是思考行动实施的器官，而是思考的对象。所以阿维洛伊主义认为，人不是思想的施动者或者原因，比如苏格拉底的思想不是苏格拉底的行为，而仅仅是理智的行为，它使用了苏格拉底的身体而已。

在今天，我们习惯于将 sujet（主语/主体）和 agent（施动者）等同，但对于一个中世纪的人，特别是接受了亚里士多德主义思想的人来说，这两个术语之间存在一个鸿沟，而阿奎那是第一个跨越了这道鸿沟的人。

六 阿奎那：反对阿维洛伊

阿维洛伊没有对"当代主体"这个术语做出贡献，但他在亚里士多德的思想核心中引入了"主体"（sujet），虽然这个概念在亚里士多德主义的哲学-心理学文献中处于微不足道的边缘位置。另一方面，当代性正是诞生于对阿维洛伊学说的反对中，准确来说，人们首先反对阿维洛伊，然后反对阿维洛伊主义者，而正是在回答对方的反驳过程中，"人如同思想的主体-施动者（sujet-agent）"的论题在巴黎和意大利的大学中得以成立 [②]。

[①] Alain de Libera, *La double revolution*, *L'acte de penser*（1）, *Archeologie du sujet III*, p. 172.

[②] Ibid., p. 245.

　　指向阿维洛伊的大量批评最后都汇集到了罗马，即托马斯·阿奎那那里，并且在阿奎那的批评下，所有的阿维洛伊主义者都倍感压力地要解释一个问题：如果人不是思想的主体，那么个体怎么思考？

　　在这个意义上，《论理智的统一性》和其相关的文本在主语性/主体性［subjecti（vi）té］的历史中代表了关键的一步：围绕着个体的思想经验，阿奎那将一系列的论题和论述扭结在一起，而"思想主体"的当代问题因此得以冒起。进一步说，阿奎那是反对阿维洛伊最为强烈的人，他也是第一个催促说"我"的人，而且他还给出了中世纪唯一的"我思"论述：

　　　　因此，可能的理智和我们的连续性不足以让我们思考，而仅仅是被思。然而，很显然的是，在字面上和所有真理的意义上，人们都应说，人思考，因为如果我们能够寻求何为理智的本质，正是要感谢我们思考。因而，上述的连续性模式是不足够的。①

　　在《论理智的统一性》中，阿奎那首先要解释的是"思考的行动属于人"，为了论证这个观点，他引用了亚里士多德谈论"人们可以将一个行动赋谓给某物或某人"的三种方式：

　　（1）完全根据自己；

　　（2）根据自身的一部分；

　　（3）通过偶性。

---

① Thomas d'Aquin, *Somme contre les Gentils*, *Livre sur la vérité de la foi catholique contre les erreurs des infidèles*, trad. Inédite par V.Aubin, C.Michon et D.Moreau（Paris：Flammarion, 1999）, p. 242.

思考的行动不能在（3）的意义上赋谓给个体，因为这个行动应该依照其本质赋谓给个体，比如通过本质性的谓词；思考也不能在（1）的意义上赋谓给人，因为人不是整个是理智。那么只剩下（2）的可能性了：人通过自己的一部分思考，而这一部分以某种方式和身体结合①。

为了论证自己的观点和反驳阿维洛伊主义者，阿奎那区分出了两种行动：内在的行动和递迁的行动。这对应于因果性的两种形式：

（1）两个事件之间可递迁的因果性，比如，一个事件引起了另一个事件；

（2）在施动者和一个事件或者事物的一个状态之间内在的因果性，比如，一个施动者导致了一个事件或者事物的某个状态。

以上两种结构对应在两个行动中：

（1）在内在的行动中，行为在施动者中；

（2）在递迁的行动中，行为在被产生的对象中。

区分这两个行动的标准来自亚里士多德的思想，在《形而上学》中，亚里士多德区分出了两种行动：

（1）在产出某物的情况下，行为在被造对象中，比如，建造的

---

① Alain de Libera, *La double revolution*, *L'acte de penser*（1）, *Archeologie du sujet III*, p. 249.

行动在建筑物中，或者纺织的行动在纺织物中。一般来说，运动在被推动之物之中。

（2）在另外一些情况下，行为在施动者中，比如，视觉在看的主体（sujet）中，科学在学者中，生命在灵魂中。①

很显然，阿维洛伊和阿维洛伊主义者的观点是：人是被动接受质料理智活动的一方，也就是说，人不思，他接收思想。为了将思想扎根在人之中，阿奎那进一步区分了行为：首要行为和次要行为②，并且将思想和视觉进行了对比。亚里士多德认为，视觉是视线的（次要）行为，而视线是观看者的（首要）行为，因此视觉在观看者中。同样地，如果思想在理智中，思想是理智的（次要）行为，理智是思考者（人类灵魂）的（首要）行为，那么思想在人之中。

从 1270 年开始，阿奎那的论述获得了显著的成功，阿诺尼姆在阿奎那面前也甘拜下风③。从这个阶段开始，"内在的-递迁的"和"主体（sujet）-对象"这两个概念对子扭结在了一起，人们将在当代哲学中广泛地找到它们。

七　奥利维：自我认识的灵魂

如果说笛卡儿的"我思"表达了当代主体的确定性，那么在获得这

---

① Aristote, *La métaphysique*, vol. 2, trad. Tricot（Paris：Vrin, 2002），IX, 8, 1050a30-36, p. 513—514.

② Alain de Libera, *La double revolution*, *L'acte de penser*（1），*Archeologie du sujet III*, p. 302—303.

③ Ibid., p. 307—308.

种确定性之前，注定要走一段很长的路。人们可以很轻易地想到，在奥古斯丁的思想中，上帝不是其属性的主语，人也不是其行为和精神状态的主语。而我们熟知的、被包含在当代主体性理论中的"主体–施动者"（sujet-agent）概念，准确来说是从 13 世纪下半叶开始才被提出来的 [①]，并且这时灵魂或者"我"作为主语的证明是"对自己的存在有感觉和认识"。奥利维对"sujet"（主语 / 主体）概念的这个发展做出了特别的贡献。

在一篇收录于 1312 年主教会议的文章中，奥利维支持两个论点：

（1）我对如同实体的我自己有一个直觉，即我同时是主语和原则。这个直觉来自我对自己是持久的主体的感觉。"感觉"这个术语在古代指的是意识和自我意识。

（2）第二个直觉补全了第一个直觉，即我的行为如同属性，区别于这个实体，并且这些行为以一个连续变化的模式存在于这个实体中。[②]

里贝拉认为奥利维可以被归为赋谓论 * 主义者，为此他总结了奥利维的三个论点：

（1）我们的行为仅仅如同属性或者谓词那样被我们感知。

（2）对我的行为的感知依赖于另一个感知，即我预先对我自己如同这些行为的主体（sujet）的感知。

---

① Alain de Libera，*L'invention du sujet moderne*，p. 136—137.

② Ibid.，p. 137—138.

（3）在对我的行为的感知中，对主体（我）的感知是首要的。①

奥利维认为，灵魂的结构非常简单："操作的潜能"和"说'我'的支撑"是同一个东西。前者是"使我看、我思和我欲望的东西"，而后者让"我"或者"自我"等同于行为的主语/施动者，这些行为可以赋谓或者归罪于"我"："我"就是那个实施行为的主语。②

奥利维的另一个基本观点是：理性灵魂的主体统一性。③对此他的解释是：通过理性，我不仅仅明白是我在思和思考，我还知道是我在看和感觉；思想和感觉属于那个独一无二的、说"我"的主语。

另一方面，1282 年，在方济各会于斯特拉斯堡纪念圣灵降临节的文本中，奥利维的一个观点对于"思想的主体-施动者"的考古学来说是非常重要的：感谢一个确定性，我们借此肯定了认识行为的主体④。里贝拉评论道，这个对认识行为的支撑的确定性就是后来亚科·欣蒂卡（Jaakko Hintikka）的观点，后者在《知识与信念》一书中提出了一个逻辑形式："如果 a 知道 p，立马 a 知道了 a 知道 p。"⑤这正是奥利维所支持的观点：如果不知道以下事实，即他自己知道这个事物，那么没人能够肯定这个事物。⑥并且这个对认识行为的支撑的肯定普遍性地贯穿所

---

① Alain de Libera，*L'invention du sujet moderne*，p. 139.

② Ibid.，p. 152—153.

③ Ibid.，p. 153.

④ Ibid.，p. 155.

⑤ J.Hintikka，*Knowledge and Belief—An Introduction to the Logic of the Two Notions*（Ithaca：Cornell University Press，1962），p. 109. 拉康在第九次讨论班《认同》（1961—1962）中也提到这个公式，不过拉康并不是如同这些哲学家那样，用此公式来讨论自我意识或自我认识，而是借此来阐述自己的能指理论。因此，在拉康思想部分，我们不会介绍这个公式，因为拉康关注的是无意识的主体，不是自我或自我意识。

⑥ Alain de Libera，*L'invention du sujet moderne*，p. 156.

有对我们行为的理解。因此里贝拉认为，奥利维的立场属于典型的赋谓论 *，如果我们按照中世纪的赋谓论 *，那么奥利维的观点可以总结为：

> 灵魂感觉，并且正是通过感觉，它知道它是其行为的原则和主语。①

赋谓论 * 的这个公式想表明的是：我们确实将我们的行为知觉为主语的属性，而我们就是这个主语。这里涉及的不仅仅是"我们的行为是我们这个主语的属性"，还有我们清楚地知觉到这个事实。"自我意识"和"主语"这两个概念的结合，这正是奥利维想表达的观点。

另一方面，为了保证"认识行为的主语能朝向对象"，这位 13 世纪的亚里士多德主义学者猜测，存在着一个"位于之下的能力"（potentia subiectiva）。② 我们已经介绍过，拉丁语 subjectum 的意思就是位于下面，里贝拉认为，奥利维的这个猜测朝着主体性的方向迈出了关键性的一步，但此猜测缺失了奥古斯丁模型中本质性的东西：对自身的确信。

不过，虽然奥利维的观点允许提出"我行为的主语"这个看法，但它并不能得出"'我'是这个主语"这个结论：奥利维在一些文本中提出了"我的行为因为某个潜能而持存，并且这些行为内在于一个主语"③。这显然是亚里士多德主义的观点：有主语但没有主体，或者说，主语是一个无人居住的地点。

但无论如何，奥利维还是带来了一些思想上的革新，最为夺目的

---

① Alain de Libera，*L'invention du sujet moderne*，p. 157.
② Alain de Libera，*La double revolution*，*L'acte de penser*（1），*Archeologie du sujet III*，p. 582.
③ Ibid.

是"主体-施动者"轮廓的形成①。这样的"主体-施动者"被同时理解为"行为的支撑"和"自己认识的支撑"，换句话说，首先是将主语（subjectum）理解成"位于下面"（suppositum），然后用自我性（ipséité）来理解同一性（mêmeté），最后通过"对自身的确信"提升了意识（awareness）的地位。

奥利维作为奥古斯丁派和阿奎那论战，但他将奥古斯丁的"灵魂"概念放在了亚里士多德的理论中，并冒险将"主语"概念整合进奥古斯丁的理论体系中。一旦这个如同"位于下面"（suppositum）的"主语"和"支撑"整合，那么就会和"自我"，和这个说"我"的人整合。②

八 "主体"替代"主语"：当代主体的登场

里贝拉总结了贯穿中世纪晚期的四个问题：

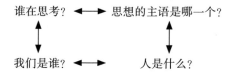

这些问题都是在反驳阿维洛伊主义者的论战过程中提出的。而在其他领域中也发生了一些深刻的变化，比如心理学在 14 世纪经历了很大的变革，比如"智力活动"（intellection）取代了亚里士多德的"感性知觉"（perception sensible），灵魂的科学、思想和认识的训练转移到了对情绪的分析。③

---

① Alain de Libera, *La double revolution*, *L'acte de penser*（1），*Archeologie du sujet III*, p. 583.

② Ibid.

③ Ibid., p. 115.

另一方面，新的问题出现了：是否存在一个思想和感知的主语？[①]
这个问题的另一个版本是：在"我思""我感觉"和"我体验"中，谁在
说"我"？这个问题在古希腊和中世纪、在阿维洛伊和笛卡儿之间搭建
了联系。这是一个涉及"人的统一性"的问题，它和"人的同一性"不
一样，但两者又有关联，同时这两个问题都涉及另外两个问题，它们分
别是"个体的人能否思考"以及"人是否是思想的主语"[②]。

对于以上两个问题，阿维洛伊主义者的观点不再是承认"个体的人
不思考"，而是说"思考特殊性和普遍性的不是同一个人"[③]。在 14 世纪，
格雷古瓦（Grégoire）用阿奎那批评柏拉图主义的观点批评阿维洛伊主
义：不要认为思考、感觉和对自己的感受是同一个人[④]。相反，他支持
"思考和反思的是同一个人"[⑤]。

围绕着这些论战，sujet 的"主体"含义慢慢崛起并最终取代了
其"主语"的含义。对此海德格尔认为，这个迈向现代性的巨大转折
的标志，就是由笛卡儿实施的将"我"提升到卓越主体的行列。[⑥] 为
了标定这个转折，海德格尔用"基底性"（subjectité）和"主体性"
（subjectivité）区分了 sujet 这个术语的两种含义，并且他指出，"基底
性"强调的是，"存有"（Être）是从拉丁语的 subjectum（基底）出发而
被决定的，并不一定是通过自我而被决定，因为这个术语的提出是参考
希腊语 hupokeimenon[⑦]。

[①] Alain de Libera, *La double revolution*, *L'acte de penser*（*1*）, *Archeologie du sujet III*, p. 116.

[②] Ibid.

[③] Ibid., p. 117.

[④] Ibid.

[⑤] Ibid., p. 118.

[⑥] Ibid., p. 121.

[⑦] Alain de Libera, *L'invention du sujet moderne*, p. 166.

海德格尔认为，当代形而上学的"主体性"仅仅是"基底性"的一种模式。[1] 而正是因为笛卡儿的工作，"主语"和"自我"、"基底性"和"自我性"第一次获得了相同的含义："通过笛卡儿并从笛卡儿开始，人，或者准确来说是人的'自我'以卓越的方式变成了形而上学的'主体'。"[2] 里贝拉补充道，我们现在熟知的"主体性"（subjectivité）首先是通过康德而被引入德语世界的，这个术语表达的事实是，将主语性的图示运用于精神，前者本来是一个物理学的图示。[3]

值得注意的是，虽然海德格尔认为笛卡儿在"主体"概念的诞生过程中起到了关键作用，但在笛卡儿的文本中，我们并没有找到多少关于主体（基底）的讨论，更多的是关于实体（sub-stance）的论述，虽然两者在词源上有着紧密的关联，不过笛卡儿将自我作为实体的观点蕴含了当代主体的含义，最终由康德发展并完善了"笛卡儿的主体"。

另一方面，虽然康德提出了"主体性"，但他并没有说"通过这样，人是一个主体"，而是说"他是一个人身（personne）"[4]，他发明的是"先验的主体性"这个概念。"主体"这个概念隐藏在对意识统一性的要求之后，这个要求产生了人身的同一性，而这是本体论主语的功能，这个亚里士多德的第一实体的功能[5]，即能够接收对立面而保持同一。并且当康德在考虑主体时，仍然用的是亚里士多德的主语-谓词模型：主语是 x，自身是未决定的，但它被思想规定，如同"主语或实体被谓词或

① Heidegger, "La métaphysique en tant qu'histoire de l'être," *Nietzsche*, t. 2, p. 361.

② Heidegger, "Le nihilisme européen—la souveraineté du sujet dans les Temps modernes," *Nietzsche*, t. 2, p. 115.

③ Ibid., p. 167.

④ Alain de Libera, *Naissance du sujet*, *Archeologie du sujet I*, p. 86—87.

⑤ Ibid., p. 87.

属性规定一样"[1]。

终于，这个和"个体""自我""（自我）意识""施动者"结合的"主体"（sujet）登上了历史舞台并统治了当代哲学，持续地影响着人们的思维，而 sujet 最初的"主语"含义退出了流行的话语，被局限在逻辑学和语言学的领域中。

最后，在精神分析的领域中，当人们用当代哲学中的主体理论顺利地理解了弗洛伊德的观点后，他们理所当然地认为，拉康思想也符合这个理论，而事实是，时至今日人们连进入的路径都还没有找到。所以，可以将"主体"概念作为一个突破口，在明白其演变的历史之后，人们才能明白拉康的"主体"是在何种意义上被阐述的。

---

[1]　Alain de Libera, *L'invention du sujet moderne*, p. 175.

第二章
意向性 ① 和 "主体-对象 / 客体" 关系

第一章中，我们介绍了 "sujet" 这个术语在西方思想的发展演变中，其 "主语" 的含义是怎样从主导的地位滑落到边缘位置，而其 "主体" 的含义又是怎样通过和 "施动者"（agent）的结合而崛起。其实这仅仅是 "sujet" 历史的一半内容，它的另一半内容是和术语 "objet" 一起构成的。

我们在这一章会介绍 "objet" 和 "意向性" 概念的历史。对于 objet 有两种翻译，一是 "对象"，一是 "客体"，"对象" 强调了结构，而 "客体" 是这个概念最终物化的结果。了解这个概念以及这个概念的哲学背景对于我们理解拉康思想也至关重要，因为众所周知的是，拉康自认为只提出过一个新概念，即 "objet（a）"。而将之翻译成 "对象 a" 和 "客体 a" 代表着读者对拉康思想背景的解读。我们希望这一章的旅程能够帮助我们理解这一概念。

一 中世纪思想中的 "意向" 和 "意向性"

在思考主语作为施动者的可能性时，中世纪人已经强调了精神的

---

① "意向性" 是对 intentionnalité 的翻译，这个术语涉及布伦塔诺的理论，而国内通常将之翻译成 "意动心理学"。在本书中，我将这个术语翻译成 "意向性" 是考虑到这个术语主要表达的是一个矢量的关系，而不一定是动态的结构。

定向性 ①，并且通过对"意向"（intention）这个词的构建，精神朝向对象（objet）的张力得以形成。事实上，中世纪的人持有一个论点：意向不仅仅通过精神而产生，有一些也通过对象而发生。也就是说，并不一定需要精神发动行为朝向对象，对象本身的出现也会促使意向性（intentionnalité）结构的产生。

"意向"（intention）这个术语包含多个含义并且有不同的来源：它是对古希腊和阿拉伯的亚里士多德主义的拉丁翻译，也包含了奥古斯丁的思想，即他将意向解释成意志的行为 ②。

13 世纪对"意向"的多种解释导致了围绕这个词的一词多义现象，这一点被神学家斯科特（Scot）在 14 世纪初指出 ③。术语"意向"在一开始诞生于对"自由意志"的反思中，而在意志（volonté）心理学中，这个词假设了一个定向或者一个倾向，它让施动者朝向其对象。奥古斯丁定义"自由意志"为"朝向对象的张力和开口"，即意志转向这个东西或者那个东西。事实上，"意向"就是起源于"转向"一词，后者意指"有意地指向一个对象，不管它是缺席的还是在场的"，因此意志也可以说是朝向一个对象的认识能力 ④。

根据斯科特的观点，"意向"和"有意识的注意"有关，且后者蕴含四个方面的不同含义。翁凡春指出，第四个方面和我们熟悉的"意向"所指相像，这也是布伦塔诺的观点，即"定向于一个对象"或"朝向一个对象的张力"。在 13 世纪，布莱顿（Raoul le Breton）的观点是"通过意向，理智趋向一个物"，而内德莱克（Hervé de Nédellec）

---

① Kim Sang Ong-Van-Cung, *L'objet de nos pensées*：*Descartes et l'intentionnalité*（Paris：Vrin, 2012），p. 65.

② Ibid.

③ Ibid., p. 65—66.

④ Ibid., p. 66.

解释道，认识行为假设了对表象的接收，后者和精神之外的物类似 ①。

可以看到，在中世纪思想中，"对象"作为"精神 / 理智"所指向的目标被安置在"意向性"的定向结构中，"对象"的所指是多种多样的，可以是物，也可以是图像，并且这些所指可以是真实的，也可以是虚幻的。

二　理智的种和意向的形式

"意向性"标志着思想史上的一个里程碑：精神世界和物质世界二元论的提出。这个二元论的区分从中世纪开始，通过笛卡儿直至康德，并在其《纯粹理性批判》中达到顶峰，但"对象"这个术语一开始表达的只是这两个分离的世界之间的关系。两个世界因为区分而被分隔，所以我们的精神不能直接认识外界的物，只能通过一个中介，而人们给予这个中介以不同的定义和称呼。在这一节中，我们将回顾这个中介的历史，这对以后理解拉康对主体的定义和能指功能的设定有很大帮助。

培根认为，以 13 世纪的视角来看，所有的动力因通过其自身的潜能而起作用，它影响邻近物质的方式和阳光施加其潜能于空气一样。这个潜能被称为"类似""图像"或者"种"（espèce）。"种"产生了世界上所有的行动，为了产生这些物，它对感官、对理智、对整个世界的物质产生影响 ②。当这些"种"不是通过理智的操作而产生的时候，即使没有

① Kim Sang Ong-Van-Cung, *L'objet de nos pensées*：*Descartes et l'intentionnalité*, p. 69.

② Ibid., p. 73.

任何精神接收它们，图像仍然存在 ①。这解释了世界的现实结构和我们知觉之间的对应性：是物而不是精神产生了代表物的概念。

另一方面，这些"种"的多样性不仅仅产生了图像，还产生了"力"（force），而"形式"（forme）是真正创生的"力"。"力"凸显了意向性的矢量纬度，它给人们一个图像，即朝向其目标的箭头。

这里有两种关于形式的观点。第一种观点认为，这些形式仅仅是由灵魂的能力所构成，因此它们如同精神实体那样存在着，阿维洛伊和大阿尔伯特认为，形式有一种独一无二的精神存在；第二种观点认为，形式的存在模式是中介，比如光的力和我们体验到的世间的坚硬对象有区别，但人们可以认为，这个力虽是物质的，却不用和物体的坚硬一样。

在亚里士多德关于感觉的理论中，涉及《论灵魂》的第二卷，其中一个观点是"感觉是没有物质形式的水池"，视觉被认为是通过抽象对象之物，对可见形式的接收。在巴黎，大阿尔伯特将阿拉伯的亚里士多德主义和"形式的非物质"观点联系起来，他认为，当感官接收众多形式，它们并没有接收物质对象，而是对象拥有了精神的或者意向性的存有（Être）②。培根的观点是，被比作对象的"种"，它已经在哲学中被命名为"意向"，但相比物来说，它的存在很微弱，因为它不是真正的物，而是物的意向，换句话说，一个类似物。③ 在中世纪，人们非常重视这个将意向性存有（Être）视如虚弱或者减弱的实在存有（Être）的观点。

斯科特同意这个观点，并且他区分了"理智的种"和"感觉的种"，

---

① Kim Sang Ong-Van-Cung, *L'objet de nos pensées*：*Descartes et l'intentionnalité*, p. 73.

② Ibid., p. 75.

③ Ibid., p. 75—76.

因为有了"感觉的种"，精神朝向对象，而且这个"感觉的种"对应于它所代表的东西。"种"如同印象一样出现在理智中，对象只有在被认识行为瞄准的时候才出现，因此对象是一个被瞄准的终点，而不是一个动力原则 ①。

阿奎那给予了"意向性的种"这一概念中这个"意向性"的定义，并且他还规定了"形式"概念形而上学的深度，这个形式涉及我们的感知和概念能力。根据形式的模式在其中的不同，阿奎那区分了有认识能力的实体和没有认识能力的实体，而认识有接收其他事物形式的能力。

另外，他重新采用了亚里士多德主义的公式，即灵魂以某种方式是全部事物。当感觉带来一个认识的时候，它丝毫没有改变认识者的本质，这个改变是精神上的而不是物理上的。比如灵魂感觉到热，这是意向性地而不是物理性地感觉到。

阿奎那认为，"种"的存在模式是形式，它在物当中，现在呈现给感觉。因此感觉的形式在灵魂之外的物之中，感觉接收了物的形式，没有物质，但有物质性的条件。而对托马斯主义来说，意识的第一对象是物，"种"并没有构成另一个物，它仅仅是信号（signe），精神在和他物的关系中抓住它。"种"是形式的信号，是对象被认识之前的东西，而当对象登场，"种"就被抹去了。②

形式被感官所接收，准确来说，形式是在一个意向性的结构中被接收的，但需要指出的是，接收形式的模式不是交换物理性质 ③。瞳孔看到

---

① Kim Sang Ong-Van-Cung, *L'objet de nos pensées*：*Descartes et l'intentionnalité*, p. 77.

② Ibid., p. 88.

③ Ibid., p. 93.

世间的颜色，但它本身并没有被染色。因此，感觉是精神的改变，而这个改变建立在物理的过程上。①

三　笛卡儿思想中的意向性："物"和"对象"

对笛卡儿来说，"意向性"意味着精神在其和物的关系中的统一性，或者是在知性的庇护下不同能力的合作。② 这个对"意向性"的定义和中世纪的观点显然不一样。同样，"二元论"在笛卡儿那里也区别于中世纪时该词的含义。在阿奎那看来，对于一个是有机体形式的灵魂来说，这涉及的是感觉和理智之间的二元性，而对笛卡儿主义来说，身体和灵魂的区分解释了观念（idée）和物的关系。

笛卡儿没有提出主体的理论，他也摆脱了对一般"对象"的反思，在他的形而上学中，存在之物被列举为物质之物、思维之物及属于身体和灵魂统一体的物。笛卡儿的问题不在于规定真理，而是在于区分"真"和"假"，在于给理性赋予秩序。真理在思想中得到检验，它要求我们观念的检查③。证明我们的思想是真实的东西，是我们在一个观念中清晰感知到的东西，这意味着反思建立在我们思想的对象上：通过反思我们知觉的清晰性和区分性，可以通过观念来确实地规定被指向的物，因为所有观念都是一个物的观念④。然而，这些观念不是由人类知性产生的，而是来自上帝：有限的精神接收神所创造的真理。

至于"真"，笛卡儿认为，真的思想就是对真的物（存在之物）的

---

① Kim Sang Ong-Van-Cung, *L'objet de nos pensées*：*Descartes et l'intentionnalité*, p. 94.
② Ibid., p. 109.
③ Ibid., p. 137.
④ Ibid., p. 138.

思想，换句话说，一个真的观念是向我展现一个物或一个实体的观念①。而关于"意向性"，笛卡儿认为其不是建立在一般性的主体和对象的相关性上，而是建立在精神对物的主要类别（genre）进行本体的列举关系之上②，或者说，是自我（ego）和物的类别的关系，而在后来，这些类别被定义为"简单自然"（natures simples），而这些简单自然纯粹是理智的，它们通过自然之光被认识，后者是天生的③。

在笛卡儿那里，"表象"（représenter）有时指"想象的表象（représentation）或者概念"，或者指"知性的纯粹观念"，这里没有图像，并且这些观念提供了对物的自然（本质）④的理解。而在中世纪的词汇中，当"再现"和"客观现实"联系起来，这指的是观念和物的关系，并且这个关系是对物的自然的理解或者理智的捕获。

再现，这不是制造图像或者精神的内容，后者代替物或者让其再次出现，而是拥有对某物的观念，理解某物。

对象，是感觉的对象。当感觉的对象再次出现于精神中，经验也就是感觉的；而当知性理解外部对象时，仍然有对这些外部对象的理智经验。因此，经验的模态是根据物出现在知性中的模式而定的⑤。

另外，人们倾向于区分物和对象，前者是精神之外的存在物，而后者是当精神朝向某物时，被精神所考虑的东西；精神的这个定向建立在表象的理论之上：在这个定向关系中，精神安置了对象，而对象让物或者物的状态在场⑥。

---

① Kim Sang Ong-Van-Cung, *L'objet de nos pensées*：*Descartes et l'intentionnalité*, p. 139.
② Ibid., p. 171.
③ Ibid., p. 173.
④ nature 既是指自然，也是指本质。
⑤ Ibid., p. 175.
⑥ Ibid., p. 177.

而笛卡儿区分了直观和知性，两者和对象的关系不一样：直观是对其对象的简单直接的获得，也就是说，在通过直观的表象中，精神接收到其对象。在翁凡春看来，根据笛卡儿的观点，知性将某物理解成"某物观念的对象"——观念是某物的观念。[①] 不过必须指出的是，观念不依赖于意志，而是依赖于知性。

观念再现一个物，后者如同实体的或者非实体的物那样被接收。表象的关系，或者观念的表象功能，内在于观念：伴随着观念，人们和物打交道，这个关系是直接的 [②]。观念是思想的形式，这个形式瞄准其对象，并且它让我们直接认识到物，因此它是物的观念。

对笛卡儿来说，感觉是一种思想，感觉的意向性是超验的。感觉通过感官瞄准实物，而且它还假设了思考主语的内在性，这个内在性在其思想的不同模式中产生了对自身的经验。而这样一个对思想的预设蕴含了对主语（sujet）的假设 [③]：这个主语超越了 hupokeimenon 和 subjectum 中的传统含义，即基础。当笛卡儿强调，没有主语人们不能察觉任何行为的时候，他是要区分"身体的行为"和"思考的行为"，为了最终确定身体和灵魂之间的区别。而另一种表达——"没有思想之物，就没有思想"想说的是，实体如同行为的主语，它不能通过自身被直接地认识到。[④]

想象和感觉在笛卡儿的思想中都是思想之物的模式，笛卡儿没有将它们简化为知性，而是"精神的统一体"：这个统一体有意识且自知，还可以在思想的不同模式中产生自身的经验。

---

① Kim Sang Ong-Van-Cung, *L'objet de nos pensées*: *Descartes et l'intentionnalité*, p. 177.

② Ibid., p. 178.

③ Ibid., p. 184.

④ Ibid., p. 185.

　　观念总是"某物的观念"，并且观念给思想、知觉、想象和感觉提供了形式，而本质上，观念是表象性的（représentative）。在第三沉思中，观念如同物的图像 ①。因此，在笛卡儿的思想中，观念表现了物，后者被客观地包含在前者之中。语言的表象特征建立在此基础上，即在思想中，观念总是某物的观念。

　　进一步来说，同样在第三沉思中关于上帝存在的证明中，笛卡儿通过寻找哪一个观念向我们代表了实在之物，来检验我们观念的对象，而最终人们得出了结论：上帝是所有我们观念中最为清晰和最为真实的。人们认识到真实的存在之物，它被包含在观念中。

四　康德："物自体"和"对象"

　　在康德看来，"对象"是被我们精神的规则即"显像"（phénomène）和"物自体"规定的，其实这些对象在自身中是不可认识的。康德认为，那些我们称为"外界对象"的东西仅仅是我们感知觉的表象而已，其相关物，即物自体，是不可认识的。②

　　对象是主体中的表象，它们彼此相连，根据经验的整体法则，被决定在时间和空间的关系中。实际上，我们知性的概念只能认识我们直观能对应的物，因此，认识是将知性的概念应用于显像 ③：我们不能认识任何一个如同物自体的对象，对象仅仅是感性直观，是显像。

　　但康德仍然提出了一个"先验的对象"，这个对象是直观内容的抽

---

① Kim Sang Ong-Van-Cung, *L'objet de nos pensées*：*Descartes et l'intentionnalité*, p. 186.

② Ibid., p. 12.

③ Ibid., p. 13.

象，它不是可认识的对象，它是允许客观化材料的统合点，并且它和先验的"我"相关，同后者一样，是经验的第一个绝对的基础。

事实上，这个先验的对象是物自体，是特定对象性显像的基础。

五 "主体"和"对象"的颠倒

布伦塔诺认为，在中世纪和当代交界之际，"主体"（subjectum）[1] 和"对象"（objectum）这两个概念的含义发生了变化：

> （1）我们今天称为"对象"的东西，在中世纪是被放在"主体"的位置上的，准确来说，是被放在灵魂或者精神之外的"物的主体性存有"（l'esse subjectum des choses）的水平上；
>
> （2）今天被称为"主观性/主体性"（subjectif）的东西，在中世纪被称为"（灵魂中）客观的存有"。[2]

对海德格尔来说，当代性从笛卡儿开始，将"我/自我"提升到一个非凡主体的位置，而当代性带来的扰乱是对调了主体和对象。海德格尔认为，这动摇了自柏拉图-亚里士多德以来的思想史，即如同"存有"历史的形而上学的思想史 [3]。

在其文章《物是什么？》中，海德格尔指出，"主体"（subjectum）

---

[1] 在使用拉丁语的中世纪，subjectum 其原初含义是基底/基础（详细的讨论请参考第十一章），它后来变成了 sujet（主语/主体），但在这里考虑到语境，不能将其理解为基底，而是主体。

[2] Alain de Libera, *La double revolution*, *L'acte de penser*（1）, *Archeologie du sujet III*, p. 148.

[3] Ibid., p. 121.

和"对象"（objectum）含义的变动不是一个简单的语言学问题，这是一个关于"定在"（Dasein）的根本变化，即在数学基石上，"定在的存有"（l'être de l'étant）的缓和。[①]

之后，随着"物"和"对象"这两个概念的同一化，两者的含义变得相近，也就是说对象被物化，变成了客体。

[①]　Alain de Libera, *La double revolution*, *L'acte de penser*（1）, *Archeologie du sujet III*, p. 137.

第三章
亚里士多德和弗雷格的逻辑学

在 20 世纪 60 年代，拉康在其教学中使用了一些逻辑学和数学模型来阐述自己的主体理论，这构成了拉康思想的一个显著特征：一方面，和弗洛伊德相反，他没有从实际经验出发，而是直接以抽象模型为起点来构建理论；另一方面，既然这些术语被安置在数学和逻辑学模型中，这意味着人们不能根据常识来理解拉康的术语。如果有人试图理解拉康的思想却对他使用的模型一无所知，他一定会迷失在拉康的话语中。

然而讽刺的是，虽然逻辑学和数学在拉康思想中起到了重要作用，但它们总是被忽略。我们在法语文献中只找到一本著作正式讨论了两者的关系，即皮埃尔-克里斯托夫·卡特利诺（Pierre-Christophe Cathelineau）在索邦大学完成的博士论文《拉康，亚里士多德的读者：政治学、形而上学、逻辑学》。全书分为三个部分，逻辑学被放在了最后，在这最后的章节中，作者主要讨论拉康在 1972 年讨论班《……或者更糟糕》中所引用的亚里士多德的模态逻辑，由此来为他的论文画上句号。在结论部分，作者探讨了拉康通过研究主体和存有（Être）的一致性来向亚里士多德致敬，他指出，在亚里士多德那里，"存有"的基本含义是"独特的存在""个体性的存在"，这对应于拉康的"主体"的内涵，即"独一无二"和"不可被归类"，因此，拉康是亚里士多德主义者。

我们的立场和皮埃尔-克里斯托夫·卡特利诺完全不同：根据研究，拉康绝对不是亚里士多德的读者，因为当他构建主体理论之时，他参考的是弗雷格的逻辑学和集合论。在本章中，我们将介绍亚里士多德的主谓理论和三段论，以及弗雷格的逻辑学，读者可以通过对比发现，弗雷格的逻辑学对于理解拉康使用的理论模型以及主体理论至关重要。

一　亚里士多德的三段论

在古希腊，雄辩术和修辞学与动词"对话"紧密相连，作为逻辑学的基础，它们在柏拉图和亚里士多德的思想中是和逻辑学对立的。雄辩术是一门实践的学问，它存在于包括哲学在内的所有学说中。这门实践如同建立或者质疑某些真理的必要程序，对所有实践者来说是必需的。事实上，不同学说以自己的方式运用这项技术，并发展出自己的风格。①

另外，关于雄辩术和修辞学的差异，一些人因为将雄辩术视为问答的讨论，而修辞学是连续的话语，所以将两者对立；某些人认为，雄辩术是简短的话语（比如苏格拉底的雄辩术），而修辞学是冗长的话语②。当然，对于大部分人来说两者是同构的，因为其中有着共同的规则和程序。

古希腊思想的一个显著特征是，相比于论点，规则和程序显得更为

①　Francis Wolff, "Pourquoi la dialectique?" dans *Logique et Dialectique dans l'Antiquité*, éd. Jean-Baptiste Gourinat et J. Lemaire（Paris：Vrin, 2016）, p. 22—23.

②　Jean-Baptiste Gourinat, "Introduction," dans *Logique et Dalectique dans l'Antiquité*, p. 9—10.

重要，而强调这点的雄辩术和修辞学，以及数学的形式化证明，催生了古代的逻辑学。作为真理的技术，雄辩术在三段论的发明中起到了关键性的作用："如果人们已经掌握了雄辩术，如果人们已经变成了辩论家，人们就拥有了产生三段论的能力，可以是任何主题，也可以从那些著名的前提出发。"[①]为了建立这些逻辑规则，亚里士多德用字母替代了命题中的术语，斯多葛主义者则用数字替换了命题。

然而，在逻辑学的历史中，亚里士多德并不是三段论的唯一发明者，比如他自己提到的，柏拉图已经构想了三段论，但亚里士多德的地位还是不可撼动，因为是他建立了三段论中的逻辑规则。古里纳特就认为，从《论题篇》开始，三段论的定义出现，直到《后分析篇》，一些可以说是"逻辑"的规则出现在亚里士多德的著作中。[②]

根据亚里士多德对三段论的定义，这些规则被称为是"逻辑"的，因为它们通过支配前提和结论之间的关系，摆脱了辩论者主观的影响。这是一种方法，即一些事物被放置其中，而另外的事物必然地会随之而来。[③]

在古希腊，存在着两种产生于演绎规则的三段论系统：亚里士多德的和斯多葛主义的。在不同的时代，这两个三段论系统之间的差异分别以不同的方式被思考过。在古希腊，亚里士多德的三段论因为由一个主语和一个谓词的简单命题构成，所以被称为是"范畴"的，而斯多葛主义的三段论则是由复杂的前提构成，因此被称为是"假定"的。[④]在当

[①]　Jonathan Barnes, "Les syllogismes dialectiques," dans *Logique et Dalectique dans l'Antiquité*, p. 136.

[②]　Jean-Baptiste Gourinat, "Introduction," dans *Logique et Dalectique dans l'Antiquité*, p. 19.

[③]　Ibid., p. 13.

[④]　Ibid., p. 14.

代，斯多葛主义的逻辑学通过命题变量来定义，而亚里士多德的逻辑学被视作如同术语的逻辑学。

总之，亚里士多德的三段论被用来进行推理和演绎，但它绝对不能通过常识来理解，因为亚里士多德的起点是他的范畴理论，事实上相对于推理，亚里士多德更偏爱主谓关系，当然这里涉及的是主语（sujet）而不是主体（sujet）；在当代，弗雷格重拾了主谓关系并用它来构建了自己的逻辑学。我们在第四章中会看到，通过参考亚里士多德和弗雷格的逻辑学，拉康颠覆了当代哲学中流行的主体概念，并且在他的思想中，逻辑学同样不涉及推理。

1　论证与定义

亚里士多德主要是在《后分析篇》中处理了论证的问题。在这篇著作中，他研究了科学的方法论。对他来说，科学的对象是必然性，而论证，即科学的三段论，确保了真理："当亚里士多德宣称，整个科学命题是真，这意味着，这个命题必然性地为真。"[1] 这个必然性是由起点连接到结论的整个结构产生的，同时它被蕴涵在论证之中。

论证是这样一种三段论，它假设推理包含了这个形式化的必然性[2]。那么，论证必须根据一套严格的程序展开：从为真的、为人所知的前提出发，这些前提是结论的原因[3]。在这里，我们得到了关于论证的两个关键性条件：起点是由为真的命题构成，而论证是通过"原因"而展开。对亚里士多德来说，必然性最终朝向的是原因、普遍性和本质，而对必

---

[1]　J.M. Le Blond, *Logique et méthode chez Aristote* (Paris：Vrin，1939), p. 57.

[2]　Ibid., p. 58.

[3]　Ibid., p. 74.

然性或者原因的认识依赖于三段论的结构。接下来我们看看在科学三段论中"原因"这个术语的含义。

　　亚里士多德认为，科学三段论中的中项表达了如同必然性的原因，而只有一种必然性描绘了科学认识的特征。在《分析篇》中，"必然性"和"直接的普遍性"彼此接近，这是"本质"。根据亚里士多德的观点，在事物中是必然的东西，这就是属于其本质的东西。那么这里涉及的是"本质性属性（补语／谓词）"的性质：按照同一性的原则，属性属于一个物，即属于本质 ①。因此，本质性的关系是同一性关系。J.M. 勒布隆（J.M. Le Blond）指出，这不是一个将两个事物结合的、"综合"的关系，相反，这是一个"分析"的关系，是事物和自身的关系，整体统一性或者局部统一性，即事物和其部分的同一性 ②。

　　因此，认识必然性最终导致对同一性的认识。举亚里士多德的一个例子，三角形的内角和总是等于两个直角，他想说明的是三角形的本质总是等于自身。所以，必然性的判断事实上是同一性的判断，在这样的判断中，谓词被分析性地包含在主语中。

　　通过考察在论证的三段论中中项代表的原因角色，勒布隆认为，虽然中项要么代表物质因，要么是动力因，要么是目的因，但它总是在定义的形式下代表着本质；这正是内在本质的理由，即实质（quiddité）③。亚里士多德对此非常清楚，他表示，所有科学三段论的出发点是一个定义，在这样的三段论中，中项是如同形式化定义那样被决定的，并且在这个形式化定义的统治下，当物质因、动力因和目的因出现在三段论中

---

①　J.M. Le Blond，*Logique et méthode chez Aristote*，p. 92.

②　Ibid.

③　Ibid.，p. 95—96.

时，它们必须在定义的形式下出现，即"穿上形式因的外衣"①。因此在亚里士多德看来，"原因"在科学三段论中是起枢纽的作用，而且它是形式因。

另外，对"原因"的解释涉及亚里士多德思想中物理学和科学之间的区分。对他来说，物理学家必须认识四原因，特别是物质因和目的因，而科学的理想相反，它是数学的，因此科学的认识是抽象的："科学的概念受到实在的概念的启发，后者通过形式的连接和等级而被构成。"②

那么，这样的科学应当建立在同一律的基础上，所以在《分析篇》中展示的因果关系是分析性关系，即同一性关系③。虽然在亚里士多德的论点中存在着矛盾和犹豫，但很显然的是，他对于因果性在科学中扮演的角色是确定的，即这是一个要求通过对普遍性和必然性进行确认的概念。换句话说，这是从"定义"到"被定义之物"的关系，是从"本质"到"谓词"的关系。事实上，亚里士多德自己承认，寻找一个物的原因不是要将之和另一个物捆绑在一起，而是在物自身中寻找它是什么④。这就是同一性。

总之，亚里士多德认为，科学的特征是必然性，这不仅仅是独立于辩论者推理的必然性，而且是客观的必然性，即在本质（nature）三段论中展开的绝对必然性。这个必然性存在于事物和自身的同一性中⑤。在其科学或者论证的三段论理论中，亚里士多德强调了形式因的概念，而这个概念同样建立在"同一性的逻辑必然性"基础上，并"很显然受到

---

① J.M. Le Blond, *Logique et méthode chez Aristote*, p. 96.
② Ibid., p. 100.
③ Ibid.
④ Ibid.
⑤ Ibid., p. 105.

数学理想的启发"①。面对科学概念中的这个基本二元性，亚里士多德在普遍性、必然性和原因这几个概念之间摇摆，但毫无疑问，他本人力图将普遍性简约为必然性，而将必然性简约为同一性，那么原因最终就是形式因②。

2　本质三段论

我们已经展示了科学三段论的起点是定义，其中涉及的是同一性，并且亚里士多德的科学正是建立在同一性的判断基础上。在接下来的部分中，我们首先要介绍的是在三段论推理中亚里士多德的独特发现，即中项的功能，然后介绍关于定义的三段论结构，以及在这样的三段论中，术语"逻辑"的内涵。

为了满足必然性的要求、避免在推理过程中直觉的干扰，亚里士多德构建了三段论，但如果人们仅仅将其视作一个伴随着必然性而自动展开的推理，那么人们对此仅有一个"外部"的定义。亚里士多德的推理是非常独特的，它要求三段论式的展开，因此，必须有两个分别称为"大前提"和"小前提"的命题，接下来，这两个命题绝对不是孤立的，而是必须有联系：它们必须有共通的某物。由于亚里士多德的逻辑学被认为是关于术语的逻辑学，而命题建立了两个术语的关系，因此必须有一个公共的术语存在于这两个前提中：通过这第三个公共的术语，大前提中的第一个术语和小前提中的第二个术语建立了一个关系。

那么，亚里士多德三段论的枢纽就是两个前提中的公共术语，即中项，它保证了必然性③。我们看这个著名的三段论：

①　J.M. Le Blond, *Logique et méthode chez Aristote*, p. 106.

②　Ibid.

③　Ibid., p. 66.

> 所有人是要死的；
>
> 苏格拉底是人；
>
> 苏格拉底是要死的。

　　根据勒布隆的观点，我们可以将这个三段论以以下的方式转换，这样我们就能认识到亚里士多德思想的独特性：

> "要死的"赋谓给"人"；
>
> "人"赋谓给"苏格拉底"；
>
> "要死的"赋谓给"苏格拉底"。①

　　在以上形式中，亚里士多德三段论的两个特征呈现了出来：首先，这个关于主谓关系的命题是范畴的；然后，中项"人"在中间的位置，通过它，主语"苏格拉底"最终建立了和谓词"要死的"的关系。

　　另外，从亚里士多德的观点来看，中项不仅仅是一个过渡的角色，它更是维持了和另外两个术语的从属关系：亚里士多德认为，这个包含了一个术语，同时又被包含在另一个术语中的东西被称为"中项"，通过它，两个前提的连接最终实现。这样，亚里士多德向我们展示了"三段论内部的描述"②，这也揭示了推理的机制：当三个术语中的两个在一个关系中，以至于最后一个术语被包含在中间的术语中，而中间的术语被包含在第一个术语中，那么必然的是，这里有一个连接两端术语的完美三段论。

---

① J.M. Le Blond, *Logique et méthode chez Aristote*, p. 67.

② Ibid., p. 68.

因此，三段论建立在"术语的从属"基础之上，其本质是亚里士多德的范畴理论，它讨论的是主语和谓词的关系。在这里，系词"是"不指示术语的相等，而是从属。作为亚里士多德思想的基础，从属标志了其三段论的独特性："通过从属而不是替换来推理，除非在从属的极端例子中。"①

接下来，我们将要介绍如同科学三段论起点的本质三段论，通过展示其结构，希望最终能厘清拉康思想中亚里士多德逻辑学的功能。

3　定义：本质三段论

在《分析篇》中，亚里士多德引入了如同"论证理论"的补足部分的"定义理论"。论证的核心就是中项，它代表了原因，而这个原因是本质。勒布隆指出，如果中项表达了本质，对中项的研究实际上就是对本质的研究，是对定义的研究。②

事实上，从一开始亚里士多德就想仅通过"中项的理论"来补全"论证理论"，但定义研究的发展很快超出了他的预期。他认识到，中项没有表达完整的本质，定义也不是全面的定义③：由中项提供的定义仅仅是形式化的定义④。同样，在引入这个和中项问题等同的定义问题之后，亚里士多德投入《后分析篇》中，为了研究定义和三段论之间的关系，最终他得出结论：定义不是三段论的结论⑤。

---

① J.M. Le Blond, *Logique et méthode chez Aristote*, p. 68.
② Ibid., p. 150.
③ Ibid.
④ Jean Philopon et Maximilian Wallies, *In Analytica posteriora*（Berlin：G.Reimer, 1909）, p. 375—4.
⑤ J.M. Le Blond, *Logique et méthode chez Aristote*, p. 150.

　　通过对比定义和三段论的结论，人们可以发现差异：定义必须是肯定和普遍的，而三段论的结论可以是否定和非普遍的。在勒布隆看来，即使有些三段论结论是肯定的，它们也不是定义，因为它们认识的是属性，而不是本质。①

　　进一步说，虽然论证的基础是定义，但论证的范围更为广，且亚里士多德给出了一个不一样的陈述："定义"呈现的是"什么是一个物"，"论证"则是"一个物是或者不是赋谓给另一个物"。根据这个差别，定义表达了物，而论证要么如同定义那样工作，要么表现物的属性。在论证三段论中，如果中项不是形式因，论证就通过将一个属性连接于一个主语而真正构成一个谓述关系；相反，在定义中，谓述关系不是真实的而总是人为的：语法的表语不是实在的赋谓，它事实上和主语相混淆。这样，在两种三段论之间存在着一个不可简约的实质：论证结合了两个不同的存在，但在定义中，不存在两个不同事物的连接，"动物"和"双足动物"不是两个不同的事物。换句话说，定义总是涉及同一事物。

　　另外，因为定义表达的是本质，即一个事物是什么，我们可以说，定义是本质三段论②：认识定义的方法不能是论证，而是一个本质的逻辑三段论。将术语"逻辑"暂时放一边，我们先澄清在"定义"或者"本质三段论"中的主谓关系。本质和偶性必须区分开来，因为本质不是从主语之外获得的。这些"本质的谓词"不是命名，它们表达了"物是什么"③。罗班（Robin）指出，本质三段论是"纯粹的人造物，因为它是通过分离这些不可分离之物而获得的，否则就不再能表达

---

①　J.M. Le Blond, *Logique et méthode chez Aristote*, p. 151.

②　Ibid., p. 168.

③　Alain de Libera, *L'invention du sujet moderne*, p. 75.

本质"①。因此在本质三段论中，主语和谓词仅仅表达了语法的位置，它们最初是一物，后来被人为地分离。

那么，在认识到了亚里士多德思想中定义和论证的差别以后，我们重新考虑下关于"苏格拉底是要死的"这个三段论：

> 所有人是要死的；
> 苏格拉底是人；
> 苏格拉底是要死的。

重拾这个三段论不仅仅可以总结之前的讨论，还可以预热拉康的思想：它是拉康在《精神分析的关键性问题》讨论班（1964—1965）中讨论的三段论，也是拉康唯一提及的三段论。那么，我们首先提出的问题是：这个三段论是定义还是论证？关键点就是中项"人"和"苏格拉底-人的关系"。

对亚里士多德来说，主谓关系有两个类型，即本质和偶性，这个区分在通过双重对立的谓述关系的水平上得以实现：一个是在"本质性谓述关系和偶性谓述关系"之间的对立，一个是在"同义的谓述关系和近音的谓述关系"之间的对立。前者不是真正的谓述关系，而是"如同被主语所说"，后者是真正的谓述关系，因为"如同在主语之中"，即"居住或者固定在这个完成其从属的东西中，在这个固定了事物的东西中，在将'物'维持在存在中的东西中，在支撑事物的东西中，即主语"②，这正是如同实体的主语。

---

① Léon Robin, "Sur la conception aristotélicienne de la causalité," dans *La pensée hellénique des origines à Épicure* (Paris：PUF, 1967), p. 28.

② Alain de Libera, *L'invention du sujet moderne*, p. 77.

因此，亚里士多德称呼本质性的谓述关系为"同义的"或"单义的"，这样的谓述关系是"范畴内的"。被主语所说的东西根据名字和定义来赋谓："'人'被'苏格拉底'根据名字来赋谓，因为'人'的定义应用于他（'苏格拉底是人'）。"根据马克-波利卡普·穆通博（Marc-Polycarpe Mutombo Matsumakia）[1] 和皮埃尔·奥邦克（Pierre Aubenque）[2] 的观点，"人"是本质性的补语（属性），它和偶性的补语（属性）对立。换句话说，"人"作为苏格拉底的本质不是从外部接收的，它也不会依赖苏格拉底，因为"苏格拉底的本质不依赖于苏格拉底：苏格拉底的本质，就是苏格拉底"。也就是说，这些表达了"物是什么"的本质性谓词不是"命名"，它们是"物是所是的表达"，是"在定义中表达"。[3]

因此上述的三段论是定义，而中项"人"作为形式因表达了主语的本质，并且"苏格拉底""人"和"要死的"是**等同的**，它们指示了"主语是什么"。

那么，为什么亚里士多德要人为地构建这样的三段论呢？他有什么目的？这涉及三段论的对象：存在着一些关于事件的三段论，也有一些三段论定义实体。后者构成了一个真正的定义，即本质三段论，它们让实体显现出来 [4]。

最终，本质三段论被亚里士多德称为是"逻辑的"，而他关于术语"逻辑"的看法在当代人看来是令人吃惊的。在亚里士多德的用语中，三段论中的"逻辑"一词以"略微贬义的意义"出现，和"是科学的东

---

[1]　Marc-Polycarpe Mutombo Matsumakia, *Précis de logique non classique*（Paris：Publibook，2010），p. 25.

[2]　Pierre Aubenque, *Études sur Parménide*（Paris：Vrin，2000），p. 274.

[3]　Alain de Libera, *L'invention du sujet moderne*, p. 75.

[4]　J.M. Le Blond, *Logique et méthode chez Aristote*, p. 165.

西"相对立 ①。那么，为什么对亚里士多德来说，逻辑三段论和科学三段论是彼此对立的呢？J. 费洛庞（J.Philopon）给出了一个理由："逻辑三段论包含了一些未被证实的假设，并且它不是依靠必然性。"② 在罗班看来，这里存在着另一个更为深层的理由，它能解释本质三段论的逻辑特征：

> 感谢一种人为的和辩证的分解，它打碎了定义的实在统一性。因此人们抽象地考虑本质的形式部分和质料部分，以便从中得出结论，因此论证本质。③

罗班指出，实体从某种程度上来说是本质三段论的对象，它决定了"逻辑"如同"人为的"那样，因为"形式"和如同实体的"质料"本属于同一事物，即它们都处在语法主语的位置，但在这种三段论中，它们被人为地分离。对此，乔治·罗迪耶（Georges Rodier）同意罗班的观点：

> "逻辑"常常指示一种考察事物的抽象和非实在的方式，它不是在真正的统一体中考察这些本质，而是在本质包裹的普遍性中考察，这是一种非论证而是辩证的方法论。④

因此，如果人们构建一个关于实体、人或者灵魂本质的三段论，这个三段论就是"逻辑的"，因为"它包含了一个在'形式'（要死的苏格

---

① J.M. Le Blond, *Logique et méthode chez Aristote*, p. 161.

② Jean Philopon et Maximilian Wallies, *In Analytica posteriora*, p. 366—19.

③ Léon Robin, "Sur la conception aristotélicienne de la causalité," dans *La pensée hellénique des origines à Épicure*, p. I, 28 note 27.

④ Georges Rodier, *Traité de l'âme d'Aristote*, 2 vol. in-8° (Paris: Leroux, 1900), p. 193.

拉底）和'质料'（人）之间人为的分离"①。

　　进一步说，在这个三段论中，原因和结果的关系与科学三段论中的因果关系截然不同，因为时间性在这里被取消了：原因不是先于结果，相反，这里涉及的是"同时性的因果性"②。这一切都是因为，在定义中，原因和结果的区分是"逻辑的"和"人为的"，它们的分离纯粹是"辩证的"③。

　　因此，和当代意义相反，"逻辑"一词在古希腊不是指符合理性或者推理规则的东西，这个术语在本质三段论中是"人为"的同义词。在亚里士多德看来，作为三段论对象的本质或实体是不可分的，而如果一定要将这些不可分的元素做出区分，只能通过人为的操作实现。这样的三段论不是实在的，仅仅是"精神的作品"④，在其中人们能够考察原因和结果在哪里等同⑤。

　　最后让我们回到"苏格拉底是要死的"这个三段论："苏格拉底""要死的"和"人"是等同的，后两个术语陈述了"苏格拉底是什么"。对此三段论的澄清有助于我们在下一章理解拉康的主体理论。接下来，我们将介绍弗雷格的逻辑学，他会带来和亚里士多德完全不一样的主谓关系理论。

二　弗雷格的当代逻辑学

　　戈特洛布·弗雷格（Gottlob Frege）不仅仅是当代逻辑学的创始人，

---

① J.M. Le Blond, *Logique et méthode chez Aristote*, p. 165.

② Ibid., p. 164.

③ Ibid.

④ Ibid., p. 166.

⑤ Ibid.

还同样是分析哲学和语言哲学的奠基人。他发明的全新逻辑学给同时代的数学家提供了一个了不起的工具，并且他还通过其著作影响了后世一大批哲学家，比如说罗素、怀特海以及维特根斯坦等人。事实上，弗雷格思想的影响力远远超出了逻辑学乃至哲学的领域，比如，拉康就是在受到弗雷格逻辑学的启发后，将他的主体理论建立在弗雷格逻辑学的基础上。事实上，拉康在整个 20 世纪 60 年代的教学都是以弗雷格逻辑学为中轴而展开的。因此，要想理解拉康思想中的基本概念和理论模型，就必须熟知弗雷格逻辑学。

在这一节中，我们将围绕拉康所提及的内容来介绍弗雷格思想，其中涉及概念文字、算术、概念和专名的关系，以及函数和概念的关系。

1　弗雷格的逻辑学

逻辑学诞生于亚里士多德的思想，但它最初的含义是"人为的"，在其随后的漫长发展中，逻辑学和哲学建立起紧密的关系并成为其一个分支，最终，逻辑学变成了一门独立的学科。

当人们谈论弗雷格时，他总是被称为逻辑学家，但作为语言哲学的创始人，弗雷格同样对哲学的基本问题感兴趣，尤其是关于语言的问题。事实上，在弗雷格的思想中，哲学和逻辑学的关系不能被简单切割：人们可以简单地将《概念文字》和《算术基础》看成逻辑学著作，其他的看成哲学著作，但我们更仔细地阅读之后就会发现，弗雷格在《算术基础》中研究了语言的歧义，而在《逻辑》和《逻辑引论》中探讨了哲学问题，因此很难将其著作清晰分类。而在这些思考和研究过程中，弗雷格建立了一个全新的逻辑体系，并从中推导出了数学体系。另外，通过使用自己的新逻辑学工具，弗雷格尝试着解决一些哲学问题，比如专名的问题。所以在弗雷格的思想中，逻辑学和数学并没有彼此区分，相反它们共存于一个整体中。

对弗雷格来说，逻辑学"以特殊方式研究'真'这一谓词"，术语"真"反过来描述了逻辑。① 对于谓词"真"所应用的领域，弗雷格将其限制在句子中，准确来说是在断定句中 ②，而一个句子的含义被称为"思想"，谓词"真"最终应用于思想 ③。从弗雷格的观点看，逻辑学研究其形式是断定句的"思想"，准确来说是"思想的含义"。

事实上"思想"一词在弗雷格的体系中具有一个不寻常的含义。对他来说，思想不是指人类精神活动的产物，而是和"真理"有关系，在多次讨论中，弗雷格都将思想视为"自然规律""数学定律"和"历史事实"④。他还指出，这些思想，比如数学定律，不仅不需要我们承认，甚至不用我们思考，它们就是为"真"；另外，这些"非时间性"和"非空间性"的思想以非物质性的形式永恒存在着。⑤ 思想拥有自身独立的存在，我们人类只能去把握它而不是创造它。

另外，思想的诸多特征催动了新逻辑形式的诞生。亚里士多德为了考察推理的规则，用字母代替了文字，这个替换标志了思想中形式和内容的分离；在弗雷格逻辑学中，这个分离走得更远：逻辑通过和自然语言分离而投身人工语言之中。

根据弗雷格的观点，思想的本质是其永恒不变的内容，问题仅仅在于思想在不同语言中存在的方式不同，即语法差异，这解释了来自不同语言背景的人可以理解和分享同一思想这个事实。弗雷格就此认为，逻辑学的目标在于将属于"逻辑"（内容）的东西和属于"表象以及感觉"

---

① 弗雷格：《逻辑》，收录于《弗雷格哲学论著选辑》，第 199 页。
② 同上。
③ 同上。
④ 同上书，第 205—206 页。
⑤ 同上书，第 208—211 页。

（形式）的东西分开。

从这个意义上说，语言本身成了把握思想的障碍，因为某种语言中的语言形式（语法和词汇）在某种程度上影响甚至决定了我们的精神活动。通过比较不同的语言，弗雷格指出，为了把握思想，人们必须学会将内容和形式分离，因此认识到思想的另一种表达模式是有用的，即人工语言。

亚里士多德用字母替代了词语而建立了逻辑学，但三段论仍然在语法结构中展开，所以亚里士多德的逻辑学还是在依靠自然语言。弗雷格彻底抛弃了自然语言而诉诸全新形式的人工语言，他称其为"概念文字"。

> 尽管人们能够以不同的语言表达相同的思想，但是心理的附属物，思想的外壳常常是不同的。由此看出学习外语时逻辑训练的价值。由于思想有不同的外壳，因此我们要学习将思想的外壳与其内核十分清楚地区别开，而在单一一种语言中，这种外壳与内核似乎是融为一体的。因此，借助各种语言间的差异使理解逻辑的东西变得容易了。但是这样还不能完全排除困难，我们的逻辑教科书依然还要赘述一些东西，譬如主语和谓词，而这实际上不属于逻辑。因此获得一种完全不同性质的思想表达工具是十分有用的，譬如我们在算术形式语言中或在我的《概念文字》中使用的表达工具。[1]

在弗雷格的全新的逻辑学中，逻辑学的对象改变了。亚里士多德的逻辑学研究主语和谓词的关系，但弗雷格逻辑学的对象是断定句的内

---

[1]　弗雷格：《逻辑》，收录于《弗雷格哲学论著选辑》，第 220—221 页。

容，并且为了把握内容，逻辑学家不再遵循语法，也不再对主谓关系感兴趣，而是关注弗雷格定义的"概念-客体（objet）"关系。

> 我们将完全避免"主语"和"谓词"这两个为逻辑学家所喜爱的表达，尤其因为它们不仅使重认变得困难，而且也掩盖了现有的差异。逻辑学家不应盲目地遵循语法，而应认识到他们的任务在于使我们摆脱语言的束缚。①

弗雷格的思想对拉康有强大的影响，尤其他的基础理论模型完全建立在其概念文字的基础上。

2　概念文字

在 1897 年，弗雷格完成并发表了他的著作《概念文字：一种模仿算术语言构造的纯思维的形式语言》。这本在当时被忽略的著作，在后来被认为是当代逻辑学的开端。

概念文字的发明并非没有基础。对弗雷格来说，逻辑学包含了算术和数学的一些分支，而当他研究逻辑和算术的关系时，他认识到一件重要的事，即推理的过程必须是严格的。但在寻找完美演绎的时候，他遇到语言的缺陷，由此他希望创造一种人工语言来解决这些问题，概念文字的想法便由此诞生。②

弗雷格认为，语言和逻辑是两个不同的领域，遵循语法不能保证精神活动的正确性，因此他指出，虽然语言的变化性和不稳定性让语言本

---

① 弗雷格：《逻辑》，收录于《弗雷格哲学论著选辑》，第 221 页。
② 弗雷格：《概念文字：一种模仿算术语言构造的纯思维的形式语言》，收录于《弗雷格哲学论著选辑》，第 1—5 页。

身进化，并且让语言多样化，但这些特征阻碍了逻辑学的发展。首先，语言没有单一性，但这是逻辑最为初始的条件，一个典型的事例是，在词语层面上，没有概念和客体的区分。在语言中，同一个词既可以用来指示同类的概念，也可以指示在这个类之下的独特客体。在日常对话中，概念和独特客体之间几乎没有差异。语言的弹性表达不能构成演绎的严格形式。在这种符号形式下，逻辑关系绝对不能被揭示，它们只能暗含在语言中表达。

另外，相对于声音系统，弗雷格偏好书写。对他来说，和转瞬即逝的口语系统相反，被书写的词语持续存在并且不会变化。并且，书写系统必须净化所有的模糊性，而有了清晰的形式才能更好地限定内容。远离表象，和口语相区分，弗雷格追随的语言是一套人工的抽象书写，即概念文字，其形式是算术公式。

> 因此，文字借以远离表象过程的性质一般恰恰适于弥补我们资质的某些缺陷。如果不是涉及描述自然思维如何与日常语言有相互影响的关系，而是涉及弥补它由于与听觉的紧密结合而产生的片面性，那么对于文字和声音将应该优先选择文字。为了利用视觉符号的独特优点，这样一种文字必须与所有日常语言完全不同……算术的形式语言是一种概念文字，因为它们不传达声音，直接表达事物。作为一种概念文字，它达到这样的简明性：允许在一行表达一个简单判断的内容。①

为了构建概念文字，弗雷格引入的最为基础的符号是判断符号，即

---

① 弗雷格：《论概念文字的科学根据》，收录于《弗雷格哲学论著选辑》，第43页。

├──，这个符号由一条短的竖线和一条稍长的水平线构成，其中水平线被称为内容线，竖线是判断线："在内容线之后出现的东西必然总有一种可判断的内容。"①

随后，弗雷格引入了函数，并将之整合进概念文字的系统中。他指出，逻辑学的研究对象是句子，人们能够将之区分出两个不同的部分：一个部分是不变的表达式，它表达了**关系**的整体性，另一部分是一些可替换的记号，它们指示处在这些关系中的**对象**。弗雷格称这个不变的表达式为"函数"，而可替代的部分为"自变元"。②考虑以下的例子："氢气比碳酸气轻"。如果将"氢气"视为自变元，那么表达关系的"（　）比碳酸气轻"就是函数；如果将"氢气"和"碳酸气"同时视为自变元，那么"（　）比（　）轻"这个关系就是函数。

弗雷格最终的目的是构造一种人工化的形式语言，因此他随后便引入了一般性的函数式，即"表达自变元 A 的一个不确定的函数" $\Phi(A)$；同时，函数从属于判断：├── $\Phi(A)$。人们可以将这个关系读作："A 有性质 Φ"。③

另外，在自变元的位置代入一个字母，并在内容线中画出一个凹槽，将相同的字母置于这个凹槽处，弗雷格构造出了一个判断：├─a─ $\Phi(a)$。这个判断想说的是："无论将什么看作其自变元，那个函数都是一个事实。"④

弗雷格的新形式逻辑学为这个学科做出了一些贡献。第一个贡献是引入了判断符号├──，这标记了当代逻辑以句子的内容为其对象。从

---

① 弗雷格：《概念文字：一种模仿算术语言构造的纯思维的形式语言》，收录于《弗雷格哲学论著选辑》，第 7 页。
② 同上书，第 23 页。
③ 同上书，第 25 页。
④ 同上书，第 26 页。

语言学出发，弗雷格将句子内容和对句子的判断区分开来，通过这个区分，逻辑学家将逻辑定义为是客观的，和主观的心理学相区分。

第二个贡献是，弗雷格建立了当代逻辑系统。经典的逻辑系统建立在亚里士多德逻辑学基础之上，而亚里士多德是根据一套秩序来构建这套体系的：首先是基本术语，然后是这些术语构建了命题，随后演绎从这些命题出发而得以展开。因此，经典逻辑强调的是概念或者范畴。相反，在概念文字中，作为关系总体性的句子被放在了首位。这个观点决定了当代逻辑学：从此以后，人们不再用概念来演绎，相反是在命题演算系统中考察概念。

弗雷格的第三个贡献是在逻辑学中引入了数学，并且正是通过参考数学，新的逻辑学解决了经典逻辑中存在的一些问题，即单称命题的问题、关系命题的问题和量的分析的问题。不仅如此，借由函数和变量的引入，量词理论得以建立，它给命题的逻辑结构带来了新的解释。

在经典逻辑中，人们根据语法形式来解释命题的逻辑结构，分析必须遵守印欧语系建立的"主语—系词—谓词（宾语）"结构。相应地，逻辑术语也必须安置在语法结构中：逻辑主语对应于语法主语，逻辑合取对应系词，而逻辑的谓词对应宾语。以下两个命题"所有人是要死的"和"所有 S 是 P"，它们显然拥有同样的语法结构。

弗雷格不满意自然语言的语法并将之抛弃，随即采用了数学语言来构建他的逻辑学。在新的体系中，传统的主谓关系被重新书写：如同将函数分为关系式和变量一样，命题也可以分为不变的部分和可变的元素，前者指示一个没有主语的谓词结构，后者对应个体，两者的结合形成了完整的命题。

自从亚里士多德建立了如同科学的逻辑学之后，逻辑一直是用来研究推理的规则。然而，亚里士多德逻辑学一方面通过自然语言表达，另一方面又和哲学以及本体论混淆，所有这些都阻碍了其发展。直到弗雷格的概念文字诞生，逻辑获得了从数学那里借入的形式语言，这样它得到了真正的发展。

3　算术基础

弗雷格的一个心愿是，有朝一日数学能从逻辑学中推演出来，他的这个立场也叫作"逻辑主义"。《算术基础》就是向这个心愿努力的结果。在这部完成于 1884 年的著作中，弗雷格讨论了"数"，其方法是将数和语言学及数学的基本概念联系起来，即"对象""概念""专名"和"单位"。弗雷格努力想通过给 0、1 以及接下来的数以定义，从而解释"什么是数"。

在日常语言中，数有两个形式：第一个形式是名词，比如"1 是第一个自然数"；第二个形式是限定形容词，比如"这里有 3 个人"。在数学语言中，数作为基本元素和算术符号一起出现在所有运算中，而一旦人们习得了语言、学会了算术规则，自然就认识并熟悉了数的这些形式。一切都看似合理。但如果人们稍微深入思考数，一些棘手的问题就会立即浮现出来。

第一个问题涉及数的起源。对此问题有三种不同的立场：对经验主义者来说，数指示事物的一种属性，比如在句子"这里有 3 个人"中，数字"3"和一般的形容词"红的"或者"硬的"的功能一样，对"人"进行限定修饰，不仅如此，人们可以反过来通过对事物的抽象来获取数字的概念，也就是说，通过"这里有 3 个人"，我们可以思考抽象的数字"3"；对主观主义者来说，数仅仅是我们精神的产物；而在逻辑学看来，尤其是对弗雷格而言，数绝对不是事物的属性，它独立地存在着。

但逻辑学家怎么解释在日常语言中数作为限定形容词被使用呢？为了回答这个问题，弗雷格首先考察了关于"多少"的问题，然后他指出，数作为限定形容词和事物相连的事实是我们智力活动的结果，而这个问题最终指向了"单位"和"1"这两个基本概念。

"单位"和"1"的结合构成了计算法的基础和起点。根据定义，"单位"表示形成一个独一无二存在的东西，其特征是不可分性和规定性，而这样的存在通过数字 1 被考虑。学习"单位"和"1"在幼儿学习语言、认识世界的时候就发生了：教育者教幼儿用数字 1 数一个一个不同的事物。通过这个过程，幼儿学会将抽象的"单位"和"1"等同起来。然而，当数学家和逻辑学家尝试解释数在计算中的含义时，他们遇到了一个困难，即在"单位"概念中蕴含着同一性和差异性的矛盾。

按常理来说，如果人们拥有一个概念，那么在此概念之下会包含一些事物，这些事物拥有一些共同的属性或特征，但也没有失去它们自身的独特性。并且，人们可以将每个事物按照"单位"视为"1"进而列数它们。看起来，同一性和差异性在每个个体中完美地共存着。然而，如果人们稍微考虑下这个说法，就会发现一些矛盾。

弗雷格对"单位之间是等同的"这一观点并不认同，对他来说，同一性抹去了差异性："以纯概念的处理方式不能使不同的事物相等；但是如果能够做到这一点，人们就不会再有一些事物，而是只有一个事物。"[1] 弗雷格还引用 W. S. 杰芬斯的观点表示，"数"是"差异"的另一个名字，因为绝对的同一就是"单位"，这不能产生多，而差异产生多："如果三枚硬币完全相等，以致它们在相同的时间占据相同的空间，那

——————————
[1]　弗雷格：《算术基础》，王路译，商务印书馆，2000，第 53 页。

么它们就不会是三枚硬币，而是一枚硬币。"①

在代数中，如果数字 1 代表着如同一个单位的对象，它立即会引起矛盾：如果算式 1 + 1 + 1 + 1 + 1 意味着 5 个不同对象相加，并且如果每个对象都是一个单位，为了标记这些单位间的差异，这个算式必须重写为：

$$1 + 1' + 1'' + 1''' + 1''''$$

这里，同一性和差异性的不相容性浮现了出来：

　　如果它们是不同的，那么肯定需要以不同的方式来表示它们；否则就会产生最严重的混淆。如果出现一的这个不同的位置其实应该意谓一种差异，那么一定会把这当作没有例外的规则，因为否则人们就会无法知道，1 + 1 应该意谓 2 还是意谓 1。②

　　因此，弗雷格明确地指出了人们面对的悖论："我们必须有相等；因此必须有 1；我们必须有差异；因此必须有小撇，不过遗憾的是，这些小撇又扬弃（摧毁③）了相等。"④

　　面对这些问题，弗雷格给出了他的解决方法。首先，必须维持"单位"和"1"之间严格的区分，数字 1 在弗雷格逻辑学中不再指示单位。

---

① 弗雷格：《算术基础》，第 53 页。
② 同上书，第 54 页。
③ 我们根据法文版增加了一处译法。王路的理解显然受到黑格尔或者马克思主义的影响，但在法文版中，此处是 détruire（摧毁），这显然不是扬弃的意思。
④ 弗雷格：《算术基础》，第 55 页。

其次，不仅仅是 1，所有的数在弗雷格思想中都和日常语言中对此概念的理解相区别。数不再依附于物，它们有自身的独立性，换句话说，数具有客观实在性，其存在形式类似于柏拉图的"理念"，是一种精神性的存在："数不是物理的东西，但也不是主观的东西，不是表象。"①

最后，不再有不同的 1，而是只有一个，而这个独一无二的 1 是"作为数学研究的一个对象的专名，（它）不能是复数"②。这个观点是革命性的。由此观点推论，所有的数都是彼此独立的整体，复数仅因其自身而存在，它绝不是其他数相加的结果。在此意义上，加号（+）必须被理解为"一种汇集，一种'集合的观念'"③。

在澄清了"什么是数"以后，弗雷格将"数"和"概念"联系了起来。考虑以下两句话：

这里有 4 个连

这里有 500 人

两句话中的所指对象是相同的，区别只是表达方式的不同。弗雷格指出，个体的整体没有变化，发生变化的是称谓，即人们用"一个概念替代了另一个概念"④。紧接着他得出了一个重要结论："数的给出包含着对一个概念的表达。"⑤ 准确来说是，数在概念的水平上，它表

---

① 弗雷格：《算术基础》，第 64 页。
② 同上书，第 65 页。
③ 同上书，第 57 页。
④ 同上书，第 65 页。
⑤ 同上书，第 65—66 页。

达的是"此概念所包含的客体数目"。引用弗雷格自己的例子，"金星的卫星"这个概念的数是 0，因为没有任何客体在此概念之下，而"拉皇帝御车的马"这个概念的数是 4，它表明此概念包含四个客体。

弗雷格进一步区分了"概念"和"客体"，后者是前者的所指之物，并且现在因为概念是数的承载者，客体和数在日常语言中的对应关系被瓦解了，数不再直接对应于客体。这样说来，代数计算在某种程度上被取消了，因为"数是相互排斥的，如同颜色在其范围相互排斥一样"①。在逻辑学中，"加法"被"概念的功能"所替代，因为只有概念有能力构成一个集合。不仅如此，"概念"代替了传统术语"类别"，"客体"代替了"个体"。实际上，这些替换不是简单的术语更换，而是指示着理论的更迭，因为"概念-客体"和"类别-个体"关系有着本质性的差异。

根据常识，人们首先看见事物，然后通过抽象事物中的属性获得一个类别。在弗雷格的逻辑学中此过程完全被颠倒过来，"客体"（物）被简约为没有任何属性的"变量 x"，相反，属性位于概念水平上，客体通过依附于概念才能获得属性和定义：

> 一个对象（客体）不会重复出现，而是许多对象（客体）处于一个概念之下。一个概念不是仅通过对处于它之下的事物的抽象而获得的，在批评斯宾诺莎时就已经说明了这一点。这里我要补充说，一个概念不会由于以下原因而不再是概念：处于它之下的只有

---

① 弗雷格：《算术基础》，第 67 页。

唯一一个事物，因而这个事物完全是由它确定的。1 这个数恰恰属于一个这样的概念（譬如地球的伴星），它与 2 和 3 是同样意义上的数。①

最终，弗雷格将目光锁定在数字 0 和 1 之上，因为它们构成了自然数序列的基础，而通过将两者和概念联系起来，弗雷格完成了算术学的奠基。数字 0 是自然数序列的起点，但关于它的起源，没有明确的说法。在给出自己的观点之前，弗雷格首先批评了经验主义认为"'数'来自对事物的抽象"的观点，按此观点，人们无法获得 0，因为这时他们面对的是"空缺"或者"虚无"，物都不存在，抽象谈何而来？弗雷格认为，要想抓住数字 0，只能通过一个特殊的概念，这个概念就是"空概念"，在它之下，没有任何客体：

> 数的给出包含着对一个概念的表达，这一点也许在 0 这个数的情况最清楚。如果我说"金星有 0 个卫星"，那么根本就不存在对之可做出某种陈述的卫星或卫星的集合；但是由此却赋予"金星的卫星"这个概念某种性质，即它不包含任何东西。②

这个关于数字 0 和概念的全新观点对于经典逻辑学来说是颠覆性的：在经典逻辑中，如果一个类中没有任何个体，那么这个类是不存在的；但在弗雷格逻辑学中，"没有客体"这一事实非但没有取消概念，它正好用来定义一个特殊的概念，即"空概念"。

---

① 弗雷格：《算术基础》，第 69—70 页。
② 同上书，第 65—66 页。

　　然后，弗雷格给出了对数字 0 的定义：

　　　　0 是适合"与自身不相等"这个概念的这个数。[1]

　　定义"与自身不相等"很显然是矛盾的，但弗雷格指出，一个怪异甚至矛盾的定义对逻辑学来说并非不能接受，重要的是能够依靠这个定义来构建一个概念的界限，以便人们可以进行判断，"是否有客体处于这个概念之下"这个事实是否是确定的。[2] 而"与自身不相等"定义的概念完全满足这个要求，因为人们知道，任何客体都不处于这样一个概念之下[3]。

　　随后，在此基础之上，弗雷格构建了数字 1 的定义：

　　　　1 是属于"与 0 相等"这个概念的这个数。[4]

　　在这个定义中，我们需要强调的是，这里的数字 0 和空概念定义中的数字 0 完全不一样：在空概念的定义中，0 处于概念的水平，是概念的基数，表达的是"没有任何对象在此概念之下"这个事实；而在数字 1 属于的概念定义中，0 是此概念之下的客体，唯一的客体。

　　数字 0 和 1 以及它们分别属于的概念，在拉康思想中占有决定性的地位。接下来，我们将介绍弗雷格怎么将客体和概念联系到变量和函数。

---

[1]　弗雷格：《算术基础》，第 92 页。
[2]　同上书，第 93 页。
[3]　同上。
[4]　同上书，第 96 页。

三　从"客体"和"概念"到"变量"和"函数"

1　"概念"与"客体"

弗雷格在《算术基础》中对数进行定义的过程中，同时进行了对"客体"和"概念"这两个概念的讨论，最终他构建了一个全新的主谓理论，而这一切都从专名理论出发。

在哲学史中，因为其简单性，"专名"本不应该提出问题，但随着人们语言研究的深入，关于"专名"的问题被放置在了语言哲学的中心。根据定义，相对于指示"一个类中所有对象"的"通名"来说，"专名"指示"一个独一无二的客体或者存在"。在英国哲学家和逻辑学家密尔看来，"通名"既有含义又有外延，但"专名"只有外延而没有含义。[1] 这一观点深深地影响着后世的哲学家们，对他们来说，"专名"可以被如下定义：专名不需要被翻译、解释或者定义；专名如同语言的孤立原子，不服从语法；专名仅仅是客体的标记，绝对不描述客体；为了指示一个客体，选择一个专名是任意的；专名不传达任何所指的信息。[2]

上述的定义建立在以下条件之上，即专名本身不具有任何含义。然而，弗雷格并不认可以上说法，他指出，某些专名不仅仅有指称（所指对象），还拥有含义。弗雷格区分专名和通名是为了研究数和概念的关联，最终为算术学奠基。

弗雷格举出的反例是"金星的专名"。在不同的文本背景中，人们分别称呼金星为"晨星"和"昏星"：天亮前后，东方地平线上有时会

---

[1]　陈嘉映：《语言哲学》，北京大学出版社，2003，第 323 页。
[2]　同上书，第 323—324 页。

看到一颗特别明亮的"晨星"，它不是光源，人们叫它"启明星"；而在
黄昏时分，西方余晖中有时会出现一颗非常明亮的"昏星"，人们叫它
"长庚星"。同一个物体，人们却给它两个不同的名字。根据经典的定
义，如果这两个名字仅仅表达了同一外延，而同时本身又不具有任何含
义，那么它们是可以互换的。但在这里因为有时空的规定，互换显然不
行。来看以下的句子：

<blockquote>他一大早出发，向着晨星的方向前行。</blockquote>

很显然，以上句中的"晨星"无法被"昏星"所替换，那么，这两个名
字在某种程度上根据含义而被区分。弗雷格指出，这就像人们通过望远
镜观察一个客体：月亮是指称（外延），望远镜内部的月亮光学图像是
含义，而观察者视网膜上的图像是个体的表象。光学图像完全根据光学
法则而被决定，因此它是"客观的"。两个不同的观察者同时用望远镜
观察月亮，可以见证同一个光学图像，即使他们因为彼此眼睛结构的差
异而拥有不同的个体图像。因此，只要考虑背景，两个指示同一所指对
象的专名在含义上也会多少有些差异，而这就被逻辑学家称为"摹状"，
即根据一些特征来命名。

　　弗雷格还注意到了专名使用中的另一种情况：专名如同"描述性短
语"。比如，"亚里士多德的老师"指示着独一无二的一个人，即柏拉
图。根据传统的观点，描述性短语"亚里士多德的老师"绝对不是一个
专名，但弗雷格将之划分到专名中，因为这个短语和专名"柏拉图"指
示同样的所指。

　　这样，这个情况导致了专名的多样化。比如，在"柏拉图"的例子
中，人们可以加上"苏格拉底的学生"，如果这样，同一对象不仅仅拥

有多个专名，这些专名还根据含义的微妙差别而彼此区分。这对于力图构建一个逻辑系统严密的语言哲学来说是不可接受的。

为了克服这个困难，一些逻辑学家提出了他们的解决方案。最著名的是罗素提出的摹状词理论。

在经典的定义中，每个客体严格地只拥有一个专名，然而，总是存在一些例外情况：要么在"金星"的情况中，必须根据文本背景来选择合适的专名，要么是描述性短语等于专名。对此罗素提出了自己的解决办法。考虑这个描述性短语"法国现任总统"，根据时间的不同，这个短语可以对应不同的对象和专名，"戴高乐""奥朗德""马克龙"等，罗素通过区分出不变的部分和可变的部分，将此短语转换成了以下命题：

> 存在着一个人，他是法国现任总统。

上述命题等于"法国现任总统"这个头衔，并且人们还可以加入另外的头衔：

> 存在着一个人，他是法国现任总统，是雅克的父亲，是一个大学的校长，等等。

在此命题中，"人"是"被剥离"的状态，即他的特征被放在了后面的句子中，后者的功能是描写和限定"人"，并且随着摹状词的增加，对主语"人"的限定越来越明确，我们由此可以获得一个独一无二的对象。

不过这里存在着一个基本的困难：经典思想中的专名指称的个体是不可分割的统一体，但在罗素看来，个体是一个合成的存在，他有四肢、声音和味道，等等。那么，这个合成的存在可以不断分解，直至不可分割的单子，而对罗素来说，这才是专名指称的真正所指，他将之称为"逻辑专名"。

逻辑专名的功能是指称而不是描写。矛盾的是，罗素认为，不存在专名不蕴含描写的情况。由此，他最终得出了一个极端的结论：真正的逻辑专名仅仅简约为指示代词，就像"这"和"那"。①

虽然摹状词理论无法给专名提供一个完美的解决方案，但它也给我们带来了一个新的视角，通过它，人们可以重新考察"语法的主语""对象"和"谓词"之间的关系。

面对专名的问题，弗雷格力图通过区分日常语言和科学语言的方法，用自己的数字理论来解决。对他来说，日常语言充满了随意性，这常常导致混淆。另外，人们以一种随意的方式命名事物，使得个体和类别之间的界限变得模糊。而所有这些在逻辑学中是被禁止的，因为这门学科要求在专名（个体）和通名（类别）之间有一个严格的区分。因此，早在《算术基础》中，弗雷格就致力于区分客体和概念。

在将数字 1 和"单位"分离之后，弗雷格利用定冠词和不定冠词来区分专名和通名。这个差异在中文中体现不出来，我们只能在英文或法文中表达。以"猫"为例子，英文中有 the cat 和 a cat 的区分，法文中则是 le chat 和 un chat，前者是专名，表示一个个体，后者是通名，指示一个类别。

在日常语言中，根据不同的文本和不同的说话者意图，两个名称可以指示同一个所指。这种情况在中文中就非常常见：

---

① 陈嘉映：《语言哲学》，第 328 页。

猫（the cat/ le chat）抓伤了我。

一只猫（a cat/ un chat）抓伤了我。

因为不可能是一只抽象的猫或者是猫这个类的整体抓伤了我，所以肯定是一只具体的猫和我有关系。因此不管是英文、法文还是中文，上面两句话表达的都是同一个意思，即使在英文和法文中有语法的差异，也都不影响语义。这在弗雷格看来是不可接受的。

为了获得逻辑上的坚实基础，弗雷格坚持严格区分个体（专名）和类别（通名）。在《算术基础》中，弗雷格通过区分客体和概念来给出对此问题的解决方案：概念等于类别，对应通名，指示个体的客体携带的是专名；只有概念能包含客体并给后者下定义，含义在概念水平上，客体本身没有任何含义；定冠词或者指示代词是专名，而不定冠词指示的是概念。

八年之后，在《论概念和对象》（1892）一文中，弗雷格通过罗素的摹状词理论来深入他的理论：和罗素的观点相反，弗雷格指出，专名不能等于一个完整的命题，概念是谓述性的，客体的名是专名，不能用作谓词，而是充当语法的主语[1]。我们用一个例子来展示弗雷格的概念形式：

概念 =（　　）是法国现任总统，是雅克的父亲，是一个大学的校长，等等。

在弗雷格逻辑学中，概念是句子或者命题的等价物，是谓述性的，

---

[1]　弗雷格：《论概念和对象》，收录于《弗雷格哲学论著选辑》，第 80 页。

以上命题包含两个部分，一个是括号后面的部分，它没有语法的主语，这被称为"未饱和的陈述"，而另一部分是饱和的，即客体，它携带着专名出现在语法主语的位置上①。弗雷格说：

> 在进行逻辑研究时，常常要求表达一个概念的某种情况并且要求以这种表达的通常形式来表达它。就是说，表达成为语法谓词的内涵。由此人们要期待着概念成为语法主语的意谓；但是这个概念由于具有谓词性质而不能直接这样表现，必须先变成一个对象（**客体**），或者更严格地说，它必须由一个对象（**客体**）来体现。②

我们可以看到，弗雷格的逻辑学处理的是概念-客体的问题，他并不考虑主体（sujet）-客体的对子，因此，当客体出现在主语（sujet）的位置上并扮演语法的主语（sujet grammatical）的角色时，在弗雷格看来并没有引起矛盾。我们要牢记弗雷格的这一观点，因为人们总是用哲学中的主体-客体对立的模板来看待拉康的主体理论，但如果拉康是参考弗雷格逻辑学来构建自己的理论的，那么在这样的理论框架下，不是主体（sujet）和客体的对立，而是主语（sujet）和客体之间的一致性。

回到弗雷格，概念和客体在此框架下并不是一开始就联结在一起的，它们是**分离的**。概念是未饱和的谓词命题，其"主语的位置"是一个空缺，这个空缺的位置就是概念和客体连接的地点。

稍后在 1914 年的文章《数学中的逻辑》中，弗雷格详细陈述了

---

① 弗雷格：《论概念和对象》，收录于《弗雷格哲学论著选辑》，第 85 页。
② 同上书，第 84 页。

"概念""客体""主语"和"专名"之间的关系：

> 现在我们进一步考察概念的定义。出现一个概念的最简单情况是这样一个句子，它的语法主语是一个专名。我们可以说，这里有一个对象（**客体**），即其专名是语法主语的这个对象（**客体**），从属于一个概念。句子的其余部分，即谓语部分，意谓一个概念。因此我说：概念有谓述特征，它需要补充，就像句子的谓语部分总是要求语言中有一个主语，没有这个主语它似乎就是不完整的。由于这种不完整或需要补充的特征，我们不能只在定义等式的一边有谓语部分；相反，我们必须总是通过某种占据语法主语位置的东西补充这个谓语部分。①

2 "函数"和"概念"

在解决了围绕"数""客体"和"概念"的问题后，弗雷格又往前进了一步，把语言学和数学联系在了一起。从形式上来看，两者没有任何关系，但弗雷格打破了形式的隔阂，因为在他看来，相比形式，思想的内容更为重要。因此，一个特定的内容，我们可以在日常语言中表达它，也可以在符号的人工语言中表达它，两者没有本质性的差异。

这样，在《函数和概念》（1891）一文中，弗雷格通过将概念等同于函数而将逻辑学和数学联系起来。从解析式的角度看，函数在变化过程中发生变化的量叫变量，而有些数值是不随变量而改变的，我们称它们为常量。这种结构对应于概念和客体的关系，于是弗雷格从解析式出

---

① 弗雷格：《数学中的逻辑》，收录于《弗雷格哲学论著选辑》，第 284 页。

发，强调"不变的结构"和"可变的部分"的区分：在函数式 $2 \cdot x^3 + x$ 中，自变量 x 可以是任何数，$2 \cdot 1^3 + 1$，$2 \cdot 4^3 + 4$ 或 $2 \cdot 5^3 + 5$，等等，但结构 $2 \cdot x^3 + x$ 是不变的。因此，"函数的真正本质就在那些表达式的共同因素之中"。[①]

事实上，弗雷格正是用自己的概念-客体的框架来理解"函数-自变元"：函数解析式的不变部分是函数表达式，可变部分是自变元，是一个数，一个独立的整体，这和客体的性质大致一样（客体不仅仅指数，还可以指物），而函数表达式和概念一样都是不完整的，需要补充。[②]

这样，弗雷格得出结论："逻辑中称为概念的东西与我们称为函数的东西十分紧密地联系在一起。人们确实完全可以说，一个概念是一个其值总是一个真值的函数。"[③]

弗雷格最终打通了语言学、逻辑学和数学之间形式的壁垒，在他的思想中，"概念-函数"和"客体-自变元"是同构的，而这些观点在拉康思想中都能被找到。

3　否定

弗雷格学说的独特性导致了他学说中的"否定"概念和传统语言学及逻辑学的"否定"有着显著的差异。在这一节中，我们将介绍这个重要的概念，因为它在拉康思想中也具有关键性的地位。

我们从以下命题出发：

---

① 弗雷格：《函数和概念》，收录于《弗雷格哲学论著选辑》，第 59 页。
② 同上书，第 60 页。
③ 同上书，第 66 页。

所有哺乳动物都是陆地居住者。

在经典逻辑中，可以构造三种此命题的否定形式：

（1）**没有**哺乳动物是陆地居住者。

（2）所有哺乳动物都**不是**陆地居住者。

（3）所有哺乳动物都是**非**陆地居住者。

在上述三个命题中，否定分别施加在主语、系词和谓词之上，而三个命题也因此在语义上有所差异。

在亚里士多德的逻辑学中，主语占据了至关重要的位置，作为第一实体，主语可以在没有谓词的情况下独立存在，因此我们可以看到，"S是P"和"S是 / 存在（S is / est）"都是成立的。但在弗雷格的逻辑学中，情况刚好相反，主语仅仅是一个语法的位置，是一个空位，当客体出现在这个位置时，它起到主语的功能，而谓词命题却是持续存在的，它的功能是规定性，即给客体下定义。即使没有客体，这个谓词命题在主语位置为空的情况下仍然存在，这就是"空概念"。

所以，在弗雷格看来，对主语位置施加否定，这对概念没有任何影响，而如果要达到否定的效果，必须对谓词命题进行否定：

如果这个句子中的"所有哺乳动物"这个词组表达了都是陆地居住者这个谓词的逻辑主语，那么为了否定这整个句子，就必须否定谓词："都不是陆地居住者"。如果不这样，而把"不"放在"所有"前面，那么"所有"就逻辑地属于谓词。相反，我们否定了谓词"不下属于陆地居住者这个概念"，也就否定了"哺乳动物这个概念下属于陆地居住者这个概念"这个句子。①

接下来，我们可以对比亚里士多德和弗雷格逻辑学之下的全称 / 特称、肯定 / 否定命题，以便以后我们能准确分辨拉康使用"命题"和"否定"来讨论主体的动力学时他的立场。

> 亚里士多德的全称肯定命题：所有哺乳动物都是陆地居住者。
> 弗雷格的全称肯定命题：（所有哺乳动物）都是陆地居住者。

> 亚里士多德的全称否定命题：所有哺乳动物都不是陆地居住者。
> 弗雷格的全称否定命题：（   ）都不是陆地居住者。

> 亚里士多德的特称肯定命题：某些哺乳动物是陆地居住者。
> 弗雷格的特称肯定命题：（某些哺乳动物）是陆地居住者。

> 亚里士多德的特称否定命题：某些哺乳动物不是陆地居住者。
> 弗雷格的特称否定命题：（不是所有的哺乳动物）都是陆地居住者。

通过命题的对比，尤其是否定命题之间的对比，亚里士多德和弗雷格逻辑学之间的差异立即凸显出来：弗雷格逻辑学中的命题，其主语的位置被括号标记，这是表达了主语和谓词命题的分离，而这种分离在全称否定命题中表现得淋漓尽致，随着谓词被否定，整个命题或概念被否定，这意味着这个概念不存在，那么原来属于这个概念的客体便不再出

---

① 弗雷格：《论概念和对象》，收录于《弗雷格哲学论著选辑》，第 86 页。

现在命题中语法主语的位置上，因此，在这个命题中没有主语；在特称否定命题中，根据弗雷格逻辑学的原则，否定不能施加在谓词命题上，而只能施加在语法主语的水平上，因此出现了"不是所有的……"这样的表达式，这样的否定并没有影响谓词命题，而仅仅是在客体的水平上标定了界限。这个表达式正是拉康在 1973 年的性别公式中所采用的逻辑用语。

4　罗素悖论

在罗素于 1902 年写给弗雷格的一封信中，这个悖论被罗素提出，我们可以这样来表述它：存在着一些被定义为"不属于自身"的集合 s，那么这些集合的集合 S 是否属于它自身呢？根据排中律，一个元素或者属于某个集合，或者不属于某个集合。因此，对于一个给定集合，问是否属于它自己是有意义的。但对这个看似合理的问题的回答却会陷入两难境地。如果 s 属于 S，根据 S 的定义，s 就不属于 S；反之，如果 s 不属于 S，同样根据定义，s 就属于 S。无论如何都是矛盾的。

将这个悖论用形式化的语言表述就是：谓词"不属于自身"被公式化为 $x \notin x$，那么集合就是 $y = \{x \mid x \notin x\}$，对此有两种可能性，即 $y \in y$ 或 $y \notin y$，和 $y \in y$ 且 $y \notin y$，任何一种可能性都将导致矛盾。

对于研究拉康思想的读者来说，必须熟悉罗素悖论的集合和弗雷格的空概念之间的关系：定义"不属于自身"（罗素）和谓词"与自身不相等"（弗雷格）在某种程度上来说是类似的。我们将在第七章中看到，在 1968—1969 年的讨论班中，拉康正是将罗素悖论的集合和弗雷格的空概念等同，以此来构建自己的第三个理论模型。

第二部分
拉康思想的基本概念及理论模型

引　论

　　在第一部分中，我们介绍了在西方思想史中，术语"主语"（sujet）的含义如何一步步变成"主体"（sujet），还阐述了在"意向性"的思潮中，"主体-客体"的对子是怎样出现在当代哲学中的，最后，我们分别介绍了亚里士多德（不同的三段论）和弗雷格逻辑学（概念文字和数论），分析了在两个完全不同的逻辑学框架下，主语和谓词的关系。很明显的是，主谓关系在这两个学说中完全不同，而两者的巨大差异正好便于我们抓住拉康的立场，从而理解他的理论。

　　拉康在20世纪60年代的教学中，使用了六个理论模型来构建他的理论，但要把握和理解这些模型并非易事：拉康从逻辑学出发构建早期的理论模型，然后加入数学，构造中晚期的模型，最终这些模型被融合在一起，这导致了他的六个理论模型之间缺乏一致性，有些甚至彼此冲突、相互矛盾。加上拉康晦涩的修辞，所有这些因素对拉康思想的研究造成了巨大的困难。

　　另一个难点是，这六个理论模型并非是按照时间顺序先后登场的，有可能拉康早已进入下一个理论模型，但他偶尔回到上一个模型，或者拉康会在不同的讨论班中，根据自己的理论需要，反复提及多年前的模型。因此读者会看到同一个理论模型出现在不同的讨论班中，而不同的理论模型出现在同一年的教学中。

不同于拉康的演讲风格，书写要求我们只能人为地将这些交叉重叠的模型分离出来，然后分别介绍，而所有的基本概念是嵌套在这些模型中才获得定义，因此，随着模型的更替和演化，这些基本概念的含义和彼此的关系也会发生变化。我们力图将这些概念的定义和概念间的关系阐述清楚。

第四章
第一个理论模型 I：命题、圆环图和交叉帽图

第一个理论模型包含了四个图示，它们彼此有关但又有所区别，按照时间顺序来说，四个图示的出场顺序是：欲望图，命题（皮尔斯图），圆环图（tore），最后是交叉帽图（crosscap）。虽然欲望图最早出现，并且拉康在《著作集》的一篇文章（1960）中简练地介绍了此图，但其晦涩的文风让人一头雾水。相比来说，后面三个图示都出现在第九个讨论班《认同》（1961—1962）中，拉康对它们有系统的阐述，因此它们更容易理解。所以，我们从1961—1962年的教学出发，在理解了三个图示之后，再回过头来分析1960年的欲望图。

接下来，我们从基本概念出发，来揭示第一个理论模型背后的参考模型中，涉及的究竟是亚里士多德还是弗雷格的逻辑学。[①]

一　能指

术语"能指"作为拉康思想的一个基本概念，在其教学的一开始就

---

① 回答此问题是为了回应法国精神分析界中的争论：人们普遍认为，如果拉康思想和逻辑学有关系，那么肯定是和亚里士多德的逻辑学有关，而我们的研究表明，拉康实际上借鉴的是弗雷格的逻辑学。介绍第一个理论模型在某种程度上就是为了回应此争论。

出现并贯穿其整个教学生涯，且众所周知的是，这个术语来自索绪尔的语言学。

在语言学中，"能指"和"所指"这两个概念是构成语言符号的两个方面，前者是指语言符号的音响形象，后者是从符号的功能性角度出发，指同一语言符号所反映事物的概念形象。因此，能指指示了声音，而词语的本质不是自身的发音，而是声音之间的差异，它将一个词和另一个词分开。也就是说，每种语言都是从有限数量的音素出发构建丰富的词汇，而构建的标准不是语音自身，而是语音之间的差别。

因此我们可以总结出索绪尔"能指"概念的两个特征：首先它是属于声音的序列，其次每个能指的价值在于和其他能指的差异。

拉康自己承认，他的"能指"概念来自索绪尔语言学，因此，人们便不假思索地认为，拉康的"能指"指的就是语音。这似乎是毋庸置疑的。从精神分析的临床来看，此观点也有道理，因为精神分析的工作正是建立在话语和言说的基础之上，所以引入声音维度的"能指"概念非常合理。因此，此观点在当下精神分析界中占据了统治地位，但遗憾的是，这完全是对拉康思想的误读。

让我们从《认同》讨论班出发，看看拉康是怎样首次给出了"能指"的明确定义并将之形式化。

在 1961 年 12 月 6 日的教学中，拉康将"能指"定义为"在任何情况下都不和自身等同"①。接下来在 12 月 20 日的教学中，他赋予"能指"一个功能，即专名，即它是"某物的锚点，在那里，主体得以构成"②。我们知道，术语"专名"并不存在于索绪尔的语言学中，而我们在上一

---

① Jacques Lacan, *Le Séminaire*, *L'identification*, séance du 6 décembre 1961, inédit.

② Ibid., séance du 20 décembre 1961, inédit.

章介绍了，此术语来自语言哲学，它也出现在弗雷格逻辑学中。

随后，在 1962 年 2 月 28 日的教学中，"能指"被定义成了"一元划线"（le trait unaire），其功能是"标记重复的差异性"。关于 le trait unaire 的翻译，普遍的译法是"一划"，因为拉康一方面谈到了中国画家石涛所说的"一笔划"，另一方面，他也用"猎人在树枝上刻下一道道的横线用来记录猎物"这样的说法，来形象化地表达"能指标记重复的差异性"这一事实。再加上拉康在本次教学的尾声把能指形式化成数字 1，其图像和一划相似。所以，目前对 le trait unaire 的主流翻译就是"一划"，方便理解也容易想象。

然而，如果我们考察 unaire 一词，就会发现中文翻译有问题：术语 unaire 在词典中是找不到的，在日常用语中也不会有人使用，很多法国人甚至根本不知道这个词的含义是什么。我们可以找到其相关术语 binaire 和 ternaire，两者都有后缀 -naire，而它们的含义分别是"二元的、双重的、二进位的"和"三元的、三进位的"。因此，将 unaire 理解为"一元的"是合理的。

另外，在皮亚诺的自然数公理系统中，数学家使用了 unaire 这个概念，表达了从数字 0 开始的加 1 运算，这个数字 1 就是 unaire。[1]

从另一个角度来看，如果 unaire 没有更深的含义，仅仅按照"一"来理解就行，为什么拉康不使用 un（一）呢？而且如果用 un trait（一划）这个术语，根本不会有任何的歧义和模糊性，并且还方便读者想象能指的图像。为什么拉康执意要选择这样一个会造成歧义的表达呢？很有可能，拉康选择 unaire 是为了将能指安置在数学模型中（比如第三个和第五个理论模型），因为在这些理论模型中，拉康用皮亚诺自然数公

---

[1]　https://fr.wikipedia.org/wiki/Addition_dans_l%27arithm%C3%A9tique_de_Peano.

理系统来讨论能指的增殖。

综上所述，le trait unaire 绝对不能简单地翻译成"一划"，也不能理解和想象成美术中的"一道笔划"，而是要从数学的角度来思考能指的功能。考虑再三，我们将此概念翻译理解为"一元划线"。

最后，我们考察下拉康和索绪尔思想中"能指"概念的最大差别，即能指的范畴。在索绪尔的语言学中，能指被清晰地定义成语音；但在拉康的思想中，能指分别属于两个不同且不相容的范畴：语音和书写。人们熟悉的是前者，因为拉康在教学中常常提及能指和音素的关系，并且将能指链解释为声音的序列。然而，一个常常被忽略的事实是，在占据拉康教学大部分时间的逻辑学和数学模型中，能指从来都不是指声音而是指书写。

能指和视觉维度的相遇开始于 1961 年 12 月 6 日的教学。在本次教学中，拉康将能指和"猎人的刻痕"相比较，"刻痕"很显然不属于声音维度。而在接下来的一次教学中，拉康正式宣布，在他的框架下，作为专名的能指不再是索绪尔的能指，因为他的能指概念是和书写（écriture）联系在一起的："专名的特征总是或多或少和这个不是与声音，而是与书写的联系有关。"[1] 后来，当能指通过数字 1 来表达，更表明了此概念和声音维度的距离，因为数也不是在声音的层面上被操作的。不仅如此，拉康在之后的教学中将能指进一步定义为"表象"或"表象代表"[2]。这说明，能指和视觉维度的高度相关。

这一切都表明，虽然术语"能指"来自索绪尔的语言学，但在拉康的思想中，它的含义和功能已经完全改变了，并且随着拉康将能指用数

---

[1]   Jacques Lacan，*Le Séminaire*，*L'identification*，séance du 30 décembre 1961，inédit.

[2]   我们将在第十章和第十一章中详述。

字来表达，他已经彻底远离了语言学。而要想理解拉康的能指概念，人们必须参考其他学科。

二　大它

要澄清"Autre"这个术语，首先要讨论它的译法，而翻译是建立在理解的基础之上的。

目前人们将这个术语翻译成"大它者""大他者"或"大彼者"，无论是哪个版本，都在末尾加上了一个"者"，其原因是，拉康特意在其理论中区分出了"autre"和"Autre"这两个概念，前者翻译成"小他者"，意指经验中的"他人"，于是携带着语义的惯性，人们在翻译这个首字母大写的 Autre 时也用了"者"字，以示对应。

至于 Autre 的含义，人们习惯于将之解读成神、母亲或者语言系统本身，事实上前两种解读在拉康自己的教学中也会偶尔出现。因为"Autre"这个术语并非拉康独创，相反，它已经在西方思想中存在很长一段时间了，比如它常在神学中被用来指称上帝，这是人们对此术语的第一种解读的历史渊源；而当孩子出生时，对母亲绝对的依赖导致母亲也成了类似于神一般的存在，所以拉康偶尔会说"母亲是 Autre"；将 Autre 理解成语言系统是因为在 L 图中，"主体"和"Autre"作为一个对子被安置在"符号"的轴上，由于人们常讨论主体和语言系统的关系，自然将此概念理解为语言或符号系统。不过根据我们的研究，无论哪种解读都无法解释拉康在理论模型中对此术语的陈述。所以在这一节中，我们会解释我们如此理解和翻译此术语的理由。

事实上，"Autre"作为重要的基本概念之一，拉康从来没有就其给出过一个明确的定义，而仅有的一些描述和陈述也让人难以窥探其真意。关于 Autre 最有名的陈述是：**"大它"是语言的宝库**，或者**"大它"是能指的地点**。两个定义都表达了一个事实："Autre"这个概念指示的是一个"空间"。至于这个空间是什么，拉康并没有给出清晰的解释。

我们在拉康的教学中找到了关于 Autre 的三处引文，从这三处引文出发，我们能够推导出此术语的含义。

第一处引文出自讨论班《认同》。在 1962 年 2 月 28 日教学的尾声，拉康谈论"缺乏"（privation）这个概念，其含义是空缺和空，或者这里没有，拉康指出，这是主体的起点。此"空缺"不应该以经验的方式被看待，而是必须放在一个特殊的概念中思考：

> 因为这里有一个主体，它要么用，要么不用一元划线（le trait unaire）标记自己，这个一元划线是 1 或者（-1）。主体可以认同于弗洛伊德孙子的小球，这个（-a），特别是在"空缺"的内涵中：这里没有，*缺乏*（*ens privativum*）。没有对象的空概念，可能性的纯粹概念，这是*缺乏*（*ens privativum*）出现并且所处的框架。①

根据拉康的说法，Autre 是"能指的地点"，也就是说，能指出现在 Autre **之中**，不仅如此，拉康还明确表示，这不是以普通的方式进行，而是在一个"概念"中，并且，这里涉及的是一个特殊概念，即"空概念"。根据我们上一章的内容可知，"空概念"是弗雷格逻辑学中特有的一个术语。

既然 Autre 指的是空概念，这就暗示了拉康在构建理论时参考的是

① Jacques Lacan, *Le Séminaire*, *L'identification*, séance du 28 févier 1962, inédit.

弗雷格逻辑学。因为 Autre 不是指人格化的神或者抽象的人，我们去掉了"者"而将此术语翻译成"大它"。

另外，这段引文中的斜体部分是德文，这让不少法国分析家都觉得奇怪，这些术语并不来自弗洛伊德的理论，为什么拉康要在这里用德文谈论它们？有何用意？拉康本人从来没有解释这样做的原因，但至少可以肯定的是，这些德文单词向人们表明：拉康思想的背景远远不像我们能想象的那么简单，他早已超越了弗洛伊德的文本。

如果第一处引文还是比较间接的，第二处引文就显得清楚和直接得多。在讨论班《精神分析的关键性问题》（1964—1965）1965 年 3 月 3 日的教学中，拉康谈到：

> 主体，如果你们相信这条道路，在其中我尝试着用数论引导你们的目光，主体在数学思想中被证实为它应该在"错失"（manque）的概念中被认识，这个概念，其数是 0。[1]

主体必须被放在概念中思考，而这个概念的数是 0，在这里拉康的意思已经非常清楚，他的主体理论绝对不能依靠常识来理解，因为"0 属于空概念"是弗雷格的原创观点。事实上，拉康随后就承认，他在此谈论的观点正是来自弗雷格的思想：

> 弗雷格必然从这个概念的补足和支撑出发，为了使得这个 1 从概念中冒起，此概念的数是 0。[2]

---

[1] Jacques Lacan, *Le Séminaire*, *Problèmes cruciaux pour la psychanalyse*, séance du 3 mars 1965, inédit.

[2] Ibid.

　　数字 1 在拉康思想中始终指示能指，那么，从"能指 1 从其数是 0 的空概念中冒起"这个观点中，我们基本可以肯定，这个"其数是 0 的空概念"就是"大它"，并且弗雷格逻辑学是拉康主体理论的基础。

　　现在我们回过头来看看"能指的地点"这个表述。虽然弗雷格本人从来没有说过概念指示一个空间，但将"空间"一词安放在他的理论中却不会产生任何不和谐，因为在弗雷格的概念文字中，概念是一个未饱和的命题，其语法主语的位置是一个空白或空缺，我们可以说，"空间"就是主语位置的隐喻，而它允许如同专名的能指出现在其中。

　　更为确凿的证据来自"能指"和"空概念"这两个术语的定义。让我们先考虑"能指"的定义：

不指示自身。

这个定义和弗雷格逻辑学中"空概念"的定义何其相似：

与自身不相等。

　　我们可以说，拉康巧妙地构建了能指的定义，其目的就是将其安置在如同空概念的大它之中，而这一切的基础是弗雷格逻辑学。

　　第三处引文来自讨论班《……或者更糟糕》（1971—1972），在 1972 年 3 月 8 日的教学中，拉康说：

　　那么，对大它的废除仅仅产生于 Φx 的水平上，并且其上有一道杠 $\overline{\Phi x}$，这是唯一它能够以及我能够书写它的方式。这想说的是，人们不能这样书写，即这个阻碍阳具函数的东西不为真。①

在这段引文中，大它等于阳具函数（Φx）。符号Φ被读者翻译成"符号的阳具"，以此对应符号 ψ（想象的阳具）。但在弗雷格逻辑学中，Φ 这个符号指示的是函数，并且它总是和判断的符号在一起表达，即 ├─a─ Φ（a）。拉康对此十分了解，因为在 1971—1972 年教学的一开始，他就大谈弗雷格逻辑学和此公式②。这再次显示出，弗雷格逻辑学在拉康思想中占据着重要的位置。

根据以上三处引文，我们可以肯定，虽然术语"大它"在拉康思想中并非是单义，但当他在逻辑学和数学模型中谈论此术语时，他必然是参考了弗雷格逻辑学：大它是空概念，而地点指示的是空概念中语法主语的位置。因此，术语"Autre"不能理解为拟人化的"大它/他/彼者"，只能简单地按照字面意思将其翻译为"大它"。

三 《认同》讨论班中的"分裂的主体"

毫无疑问，"分裂的主体"可以说是拉康最为有名的概念，和其他概念一样，人们对此各有说法，但始终莫衷一是。在本小节中，我们将介绍拉康在 1961—1962 年讨论班中向我们展示的第一个"分裂的主体"的模式，而对此模式的正确理解将有利于抓住拉康思想的理论背景，对接下来理解其他图示有着奠基性的作用。

在 1961—1962 年教学的一开始，即 1961 年 11 月 15 日的教学

---

① Jacques Lacan, *Le Séminaire*, *livre XIX*, *...ou pire*（1971—1972）, texte établi par Jacques-Alain Miller（Paris：Édition du Seuil, 2011）, p. 117.

② Ibid., p. 14.

中，拉康讨论了说谎者悖论，并由此给出了"分裂的主体"的第一个模式。

公元前 6 世纪，克里特哲学家埃庇米尼得斯（Epimenides）说了一句很有名的话："我的这句话是假的。"这句话表达了一个悖论。如果埃庇米尼得斯的这句话是真的，那就不符合这句话"我的这句话是假的"，则这句话是假的；如果这句话是假的，那就符合这句话"我的这句话是假的"，则这句话是真的。

在拉康看来，此悖论的产生源于以下事实，即人们将 sujet（主语 / 主体）的不同含义混淆了：当人们说"我撒谎"，这里存在着两个"我"，第一个是说话者本人，即产生了"我撒谎"这句句子的人，第二个"我"是"我撒谎"这个陈述中的语法主语；悖论的产生是因为这两个"我"都指示着同一个主体，即说话者。但在逻辑学中，这两个"我"拥有不同的功能：说话者的"我"属于主体-施动者，而"我撒谎"这句陈述句是之前的主体所说的一个思想，因此这个"撒谎的我"仅仅表示此句子中的语法主语（sujet grammatical）。所以，此悖论仅仅是思想表达过程中的一种特殊情况，即说话者主体（我）和其说话内容中的主语（我）恰好指的是同一个人。

在区分了两个"我"的不同功能之后，拉康给出了自己的解决方案，而此方案就是他的第一个主体理论模型：

我说我撒谎。（*Je* dis que *je* mens. / *I* said that *I* lied.）

如果要分析这句话的结构，法语或者英语的句子比中文的句子更好，因为在法语中有介词 que，英语中是 that / which，此介词的语法功能是引出主语从句、表语从句、宾语从句、补语从句、同位语从句等，换句话说，它构建了一个语法的**边界**，其功能是区隔两个"我"，而中文缺乏这个间隔。此**间隔**对于理解拉康的思想来说至关重要。因此，为了让中文读者保持警醒，我们在讨论句法结构的时候，始终会附上法语和英语的句子，以便读者跳出中文的局限，在西方思想的框架下思考拉康。

那么，借由这个命题，拉康给出了关于分裂的主体的第一个模式，即主体分裂在表述的主体（sujet de l'énonciation）和叙述的主语（sujet de l'énoncé）之间，前者对应作为主体的说话者的"我"，后者则是思想中作为语法主语的"我"：

Je dis que *je* mens.（*我说我撒谎。* / *I* said that *I* lied.）

在以上命题中，很明显拉康利用了术语 sujet 的两个不同含义，所以，与其说是主体的分裂，还不如说是术语 sujet（主语 / 主体）在语义上的分化；另外，因为这是 sujet 这个术语内部的区分、分化和分离，同时这两个分离的部分又具有内在的联系，所以它们仍然被称为 sujet 或者"我"（je）。拉康利用了术语 sujet 内部语义之间的区分性和一致性，构建了主体分裂的第一个动力学。因此，当拉康谈论 sujet 时，常常是有歧义的，有时他说的是主体，而有时说的是主语，但因为读者和听众认定精神分析谈论的对象是作为主体的人，所以常常忽略掉主语的含义。

最后让我们将目光从主体和主语那里移开，关注这个命题剩余的部分：

（　　）dis que（　　）mens. ［（　　）说（　　）撒谎。/（　　）said that（　　）lied.］

拉康在这里有意地将主语和谓词命题分开（这在法语和英语中看得更清楚），让我们不禁想到，这正是弗雷格在概念文字中所展示的结构。另外，在拉康的一些图示，比如 L 图中，主体和大它构成了符号轴的两端，因此它们是相对存在的，而我们在前面已经确定了"大它"这个术语是参考弗雷格逻辑学中的空概念来构建的，并且在弗雷格逻辑学中，也存在术语 sujet，但它是在语法主语的意义上，而不是在主体的意义上被使用。所以，拉康巧妙地利用了语法中从句的作用，并将后者按照弗雷格逻辑学区分了主语和谓词命题，这个主语和说出从句的主体展现了主体的分裂。

虽然完成了"分裂的主体"的构建，但拉康并没有停留于此，为了完善他的主体理论，他对这个命题进行了进一步的修改：通过引入否定，第一个理论模型才终得以被补全。

四　否定

在法语中要表达否定，最严格的表达方式是赘词 ne 加上一个否定副词 pas / point / jamais；在不严格的情况下，用否定副词就足以表达否定之义。赘词 ne 除了参与表达否定，还有另一种作用：如果想要表达情感、看法、必须、要求、疑惑，以及和一些短语配合使用时，要用**虚拟语态**，在此语态中，动词前一定要使用赘词 ne，且动词也要有相应的变位；此时如果仅有赘词，句子并不表达否定，只有同时出现否定副词 pas / point / jamais 时，句子内容才是否定性的。

在《认同》讨论班中，拉康用两次教学的时间介绍了"否定"。第一次是 1962 年 1 月 17 日的教学，拉康参考皮雄（Pichon）和达穆雷特（Damourette）的研究来谈论"主体的位置"[1]：皮雄区分了两种否定，第一种否定是"排除性的"，这是由否定词"不"（pas / point）所执行的"对实在的排除（forclusion）"，而第二种否定表达了"不和谐或者不一致"（discordance），是由赘词 ne 来承担这个功能。接着，拉康将这两种否定和主体的两个位置联系了起来。

Je crains qu'*il* ne vienne.（*我担心他来。*）

在以上虚拟从句命题中，存在着两个主语，"我"和"他"，前者是说话的"我"，后者是虚拟从句的主语"他"。根据语法，赘词 ne 的出现不影响语义，仅仅表达出说话者的意愿，或者一种不确定的状态，比如"我"不希望对方来，或虽然对方还没有到来，"我"对"他"的到来感到担心。

但和语言学中相反，赘词 ne 在拉康的思想中不是用来限定动词"来"（venir），而是限定从句中的主语"他"。不仅如此，拉康将从句中的主语命名为"叙述的主语"（sujet de l'énoncé），而将主句中的"我"定义为"表述的主体"（sujet de l'énonciation）。借用语法结构，拉康完成了对主体两个部分的命名。

随后拉康谈到，他的主体不是持续存在的，而是消散的、缺席的，虽然没有具体指明这种消散的状态，但可以肯定的是，此状态应该对应着**命题中**对主语的否定，因为拉康仍然是用语法分析来谈论主体：

——"他已经来了吗？"在这些悲伤的不幸之后，当局向负责人

---

① Jacques Lacan, *Le Séminaire*, *L'identification*, séance du 17 janvier 1962, inédit.

问道。

——"我不知道。"

这是一个洞，一个打开的开口，在其深处，这个消失的东西，这个涌入的东西，就是主体自身……（主体是）某个被投射到一个表面上如同*不在那里*一样呈现的某物，而只有在这个平面上它才能被认识。①

在这次教学的末尾，拉康谈到了命题分析和三段论，我们将看到，虽然拉康没有提到"弗雷格"这个名字，但他的立场就是建立在弗雷格逻辑学基础上的。

首先拉康指出，"主体"的定义是和命题中的肯定或否定相关的："主体的定义和肯定或者否定相连，在这之中，（主体）它进入了命题划分的操作中。"②

然后，在皮尔斯逻辑图（我们随后会介绍）中，拉康将名词"竖线"按照摹状词理论进行展开，并进行了句法分析。我们知道，拉康将能指定义成"一元划线"，并且用猎人刻在木头上的刻痕来形象地描绘能指的图像，而此图像标记了主体，所以从某种程度上说，我们可以将主体想象成划线或竖线。而在 1962 年 1 月 17 日的教学中，拉康用"竖线"一词，其目的是剥离出形容词"竖直的"，以便构建一个谓词命题。

拉康指出，"线"是主体，但这个主体是未确定的，因为没有形容词修饰限定它，所以"竖直的"就起到了表语的功能，和表语"一元

---

① Jacques Lacan，*Le Séminaire*，*L'identification*，séance du 17 janvier 1962，inédit.
② Ibid.

的"（unaire）一样，用来限定"线"。接下来，这个名词和形容词的划分被放置在命题中考察：

所有的线都是竖直的。

"线"是这个命题的主语，而"竖直的"是谓词。紧接着拉康说："当没有'竖直的'，这里就没有'线'。"[1] 如果没有弗雷格逻辑学作为理论背景，我们完全不能明白这句话的意思：只有在弗雷格逻辑学中，相对于主语位置的客体来说，作为概念的谓词命题具有**优先性**，换句话说，从时间上它**先在于**客体，在功能上它给客体以定义，并作为其存在的绝对条件；如果谓词命题不存在或者被否定，人们无法谈论客体，后者如同不存在一般。

接下来在 1962 年 2 月 21 日的教学中，拉康引述贾斯珀森（Jaspersen）的研究对"否定"的功能做了进一步的阐述。在贾斯珀森看来，否定不应该简单地放在"量的专栏"下，即 0，而是应该指示一个"空缺"（manque）[2]。拉康接着对"空缺"一词进行了说明："否定不是 0，从来不是，而是*没有 1*。"对他来说，"没有 1"和"1"组成了对子：

这里已经有了"*没有 1*"，最终人们忘记了，这是"*没有 1*"，于是人们随后恢复了"1"。[3]

---

[1] Jacques Lacan, *Le Séminaire*, *L'identification*, séance du 17 janvier 1962, inédit.

[2] Ibid., séance du 21 février 1962, inédit. manque 在此要翻译成"空缺"，表示少了什么，在其他地方必须翻译成"错失"，表示能指和客体 a 之间的错过。

[3] Ibid.

"空缺"和"没有 1"所表达的否定，在弗雷格逻辑学中只能对应谓词命题的主语位置，因为谓词命题的未饱和性体现在主语位置的空白上，空白就是"没有 1"，而除非谓词命题是空概念，主语位置上应该要出现至少一个客体，暂时没有出现对象就是"空缺"。

我们可以推论，拉康谈论的两种否定，即"排除的"和"不一致的"，是用来分别描述表述的主体（sujet de l'énonciation）和叙述的主语（sujet de l'énoncé）：前者在命题之外，于是可以理解成"被排除的"，后者是命题的主语，本来是空白，也可以放置符合定义的对象，所以呈现出不确定性，这对应了拉康对主体的定义，即消散和缺席。

我们接下来将通过介绍皮尔斯逻辑图证实我们的推论，在此图中，"没有 1"由符号"–1"来表示。

五　全称肯定命题和皮尔斯逻辑图

皮尔斯（Peirce）逻辑图第一次出现是在 1962 年 1 月 17 日的教学中，拉康对图示没有做任何解释。随后在 1962 年 3 月 7 日的教学中，他再次谈论了这个图示但仍然没有展开，不过拉康做了理论的铺垫：能指 1 在否定的形式下出现，即 –1，而主体就是被这个（–1）所标记或命名的：

> 主体首先构成了这个划线的缺席……如此这样的主体是（–1）。[1]

---

[1]　Jacques Lacan, *Le Séminaire*, *L'identification*, séance du 7 mars 1962, inédit.

在接下来一次的教学中，拉康开始用他的全称肯定命题来分析皮尔斯逻辑图：

Il *n'*y a *pas* d'homme qui *ne* soit mortel.［没有人，他（不）是要死的。/ There isn't a person who is（n't）mortal.］

因为中文中没有从句结构，无法呈现出法语句子的特点，我们在此首先为不会法语的中文读者解释这个命题结构。

此命题的主句是 Il *n'*y a *pas* d'homme（没有人），从句是 qui *ne* soit mortel［他（不）是要死的］，其中关系代词 qui 就是主句中的 homme（人）。对中文读者来说困难的是，中文中无法体现出从句独有的虚拟语态，即赘词 ne。我们介绍过，法语的虚拟语态中，赘词 ne 单独出现并不表示否定，而是表达一种不确定性。拉康正是利用这个不确定性来表示主体冒起又消失的状态，很遗憾，在英文和中文中都无法还原法语的语法结构，因此我们将"不"加上括号，以表达这种不确定性。不过请读者记住，此命题是对之前提到的说谎者悖论的进一步加工，无论拉康用了怎样复杂的命题结构，想表达的还是以下两点：

（1）在弗雷格逻辑学的框架下，将主语和谓词命题剥离；

（2）"主体的分裂"实际上是术语 sujet 在主体和主语含义之间的区分。

现在让我们开始对拉康这个新命题的解析。我们对比一下这个命题和亚里士多德的全称肯定命题"所有人都是要死的"，很明显，拉康在主语的位置上进行了重大修改——亚里士多德的主语是完整的统一体，但拉康参考弗雷格逻辑学，修改了主语的状态：

首先，主语"人"和谓词"要死的"分离；

然后，主语"人"分裂成了表述的主体（sujet de l'énonciation）和叙述的主语（sujet de l'énoncé）；

最后，随着否定的施加，主体的两个状态相对于谓词命题的含义彰显了出来：被 n'y pas 标记的表述的主体，是被作为谓词命题的大它所排除的主体，而在命题之内的叙述的主语，被赘词 ne 所标定，在主语位置上显现又消失。

相比说谎者悖论的命题而言，拉康在这个新命题中带来了不一样的东西。让我们先对比这两个命题：

Je dis que *je* mens.（*我说我撒谎。* / *I* said that *I* lied.）

Il *n'*y a *pas* d'homme qui *ne* soit mortel.［没有人，他（不）是要死的。/

There isn't a person who is（n't）mortal.］

抛开否定，两者之间最大的差别是：第一个命题中的从句是完整的命题，即"我撒谎"；在第二个命题中，因为关系代词 qui 代替了从句中的主语，因此从句准确来说是"是要死的"，人们缺少对主语状态的把握，因此是不完整命题。拉康利用第一个命题结构区分出了主体的两个状态，即通过两个"我"来表达主体的分裂；而在第二个命题中，主体的分裂是通过否定词 pas 和 ne 表达的状态差异来理解。

事实上，拉康想通过此命题结构来表达主体两种状态之间的连续性，即被排除的、在命题之外的主体进入命题的主语位置，然后又从此位置脱落，离开此命题，再次被命题排除。这就是拉康主体的第一种动力学。

我们可以将此动力学在命题层面上表达出来：

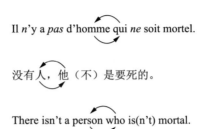

在 1962 年 3 月 14 日的教学中，拉康借用皮尔斯逻辑图从另一个角度表述了他的全称肯定命题结构：

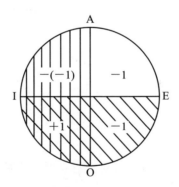

上图由四个象限构成，它们分别表达了在全称或特称、肯定或否定命题中主体和谓词命题的关系。

虽然拉康将皮尔斯逻辑图和命题 "Il *n*'y a *pas* d'homme qui *ne* soit mortel.［没有人，他（不）是要死的。/ There isn't a person who is（n't）mortal.］" 结合在一起讨论，但这个图的基础命题是之前介绍的 "竖线" 命题：所有的线都是竖直的。

皮尔斯逻辑图中的数字 1 表达的是"命名主体的能指 1"[①]，而 1、–1 和 –（–1）展示了主体的不同状态；背景中的竖线、斜线、混合线则指示了不同的谓词。

接着，拉康首先阐述右上方的象限（上图）。此象限的背景是空白，当中有数字 –1。空背景意味着没有谓词，也就是说谓词命题不存在，那么人们无法思考客体。这正是弗雷格逻辑学表达的观点：如果要考虑客体，必须**首先构建**概念，即谓词命题。因此，此象限想说明的事实是，因为没有大它（概念），主体完全处于被排除的状态，即 –1，人们无法思考此状态下的主体：

> 在我的象限中，空的部分中什么都没有，在这个水平上，必须再次将这个空的部分考虑成分离的。在这个水平上的主体是这个（–1），（–1）完全没有主体化，它完全还不是知道或者不知道的问题。为了某物的到来，必须的是，所有的环都要关闭，其缺乏（privation）因此仅仅是第一步。[②]

然后，通过对比右上方和右下方的象限（下页上图），拉康的弗雷

---

① 这里的表述是有问题的，因为图中涉及主体的两种状态，都被拉康用 1 来标记，而只有大它内部的 1 才是主体所认同的能指 1，大它外部的、被排除的 1 不是能指，但为什么拉康坚持用 1 来标记这个位置，我们将在第十二章中讨论。

② Jacques Lacan, *Le Séminaire*, *L'identification*, séance du 14 mars 1962, inédit.

格立场显得更为明显。

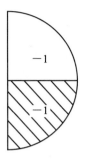

在这两个象限中，主体都被 −1 所标记，但主体所处的情势却完全不同：在右上方的象限中，背景中没有任何线，这意味着谓词命题的不存在，但在右下方的象限中，背景是斜线，这说明，这里存在的是不同于"竖直的"概念的另一个概念，即"斜的"的概念，那么，属于"竖直的"概念的主体仍然处于"斜的"的概念之外，换句话说，它还是处于被排除的状态中。

总结下，右上方的象限表达的是**概念的缺席**，右下方的象限则是**客体和概念之间的不匹配**。

接下来，左上方的象限是全称肯定命题（上图），它才表达了一个完整的概念，即客体和谓词命题的联结。和亚里士多德的逻辑相反，拉康的全称肯定命题中的主语（sujet）是分裂的统一体，他用符号 −（−1）来表示这个分裂形态；括号指示主语位置，同时主语上的空白又抽象地表达了谓词命题，拉康在之后多处都沿用此表达方式；这里的两个负号含义并不一样，它们分别对应着我们介绍过的两种否定，括号里的负号表示的是命题中主语位置上的不确定状态，也就是赘词 ne 所规定的状态，括号之外的负号指示的是命题所排除的主体；两个表示不同状态的负号处于括号内外，指示 1 既区分又统一，这就是主体的分裂统一。

在命题中主语（sujet）的位置上，分裂统一的主体（sujet）和谓词命题（大它）连接，这就是拉康的全称肯定命题想表达的思想，只有在弗雷格逻辑学的框架下，此结构才得以实现。

因此，符号 −1 和 −（−1）表示的分别是主体在和谓词命题的不同关系中的不同状态：−1 指示两者的**分离**，这时的主体是孤立的、被排除的；而 −（−1）则显示主体和谓词命题的**联结**，换句话说，主体终于在谓词命题的语法主语（sujet grammatical）位置上登陆，但主体没有全部进入命题，还有一部分在外，于是它本身呈现出一种分裂的状态。因此符号 −（−1）中负号的功能是描述性的，它们分别指示着主体的两种状态，其中并不涉及任何的算术运算。

事实上，拉康在 1961—1962 年的教学中，对全称肯定命题中"分裂统一的主体"并没有做详细的解释，但这是拉康思想的一个关键点，它直接影响了接下来对其他图示的解读。为了证明我们解释的正确性，我们暂时离开 1961—1962 年的教学，来到 1967—1968 年讨论班《精神分析的行为》，在这一年中，拉康再次谈及了他的全称肯定命题，此时他终于对"分裂统一的主体"进行了详细的阐述。

在 1968 年 3 月 6 日的教学中，拉康首先表达了自己弗雷格逻辑学主义的立场，即主语（sujet）和谓词命题是分离的 [1]；其次，表述的主体

---

[1]　Jacques Lacan，*Le Séminaire*，*L'acte psychanalytique*，séance du 6 mars 1968，inédit.

（sujet de l'énonciation）和叙述的主语（sujet de l'énoncé）不仅仅显示了主体的两种状态，且两者构成了一个分裂的统一体：

> 没有任何东西是圣贤或者不是圣贤（Il n'est rien qui ne soit sage ou pas sage），这无所谓。是这个"是"（soit）标定了在两个 ne 之间滑动之物的维度，正是在"是"（soit）那里，这个从表述（énonciation）到叙述（énoncé）一直持续存在的距离，它将演出。①

需要指出的是，拉康在这一年的教学中将谓词"要死的"（mortel）换成了"圣贤的"（sage），但命题结构并未改变。让我们对比下《认同》（1961—1962）和《精神分析的行为》（1967—1968）讨论班中的命题：

Il n'est rien qui ne soit sage.

Il n'y a pas d'homme qui ne soit mortel.

可以看到，关系代词 qui 之前的主句分别具有否定代词 ne...rien 和 ne...pas，两者都表达了否定和排除之义；而 qui 之后的从句都是虚拟时态，系词"是"（être）都变位为 soit，所以赘词 ne 表示不确定性。两个命题是同构的。

不同于《认同》讨论班中的陈述，在 1967—1968 年的教学中，拉康专门对命题中主语 / 主体的位置进行了详细说明：这个"主体的统一

---

① Jacques Lacan, *Le Séminaire*, *L'acte psychanalytique*, séance du 6 mars 1968, inédit.

体"，它相对于谓词命题有着独立的存在，因此它是"在自身中自足"的，只不过这是一个分裂的统一体，它分裂为命题外的部分和命题中的部分，另外，这两个部分又是连续、相互连接的。拉康用"il n'est rien qui ne"［他不是（不）］这个表达式概括了"分裂且统一的主体状态"。

关于命题的性质，拉康在1961—1962年的讨论班中只讨论了全称肯定命题，并没有涉及其他三个命题。直到1968年在《精神分析的行为》讨论班中，其余三个命题才得以被呈现（讨论这三个命题实际上是为了引入第五个理论模型，即量词逻辑），特别是在对全称否定命题的陈述中，拉康持有的弗雷格逻辑学主义的立场得以更清晰地展现出来。

在1968年2月7日的教学中，拉康再次从皮尔斯逻辑图出发讨论命题结构，但这次他的目的是讨论否定命题。拉康首先谈到，在全称肯定命题中存在着两种否定，一种是主语位置上的否定符号，还有一种是在谓词水平上的否定。然后他指出，对主语的否定不改变命题的性质，而当谓词被否定时，肯定命题变成了否定命题。因此，只有对谓词的否定才会产生"肯定和否定的二分"①。这完全就是弗雷格的观点。

因此，拉康和亚里士多德的否定命题形式也截然不同。在亚里士多德的逻辑学中，如果全称肯定命题要过渡到全称否定命题，只需要否定谓词，主语不会有任何的改变。但在弗雷格逻辑学中，随着谓词水平上的变化，主语也会经历相应的改变：谓词被否定意味着概念的**质变**，这会导致概念和客体之间联结的解离，所以，**被否定的谓词命题（全称否定命题）没有主语**。"一个没有主语的命题"，这在常识中难以想象。为

---

① Jacques Lacan, *Le Séminaire*, *L'acte psychanalytique*, séance du 7 févier 1968, inédit.

此，拉康还是在命题中保留了主语：

他们都不是圣贤的。（Ils sont tous pas sages.）①

以上的讨论是根据命题形式展开的。如果人们严格按照弗雷格逻辑学的要求来考察全称否定命题会发现，谓词命题被否定实际上意味着此谓词命题不存在，而如果为了避免此情况发生而否定主语，那么会得到一个没有客体的概念，也就是空概念。所以，无论如何我们都不能在弗雷格思想中得到全称否定命题，换句话说，此命题不存在于弗雷格逻辑学中。

实际上，"谓词命题被否定"对应于皮尔斯逻辑图中右上方象限所描述的情况（下图）：谓词命题不存在意味着背景的空白，−1 指示着客体的孤立状态。

Ils sont tous pas sages.
（他们都不是圣贤的。）

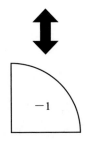

至于特称命题，因为它们不适合用弗雷格逻辑学来陈述，所以拉康弃之不谈。

---

① Jacques Lacan, *Le Séminaire*, *L'acte psychanalytique*, séance du 6 mars 1968, inédit.

六　圆环图

在 1962 年 3 月 7 日的教学中，在再次阐述了皮尔斯逻辑图之后，拉康引入了圆环图。至此，逻辑命题模型暂告一段落，而拓扑图模型登上了舞台。虽然更换了理论模型，但通过仔细分析以后会发现，其表达的内容和之前的模型具有内在一致性。

在目前关于圆环图的观点中，最为流行的解释是：在圆环上有"请求"（demande）和"欲望"（désir）两种圆圈，当"主体的环"和"大它的环"嵌套在一起的时候，这里有一个请求和欲望的交错；从此以后，主体的欲望是大它的请求，大它的请求是主体的欲望。

这种解读并没有错，因为拉康本人也是这样说的，但我们认为，这是拉康有意设下的"陷阱"，他通过此视角的解读故意让读者忽略掉这个图背后真正想表达的内容。事实上，不仅是圆环图，接下来的交叉帽图也有这种情况。我们继续沿着之前的思路，看看能从这个图中解读出什么重要的材料。

圆环图是首先一个单环，然后两个环嵌套在一起的结构。

关于单环，拉康在 1962 年 3 月 7 日教学的尾声对它做了一番说明。拉康在圆环上区分出了两种圆圈，一种是围绕中心空洞的圆圈 a，这也是所谓"欲望之环"，另一种是围绕圆环圆柱的圆圈 b，它被称为"请求之环"。

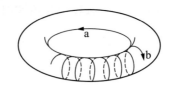

关于圆圈 b，拉康给出的论述很有意思，他称这个环为"综合的表

述"，而"表述"（énonciation）一词对应于术语"表述的主体"（sujet de l'énonciation），后者指示被排除在大它之外的主体。拉康用单环来展示孤立状态下主体的结构，因此单环就是"主体之环"。

接着拉康说，这个"综合的表述"维系在"一"（un）的螺旋线中，在这个"一"的重复中。这些螺旋线被称为"一"，我们知道，"一"被拉康用来特指能指，但能指是在大它中才获得此名称的，换句话说，无法指称在大它之外的任何东西。

然后，拉康进一步对这些重复的螺旋线进行说明，但他的说明让局面变得混乱。拉康说，这个螺旋线的系列在"一元重复"（répétition unaire）中描绘了"在重复自动化的能指关系中的原初主体"。这句话蕴含了巨大的信息量：

第一，这些线圈不仅仅是"一"，还是"一元重复"（répétition unaire），这完全就是能指的"一元划线"（le trait unaire）定义，并且在以后的教学中，拉康明确指出，能指是重复的，这意味着单环中重复的螺旋线就是能指。但这不符合理论假设，因为只有在谓词命题或概念的语法主语（sujet）位置上，主体（sujet）才被能指命名，按照这个观点，孤立状态下的主体和能指不应该有任何关系。

第二，拉康明确谈到，这个圆环指示的是"原初的主体"（sujet primaire），也就是表述的主体（sujet de l'énonciation），即"实在的、被排除的主体"，也是"未分裂的、统一状态中的主体"。可是，按照定义，"实在"是不可言说和想象的，为什么在这里却是能够描述的，甚至还有结构呢？这显然违背了对"实在"的定义。我们将在最后一章讨论此观点可能引起的争议。

紧接着，拉康说：

　　主体跑遍了这些请求的圆圈，但，在其计算中，它必然被"一"

（un）所骗，我们在这里看到无意识的（−1）重新出现在其构成性的功能中。很简单的理由是，它不能计算这个圆圈……①

拉康在这里将"一"（un）和数字 1 联系了起来，这证实了我们的假设，即这些重复的螺旋线就是能指 1，但因为这些 1 不在大它中，是属于实在范畴，所以不能被计算。

在 1962 年 3 月 21 日的教学中，拉康在主体之环上套入了另一个环，向读者展示出完整的圆环图（下图）：

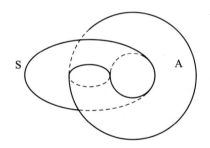

在图中，横向的圆环 S 代表着主体，竖立的圆环 A 则是大它，两者通过中心洞相互嵌套在一起。此图示同样符合弗雷格逻辑学的要求。

为了证明此观点，我们先将"主体之环"放在一边，只考虑"大它之环"：

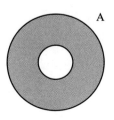

---

① Jacques Lacan, *Le Séminaire*, *L'identification*, séance du 7 mars 1962, inédit.

圆环分为实体的环状体和中心的空洞，环状体染成灰色，和中心的白色空洞形成对比。由于灰色的环是实体的、确定的、不会发生变化的，它可以看成谓词命题，而中间的空洞充满着不确定性，它自然指示语法主语的位置，一旦有符合定义的客体出现在空洞之处，圆环（概念）就会变得完整。进一步说，"命名"描述的"主体获得能指（专名）"的过程发生在大它的语法主语的位置上，它要求两个圆环必须相互连接或者嵌套起来：

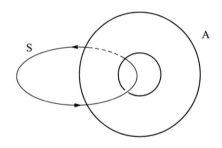

因此，逻辑命题和圆环图的结构是一致的，而相比前者而言，圆环图有自身的优点：

第一，"大它之环"中心的空洞形象化地表达了语法主语的位置。

第二，穿过中间空洞的主体是连续的。那么表述的主体（sujet de l'énonciation）和叙述的主语（sujet de l'énoncé）仅仅是空间位置或者功能上的区分，因此，主体的分裂并不是如同一个物理实体被分割或撕裂成不同部分那样，而是"基于功能区分的动态统一体"。

第三，在圆环图中，主体和大它分别是一个圆环，我们可以拆开它们分别考察，这样更加凸显了弗雷格逻辑学的立场，即主语和谓词命题的可分离性。

另外，圆环图还蕴涵了一些理论重点：

第一，在"主体之环"中重复的圆圈，虽然拉康一方面将其定义为和能指一样的 1 或者"一元划线"，但另一方面，这些圆圈被定义成"莫比乌斯带的边"，拉康借此引入了莫比乌斯带。

第二，在 1962 年 4 月 11 日的教学中，一开始拉康就给出了一个图示，此图示后来被称为内八字图 ①，它的结构如同数字 8 的上半部分被折向内部：

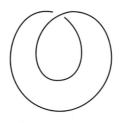

此图示表达的是同一事物向外运动之后的回返，但这个回返是有差异性的，因此运动轨迹不是圆圈，而是呈螺旋线形状。拉康解释道，此结构就是主体圆环上"重复的请求"，即"一元重复"（unaire）：

> 这些圆圈系列在某种程度上跟随螺旋线和重复，后者是围绕卷筒的线圈的重复，在其必然的区分、同一和重复中的请求，它的展开和回返到自身，是这个支撑圆环结构的东西。②

因此，主体环面上螺旋运动的简图就是上图，它凝缩了拉康想通过"能指"概念表达的所有要素，即**在重复中同一性和差异性的统一**。

此外，内八字图还有另一个角色，即莫比乌斯带的边，这个关键性的特征彻底改变了大它的结构。首先我们看看莫比乌斯带的结构：

---

① Jacques Lacan, *Le Séminaire*, *L'identification*, séance du 30 mai 1962, inédit.
② Ibid., séance du 11 avril 1962, inédit.

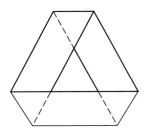

把一根纸条扭转 180° 后，两头再粘接起来做成的纸带圈，具有魔术般的性质。普通纸带具有两个面（即双侧曲面），一个正面，一个反面，两个面可以涂成不同的颜色；而这样的纸带只有一个面（即单侧曲面），一只小虫可以爬遍整个曲面而不必跨过它的边缘。

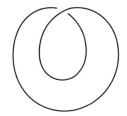

如果我们去掉面，只保留边，就会发现莫比乌斯带的边就是内八字图，那么，莫比乌斯带表达了面的跨越，其边则表达了边的跨越。

有了以上的理论准备之后，现在让我们回到圆环图：

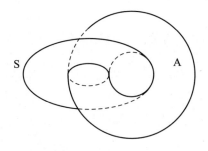

当"主体之环"穿过"大它之环"的中心空洞时，如果它只是普通的圆环，这并不会导致任何事件发生，但拉康在之上放置的是螺旋线，

且这些线是**莫比乌斯带的边**，而"大它之环"中心空洞的边是**普通的圆**。由此可知，主体和大它的相交实际上是将两个不相容的**异质结构**联结在一起。现在的问题是：这两个互为异质且相连的结构是彼此相安无事，还是会相互影响？从上图来看，不发生影响似乎是不可能的，不仅如此，一方会彻底改变另一方的结构。正因如此，拉康没有继续使用圆环图，转而使用了交叉帽图。

七　交叉帽图

拉康在 1962 年 5 月 16 日的教学中引入了交叉帽图，但他始终没有解释这个图和之前的圆环图的关系。

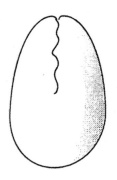

交叉帽图的结构很简单，上面部分是一个和莫比乌斯带同构的结构，实际上就是依靠莫比乌斯带的边把球形扭结成如此，而下半部分是正常球形，中心有一个脐点，标志着上下部分的分隔。

交叉帽指示着大它的地点，即能指冒起的地点。为了理解能指运动的结构和产生的结果，我们首先介绍两个关于莫比乌斯带的知识点。

第一，沿着莫比乌斯带（下页上方右图）的面划线，这条线就如同莫比乌斯带的边（下页上方左图）一样，它沿着面走了两圈；

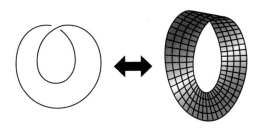

第二，在莫比乌斯带面的中央剪下一部分（如下图）：

剪下的灰色部分还是一条莫比乌斯带，剩下的部分是双侧曲面的普通面，而剩下部分沿着切口粘合，又会形成一条莫比乌斯带。

回到圆环图，我们说过，因为"主体之环"上的螺旋线是莫比乌斯带的结构，而"大它之环"的中心只是普通的圆环，所以当前者穿过后者中心的空洞时，要么两者之间没有任何接触，一旦有接触，"主体之环"的结构必然将"大它之环"从中心洞开始扭曲成莫比乌斯带结构，从而将"大它之环"转变成交叉帽：

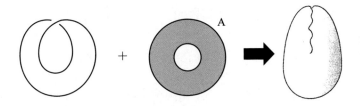

在螺旋线扭曲了大它原本的结构之后，大它的新结构允许能指的螺

旋线在其中出现（下图）。只有这样，主体和大它之间才能建立联结。

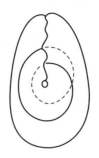

在 1962 年 5 月 30 日的教学中，拉康明确定义了，能指就是内八字图的结构：

> 如果这条曲线本身就是切口，它的每一个元素将是切口的截点，正是这个最终引入了能指这个关键性的元素，这个我称之为"内八"的能指，即这个环。相交的线。①

内八字图展示的就是莫比乌斯带的边，只能在莫比乌斯带内部才能产生。但问题是交叉帽是一个混合结构，所以图中能指的运动轨迹跨越了上面的莫比乌斯带结构，进入下面的普通球体结构中。这和能指的定义相矛盾。而面对如此明显的理论缺陷，拉康没有做出任何解释。

另外，如果我们对比圆环图和交叉帽图，这里有一个视角的差别：圆环图是从**客观**的角度描绘了主体和大它的联结，交叉帽图是从**主观**的角度展示在大它之内能指是如何冒起的，在这里，我们看不到大它之外的主体。

交叉帽图并非是完美的图示，相对于圆环图，它有优点，但也有不

---

① Jacques Lacan, *Le Séminaire*, *L'identification*, séance du 30 mai 1962, inédit.

足之处：

　　优点是，在交叉帽图中，主体和大它是有关系的，而在圆环图中，看似"主体之环"穿过了大它的中心洞，但由于两者是异质的结构，如果"大它之环"维持其圆环结构，这意味着两者本质上没有接触，也就没有关系。

　　缺点是，在交叉帽结构中，中空洞消失。在《认同》讨论班中，不论是逻辑命题还是拓扑图，都在以不同的方式表达弗雷格逻辑学，准确来说，是弗雷格的概念文字，其中必须涉及"概念-客体-专名"的三元关系。在概念，即谓词命题中，主语是非常关键的位置，因为它是客体和概念联结的地点，也正是在这里，客体获得了其专名，扮演了主语的角色，成为叙述的主语（sujet de l'énoncé）。

　　在命题结构和圆环图中，主体（sujet）的二分、谓词命题和语法主语（sujet）的位置都区分得一清二楚，不仅如此，我们还可以将每个部分单独提取出来考察。但在交叉帽图中，我们只能在大它的水平上研究能指的冒起，而大它这时是一个拓扑结构，准确来说是一个面，在上面我们不仅无法再区分主语和谓词，也没有了主语的"空洞"。不得不说，没有一个完美的模型能够表达拉康的思想，因此，他只能不断地更换模型，在不同的模型中讨论不同的理论细节。

　　最后，我们必须指出的是，采用交叉帽图作为理论模型的另一个优点是：作为拉康最重要的基本概念，"客体 a"终于出现了。

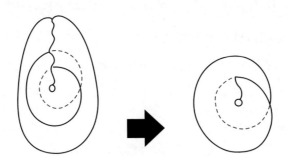

之前我们介绍过，拉康将能指定义成"切口"，它具有改变"面的性质"的功能。所以在它冒起的运动中，它切割了大它的面（上页左图），最后掉下了一块碎片（上页右图），这个碎片并不是沿莫比乌斯带中间部分剪裁下的莫比乌斯带，按拉康的说法是"中心的碎片"，这块碎片就是"客体 a" ①。

关于"objet a"这个术语，为何我们选用了"客体"而没有用"对象"一词，我们将在介绍第三个理论模型的时候给出解释。至此，1961—1962 年《认同》讨论班中的几个理论模型就介绍完了。很清楚的是，不仅逻辑命题，拓扑学模型也是在阐述弗雷格逻辑学。

接下来，我们将介绍拉康在随后几年的讨论班中对三段论和逻辑命题的讨论。我们会看到，拉康绝对不是亚里士多德主义者，他采纳的实际上是弗雷格逻辑学的立场。

八　同一性和认同

作为拉康最有名的概念，"客体 a"在 1961—1962 年教学的尾声才姗姗来迟，论其原因，是受限于理论模型，但"客体"这个概念无论如何是必须登场的，因为拉康的理论是建立在弗雷格逻辑学的基础之上，而在后者的理论中，不是主体而是客体和概念（谓词命题）建立起了对子。

然而，逻辑命题和圆环图并没有给"客体"这个概念留下任何位置，因为它们表达的都是主体的二分以及两个部分之间的连续性，所以我们在模型中看到的都是"被排除的主体（sujet）直接进入命题中主语

---

① 在正常情况下，从中间切割莫比乌斯带无论如何不可能得到这样的"碎片"，只能在"交叉帽"这种不规范的结构中才能实现。

（sujet）的位置"。很显然这违背了弗雷格逻辑学的原则，因为根据弗雷格的观点，如果有符合谓词命题定义的**客体**存在，它会携带自己的专名出现在主语的位置上，所以，拉康必然抛弃"主体连续性"的图示，转而考虑有客体作为**中介**的理论模型。

现在有了"客体 a"，基本概念都到齐了，所以在 1964—1965 年的讨论班《精神分析的关键性问题》中，拉康开始讨论三段论，一方面他将这些基本概念安置在不同的前提和结论中，另一方面借由推理判断的结构来探讨主体和大它是如何联结的。

我们介绍过，亚里士多德的三段论是建立在其范畴论的基础之上，讨论的是术语之间的关系。一般来说，在一个三段论中有三个术语，有一个被称为中项，它扮演了至关重要的角色：根据亚里士多德的观点，中项让另外两个术语建立关系，因为它被包含在一个术语中，又包含另一个术语。因此，亚里士多德的三段论实际上向我们展示的是"术语之间的**从属**关系"。

而存在着一种特殊的三段论，即本质三段论，它表达了一个事物是什么。在这种三段论的命题中，主语不是从外部接收谓词，而是相反，谓词存在于主语内部，并和主语一起构成一个不可分割的统一体。因此，作为分析性的话语，本质三段论可以通过人为的操作，将这些不可分离的元素分离，所以，此时术语间的关系不是从属的，而是**等同**的。

拉康在教学中讨论的三段论"苏格拉底是要死的"，正是本质三段论，这意味着"苏格拉底""人"和"要死的"这三个术语是相等的，并且在这个相等的关系中，中项"人"不再扮演联结的角色。

在 1964 年 12 月 9 日的教学中，拉康第一次谈及"苏格拉底是要死的"这个三段论。他指出，在这个三段论中让他感兴趣的是小前提和术语"苏格拉底"。然后，拉康将"苏格拉底"定义成专名，并指出这是

"能指的第一个功能，命名"①。随后，小前提被分解成了两个部分，专名"苏格拉底"和一个没有主语的命题"是人"。最后，拉康表明，对他来说，这个三段论中的关键点是"大前提和结论这些公式的连接"。

之后，在1965年1月20日教学的尾声，拉康将三段论放在拓扑图中进行讨论：

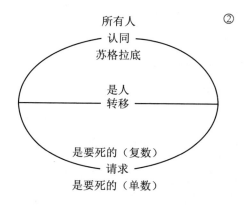

在上图中，三个命题很明显是按照弗雷格逻辑学来拆分的，因为它们都展示了语法主语和谓词命题的分离。拉康将这些被拆解下来的部分分别安置在三个水平上，在"认同"水平上放置主语，而将谓词放在"转移"和"请求"水平上。由此可知，虽然拉康常使用一些弗洛伊德的术语，但此时这些术语的含义和弗洛伊德文本中的原义已经大相径庭。

回到三段论。拉康解释道，术语"人"和三段论中其他两个术语的本质不一样：因为"人"还没有被命名，它是完全未确定的。通过这个"欺骗功能"的转移，"人"在小前提"是人"中获得其专名，由此它能

---

① Jacques Lacan, *Le Séminaire*, *Problèmes cruciaux pour la psychanalyse*, séance du 9 décembre 1964, inédit.

② Ibid., séance du 20 janvier 1965, inédit.

够被连接到大前提"是要死的"中，并最终被确定：

> 术语"未确定性"，无意识的主体，术语"确信"，如同在经验中构成主体和分析的目标，术语"欺骗"是这条道路，在这条道路中，它对"认同"的呼唤也同样呼喊着"欺骗"。①

毫无疑问这个分析是根据弗雷格逻辑学的原则来进行的：和亚里士多德逻辑学相反，这个三段论涉及的不再是术语之间，而是主语和谓词命题之间的关系。不过拉康并没有继续分析上页这个图，而是转向了其他方向，直到 1967—1968 年的讨论班《精神分析的行为》，他才重拾此三段论，并借此表达了一个重要观点。

在 1968 年 2 月 7 日的教学中，在重提了皮尔斯逻辑图和他的全称肯定命题之后，拉康回到了三段论，并阐述了自己弗雷格逻辑学主义的立场：

> 事实上，如果我们跟随三段论的用法向我们暗示的纬纱，当然这时我们应该抵达的地方，这是某物，它将把主体和这个已经如同谓词那样提前存在的东西相连接……
>
> ……没有划线：主体就在那里。另外，这些划线被谓词的在场和缺席所标记……主体完全顺服于"竖直的"或者"不竖直的"变化……没有"竜直的"，没有划线。②

---

① Jacques Lacan, *Le Séminaire*, *Problèmes cruciaux pour la psychanalyse*, séance du 20 janvier 1965, inédit.

② Jacques Lacan, *Le Séminaire*, *L'acte psychanalytique*, séance du 7 février 1968, inédit.

在上述陈述中，这个"已经如同谓词那样提前存在的东西"，即**先在之物**，如果是在亚里士多德逻辑学中，指的不是谓词，而必须是主语。只有在弗雷格逻辑学中，谓词命题必须是**先在的**，有了它人们才能谈论客体。不仅如此，拉康的"主体顺服于谓词"以及"谓词的存在与否决定了主体"这两个观点都表明，拉康持有的是弗雷格主义的立场。

随后，客体 a 被正式定义为中项，其功能是连接"消散的主体"和"持续存在的谓词"：

> 亚里士多德的《前分析篇》正是从这个令人赞叹的、轻快的步伐出发，即中项的第一个外形，（亚里士多德）向我们解释道，中项如同谓词那样被安置，它允许我们以一种理性的方式使得这个消散的主体和这个是谓词的东西相结合，通过中项，这个联结是可能的……这涉及我称为客体 a 的东西，它对于我们来说是真正的中项……①

因为"苏格拉底是要死的"是本质三段论，其中三个术语是相等的，所以客体 a 不是传统意义上的中项，至于其连接主体和大它的功能，我们只有在讲第二个理论模型时才能明白。

现在，我们可以对比第一个理论模型中的众图示。全称肯定命题有着自身的局限：

Il *n*'y a *pas* d'homme qui *ne* soit mortel.［没有人，他（不）是要死的。/

---

① Jacques Lacan, *Le Séminaire*, *L'acte psychanalytique*, séance du 7 février 1968, inédit.

There isn't a person who is（n't）mortal.］

在以上命题结构中，虽然我们直观地看到了"被排除的主体"如何进入大它这个谓词命题中，但其中缺少了一个术语，即专名，这没有遵循弗雷格逻辑学的原则，因此，拉康转向了三段论。只有在三段论中，他才能够安置所有的基本概念：

> 所有人是要死的；
>
> 苏格拉底是人；
>
> 苏格拉底是要死的。

让我们重新考察这个三段论。在亚里士多德逻辑学中，这是本质三段论，因此我们应该考察"人""要死的"和"苏格拉底"这三个术语之间的相等关系，但按照拉康的思路，人们必须将大前提和结论按照弗雷格逻辑学的主语–谓词命题结构来解析，只有小前提"苏格拉底是人"按照本质三段论而被理解为术语–术语，即"苏格拉底–人"的关系。拉康希望将此三段论描述为"主体通过命名进入大它"的动力学过程：

> 大前提陈述的事实是，存在着一些客体"人"，它们满足概念"要死的"，但这些客体没有获取自身的专名，所以暂时无法进入此概念；
>
> 于是，在小前提中命名发生；
>
> 最终，有一个客体"人"获得了其专名"苏格拉底"而进入概念"要死的"之中。用弗雷格的语言，这意味着客体和概念在语法主语的位置上联结。

因此，拉康通过对三段论的分析，终于完整地展现出自己弗雷格主义的立场：三个命题首先全部按照主语和谓词命题来拆分，然后，讨论中涉及的不是术语之间的关系，而是"主体如何通过命名而出现在谓词命题中"这一动力学。

不过，关于命名，拉康给出了两种不同且不相容的陈述。

对弗雷格来说，每个客体都有其独有的专名，这是如此简单的一件事，以至于他对此没有做任何特别的注释和说明。然而，这个在弗雷格思想中被忽略的事件，在拉康思想中却被给予了特别的强调，因为对他来说，精神动力学就体现在"专名（能指）的换喻"中，而换喻的基础则是专名和客体的错位和分离：客体 a 在拉康的理论中被划分在实在（Réel）的范畴中，所以它是无法被符号化的，也是无法被命名的，那么，能指的换喻表达了主体命名和符号化的努力。

在《精神分析的关键性问题》讨论班中，拉康用两种不同的方式阐述了对客体 a 命名的过程。

第一种借助索绪尔的"能指-所指"对子来表达"命名"。拉康首先在《认同》讨论班中阐述了命名的过程：

> 如果我们用"1"形象化了这个"我思"……我重复下，它（我思）让我们感兴趣，因为它和这件在命名之初所发生的事情有关，命名关系到主体的诞生——主体是这个被命名的东西——如果命名首先是和指示着绝对差异的"1"有关，我们能够自问，怎样用密码书写这个"我在"，它简单地、回溯性地由这个如同"我思"的所指一般的东西所构成，即同一事物，在主体形式下最初的未知之物。①

———————

① Jacques Lacan, *Le Séminaire*, *L'identification*, séance du 10 janvier 1962, inédit.

　　虽然在这里拉康使用的是索绪尔的术语"能指-所指"，但他想探讨的内容却是弗雷格逻辑学中涉及的，在谓词命题的主语位置上客体不断试图获取其专名的过程。客体和专名之间的这个动力学过程，最终被拉康在《精神分析的关键性问题》讨论班中形式化：

$$\frac{S}{s} \longrightarrow S' \qquad ①$$

　　从以上公式中可以看出，能指和所指都是"元素"。然而，在给出此公式一个月之后，在 1965 年 1 月 20 日的教学中，拉康给出了命名的另一种观点：在"苏格拉底是要死的"这个三段论中，被理解为命名过程的小前提，也按照主语和谓词命题来拆分，那么，中项"人"不再被视作一个术语，而成了谓词命题"是人"：

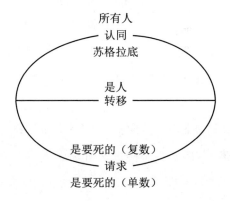

　　这条不存在的虚线，它不在表面上，它本质上是欺骗性的。正是这条线，它在小前提中连接了三段论。我们刚刚看到了所有的脆

① Jacques Lacan, *Le Séminaire*, *Problèmes cruciaux pour la psychanalyse*, séance du 2 décembre 1964, inédit.

弱性，这不是"苏格拉底是人"，而是简单地引入"是人"，在这里，从直径来看……我们在这条直径上写下"是人"。①

很显然，小前提"苏格拉底是人"是按照"主语-谓词命题"来拆分和解释的，这和之前的"能指-所指"模式完全不一样。事实上，此模式也没有遵循弗雷格逻辑学的规定。我们可以从两个方面来论述，将命名（小前提）按照弗雷格逻辑学来解读会出现什么困难：

首先是语义的问题。在弗雷格逻辑学中，"客体-谓词命题"关系想表达的是，通过命名，客体进入谓词命题中，最终形成一个完整的命题或概念，并产生语义；命名本身很简单，即客体获得其专名，这是两个元素之间的关系。如果将此过程按照"客体-谓词命题"关系来解释，这将取消命名，最终导致语义的缺乏。

第二个问题涉及逻辑结构。弗雷格的"客体-谓词命题"关系涉及的是一个三元关系，即客体-专名-谓词命题，而前面两个术语都属于"元素"这个范畴。当不把"苏格拉底是人"按照本质三段论来解读时，人们立刻会遇到一个问题：在这个三段论中找不到客体，这里缺少一个元素。如果遵循弗雷格逻辑学的原则，人们就必须加上第四个术语，但这是不可能的。

命名的两种模式实际上涉及的是对"客体 a"的定义，我们在之后会看到，对"客体 a"的两种不同定义分别属于第一个理论模型（弗雷格逻辑学）和第三个理论模型（集合论）。这就是随着理论模型的变化，基本概念定义的改变。

---

① Jacques Lacan, *Le Séminaire*, *Problèmes cruciaux pour la psychanalyse*, séance du 20 janvier 1965, inédit.

第五章
第一个理论模型 II：欲望图

在讨论班《欲望及其理解》(1956—1957) 中，拉康引入并讨论了欲望图，但我们并没有选择讨论班，而是聚焦于《著作集》中的一篇文章《在弗洛伊德无意识中主体的颠覆和欲望的辩证法》。这是拉康受让·瓦尔（Jean Wahl）的邀请，为 1960 年 9 月 19—23 日在法国罗奥蒙特（Royaumont）举行的、主题为"辩证法"的国际哲学会议所准备的文章。

相比冗长的讨论班，我们更偏爱这篇精练的文章，不仅因为拉康在其中以精练的语言介绍了欲望图，还因为此会议是面向哲学家的，拉康省去了很多晦涩的修辞，相对直白地阐述了自己的观点和立场。

接下来我们就介绍此文章，并阐述我们将欲望图归为第一个理论模型的理由。

在简短的开场白之后，拉康就提到了表述的主体（sujet de l'énonciation）和叙述的主语（sujet de l'énoncé）的二分，虽然他在文中没有明确指出，但研究表明，这个区分分别对应着欲望图的上下两层（见第 173 页插图）。为了证明此观点，可以参考在《精神分析的四个基本概念》讨论班（1964）中，拉康如何用说谎者悖论来区分欲望图中的两个层级。

为了澄清拉康的思路，我们首先回顾 1961—1962 年拉康给出的说谎者悖论的命题：

Je dis que je mens.（我 说 我 撒谎。 / I said that I lied.）

拉康按照弗雷格逻辑学来解决说谎者悖论："我说"是言说的主体（sujet parlant），它也被称为"表述的主体"（sujet de l'énonciation），"我撒谎"则是这个言说主体表达的思想（命题），其中的"我"是语法主语（sujet grammatical），它被称为"叙述的主语"（sujet de l'énoncé）。

拉康在《精神分析的四个基本概念》讨论班中重提说谎者悖论，他解释道，这个说"我撒谎"的"我"，是"表述的我"（je de l'énonciation），它和"我撒谎"中的"我"不同，后者是"叙述的我"（je de l'énoncé）。并且，"我撒谎"证明了说话者有一个欺骗的意图 ①，很显然，这个有欺骗意图的说话者就是主体–施动者。随后他给出了欲望图的以下这个简略版：

②

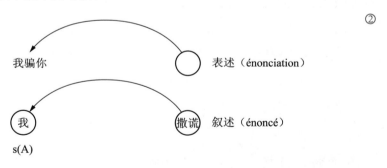

拉康明确指出，"我撒谎"属于叙述（énoncé），而"撒谎"是一个属于大它的能指，在大它之中，"我"变成了在叙述水平上产生的含义

① Jacques Lacan, *Le Séminaire*, *livre XI*, *Les quatre concepts fondamentaux de la psychanalyse*（1964）, texte établi par Jacques-Alain Miller（Paris: Édition du Seuil, 1973）, p. 156.

② Ibid., p. 157.

（signification）[①]。这很明显是按照弗雷格逻辑学的原则来表达的观点：

首先，"我撒谎"被拆分成了主语（我）和谓词命题（撒谎），谓词命题"撒谎"就是大它；

然后，"我"在大它之中出现，这意味着谓词命题的主语位置被填满，会产生含义，所以当拉康说，这个"我"变成了叙述水平上产生的含义，他实际上想说的是"作为谓词命题的大它被填满后产生了含义的效果"，而符号 s（A）就是用字母表述这一事实。我们接下来在欲望图中会详细解释这个符号。

至于表述（énonciation），拉康说，在此水平上产生了"我骗你"。可以看到，拉康将"我骗你"作为一个整体放在左上方，是为了表达在大它之外的表述的主体（sujet de l'énonciation），它作为施动者产生了撒谎的行为。

所以，我们将欲望图归入第一个理论模型中，在其中拉康用复杂的符号和符号之间的关系来讨论"既分裂又统一的主体和大它之间的联结"。

有了理论上的铺垫以后，我们终于可以正式进入 1960 年的《在弗洛伊德无意识中主体的颠覆和欲望的辩证法》（下文简称《主体的颠覆和欲望的辩证法》）这篇文章。拉康从下图出发，开始自己的论述：

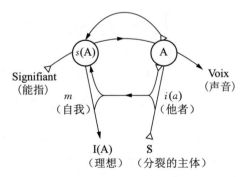

① Jacques Lacan, *Le Séminaire*, *livre XI*, *Les quatre concepts fondamentaux de la psychanalyse*（1964）, p. 157.

这个图描绘的是"叙述（énoncé）的水平"。我们翻译了图中的几个术语，同时保留了两个重要的符号，看看拉康是如何论述它们的。

拉康的论述主要围绕着符号 s（A）和 A 进行：

> A 是能指的地点……s（A）是这个人们可以称为"断句法"的东西，在那里，含义如同完成的产品一样得以被构成。①

我们已经阐明，大它是谓词命题或概念，其主语位置是空白，因此大它是"地点"；能指被拉康定义成专名，那么，当它出现在大它的主语地点时（暂时不考虑客体），大它这个谓词命题被补全，产生了含义。

所以，符号 s（A）中的 s 就是含义（signification），括号"（ ）"是大它②；而**括号中**的 A 不是重复指示大它，而是代表能指，拉康在这里用 A 而不用 S，想表达的是能指符合大它的定义，如同集合论中的表达方式一样，为了表达元素符号集合的对定义，数学家习惯于用同一字母的不同形式（大小写）来分别表达集合和其包含的元素，比如，集合 A 中的元素是 a_1、a_2、a_3、a_4，集合 B 中的元素则是 b_1、b_2、b_3、b_4 等。

因此，用字母 A 指示能指，一方面是为了表达"此能指满足大它的定义"这一事实，另一方面，因为字母 a 在拉康的理论中特指客体 a，为了避免混淆，拉康选择用 A 而不用 a 来指示能指。

总之，欲望图③中的符号（A）和 A 所指对象不一样，其含义也完全不同。而对符号"（ ）"的正确理解非常重要，它直接关系到接下来

---

① 　 Jacques Lacan, "Subversion du sujet et dialectique du désir dans l'inconscient freudien," dans *Écrits*（Paris：Seuil, 1966）, p. 806.

② 　 我们在以后的模型中会常常看到拉康用括号来表示大它。

③ 　 在《焦虑》讨论班（1962—1963）中出现了符号 S（A），它和这里的 s（A）以及稍后出现的 S（A）的解读方式都不一样，我们在以后的书中会提及并论述。

对另一个重要符号的解读。

紧接着，拉康对 s（A）和 A 之间的关系做了几点说明：

> 请观察这个地点（与其说是空间不如说是地方）和时刻（与其说是持续的时间不如说是断断续续的）之间的不对称。
>
> 两者都具有向能指报价的性质，在实在中的洞构成了这个报价，（两者其中）一个如同隐匿的窟窿，另一个如同为了脱身的钻孔。[1]

关于"地点"和"断断续续的时刻"，"地点"很明显指示大它，其符号是 A，那么"断断续续的时刻"是什么意思呢？我们可以借由圆环图来解读：

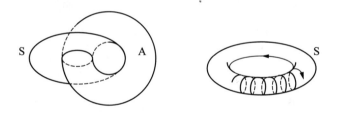

在上图中，宏观来看，"主体之环"穿过"大它之环"的中心，而从微观的视角看，实际上是"主体之环"上的一个个线圈穿过"大它之环"。这些线圈在"主体之环"上看似是连续的，实则不然，它们之间的不连续性在线圈进入大它之中时体现出来，每个线圈是一个一个排队进入大它的；而在大它的水平上，一个线圈（能指）突然出现，然后消失，另一个线圈又突冒起来……此过程无限循环，在时间的水平上呈现

---

[1]　Jacques Lacan, "Subversion du sujet et dialectique du désir dans l'inconscient freudien," dans *Écrits*, p. 806.

的就是"断断续续的"结构。

在谈论了符号 s（A）和 A 之后，拉康谈到了能指的一个要点，并借此表达了弗雷格主义的立场：

> 主体对能指的服从产生于这个从 s（A）到 A，再从 A 返回到 s（A）的环路中，这个服从是一个圆圈，断言（assertion）仅仅把其自身的先在（anticipation）转移到能指的组成中。①

大它，A，本身就是一个洞开的结构，所以它和括号"（）"同构，拉康在这里清楚地表明，能指被限定在大它的主语位置上，呈现出冒起-消失的循环结构；而"断言"（assertion）一词则是弗雷格使用的，用来定义命题的功能，即判断，而且这个命题一定是**先在**于客体和专名。拉康在这段话中表达的观点完全符合弗雷格逻辑学的原则。

接着拉康说：

> 请仅仅挑选一个能指，作为这个全能的信号，这想说的是这个完全是潜在的能力，作为可能性诞生的信号，并且你们有"一元划线"（le trait unaire），它要填补这个主体抓住的、能指的无形标记，一元划线在原初的认同中异化了主体，这个认同形成了自我的理想。
>
> 这个我们必须用来替换 $\mathbb{S}$ 的 I（A），这个反向箭头的被划杠的 S，我们将其从尖峰带回到起点。②

---

① Jacques Lacan，"Subversion du sujet et dialectique du désir dans l'inconscient freudien," dans *Écrits*，p. 806.

② Ibid.，p. 808.

在上面两段中，拉康讨论的是纵向的动力学，即这个从被划杠的主体（S）出发，经过 A 和 s（A），最终抵达 I（A）的行程。符号 I（A）中的 A 和 s（A）中的 A 一样，都指的是能指 A。s 表示含义（signification），它的产生是能指填补了谓词命题中主语的位置之后产生的**效果**，因此，s 并不是符号本身的构成部分，而是人为添加上去的；I 的情况则完全不同，它指示的是在"大它之外的主体"，即这个被排除的、实在的主体，它也被称为"自我的理想"。这里的重点不是"自我"而是"理想"（Idéal）一词，拉康想表达的观点是，被排除的主体和在大它中通过认同能指而显现主体之间，具有一致性。

除此之外，这里还有几点需要指出：

（1）当拉康在谈论"认同"这个概念时，他之前的观点是，在大它的主语位置上，主体认同于 –a（虽然这个认同是滑动的）；但在上述文字中，相反，"一元划线在原初的认同中异化了主体，这个认同形成了自我的理想"，显然，认同发生的地点在大它**之内**。这里的观点完全相反：能指和理想（I）的关系构成了认同，虽然此认同关系跨越了大它内外，但它却非常稳固。然而此观点在逻辑上并不符合第一个理论模型：

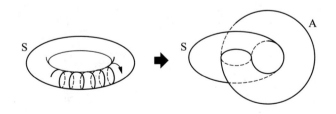

在圆环图和全称肯定命题的模型中，对应在"主体之环"上螺旋线（上图）的"理想"是先在的，随后它们逐个进入大它，两者之间

的关系构成"主体的认同"。但在欲望图中相反，拉康说，认同形成了理想。

（2）在圆环图和交叉帽图中，拉康就表明，"主体之环"上的螺旋线（圆环图）和大它中能指的形式（交叉帽图）是一样的。这意味着，符号 I（A）和 s（A）中的 A 和 I 是同构的，但拉康却必须选择不同的字母来标记它们的差异。我们将在之后的理论模型中不断遇到这个问题，拉康的解决方案也不尽相同。

这样，拉康在叙述（énoncé）这一层讨论了横向和纵向两种相关的动力学：

第一种是在符号 s（A）和 A 之间横向的动力学，这是在大它的主语位置上，能指冒起和消失的过程；

第二种是从符号 S 出发，历经 A 和 s（A），最后返回到 I（A）的纵向行程。第二种动力学是第一种动力学的基础，进一步说，两者分别对应"主体之环"上动力学（下图）的不同阶段：S→I（A）指示主体从外部进入大它然后再出来的整个过程，而 A↔s（A）这个循环仅仅是在大它中心洞的位置上发生的动力学。

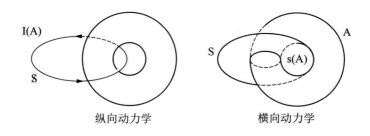

纵向动力学　　　　　横向动力学

表述（énonciation）这一层上的关系非常复杂，所以首先需要澄清几个符号和概念：

　　第一个是"冲动"（S◇D）。术语"冲动"可以说是读者最为熟悉的几个精神分析概念之一，它在弗洛伊德的理论中占据了最重要的地位，但在拉康理论中，不仅冲动的地位被边缘化，而且它的含义也发生了根本性的变化。

　　为了澄清此概念在拉康思想中的特殊含义，我们从1964年讨论班《精神分析的四个基本概念》出发，然后回到《主体的颠覆和欲望的辩证法》一文。

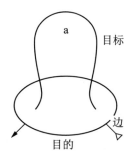

　　1964年的教学以精神分析的四个基本概念——无意识、重复、冲动和转移——为基础展开。在5月13日的教学中，拉康给出了关于"冲动"的图示（上图）：矢量曲线指示着冲动的路线，圆圈指示弗洛伊德理论中的"身体的性感区"，在拉康的思想中，这却代表着不同的含义。

　　对弗洛伊德来说，冲动是精神的兴奋，后者代表着身体的刺激，这种精神的兴奋在身体的推动下寻找精神表象或者在现实中寻求客体，以求最终卸载自身的压力、满足身体的需求。拉康并不讨论精神兴奋的卸载，他自己的理论构建也不需要冲动概念，所以此概念在其思想中一直处于边缘的位置。此时拉康讨论冲动概念一定有其自身的目的，而其中一个重要的目的便是解决圆环图中的理论难点：

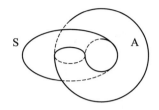

在上图中，不依赖任何外物，两个环相互嵌套，这给人们一种印象：外部的主体能够**直接**在符号内部显现。并且，根据拉康的解释，实在中的螺旋线和符号中的能指也是同构的，因此，主体似乎可以在符号中**直接显现**。但拉康并不同意此观点，因此他抛弃了圆环图，甚至抛弃了第一个理论模型。

那么，既然实在的主体（螺旋线）不能直接在符号中显现，自然就需要一个**中介**，这个中介就是冲动。接下来我们对比此概念在拉康和弗洛伊德理论中的定义和功能：

功能。冲动在弗洛伊德和拉康理论中都起到某种中介的功能：在弗洛伊德的理论框架下，"身体"的生理过程无法直接抵达"精神"，只有通过"冲动"来连接这两个不同的领域，所以弗洛伊德明确地将"冲动"定位在"身体"和"精神"之间；当拉康放弃"实在"和"符号"范畴的直接联系之后，他将"冲动"放在两者之间，起到连通两个范畴的作用。这是两个理论关于"冲动"概念的类似点。

形式和目的。弗洛伊德定义的"冲动"指示的是恒定的精神能量，准确来说是稳定的推力，在拉康思想中指的却是跳动的能量（脉动）；弗洛伊德理论中冲动的目的是卸载紧张，而冲动在拉康思想中仅扮演着连接的桥梁的角色。这是两个理论关于此概念的差异点。

接下来，我们具体看看拉康是如何阐述冲动的功能的。首先他谈到了冲动和主体之间的关系：

这个确切地说是他者（autre）的主体出现，如同冲动能够关闭其环路。只有在他者（autre）水平上出现，这个是冲动功能的东西能够被实现。①

他（弗洛伊德）对我们说，在这个时刻，环路被关闭，在和他者的一极中有回返，他者（autre）进入游戏，主体如同冲动的终点。②

既然冲动和主体的显现相关，可以确定的是，欲望图中的冲动（S◊D）一定位于大它的主语（sujet）位置中。

为了证明此论点，我们看看接下来拉康的一段话：

如果我们的完整图示允许我们将冲动如同能指的宝库那样安置，它的符号 S◊D 通过将冲动和历时性相连，维持了其结构。当主体消失时，冲动是请求。请求同样消失，这没有问题，只是这还保留了切口，因为切口仍然出现在这个区分冲动和冲动所居住的器官功能的东西中，即冲动的语法诡计，它如此明显地在从其语音的连接到源泉（如同客体）的返回中。③

在上述这段话中，拉康首先将冲动和能指的宝库（大它）相联系，这证明了我们的推理，即两者都指示着空缺的主语位置，所以，拉康是

---

① Jacques Lacan, *Le Séminaire*, *livre XI*, *Les quatre concepts fondamentaux de la psychanalyse* (1964), p. 200.

② Ibid., p. 205.

③ Jacques Lacan, "Subversion du sujet et dialectique du désir dans l'inconscient freudien," dans *Écrits*, p. 817.

在主语位置上谈论冲动；然后，当主体消失时，作为请求的冲动同时消失，这说明，请求和能指具有关联性；最后，冲动是从能指（语音）到其源泉（客体 a）的一个矢量曲线。

拉康陈述的以上观点并没有完全阐明"冲动"概念，但人们可以由此发现两个理论要点：

（1）在第一个理论模型中，大它的主语位置上只有螺旋线，但此螺旋线的定义充满歧义。因为大它之外的螺旋线是请求，在其之内的则是能指，也就是说，从请求（实在）到能指（符号）没有任何过渡，且两者拥有共同的形式。这样会造成一个理论上的困难，即不管用定义还是想象，人们都无法辨别请求和能指。为了弥补理论上的缺陷，拉康强行引入一个中介来区分这两个从定义到形式几乎一样的概念。

（2）$S \diamondsuit D$。冲动的公式正好表明此概念的中介角色：D 是请求，也是实在的主体，这一事实使得人们必须将 S 理解为符号的主体，即能指 [①]；S 和 D 隔着符号 $\diamondsuit$，相对的情势表达的正是分裂的主体，而冲动的位置正是符号 $\diamondsuit$ 的地点（下图）：

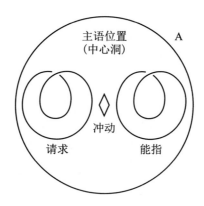

主语位置
（中心洞）　　A

冲动

请求　　　能指

---

① 从另一个角度说，请求（D）是表述的主体（sujet de l'énonciation），能指则是叙述的主语（sujet de l'énoncé）。

从图中可知，虽然欲望图仍然属于第一个理论模型，但它已经悄然发生了变化：实在的主体不再直接变成能指，两者之间通过中介冲动而构成镜像对称的结构。

接着我们看看符号 d（欲望）。事实上，拉康在《主体的颠覆和欲望的辩证法》一文中并没有对欲望（d）和符号 8◊a 给予任何解释和说明。为了让读者了解整个欲望图，我们参考拉康在不同讨论班中的论述，来澄清"欲望"（désir）和"请求"（demande）的关系。

按照流行的观点，拉康思想中的"欲望"和"请求"相对立，因为两者分别属于两个截然不同的范畴。而在《精神分析的伦理学》讨论班（1959—1960）中，拉康清楚地表明，"欲望"和"请求"这两个术语对他来说并没有指示两个不同的事物，相反，欲望是"请求在符号中的显现"：

> 在"升华"这个没有压抑的满足的定义中，或明或暗地存在着从"不知"到"知"的过渡，认识到的是，欲望不是别的，正是请求话语的换喻。
>
> 就请求同时是在自身之外和之内而言，它和能指相连，总是请求另外的东西，即在所有需要满足中，请求需要另外的东西，公式化的满足在这个开口中延展和调整，欲望如同支撑这个换喻那样形成，这正是超越自己所公式化的东西的请求想要说的。[1]

请求超越自身而在符号中显现出来，这就是欲望，拉康在此时

---

[1] Jacques Lacan, *Le Séminaire*, *livre VII*, *L'éthique de la psychanalyse*（1959—1960）, texte établi par Jacques-Alain Miller（Paris：Édition du Seuil）, 1986, p. 340.

（1959—1960）还没有考虑**中介化**的问题，也就是说还停留在圆环图的模型中来思考两者的关系。事实上，请求和欲望的关系背后，涉及的是肉体和精神关系，而两者之间的**直接性**在弗洛伊德最早的思想，即《释梦》中，就有被提及。

"欲望"这个概念在弗洛伊德理论中并没有得到重视，仅仅是在拉康思想中，其地位才得到了显著的提升。并且，对弗洛伊德来说，欲望和冲动也没有关系，而是和需求相连，因为弗洛伊德认为，冲动可以直接通过客体投注或者间接通过精神代表而获得满足。因此，当我们考察弗洛伊德思想中的"欲望"这一概念之时，并没有多少线索，唯一清晰的一段相关论述是在《释梦》中，围绕身体和精神展开：

> 一个饥饿的婴儿可以大声啼哭或无助地挣扎，但情况并不因此而改变，因为内部需要产生的兴奋并不是来源于一种暂时性影响的力量，而是来源于继续不断的作用。只有在某种方式下（如婴儿得到外来的帮助）获得一种"满足的体验"才能使内部刺激停止下来，从而使情况有所改变。这种满足的体验的一个基本成分就是一种特殊的知觉（在我们例子中指的是营养），这种知觉的记忆影像自此以后便与需要所产生的记忆痕迹保持着联系。这种联系下一次需要出现时就会立即产生一种精神冲动，以寻求对知觉的记忆影像进行再次精力倾注，从而再度唤起知觉本身，也就是说，再度建立起原来的满意情境，我们便把这样的一种精神冲动称之为欲望。知觉的再现就是欲望的满足，而实现欲望满足的最简捷的途径就是由需要所产生的兴奋导向对知觉的完全精力倾注。我们可以有理由地设想，曾经存在过这样一种精神机构的原始状态，其中确实经历了这条途径，也就是欲望终止于幻觉作用。因此这第一种精神活动

的目标乃是产生一种知觉同一性，即与需要的满足联系着的知觉的复现。①

在这段论述中，弗洛伊德解释了"欲望是什么"以及"欲望和身体需要的关系"：对他来说，精神的一个功能就是服务于身体，因此，身体的需要在精神中激起了一个重建先前满足的情势，准确来说是第一次满足经验的精神冲动。弗洛伊德将这个知觉的重建称之为"欲望"。很显然，在弗洛伊德看来，欲望和身体不是对立的，相反，它服务于身体的需求。

另外，在弗洛伊德的思想中，无意识也连接于身体，换句话说，无意识是身体进入精神的入口。所以，统治无意识的快乐原则或者原初过程服务于身体，其首要任务就是卸载紧张。拉康肯定了此观点：

> 首先，不会令人吃惊的是，他（**弗洛伊德**）的快乐原则是一个惰性原则。其功效在于通过一种自动性来规定一个过程集中的东西，这个弗洛伊德在其最初的系统阐述中想要展示的过程，如同和神经器官紧密相连、预先构成的器官的结果。这本质性地涉及所有是卸载倾向效果的结果，在卸载中，量注定要流出。②

因此，不管是弗洛伊德还是拉康，在他们的理论中，身体和精神之间直接相连，身体的需要或请求在精神中以欲望的形式出现。所以在欲望图中，符号 d 连接于 $\$ \Diamond D$（冲动）。

---

① 西格蒙德·弗洛伊德：《释梦》，孙名之译，商务印书馆，2017，第 560 页。
② Jacques Lacan, *Le Séminaire, livre VII, L'éthique de la psychanalyse* (1959—1960), p. 36—37.

　　然而，读者可能已经发现，"冲动"（S◊D）和"欲望"（S◊a）的公式极其相似，左边都是符号的主体（能指），中间也都有间隔符号◊，差别仅仅是右边的符号，前者是请求（D），后者是客体a。虽然拉康将两个公式对应不同的术语，但这两个公式描述的实际上是同一个事物，即分裂的主体，差别是：S◊D描述的是主体分裂的**第一个模式**（1961—1962），而S◊a描述的则是**第二个模式**（1964—1965），前者属于**第一个理论模型**，后者属于**第三个理论模型**。

　　另外，根据之前对"冲动"概念的梳理可知，虽然这种实在和符号或者身体和精神直接连接的观点得到拉康的肯定，在某些时刻却被他排斥，因此在S（能指）和客体a之间拉康仍然安置了一个空间◊，这就是冲动的地点。

　　"欲望"公式S◊a正好对应拉康的"冲动"图示（下图）。

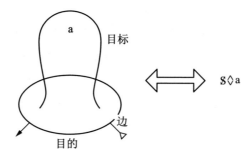

　　拉康在1964年讨论班《精神分析的四个基本概念》中给出了以上"冲动"图示，那时他正着手从1961—1962年提出的第一个理论模型过渡到第三个理论模型，而主体不再是分裂在能指和请求之间，而是分裂在能指和客体a之间。

　　因此，看似不同的公式S◊D和S◊a，描述的却是同一个东西，而针对"冲动"这同一概念给出的公式和图示之间却并不匹配（下页图）：

公式S◇D对应第一个理论模型，而它的图示则属于第三个理论模型。这便是欲望图中蕴含的理论难点所在。

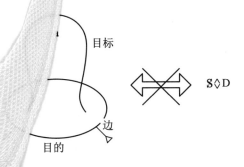

目标

目的

边

$S◇D$

现在将重点集中在符号S（𝕬）上，看看拉康是怎么阐述这个神秘符号[1]的：

> S（𝕬），这是在大它中对一个"错失"（manque）的能指，它内在于其能指宝库的功能。大它被规定要担保这个宝库的价值，即它要担保在下级链条中其位置，担保在上级链条——换句话说，以"冲动"的术语——的构成性能指中的位置。[2]

拉康此处的意思很清楚，他关注的正是这个 ＿＿＿＿＿＿＿的大它。为了理解"这是在大它 ＿＿＿＿＿＿＿＿＿＿＿＿ 这个定义，我们首先关注第 ＿＿＿＿＿＿＿＿＿ 结构，它并不同于之前的符号s（A）。＿＿＿＿＿＿＿＿＿＿＿s（A）中的s指示含义（signification），

---

[1] 我们说符号S（𝕬）是神秘的，是因为在目前我们能够看到的解读都没有对此符号给出一个合理的解释，并且解读者各执一词，无法达成共识，其原因就在于对拉康思想的理论背景缺乏基本的了解。

[2] Jacques Lacan, "Subversion du sujet et dialectique du désir dans l'inconscient freudien," dans *Écrits*, p. 818.

它和（A）并无关系，是被人为添加上去的，而 S（A）中的 S 指示能指（signifiant），且它和后面的（A）一起构成了整体。其次，定义中涉及的"对一个'错失'的能指"，拉康明确定义这个能指在大它之内，所以是Ⱥ。关于 S 和"错失"的所指，我们通过接下来的讨论一步步揭示。

　　为了更加深入地解读符号 S（Ⱥ），我们来到《从一个大它到另一个》讨论班（1968—1969），在这一年的教学中拉康多次谈到欲望图并详细地解释了符号 S（Ⱥ）。

　　按照逻辑顺序，首先在 1969 年 4 月 30 日的教学中，拉康指出 S（Ⱥ）表达了一个"缺陷"（faille），这个缺陷是大它给"欲望的表述"（énonciation désirante）水平上提出的东西的回答 [1]。"大它水平上的缺陷（Ⱥ）"回应表述水平上的问题，这显然说的是第一个理论模型中表述（énonciation）和叙述（énoncé）的关系（下图）：

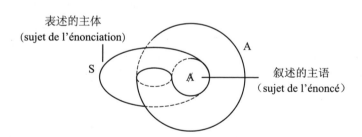

从上图中我们可以直观地看到，表述的主体（S）通过叙述的中心洞和大它（A）相互嵌套在一起，这个结构可表示为 S（　）。那么，括号中的Ⱥ为何意呢？接下来他给出了答案。

　　在 1969 年 3 月 26 日的教学中，拉康用"不完备性"来解释符号

---

[1]　Jacques Lacan, *Le Séminaire*, *livre XVI*, *D'un Autre à l'autre*（1968—1969），texte établi par Jacques-Alain Miller（Paris：Édition du Seuil, 2006），p. 291.

S（Ａ）:

　　S（Ａ），通过这个能指，在大它的地点产生的固有的不完备性出现，或者更为准确的是，在大它这个地点勾勒出完全是基本的圈套的东西并显现。享乐从中撤出的这个大它的地点，不仅仅是干净的地方、燃烧的圆、向游戏角色开放的地点，它自身还被能指入射所结构化。正是这样，大它中引入了这个错失，这个斜杠，这个开口，这个洞，后者以"客体 a"的头衔闻名。①

　　"不完备性定理"是奥地利裔美国数学家哥德尔在 1931 年提出来的理论。哥德尔证明，任何一个形式系统，只要包括了简单的初等数论描述而且是自洽的，它必定包含某些系统内所允许的方法既不能证明为真也不能证伪的命题。

　　拉康在这里用"不完备性"来指称"大它这个地点"，是想谈论大它和客体 a 的关系：位于大它之中的客体 a 因为来自实在，是不可能被符号化或者被命名的，这导致其专名能指的永远重复；用弗雷格逻辑学的术语来说，大它注定不能变得饱和，即成为一个完整的概念。在此意义上说，大它是不完备的。

　　所以，能指 Ａ 对应的是客体 a，不完备性则是表达了客体 a 符号化的不可能性。由于在符号 S（Ａ）中没有出现 a，加上拉康的表述常常很隐晦，这导致了人们对此符号的种种误解。另一方面，能指 Ａ 对应客体 a 而不对应 S，这再次说明欲望图中的某些公式已经超越了第一个理论模型的框架。

---

① Jacques Lacan, *Le Séminaire*, *livre XVI*, *D'*
　　p. 252.

而关于符号 S（A̶），还有两点必须指出。

第一，括号外的 S 现在是一个特殊的能指，它是所有能指的能指，即它指示能指的总和（我们将在第三个理论模型中详细介绍这个能指）：

> 这个能指将是这样的能指，其他能指为它来代表主体：这就是说，没有这个能指，所有其他能指什么都不能代表。①

第二，虽然我们把 S̶ 和 A̶ 这两个符号都称为"被划杠的"，但人们绝对不能混淆符号中斜杠的含义：S̶ 中的斜杠表示的是**分裂**，A̶ 中的划杠表达的则是**不可能性**，它既是对客体 a 被符号化的否定，也是对大它完整性的否定，也就是说大它将永远维持不饱和性。

进一步说，符号（A̶）在某种程度上奠定了拉康思想的基调：能指的更替是必然的结果，因此不存在最终能填补大它的能指，如同没有终极真理一样。符号 s（A）中的（A）仅仅表达主语位置被**暂时性**地填补，但因为（A）的基础是（A̶），是不可能性，所以能指的填补是不稳定的，随着能指的消失，主语位置重新出现空白。

回到欲望图。

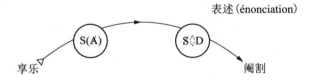

———————
…cques Lacan, "Subversion du sujet et dialectique du désir dans l'inconscient …n," dans *Écrits*, p. 819.

在表述（énonciation）这一水平的横向维度，有一个从"享乐"（jouissance）到"阉割"（castration）的矢量。"享乐"这个概念充满了谜团，拉康应该是用它替代了弗洛伊德理论中的"冲动"概念。关于这个概念的详细解读，我们只能留在以后的书中讨论。而"阉割"概念则被重重误解所包围。

"阉割"一词由弗洛伊德引入精神分析中，而在他的理论中，"阉割"更多是以"阉割情结"一词出现，意指"集中于阉割幻想之上的情结，此幻想在于提供两性解剖学上的差异对儿童造成的谜题的回答（有无阴茎）：该差异给予一个在女孩那里的对阴茎的防卫"[①]。很显然，"阉割"概念蕴含的肉身损伤含义在拉康思想中肯定会被抛弃，那么拉康将赋予这个概念什么新的含义呢？目前国内主流的一种解释是："阉割"概念在拉康思想中指的是，在符号层面上放弃自己的某些诉求或者欲望，接受个体的局限性或者服从规则的安排。这种解释保留了"阉割"的原始含义，即丢失了自身的某部分，只不过现在丢失的不再是肉身的部分，而是符号层面的欲望。然而，这绝对不是拉康的本意。

"阉割"概念在目前的文本中缺少论述，我们只能在讨论班《精神分析的行为》中摘录一点拉康对此概念的陈述：

> 它（主体的撤职）被称为"阉割"，这应该在主体经验的维度中来理解，如果不是通过这条道路，主体不能在任何地方得以实现，当然我想说主体。
>
> 主体仅仅如同"错失"（manque）那样得以实现，这想说的是，

[①]　J. Laplanche et J. -B. Pontalis, *Vocabulaire de la psychanalyse*（Paris：PUF，1967），p. 74.

主体的经验抵达了这个我们通过 "–f" 来象征的东西。①

关于符号 –f，拉康随后解释，它指的是 "阳具的错失"（manque phallique），而 "阉割" 通过 "主体的经验"，最终和 "错失"（manque）联系在了一起。在解释符号 S（Ⱥ）时拉康已经提到了 "错失" 一词，从现有的信息可以推测其和客体 a 相关，详细的讨论将会在之后的章节展开，同样，我们将在之后的章节考察 "阉割" 概念，目前只能概括地说，此概念表达的是能指和客体 a 之间的错过。

完成对这些符号的解释之后，我们来看看在表述这一层中，拉康想表达什么：

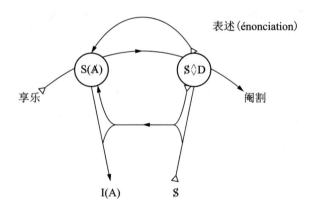

在纵向的动力学中，主体（sujet）从外部进入大它，并在其主语（sujet）的位置上登陆，但现在它不再能直接进入，而必须以冲动（S◊D）作为**中介**才能显现在符号中，随后，因为大它的不完备性（Ⱥ），主体离开符号范畴，重新返回到实在之中，再次成为被排除的主体，即

① Jacques Lacan，*Le Séminaire*，*L'acte psychanalytique*，séance du 17 janvier 1968，inédit.

这个被称为理想（I）的主体。

在横向的动力学中存在着一些解释的困难。按照箭头的方向，"享乐"经过不完备性 S（Ａ）和冲动（S◊D），最后离开大它，留下"阉割（错失）"的遗憾。但享乐其实就是被排除的主体（我们会在第七章中介绍），它进入符号的顺序肯定是从冲动（S◊D）到 S（Ａ），不可能反过来。所以，在横向的维度中存在着解释的困难。

现在我们可以对欲望图做一个整体的把握了：

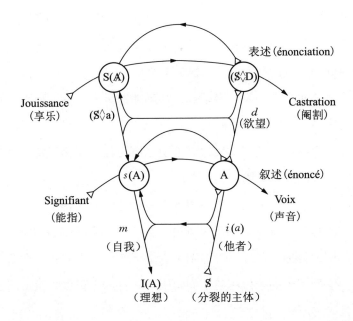

欲望图分成了两层：上层的表述和下层的叙述。这两层涉及的是同一过程，即被排除的主体进入大它后又回到实在，只不过考察的阶段和视角不同：

首先是纵向的动力学。在叙述一层中，主体进入大它，并在主语位置上被能指命名，大它被短暂地补全从而成为完整的命题或概念，产生了含义 s（signification）。随后，主体返回实在，再次成为被排除的主体，即理想（I）。

表述这一层强调的事实是，主体必须通过冲动（S◇D）的中介才能在大它中显现，随即它遇到了客体a，这个不可指称的实在之物，能指在被划杠（Ⱥ）之后，主体在大它中消失，返回到实在，成为理想（I）。

关于横向的矢量。在叙述中是从能指到声音，在表述中是从享乐到阉割。这两个矢量不能按照纵向的动力学那样来理解：

在叙述的水平上，能指应该不是从外部进入大它，相反，它必须诞生在大它中（关于这里蕴涵的矛盾，我们将在第十二章中讨论），另一方面，关于能指的形式，拉康在此将能指定义为声音或语音，但在其他大部分时间中，能指都和书写或视觉维度相关。

在表述的水平上，享乐必须经过冲动才能进入大它，而不是首先遇到大它之内被划杠的能指（Ⱥ）。

所以，横向的矢量没有表达动力学，但为什么拉康要将此维度标记为动力学，我们对他的用意还不清楚。

最后，必须指出的是，欲望图不是一个完整的结构图，相反，它仅仅是将"主体进入大它然后回到实在"这一过程拆解成了不同的阶段，并强调不同的侧面，所以，看似图中有上下两层，中间还存在着多个回路，它们实则属于同一过程的不同阶段。并且图中很多看似不同的符号指示的是同一所指：

（1）符号 S（Ⱥ）中的 S 指的是被排除的主体，这也是符号 I（A）中 I 的所指。

（2）拉康的"欲望"蕴含了两个维度，一个是能指，一个是客体a，所以图中欲望（désir）的符号 d，它的一半是符号 s（A）和 I（A）中的 A，而符号 S（Ⱥ）中的 Ⱥ 表达的是对欲望的否定。

第六章
第二个理论模型：异化图

拉康在 1964 年的讨论班《精神分析的四个基本概念》中引入了术语"异化"（aliénation），并给出了一个图示来表达异化的关系。在接下来的几年中，他从不同的角度出发，不断地修改这个异化图，向读者陆续展示了四个不同的图示。

这一系列的图示构成了拉康思想的第二个理论模型，其中主体、客体 a 及大它之间的关系发生了变化。在这一章中，我们会详细探讨这一系列的图示以及基本概念之间的关系。

一　异化图 I

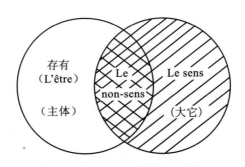

拉康在 1964 年 5 月 27 日的教学中引入了上图，这是异化图初次在

其教学中登场，我们将之称为异化图 I。

可以看到，异化图 I 涉及的是两个相交的圆，关于这个结构，拉康是用集合论来谈论的：

> 对于符号逻辑在一个棘手领域中带来的启示来说非常有用，它让我们区分出了我们称为"并集"的操作。为了谈论集合，加上两个收集物或者将它们汇集起来，这是另外的东西。如果在左边的圆中有 5 个客体，在另一个中还有 5 个客体，将它们相加，一共有 10 个客体。但有客体能属于两个圆。如果有 2 个客体同时属于两个圆，将这些客体汇集起来就不是将数加倍，在并集中将只有 8 个客体。我为即将出现的幼稚称呼而道歉，但这给我们提供了这个 V 的概念，我将尝试向你们陈述"并集"的逻辑形式。①

因为模型的背景理论中出现了集合论，所以我们将异化图放在第二个理论模型中。为了抓住拉康在此图示中表达的思想，我们先介绍集合论的基本概念和原则，然后再从异化图中的概念出发，一步步阐述拉康的观点。

1　集合论的基本概念

I　集合的定义

集合论是数学的一个分支，由德国数学家格奥尔格·康托在 19 世纪末创立。"集合"和"从属"的概念在集合论中是最基本的，从这两

---

① Jacques Lacan, *Le Séminaire*, *livre XI*, *Les quatre concepts fondamentaux de la psychanalyse*（1964）, p. 235.

个概念出发，数学的对象得以被构建：函数、关系、自然数、有理数和实数，等等。因此，集合论被认为是一个基本的理论。并且，集合论和逻辑与一阶逻辑共同构成了数学的公理化基础。

关于集合的最简单的说法就是朴素集合论（最原始的集合论）中的定义，即集合是确定的一堆东西，集合里的"东西"则称为元素。现代的集合一般被定义为：由一个或多个确定的元素所构成的整体。

在集合概念中扮演第一要素的，是从属关系：一个元素从属于一个集合。一般来说，人们尝试在形式上区分集合和元素，比如，人们常常用大写字母，如 E 或 A，来代表集合，而用小写字母，比如 e 或 a，来表达元素。

元素 x 属于一个集合 A，记作：$x \in A$。一个客体不从属于一个集合，记作：$x \notin A$。如果两个集合是相等或者等同的，它们的关系写作：$A = B$。

II　集合的一些关键特征

第一个特征是，除非人们有意识地给予元素以顺序，否则，在集合内部，元素之间没有秩序。

第二个特征是相异性。在一个集合中，其元素是彼此区分的，但如果一个元素不断重复，这些重复的相同元素会被视为只有一个。

第三个特征是从属。同一个客体可以是多个集合的元素，比如数字 1 是整数集的元素，同样也是正数集的元素。一个元素是否属于一个集合，答案是确定的。模糊性是被禁止的。

III　集合的计算

在集合之间有两种运算，合取和析取。考虑集合 A 和 B，合取表达

的是 A 和 B 的并集，记作 A ∪ B。并集包含了两个集合中的所有元素，其形式化的表达是：A ∪ B = {e|e∈A 或 e∈B}。我们也可以用下图来表达这个关系：

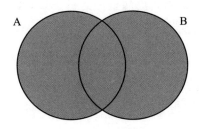

而通过析取的操作，人们可以获得一个集合，它包含了同时属于 A 和 B 的元素。两个集合相叠，A 和 B 的公共区域被称为相交，记作 A ∩ B。形式化的表达为：A ∩ B = {e|e∈A 且 e∈B}。也可以用下图表示：

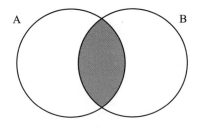

如果两个集合相交是空，记作 A ∩ B = ∅，A 和 B 不相交。

IV　空集

空集被记作被划杠的○，即∅或者 { }。括号包含了一个空间，用来表达一个什么都没有包含的集合，所以括号本身就是此集合的定义。空集的形式化定义是：对一个集合 A 来说，存在着一个集合 B，B = {x∈A|x ≠ x}，那么 B 就是空集，即 {∀x|x∉B}。

作为一个集合，空集不是无，而是什么都不包含。人们常常将空集比作袋子：袋子可以是空的，但它本身是实在地存在的。

必须区分符号∅和{∅}，前者是空集，后者想说的是，空集作为这个集合唯一的元素。两者完全不同。

空集的两个原则值得我们注意：第一，空集是任何集合的子集；第二，冯·诺依曼在空集的基础上构建了整数和序数，0被定义为空集（∅），1则是包含空集的集合{∅}。

2　弗雷格逻辑学和集合论的共同点

虽然拉康从1964年进入以集合论为理论背景的第二个理论模型中，但这并不意味着他抛弃了弗雷格逻辑学，恰恰相反，弗雷格逻辑学继续出现在其模型中。事实上，不仅仅是在第二个理论模型中，我们在第三个模型，甚至第五个模型中仍然能够看到弗雷格逻辑学。可以说，弗雷格逻辑学整个贯穿了拉康20世纪60年代的思想。

弗雷格逻辑学和集合论并不是不相容的，我们至少能够在两者之间找到两个共同点。

第一个共同点涉及共同的领域，即数学。集合论给数学奠定了基础，弗雷格通过研究作为算术基础的数，而提出了新的逻辑。因此，两个理论都关注数学，后者也构成了两者的公共领域。

第二个共同点涉及一些基本概念之间的对应性，即"概念"对应"集合"，"客体"对应"元素"。弗雷格和一些数学家尝试重新定义类别和个体之间的关系，他们得到了一个类似的答案：对弗雷格来说，概念有能力来汇集（collection），而在集合论中，集合指的是客体的汇集（collection）。并且，在两个学说中，都存在着一个特殊的概念，弗雷格的空概念和集合论中的空集。

让我们比较一下这两个概念的定义。根据弗雷格的观点，空概念被定义为"与自身不相等"，这个定义和空集的定义类似：$\{x \in A \mid x \neq x\}$。除了定义的类似，两个概念都表达了同一事实：虽然不包含任何元素或客体，但容器本身并不消失，而是持续存在着。

事实上，我们将看到，从第二个理论模型开始，拉康尝试以某种方式将弗雷格逻辑学和集合论整合在一起。

3　sens 和 non-sens

现在让我们回到异化图中。

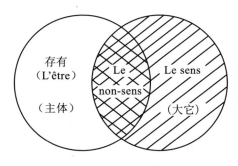

可以看到，我们没有翻译图中的两个术语"sens"和"non-sens"。按常理来说，这两个术语是非常简单的，它们分别表示意义和无意义，但拉康思想中几乎所有的术语，其含义都不能按照常理或者本义来理解。为了理解这两个术语在拉康思想中的独特含义，我们来看看拉康本人是怎么阐释异化图的：

主体的"存有"（Être）在那里，在 sens 之下。我们选择了"存有"，主体消失，它逃离了我们，它跌落在 non-sens 中——我们选择 sens，并且 sens 仅仅以截除 non-sens 这部分来持续存在，non-sens 这部分准确说来是这个在主体的实现中构成了无意识的东西。换句话说，non-sens 属于 sens 的本质，以至于它将在大它的领域中冒起，存在在大它领域的大部分中，这个领域被"存有"的消失遮住，这个消失是能指的同一个功能导致的。①

这段话是拉康对异化图做出的唯一的正面说明，在有限的信息中蕴涵了一些重要的理论点，我们会在接下来一个一个地讨论。

如果我们将"sens"和"non-sens"理解成意义和无意义，在不考虑"大它"这个概念在拉康思想中具有的独特含义时，是可以自圆其说的：大它指示语言或符号体系，那么当主体在语言中冒起时，获得了意义；而当它选择存有（Être）这个大它之外的维度，就意味着主体离开语言，跌回到实在这个无意义的维度中。按照此流行的观点，这个解释非常合理。

然而，"大它"在拉康思想中一直是弗雷格逻辑学中的谓词命题或概念，这个观点在其整个 20 世纪 50—60 年代的教学中从来没有改变过，因此，我们不能按照常识来理解异化图及其中的术语。

拉康在 1964 年的讨论班中，没有对"sens"和"non-sens"给出解释，只有在接下来的讨论班《精神分析的关键性问题》中，我们能够找到一些对澄清这两个术语有很大帮助的论述。

在 1964—1965 年教学的一开始，拉康就谈及了 sens：

> 这正是和关于丧失的问题相关，每次语言在话语中尝试解释自身，这个丧失就会产生，这是我想出发的要点坐落的地方，是为了标记这个我称为"从能指到主体的关系"的 sens。

$$\frac{能指 \longrightarrow 能指'}{所指}$$

---

① Jacques Lacan, *Le Séminaire*, *livre XI*, *Les quatre concepts fondamentaux de la psychanalyse*（1964），p. 236.

> ……我已经在我称为 sens 的东西中让主体具现化，在 sens 中它如同主体般消失。是这样：在横杠的水平上，sens 的效果得以产生……①

很显然，根据拉康的表述，人们不能将 sens 理解为意义：拉康的思想奠基在弗雷格逻辑学之上，能指-所指的关系对应着专名-客体的关系，而根据弗雷格的观点，客体获得专名并不产生任何意义，意义的产生是发生在概念水平上的。

因此，异化图中的 sens 只能理解为"从能指到主体的关系"，准确地说，sens 意味着命名，也是连接。这样我们可以推断，non-sens 对应的是主体断连或者未命名的状态。此观点应证了之前拉康对异化图的陈述：

> 主体的"存有"（Être）在那里，在 sens 之下。我们选择了"存有"，主体消失，它逃离了我们，它跌落在 non-sens 中。

"主体消失"意味着它不再被命名，能指-所指的结构被瓦解，主体回到未连接的孤立状态中。

另外，虽然异化图的构建参考了集合论，但因为有"大它"这个概念，我们就不得不考虑弗雷格逻辑学的在场。事实上，拉康很早就试图融合弗雷格逻辑学和集合论，因为对他来说，这两个学说具有一致性。

从《认同》讨论班开始，拉康就着手引入弗雷格逻辑学，并且其中的三个理论图示都是建立在弗雷格思想之上的，但在 1962 年 4 月 11 日的教学中，拉康讨论了集合论中的两种运算，析取和合取；而稍后在

---

① Jacques Lacan, *Le Séminaire*, *Problèmes cruciaux pour la psychanalyse*, séance du 2 décembre 1964, inédit.

5 月 23 日的教学中，维恩图 ① 就被引入，用来分析三段论中的分类，只是讨论并未深入。这一切都证明，拉康一直试图整合两个学说，而在术语的水平上，整合的焦点集中在客体 a 这个概念之上。

客体 a 第一次出现是在交叉帽图中，它被定义为随着能指在大它面上的切割而产生的一个"丢失"。在后来的异化图 II 中，客体 a 被安置于两个集合的相交区域：

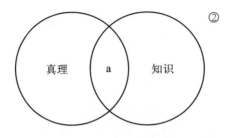

根据集合论的原则，相交区域中的元素是非常特殊的，一方面，它同时属于两个集合，这意味着它同时满足两个集合的定义，另一方面，这些处在相交区域的元素由于具有另外集合的性质，因此在某种程度上又不同于本集合的其他元素。这一点在《从一个大它到另一个》讨论班中得到了明确陈述，客体 a 这时被定义成"剩余享乐"，这意味着客体 a 既保持了和大

---

① 维恩图（Venn 图）是在所谓的集合论（或者类的理论）数学分支中，在不太严格的意义下用以表示集合（或类）的一种草图（如下所示）。它们用于展示不同的事物群组（集合）之间的数学或逻辑联系，尤其适合用来表示集合（或类）之间的"大致关系"，也常常被用来帮助推导（或理解推导过程）关于集合运算（或类运算）的一些规律。因此异化图也属于维恩图。

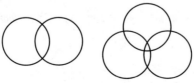

② Jacques Lacan, *Le Séminaire*, *L'objet de la psychanalyse*, séance du 15 décembre 1965, inédit.

它之外的"享乐"的一致性，又维持着和后者的区分性。

4　异化图中主体和大它的关系

我们已经反复解释，大它在拉康 20 世纪 60 年代的思想中始终是"谓词命题或概念"，这是参考弗雷格逻辑学而构建的一个概念。根据后者，大它准确来说是一个**未饱和**的谓词命题，在其主语的位置上是一个空缺，等待符合命题定义的客体携带自己的专名登陆。从结构上说，谓词命题本身是不可修改，或者说不变的部分，而主语的位置是不确定的。在第一个理论模型中，圆环完美地表达了谓词命题的结构：

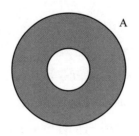

上图的圆环是大它，环面（阴影部分）是谓词命题，中心的白色空洞是主语的位置，穿过中心洞，主体从外部进入大它。

那么，如果大它在异化图里面仍然是谓词命题或概念，而异化图又有集合论的背景，怎么理解主体和大它的关系，以及连接（sens）和断连（non-sens）的关系呢？我们还是要从拉康自己的陈述中找线索。

换句话说，non-sens 属于 sens 的本质，以至于它将在大它的领域中冒起，存在在大它领域的大部分中，这个领域被存有的消失遮住，这个消失是通过能指的同一个功能导致的。

我已经在我称为 sens 的东西中让主体具现化，在 sens 中它如同主体般消失。

通过对比拉康的两段陈述，我们可以发现，sens（连接）让主体具现化，这就是说，sens 是和能指有关的，因为主体只有通过被能指命名才得以显形；而 non-sens（未连接）指示着存有的消失，是主体断连的状态，并且此状态是由能指的功能导致的。

然而需要指出的是，和第一个理论模型不同，主体和大它在第二个理论模型中的关系发生了根本性的变化："存有的消失"不是说主体脱离了大它而返回到"绝对的实在"，即主体重新变成了被排除的主体，相反，主体停留在大它之中，只不过处于 non-sens（未连接）的状态下，而能指在大它之中唯一相关的术语只能是客体 a。这引出了主体分裂的第二种模式：主体摇摆在能指和客体 a 之间。

现在，我们可以将异化图 I 中的术语转化成我们熟悉的术语，并且此图完全对应之后的图示：

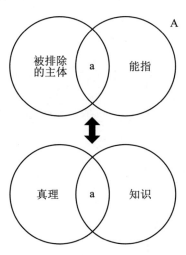

上页图中大它的圆代表定义，圆内部的空间是语法主语的空位，在这个空间中，能指和客体 a 登陆。此图示和第一个模型看起来类似，但差别很大：

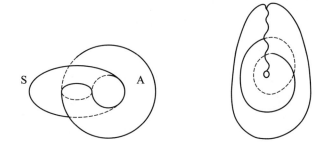

在圆环图中，"主体之环"穿过并完全占据了大它之环的中心，在大它的主语位置上，有且只有一个元素，即能指；

在交叉帽图中，人们根本找不到主语的空间，而虽然客体 a 和能指共存，但拉康根本没有将作为丢失的客体的客体 a 定位；

而在异化图中，拉康一方面用集合的形式保留了主体的连续性，另一方面，在主语的位置上区分出了能指和客体 a，这样，这两个概念终于共存于主语位置中。

5　无意识

在拉康思想中，有一个令人吃惊的事实是：弗洛伊德的精神分析中最为重要的一个基本概念"无意识"，虽然常常被拉康谈及，但在其理论模型中却一直没有找到位置。在异化图系列中，我们终于找到了无意识，不过它的含义已经发生了巨变。在这一小节中，我们将考察、对比拉康和弗洛伊德思想中的"无意识"概念，看看两者之间巨大的差异。

"无意识"这个概念早在《癔症研究》（1895）中就被提出，后来此概念和"意识"及"前意识"构成了弗洛伊德第一个拓比理论中的三个精神系统。根据《精神分析辞典》的解释，无意识系统"由被压抑之物构成，这些被压抑之物由于压抑作用（原初压抑和事后压抑）而被拒于前意识–意识系统之外"，此系统的主要特征可以被概括如下：

（1）无意识的内容是冲动的代表；

（2）无意识中的内容受初级过程（凝缩和移置）的支配；

（3）冲动的代表受到大量的投注，它们企图重返意识，但受到检查机制作用变形后，以妥协产物的方式进入前意识–意识系统；

（4）童年的欲望会特别在无意识中固着。[①]

无意识系统的一端连接于身体（冲动），另一端和前意识–意识（语言）相连。在身体的这一端，冲动必须依靠其精神代表才能表达和卸载，冲动和表象之间的关系是稳定的能量投注，准确来说，冲动固着在无意识的表象上[②]。

简而言之，弗洛伊德第一个拓比理论中的"无意识"概念有两个关键性特征：

（1）"无意识"是一个领域，一个精神空间，里面容纳了众多精神表象；

（2）这些精神表象被精神之外的冲动所投注，两者之间的关系是稳定的投注。

[①]　J. Laplanche et J. -B. Pontalis, *Vocabulaire de la psychanalyse*, p. 197.

[②]　Ibid., p. 198.

接下来我们看看在《精神分析的四个基本概念》讨论班中，拉康是怎样阐述和定义"无意识"概念的。

拉康在这一年的教学中探讨精神分析的四个基本概念，首当其冲便是"无意识"概念。在 1964 年 1 月 22 日的教学中，拉康通过讨论"原因"的概念，从而引入"无意识"：

> 相反，每次我们谈论原因，这里总是有反概念的、不明确的某物。月亮的周期是潮汐的原因——这是有生命力的，我们知道在这个时刻，原因这个词被很好地运用。或者，疫气是发烧的原因——同样，这什么都没说，这里有一个洞，某物在间隙中摆动。总之，仅仅只有有问题的东西的原因。①

拉康说，人们总是试图给现象以一个因果性的解释，但这个所谓的"原因"最终是我们在符号中构建的，所以他说，"这什么都没说，这里有一个洞"。

接着拉康谈到，弗洛伊德的"无意识"概念位于这个总是有问题的地方，这个在原因和结果之间的地方：

> 因为无意识向我们展示了开口，通过它，神经症和一个"实在"衔接——这个可以没有被确定的"实在"。②

---

① Jacques Lacan, *Le Séminaire*, *livre XI*, *Les quatre concepts fondamentaux de la psychanalyse* (1964), p. 30.

② Ibid.

"无意识"在拉康思想中不是被放在和"前意识-意识"的对子中，而是在和身体相关的"实在"（享乐）关系中被考虑。并且"开口"（béance）和"原因"联系在了一起。拉康思考的"无意识"是弗洛伊德理论中靠近身体的一端：

> 在洞中，在裂缝中，在原因特有的开口（béance）中，他能找到什么呢？是"未实现"序列的某物。
>
> 弗洛伊德称呼脐点为"未知的中心"，如同解剖学的脐点展示的那样，脐点不是别的，只能是我们谈论的这个开口。①

"脐点"在弗洛伊德关于梦的理论中，标记了无意识底层不可翻译、不可解释的点，这个点可以和原初压抑的点相比。对拉康来说，这是连接身体的点，是冲动投注精神表象的点，是实在之物进入精神的入口。

然后，能指被引入开口中：

> 现在，在我的时刻，我的立场是，在原因的领域中引入能指的法则，在这个地方，开口得以产生。②

紧接着，拉康在开口的地方又放入了丧失（perte）的维度：

> 在"出现"（se produire）这个术语完整的意义上，在这个开口中出现的东西如同"新发现"一样展现。

---

① Jacques Lacan, *Le Séminaire*, *livre XI*, *Les quatre concepts fondamentaux de la psychanalyse*（1964），p. 31.

② Ibid., p. 32.

　　然而，这个新发现，一旦它展现出来，它就是再发现，并且它越是存在，越是建立丧失（perte）的维度，准备再次逃离。①

　　拉康在此表面上谈论弗洛伊德理论中"再发现的客体"，实则借机引入他自己的概念"客体 a"，后者正是被定义成"丧失"。

　　那么，无意识、开口、能指和客体 a（丧失）悉数登场，并且都位于同一个地点，即开口，根据之前的理论铺陈可知，这正是谓词命题的主语位置，也是客体 a 和能指（专名）出现的地点。

　　拉康接下来的话语证实了我们的观点：

　　　　你们同意的是，这个"一"（un）通过无意识的经验被引入，这是裂缝、划线、切口的"一"。

　　　　在这里，"一"（un）的一个被轻视的形式出现，这个无意识（Unbewusste）的"大一"（Un）。真想不到，无意识的界限，是概念（Unbegriff），不是没有概念，而是关于"错失"（manque）的概念。②

　　上述两段话中蕴含着大量的信息。首先，从词形上看，"一"（un）和"大一"（Un）的差异与"大它"（Autre）和"小他者"（autre）一样；从语义层面上看，"一"和"划线"及"切口"相关，指的是能指。关于"大一"（Un），我们将在第十章讨论此概念。

　　然后，当拉康谈论"无意识"和"概念"这两个术语时，特意用了德语 Unbewusste 和 Unbegriff，这绝非寻常之事。如果说 Unbewusste

---

① Jacques Lacan, *Le Séminaire*, *livre XI*, *Les quatre concepts fondamentaux de la psychanalyse*（1964）, p. 33.

② Ibid., p. 34.

（无意识）本来就是弗洛伊德的术语，那么 Unbegriff（概念）并不属于他的理论，而它却是弗雷格思想中的基本概念。凑巧的是，弗洛伊德和弗雷格都是德国人。拉康在这里用德语谈论这两个看似不相关的概念，是想暗示读者，他谈论的"无意识"已经不再是弗洛伊德理论框架下的概念，而是必须将之放在弗雷格逻辑学中思考。

在此基础上我们可以考察，拉康思想中能指 1 和无意识的关系，以及这在理论上意味着什么。拉康说："能指'一'通过无意识的经验被引入。"在弗洛伊德的理论中，无意识虽然同时连接于冲动（身体）和前意识-意识系统，但无意识只接收来自后者的信息，这在拉康思想中恰恰相反：实在（身体）让能指 1 登陆在无意识中，而它和前意识-意识的关系不讨论。

接下来的一句话"无意识的界限，是概念"，这绝不是弗洛伊德的意思，因为弗洛伊德从来没有讨论过"无意识界限"的问题，更不用说这个界限和概念有关。这显然是拉康的观点。

最后，"不是没有概念，而是关于'错失'的概念"，我们将在以后解释"错失"（manque）一词的含义，以及拉康提出的"两个错失"是如何重叠的。

很明显，拉康将无意识和弗雷格的术语"概念"建立起关系，无意识应该和能指及客体 a 一样位于谓词命题的主语位置上，而三者之间的关系则是拉康接下来讨论的重点。

在 1964 年 1 月 29 日的教学中，拉康指出，无意识中本质性的维度是"冒起-消失"：

> 在无意识功能中具有实体的东西，是裂缝（fente），通过这条裂缝，某物昙花一现，它在我们领域的冒险看起来如此短暂——一

瞬间，因为下一秒就是关闭，这给了抓捕一个消失的维度。①

　　在拉康的第一个理论模型中，能指在大它中的状态是不稳定的，准确来说是转瞬即逝：能指突然冒起，随即消失。在这里"无意识"概念介入并和能指建立了关系：

　　　　我们在这里重新找到了裂缝跳动的有规律的结构，我上一次向你们提及了裂缝的功能。消失的冒起产生于逻辑时间的两点之间，起点、终点——产生于看的瞬间和逃避的时刻，在看的瞬间中，某物总是被直观所省略甚至丢失，而在逃避的时刻中，对无意识的捕获没有得出结论，在那里总是涉及一个有诱惑的收回。②

　　再次阐述了无意识中裂缝的跳动结构之后，在下一次教学（1964年2月5日）中，拉康带来了新的东西：他首先重复了能指是切口，随后引入了"脉动"（pulsation）一词，用来描述无意识的功能。

　　　　在我之前的谈话中，我不停地强调无意识"脉动的"（pulsative）功能，消失的必然性看起来是内在的——在其裂缝中出现的东西，通过一种优先购买权，看起来注定要再关闭，如同弗洛伊德自己曾经用过的隐喻，这注定要躲避，要消失。③

――――――――――

① Jacques Lacan, *Le Séminaire*, *livre XI*, *Les quatre concepts fondamentaux de la psychanalyse*（1964）, p. 39.

② Ibid., p. 40.

③ Ibid., p. 52.

从此以后，"脉动"①一词正式被用来描述无意识中主体的运动②，而大它也和无意识建立起了关系：

> 大它，这个大写的它（Autre）已经在那里了，在无意识这个如此短暂的打开中。③

稍后，在 1964 年 4 月 22 日的教学中，无意识被更精确地定位，并且和客体 a 联系起来：

> 当我向你们谈论无意识，它如同出现在短暂脉动中的东西，一个微微开启的捕鱼篓的形象出现了，在其底部，捕鱼得以实现。而根据溢水隔板的外形，无意识是被保留的某物，是从内部再关闭的某物，我们将从外部渗入它。因此我通过向你们展示这个图示，颠倒了传统图片的拓扑学。

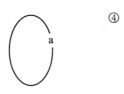

④

---

① 拉康把"无意识"理解为"开口"并和"脉动"相关，如果不了解其思想背景，是无法明白其所说内容的。在目前流行的解释中，人们普遍将"开口"和"脉动"按照"口误"的情况来理解，即在某个时刻，意识中的语言链条被插入了一段或者一个意想不到的语音片段，其中插入片段意味着"语言链条被打开"，而"某个时刻"表示过程很短暂，如同脉动一样。这让人借助一个经验的印象来解读拉康的话，但却是错误的，拉康在此并没有讨论经验层面发生的口误，更没有讨论"意识"和"无意识"之间的关系，而是讨论"无意识"和"冲动"（身体）的关系。

② Jacques Lacan, *Le Séminaire*, *livre XI*, *Les quatre concepts fondamentaux de la psychanalyse*（1964），p. 142，p. 146.

③ Ibid., p. 146.

④ Ibid., p. 160.

这段话中，无意识被清楚地定位在"脉动"**中**，而表达"脉动"的圆圈以及和客体 a 的关系，让我们不得不想起冲动的图示：

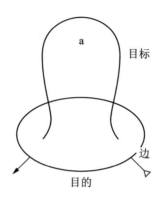

如果上面两个图示是同构的，我们就可以说：在拉康思想中，无意识定位在冲动的内部。

在 1964 年 5 月 13 日教学中，我们找到一段话，其中就涉及"无意识"和"冲动"这两个概念的关系：

> 我已经能够向你们肯定，无意识位于这些开口中，能指投注的布局在主体中建立了这些开口，它们在数学算法中形象化为菱形（◇），我将这个菱形放在无意识所有关系的核心，这个位于现实和主体之间的无意识。在身体装置中的某物以同样的方式被结构化，正是因为开口的拓扑整体性，冲动在无意识的运作中获得了其角色。①

这里涉及冲动 S◇D 中的符号◇，我们之前已经澄清，符号◇指示着

① Jacques Lacan, *Le Séminaire*, *livre XI*, *Les quatre concepts fondamentaux de la psychanalyse*（1964）, p. 203.

一个空间，冲动便位于其中，现在无意识也被安放其中。这和以上拉康的观点一致。

最终，术语"无意识"的位置得以澄清，而我们也可以借此来深入理解异化图。让我们回到 1964 年 5 月 27 日的教学中拉康对异化图的解释：

> 主体的"存有"（Être）在那里，在 sens 之下。我们选择了"存有"，主体消失，它逃离了我们，它跌落在 non-sens 中——我们选择 sens，并且 sens 仅仅以截除 non-sens 这部分来持续存在，non-sens 这部分准确说来是这个在主体的实现中构成了无意识的东西。换句话说，non-sens 属于 sens 的本质，以至于它将在大它的领域中冒起，存在在大它领域的大部分中，这个领域被"存有"的消失遮住，这个消失是能指的同一个功能导致的。

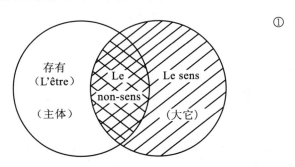

①

这段话中关于无意识有两个关键点：

（1）主体在和能指脱离之后，跌落回断连的 non-sens 区域中；

（2）non-sens 区域构成了无意识。

---

① Jacques Lacan, *Le Séminaire*, *livre XI*, *Les quatre concepts fondamentaux de la psychanalyse*（1964）, p. 236.

之前拉康在相交区域中放置的是客体 a，现在这个区域也构成了无意识，这完全对应了之前的冲动图示。

现在我们可以通过冲动图示并将异化图放在弗雷格逻辑学和集合论框架下来解释：

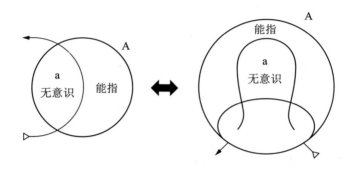

我们之前介绍过，虽然冲动的公式是 $S \Diamond D$，但并不是整个公式对应冲动，相反冲动位于中间的菱形空间中，不仅如此，冲动还存在于幻想公式 $S \Diamond a$ 中间的菱形空间中，而这两个公式描述的都是分裂的主体，差异仅仅是涉及不同的分裂模式。所以，在第二个主体分裂的模式中，冲动位于能指和客体 a 之间，而这就是异化图中所描述的内容：

圆圈 A 指示的是谓词命题，圆内的空间是主语位置，这是一个开放式的空间，它允许冲动由外到内的冒起；由此，主语的位置被冲动分成了两个部分：一个部分是和能指连接（sens）的状态，另一部分是和能指脱离（non-sens）的状态；客体 a 和无意识均位于冲动的左边，被其环绕。

因此，异化图和冲动图示表达的是同样的结构和内容，差别在于，异化图中各个概念之间的关系更为清楚，但冲动图示中展现了前者没有的开口。

到此人们可以提出一个问题：既然拉康在构建异化图时参考了集合论，为何在最终解读此图示时，我们却消解了左边的圆，将之简约为冲动的轨迹，这解构了集合论。实际上这完全是拉康的意思，一方面，他在异化图中引入冲动，这就会导致集合论的瓦解，另一方面，拉康并不赞同将异化图建立在集合论基础上，证据就是，在《精神分析的客体》讨论班（1965—1966）1965 年 12 月 15 日教学的一开始，拉康说了一番极有深意的话。

在用不同的术语表达了异化图之后，拉康说：

不要认为我是这样想的，这里有一个真理的域和知识的域。①

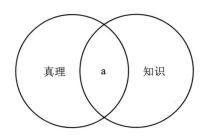

拉康在此亲口承认，**不要**用集合论的观点，即"两个领域相交"，来思考异化图。这一点将会在接下来的衍生图示中不断得到验证。

由此人们可以更深入地思考一个问题：为何拉康要在异化图中引入"冲动"概念呢？这其实涉及构建主体动力学的问题。"冲动"这个概念在 1964 年的教学中被正式安置在理论模型中，而这一年正是拉康构思从第一个理论模型向第二个以及第三个理论模型过渡的时期，引

———————

① Jacques Lacan，*Le Séminaire*，*L'objet de la psychanalyse*，séance du 15 décembre 1965，inédit.

入冲动是为了填补第二个理论模型中的理论缺陷，即主体动力学的缺乏。

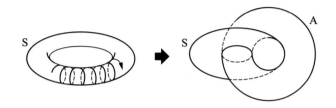

在第一个理论模型（上图）中，因为"主体之环"上自带动力学（螺旋线的运动），所以，当它与"大它之环"相互嵌套之后，人们不必担心两者之间的动力过程：主体非常顺畅地自由进出大它。

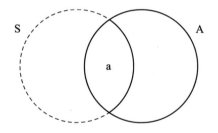

但在异化图（上图）中，主体的域（左方的圆）实际上是一个"虚域"，或者说是未知的域，拉康只能将重心放在大它的域（右方的圆）上。此时拉康立刻会遇到关于主体动力学的难题：在之前的理论模型中，得益于"主体之环"上的动力学，主体进出大它毫无障碍；但在异化图中，"主体之环"被取消，这意味着主体动力学也随之被废除，随之而来的问题是如何在新的理论框架中重新构建此动力学，这是一个重要且棘手的理论问题。

在此背景下，拉康借用弗洛伊德的"冲动"概念，并按照自己的理论需要改造此概念，然后将其放在分裂主体的两部分之间，让它承担支撑主体冒起和消失的功能，从而恢复主体的动力学。

我们把冲动图示和上页下图相结合，将异化图的真正结构呈现出来（下图）：

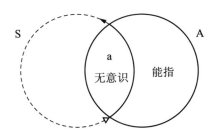

最后，我们终于可以回答"弗洛伊德和拉康思想中'无意识'概念的差异"这个问题。"无意识"在两人的理论中首先都是一个关于空间的概念，只不过这是两个从质到量都全然不同的空间：弗洛伊德的"无意识"指示着一个**精神空间**，我们可以借用物理空间来思考它——物理空间包含万物，而无意识则容纳所有的（被压抑的）精神表象；拉康的"无意识"指示的是谓词命题的主语位置上所蕴涵空间的**一部分**，这个空间既不是物理空间也不是精神空间，但它又允许"能指""客体a""冲动"和"无意识"这四个概念存在于其中，因此我们将之称为**语法空间**。

其次，从量上来看，弗洛伊德的"无意识"是精神中的一个巨大系统，并且**其中**存在着大量被压抑的表象代表，因此弗洛伊德用"水面下的冰山"来比喻这个精神系统；但拉康的"无意识"中只包含客体a。显然，弗洛伊德的"无意识"在体积上远远大于拉康的"无意识"。

再次，拉康将能指比作"表象代表"（我们会在第十一章中阐述），但它却在无意识**之外**，此观点和弗洛伊德"无意识包含表象代表"的观点相冲突。

另外，拉康和弗洛伊德谈论无意识的视角也不一样。弗洛伊德更多关注的是无意识和前意识-意识的关系，而拉康只讨论无意识和身体（冲动）的关系。

最后，这涉及无意识中运算的差异。弗洛伊德将无意识中的运算规律定义为"原初过程"，其运行逻辑和意识层面中的语言逻辑极为不同，它完全是另一种思维模式，而我们可以通过自由联想，在对梦或口误的解读中发现它。拉康思想中的无意识和运算无关，首先因为它位于谓词命题的主语位置中，这不是我们的直观可以想象的，换句话说它是超经验性的存在，其次，无意识中出现的是脉动，这不是依靠感知觉可以感受到的运动，因为它在概念内部。事实上，拉康并不需要"无意识"这个概念而同样可以完成其理论构建，但因为一些未知的原因，他强行在其理论框架中安置这个概念，导致这个概念和弗洛伊德理论中此概念的含义相去甚远。

另一方面，拉康教学的一个特点是，大部分时间他不是用文本和读者交流，而是直面听众进行演讲，这导致了一个问题，有时为了顾及听众的理解能力或者活跃气氛，他会改变自己的陈述方式或用易懂的图示来介绍自己的观点，通过这些方式被陈述的观点几乎都和他的本意相去甚远，但讽刺的是，这些说法往往因为符合常理而容易被人记住，并广为流传。在关于"无意识"和"异化"的陈述中，人们就遇到了此种情况。

在《精神分析的四个基本概念》讨论班 1964 年 5 月 29 日的教学一开始，我们就会看到下面这个图示：

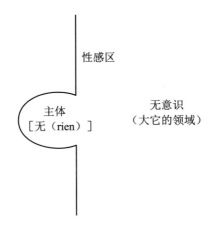

　　拉康本人并没有解释上图，人们可以自行根据图示理解、抓住要点，即如同"无"（rien）① 的主体位于性感区的洞中，这是身体的洞，从这里出发，主体进入大它的领域中，而这也是无意识的地点。很明显，无意识在此图中展示了一个巨大的空间，而我们已经阐明，拉康思想中的"无意识"概念指示一个非常狭小的空间，但此图中的"无意识"不但没有表现出这个特殊的空间，反而给人一种弗洛伊德理论中巨大精神空间的印象。此图很容易让读者认为，拉康和弗洛伊德就"无意识"概念的看法是一致的。

　　拉康教学中的这类误导比比皆是，我们随后会在书中揭示一些，以帮助读者从他话语的迷雾中走出来。

　　通过本节的梳理，我们对异化图有了基本的把握，但我们却没有回答一个最基本的问题：术语"异化"（aliénation）究竟是什么意思？它又蕴含了什么理论背景？接下来我们便探索这两个问题。

------

① 这里的"无"（rien）不是"虚无"（néant），后者表示什么都没有，即空无，前者的意思必须在某个理论背景中才能得到理解，我们将在以后的书中探讨。

6　异化

说起"异化"（aliénation）这个术语，中国读者都非常熟悉，因为它存在于黑格尔和马克思的理论中，不过，根据拉康的叙述，我们找到的线索指向了笛卡儿和康德的思想。

说起拉康的"异化"和笛卡儿-康德的"异化"之间的关系，这里有两条线索，一条是明晰的，一条是隐含的。

明晰的线索来自拉康本人的话。在《精神分析的四个基本概念》讨论班 1964 年 6 月 3 日的教学中，拉康在简短地评论了黑格尔之后，谈到了笛卡儿，他指出，笛卡儿已经处理过关于异化的问题：

> 正是在笛卡儿的思想中，这个 V 第一次被触及，如同主体辩证法的组成部分，从此以后，在其根本的基础中，（这个 V 是）不可消除的。[①]

这里的"V"就是拉康谈到的"在异化中主体的选择"[②]：要钱还是要命。不过遗憾的是，刚谈到笛卡儿和主体选择有关，拉康立刻转向了"笛卡儿的怀疑"，从此对此话题没有做任何的陈述。

隐含的线索在让-吕克·马里翁（Jean-Luc Marion）的著作中找到：马里翁指出，笛卡儿在康德之前预先涉猎了事物的异化这一论题，而康德正式讨论了此论题。

那么，康德是怎样讨论异化的呢？首先，康德在物和客体之间做了

---

① Jacques Lacan, *Le Séminaire*, *livre XI*, *Les quatre concepts fondamentaux de la psychanalyse*（1964）, p. 247.

② Ibid., p. 235.

严格的区分，接着，前者被命名为"物自体"（chosen en soi），后者则通过"表象的模式"来定义。很清楚的是，客体的规则和物自体所服从的规则完全不同。

> 人们承认，"物"向我们提供的这些表象以"物自体"为榜样，而如同现象的"客体"以我们的表象模式为榜样。①

接着，马里翁指出了异化的本质：

> "客体"标记了"物"本质性的异化，"自在之物"为了我们，在一个根本性的意义上，变成它之外的东西。②

对康德来说，人们不能将异化理解成客体的双重意义，即显像的地位和物自体的状态。这里涉及的是"物"和"自身"的异化：物离开自身，并和自身不同。因此，必须将客体定义成物异化于自身。

既然康德在人类认识和物自体之间划出了清晰的界线——"物自体是在自身之外和知性有关"——那么，我们不能以物的名义认识它们的存在，相反，知性只能认识到物自体的异化身份，即客体。对笛卡儿和康德来说，"通过将物简约为如同认识的主观性"③，客观性被限制在人类认识的内部。

按照康德的观点，客体仅仅是物自体自身的变化，是后者在精神中登陆的一种形式，两者并无本质性的差别。

那么，从康德的"物自体"概念出发，我们通过推论而获得了一

---

① Jean-Luc Marion, *Questions cartésiennes II* (Paris：PUF, 1996), p. 291.

② Ibid.

③ Ibid., p. 292.

条暗含在拉康和康德思想之间的线索：在《精神分析的伦理学》讨论班（1959—1960）中，拉康通过术语"物"（Chose）来讨论"实在"（Réel），而在 1959 年 12 月 16 日的教学中，关于术语"物"，拉康更是肯定了他和康德的一致性 [1]。事实上，他和康德讨论的是同一个问题，即从实在世界到精神世界的过渡。唯一的差别是，对康德来说，实在世界指的是物质世界，对拉康来说，这是实在的身体或享乐。

事实上，**第一个理论模型**已经表达了异化。在圆环图中，实在的（被排除的）主体和能指的形态一样，都是内八字结构或者螺旋线，但两者分别处于实在和符号中。拉康想表达的是，实在主体进入符号中，显形为**同构的**能指。这正是康德的异化所描述的过程。

然而，拉康是在**第二个理论模型**中提出"异化"概念的，在这个模型中，拉康和康德的"异化"中涉及的术语还是有所差异的：对康德来说，客体是属于表象序列的，但在拉康思想中，是能指属于表象 [2]，客体是物。不仅如此，两者之间最大的差异是，康德的物自体位于精神之外，而拉康的客体在精神之中。

其实，"异化"概念并不是在 1964 年才出现在拉康的教学中，为了澄清此概念，我们接下来回溯它在拉康思想中的历史。

在《精神分析的伦理学》讨论班 1960 年 6 月 22 日的教学中，拉康第一次使用术语"异化"：

> 如果倾向（tendance）允许客体的改变，这是因为，它已经深刻地被能指的连接所标记。在我给你们的欲望图中，倾向位于能指

---

[1] Jacques Lacan, *Le Séminaire*, *livre VII*, *L'éthique de la psychanalyse*（1959—1960）, p. 68.

[2] Jacques Lacan, *Le Séminaire*, *livre XI*, *Les quatre concepts fondamentaux de la psychanalyse*（1964）, p. 243.

序列的无意识连接的水平上，它事实上在一个基本的异化中被构成。同样，反过来，序列能指的每一个都通过一个公约数而被连接。①

"倾向"在这里指的是弗洛伊德理论中的"冲动"。因为拉康思想中"冲动"概念的含义发生了巨大变化，为了不引起混淆，他用另外的术语来谈论弗洛伊德的"冲动"概念：

> 事实上，物（Das Ding）必须等同于"再寻找的倾向"（Wiederzufinden），这个"倾向"对弗洛伊德来说将人类主体的方向朝向客体。②

这样，物在异化中被构成，它也位于能指（表象代表）③ 连接的水平上。而 1959—1960 年教学中这个物和能指的关系，在接下来 1961—1962 年的教学中被图示化为圆环图和命题结构：

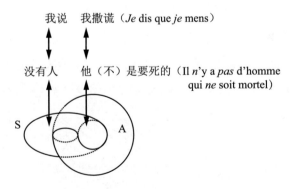

① Jacques Lacan, *Le Séminaire*, *livre VII*, *L'éthique de la psychanalyse*（1959—1960）, p. 339—340.
② Ibid., p. 72.
③ Ibid., p. 75—76.

从康德的视角来看，第一个模型中所谓"分裂的主体"表达的就是异化的过程：主体离开自身，变成了主语，前者在符号之外，处在绝对的和自在的状态，后者在符号之内，属于表象的能指。拉康巧妙地利用 sujet 一词的多义，表达了这个词在主体和主语含义上的**差异同一性**，这完全就是康德的概念"异化"所蕴涵的内容。

不过当"异化"一词正式出现在 1964 年的教学中时，其含义已经不同于第一个理论模型中表达的意思，因为此时在第二个理论模型中，主体-大它关系发生了变化。

在 1964 年 5 月 27 日的教学中，拉康首先定义，异化所涉及的是选择：

> 包括了这个 V 的异化——如果"被定罪"这个词拒绝了你方的异义，我会重新采用——异化判决主体只能出现在分裂中，我刚刚陈述了这个分裂，我说，如果主体出现在这个由能指产生的连接（sens）的一边，在另一边，它如同 aphanisis（消失）般消失。①

异化是选择，准确来说是主体的冒起和消失。可以肯定的是，主体的出现必须依赖能指，那么，问题的关键就在于，主体消失在哪里。在异化图中，当主体脱离能指之后，它不再跌落在大它**之外**而是停留在大它**之中**。

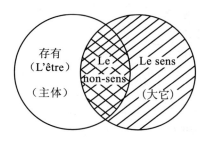

---

① Jacques Lacan, *Le Séminaire*, *livre XI*, *Les quatre concepts fondamentaux de la psychanalyse*（1964）, p. 245.

如果用康德的理论来解释异化图（上页图），主体肯定是摇摆在连接（sens）和存有（Être）之间，前者对应表象，后者对应物自体。但拉康的观点是，主体是在连接（sens）和未连接（non-sens）之间摇摆，换句话说，主体始终没有离开大它的领域。

虽然主体没有离开大它，但大它的领域中有一块区域也是实在，客体 a 正位于其中。因为异化图毕竟有集合论的背景，中间相交的区域既有符号也有实在的特征，那么位于其中的客体 a 自然同时具有两者的性质①。这就是拉康坚持要用集合论来解释异化图的原因，因为他想要在相互对立和不相容的实在范畴（Réel）和符号范畴（Symbolique）之间搭建起过渡的桥梁②，最终让两个范畴建立关系。

所以，虽然拉康的"异化"不同于康德的"异化"，但其理论来源是后者，自然也继承了一些康德"异化"概念的关键性特征。接下来我们将进一步介绍康德关于此概念的一些观点，看看这些观点出现在拉康思想中会带来什么影响。

根据马里翁的研究，康德的"异化"概念中蕴含着因果性：既然客体被定义成"物异化于自身"，那么，物是客体的原因。

> 这是某物，不是提供可能性的虚无，显像，如同其真正的相关物。康德毫不犹豫地将之命名为"物自体"，当它行使可见物的无形相关物功能时，它要么是基础，要么是显像不可感觉的原因。③

---

① 拉康在《认同》讨论班中，已经区分了"绝对的实在"（réel absolu）和"符号的实在"（réel symbolique），前者是被排除的实在，后者是在符号中的实在。

② 这个"中介"的功能，之前是"冲动"概念，现在是过渡区域。关于范畴间的关系，拉康始终持有直接和间接这两种冲突的观点。

③ Jean-Luc Marion, *Questions cartésiennes II*, p. 295.

康德认为，显像属于表象的序列，也就是属于人类认识的领域，它必须服从我们语言的法则，但在马里翁看来，这并没有否定物自体和显像之间的相关性，恰恰相反，因为显像是物自体异化于自身所变成的东西，它们之间存在着因果性。

在此基础上，马里翁又解释了物自体和显像两个领域之间保持着某种同一性。

　　　　因此，看起来对康德来说确定的是，显像和物自体不能实在地（或根据本体论的观点）被区分，而是仅仅在概念上被区分，即在这个简单的程度上，它们被考虑成两种"视角"，和两种完全不同的能力相关，即知性和感性。正因如此，康德强调显像界和自在界之间本体论的同一性，后者在物自体的形式下被物化。①

当然，哲学家们对这个"同一性"有着不同的解读。比如，对赖因霍尔德（Reinhold）来说，物自体就是显像，它如同定在（étant）那样在自身中被表象，这不是不能表象，而是不能被认识。② 从马里翁的角度来说，这个"同一性"不是简单地指示两个领域之间的同一或者一一对应，而是要通过异化来解释。

回到拉康。如果康德的异化蕴含着同一性和因果性，在拉康理论中，异化在不同理论模型中都展示了和康德思想的某种对应性：在第一个理论模型中，异化涉及请求和能指，两者之间存在同一性但没有因果

---

① Jean-Luc Marion, *Questions cartésiennes II*, p. 67.

② Ibid., p. 68.

性，而在第二个和第三个理论模型中，此概念涉及的是客体 a 和能指，两者之间有因果性却没有同一性。

除了对应性，拉康和康德的"异化"概念之间还有一个不同之处，即方向性。康德的"异化"描绘的是一个单向且不可逆的过程，即从物自体变化到显像（客体）；而拉康在这个概念中向我们描述的是选择（下图），即双向且可撤销的过程：主体既可以变为能指，又可以返回客体 a。

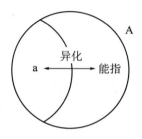

最后，我们来看看拉康是如何在阐述"异化"概念时误导听众的。

拉康的"异化"概念所涉及的范围仅仅局限在大它之内（上图），但在 1964 年 5 月 27 日的教学中，拉康就用了一个错误的图示来误导听众，而此图示就因为其通俗易懂而广为流传。我们看看拉康是怎么说的：

> 这个异化的"或者"不是一个随意的发明。这个"或者"存在。它在语言中，以至于当人们使用语言学时，同样同意区分它。我将给你们一个例子。
>
> "要钱还是要命！"如果我选择钱，我两者都丢了。如果我选择命，我有一条命但没有钱，即，残损的命。
>
> ……"要自由还是要命！"如果他选择了自由，唉！他立马什

么都没有——如果他选择了命，他有一条被截取了自由的命。

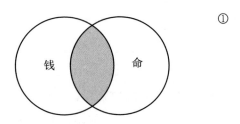

以上图示展示的是主体面临"要钱还是要命"的选择，其中涉及集合论中的析取运算，即在两个集合不相交的部分之间选择。人们可以通过结构来考察如何解读此图以符合拉康的本意。

从结构的角度来看，拉康的异化图不是两个域相交的结构，因此，如果上图表达的也是异化，两者之间的对应关系应该如下图表示的这样：

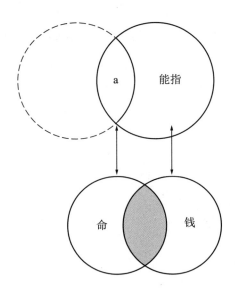

①　Jacques Lacan, *Le Séminaire*, *livre XI*, *Les quatre concepts fondamentaux de la psychanalyse*（1964）, p. 237.

由该图可知，"要钱还是要命"的图示完全对应幻想公式$S \Diamond a$（下图），和图中的阴影区域相对的是符号$\Diamond$，这正是冲动的位置：

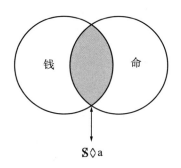

所以我们坚持不能完全按照集合论，而是要将其放在弗雷格逻辑学的框架下来解读异化图：谓词命题的主语位置上划分出两个异质的区域，一个区域安放能指（专名），另一个区域则安放客体 a。在弗雷格逻辑学中，主语位置上的空间没有特别的限定，所以在其中划分出性质不同的区域并不会引起理论上的困难。

为了弥补第一个理论模型中的缺陷（我们将在第十二章详述），拉康融合集合论和弗雷格逻辑学构建了其第二个理论模型（异化图），然而，这两个学说毕竟无法相容，拉康只能勉强将它们组合在一起。

二　异化图 II

在《精神分析的四个基本概念》讨论班中提出异化图之后的两年里，拉康都忙于第三个理论模型的构建，直到讨论班《幻想的逻辑》（1966—1967），他又重拾并发展了异化图。

拉康在 1964 年的异化图 I 中引入了一个重要的概念"存有"（Être），

在图中，拉康清楚地标明，"存有"就是主体，不过他并没有阐述"存有"本身的含义。

在《幻想的逻辑》讨论班中，拉康利用笛卡儿的"我思"来考察"存有"这一概念，并借此展开有关异化图 II 的讨论。在这一节中，我们将从"我思"出发，首先探讨哲学界和拉康思想中"存有"概念的内涵，然后，我们将介绍异化图 II 和其中涉及的基本概念，以及这些概念之间的关系和背后的理论框架。

1　我思故我在

关于笛卡儿的"我思故我在"[①]，拉康并非直到《幻想的逻辑》讨论班才开始讨论，早在《认同》讨论班中他就已经谈到此思想，并在弗雷格逻辑学理论框架下给出了自己的解释。

在 1962 年 1 月 10 日教学中，拉康说道：

> 这个"我思，因此我在"，我已经在你们面前足够地研磨它，为了让你们现在稍微能够看到问题是怎样提出的。这个"我思"，我们已经说了，它是没有意义的——这是它的价值——它不再有意义，除了这个"我撒谎"，但从它的陈述出发，这只能使它自己察觉到"因此我在"，这不是它要得出的结论，而是它刚刚思考，从这个它开始思考的时刻开始。[②]

---

① "我在"（je suis）中的"在"（suis），就是"存有"（Être）作为系词的动词变位，拉康表面上讨论笛卡儿的"我思"，实则探讨的是西方哲学中的一个核心问题：存有和思维（penser）的关系。我们也将借由笛卡儿的"我思"，引出对"存有"在西方哲学史中的演变的探讨。

② Jacques Lacan, *Le Séminaire*, *L'identification*, séance du 10 janvier 1962, inédit.

这段话中有两个重要的知识点：第一，拉康将"我思"等同于"我撒谎"，我们知道，就是在这一年的教学中，拉康通过用弗雷格逻辑学重新解释了说谎者悖论，从而引入自己的第一个理论模型，现在，他也用弗雷格逻辑学来考量笛卡儿的这个论述。

> 这个不可能的"我思"抵达了某物，后者属于前意识——不是如同结果，不是如同本体论的决定性——这蕴涵了所指，这个"我思"送回到"我在"，后者从此以后仅仅是我们寻找的，主体的 x，即开始的东西，为了这个"我思"的认同能够产生……①

拉康在这里将"我思"定义为"认同"，将"我在"定义为"所指"和"主体的 x"，"认同"是在弗雷格逻辑学的框架下，表达的是客体获得专名的过程，此定义和之前关于此概念的定义并不相同，而"所指"则属于索绪尔的语言学，拉康在此希望将客体-专名关系等同于所指-能指的结构，或者准确来说，他希望将索绪尔的语言学放在弗雷格逻辑学的框架下（下图）。

$$\left(\frac{我思}{我在}\right)A$$

拉康接下来的话证实了我们的观点：

> 如果通过 1，我们能形象化地表现这个"我思"……我重复，如同"我思"让我们感兴趣，因为它和这个命名最初所发生的事

---

① Jacques Lacan，*Le Séminaire*，*L'identification*，séance du 10 janvier 1962，inédit.

情有关，这正是涉及主体诞生的东西——主体是被命名之物——如果命名首先是和指示着绝对差异的划线 1 相关的某物，我们可以问，怎么估算"我在"，它在这里被"我思"的所指所构成的再投注所构成，即同一事物，"我在"是在主体形式下最初的东西的未知物。①

拉康在此表达得非常清楚，能指 1 具象化了"我思"，而"我在"则是"我思"的所指，归总起来，这就是我们上页图中所表达的，在谓词命题的主语位置上，专名（能指）和客体（所指）的关系。

在稍后的《幻想的逻辑》讨论班中，拉康用笛卡儿的"我思故我在"来探讨"异化"的概念，并发展出新的异化图。在新的图示中，笛卡儿的陈述通过德·摩根定律变成了否定性陈述："我不思"（je ne pense pas）和"我不在"（je ne suis pas）。我们接下来讨论拉康会带来什么新的观点。

2　我不在、存有和父之名

在第一个理论模型中，表述的主体（sujet de l'énonciation）和叙述的主语（sujet de l'énoncé）的位置实际上已经被否定功能所标记：前者被否定，意味着被排除，后者位置上的否定，意味着不确定。而拉康在《幻想的逻辑》讨论班中引入的否定，不是针对两个主体位置的区分，而是指向概念"异化"。

在 1967 年 1 月 11 日的教学一开始，拉康就谈及德·摩根定律并引入了否定的功能。接着，拉康将"存有"和"我"联系在了一起：

---

① Jacques Lacan, *Le Séminaire*, *L'identification*, séance du 10 janvier 1962, inédit.

然而，笛卡儿的"我思"有一个意义：他简单和纯粹地用"我的存有"（l'être du Je）的建立来替换了"思维"和"存有"的关系。①

思维和存有的关系是西方哲学史中的核心问题：从巴门尼德开启了思维和存有之间关系的讨论后，后来的哲学家们不断发展此讨论。拉康在这两个概念的基础上加入了"我"，将此问题转换成了关于主体的问题：思维和存有变成了"思维的我"和"存有的我"，换句话说，拉康将"思有"问题转换成了主体分裂的问题。值得注意的是，这个主体的分裂在异化图中就是主体自身的异化。对此拉康说：

> "我思"如同纯粹的"思维–存有"（pense-être），如同靠这个不在的我来存活，这里的意思是：我仅仅是属于关于你的"存有"问题被省略的东西，我免去了存有，我……不在，除了在我能在之地。②

接着，拉康表明，存有属于实在（Réel），是被符号所排除的：

> 这个维度向我们打开，它允许我们发现——根据我已经给出的公式——这个对"存有"的拒绝（Verwerfung）如何上演。被符号所拒绝之物，我已经在我的教学一开始就说了，在实在中重新出现。③

---

① Jacques Lacan, *Le Séminaire*, *La logique du fantasme*, séance du 11 janvier 1967, inédit.

② Ibid.

③ Ibid.

　　但不要认为这个被排除的存有在大它之外，即绝对的实在，拉康在这里谈论的存有在大它之内，是符号的实在：

　　　　如果称为"人的存有"的某物，事实上是从某时开始被拒绝的东西，我们看到它重新出现在实在中，并且在一个完全清晰的形式下。

　　　　……我们遇到的东西，是如同被拒绝的那样的，"人的存有"，它重新出现在实在中，它有一个名字，"碎片"（détritus）。①

　　熟悉拉康术语的读者会立即想到，"碎片"是对客体 a 的定义，因此可以肯定的是，拉康在这里谈论的存有指的是客体 a，其位置是异化图中两个圆圈相交的区域，所以它依然在谓词命题的主语位置上。

　　　　这个"碎片"正是保留的点，它代表了我们质问这个异化的东西。

　　　　异化这个事实不是指，我们在大它中被修改、被修补和被表象，而是相反，它奠基在大它的拒绝之上，这个大它是来到对存有质问的**地点**的东西，围绕这个质问，我今天让"我思"的界限和跨越翻转。②

　　拉康在这里很清楚地表明，异化奠基在大它中被拒绝的存有基础上，也就是说客体 a 构建起异化的基石。和康德不一样的是，拉康的异

---

① Jacques Lacan, *Le Séminaire*, *La logique du fantasme*, séance du 11 janvier 1967, inédit.

② Ibid.

化讨论的是**符号中**的物（实在）与自身的异化，这也预示了关于主体分裂的新模式 ①，我们将在下一章讨论。

然后，存有、"我"和上帝被关联起来：

> 大它不保证别的而是存有的建立，如同是我的存有，大它，基督教传统的上帝很容易是这个自己现身的人，是"我是所是者"（je suis ce que je suis）。②

我们接下来会暂时离开拉康的思想，去到哲学对"存有"（Être）的讨论中，然后我们再回头来对比拉康思想和哲学，希望发现拉康如何相对于哲学来构建自己的存有理论。

对古希腊的巴门尼德来说，必须要区分"存有"（Être）和"定在"（étant），前者是本源和原则（principe），是不可触及、没有图像的，后者是具体而现实的。通过对比可知，"存有"（Être）和拉康的"实在"（Réel）的含义一样，都是指超出语言和人类认识的范畴。在拉康思想中，我们很疑惑的是，一直没有找到"实在"的理论来源，终于在异化图中拉康向读者展示了这个概念的出处，它和一直被西方哲学家关注的"存有"有关。

虽然存有不可知，但人们用很多谓词来描述它：一、不动的、永恒的、简单的、必然的。对巴门尼德来说，必然性、永恒性、不动性、与

---

① 事实上，拉康在《精神分析的关键性问题》讨论班（1964—1965）中，已经提出了主体分裂的第二个模式，但这属于第三个理论模型中涉及的内容。

② Jacques Lacan, *Le Séminaire*, *La logique du fantasme*, séance du 11 janvier 1967, inédit.

自身的同一性、简单性，它们不是存有的谓词，而是**存有自身**。并且因为它们是存有，所以它们对存有没有添加任何东西①。这正好解释了在第一个理论模型中，拉康为什么恰恰选择了亚里士多德的本质三段论，因为其中表达的是谓词和主语的同一性。

事实上，所有超验的本质都可以指示存有，而对超验物的研究可以追溯到 13 世纪，在当时的语境中，某个关系中的这些超验物都可以指向存有②。也正是在 13 世纪，存有融入基督教思想中，它不再是某物，而是某人。③

存有作为超验物，在类（genre）之外，并且它超越了所有可能的表象，我们可以思考和谈论存有，但无法定义它，换句话说，人们只能用它不是什么来谈论它，由此诞生了否定神学④。对笛卡儿来说，既然我们无法定义"存有"，那么只有对其沉思⑤，而对于奥古斯丁、阿奎那和斯科特来说，上帝是存有，而存有是"一"，但人们不能向其赋予任何谓词。

在《圣经·旧约》中，存有变成了上帝，准确来说，存有是"**上帝之名**"⑥。在《出埃及记》中，摩西问上帝的名，上帝回答："我是所是者（Je suis qui je suis）。"奥古斯丁、安塞尔姆（Anselme）、阿奎那和博纳文图拉这些经院哲学家都认为，上帝之名是"存有"⑦。

但巴门尼德既没有考虑也没有谈论上帝，是博纳文图拉把对存有的哲学研究引入宗教讨论中，而且，将存有纳入上帝并没有失去其哲学的

---

① Etienne Gilson, *Constantes philosophiques de l'être*（Paris：Vrin，1983），p. 30.
② Ibid., p. 37.
③ Ibid., p. 39.
④ Ibid., p. 40.
⑤ Ibid., p. 41.
⑥ Ibid., p. 44.
⑦ Ibid., p. 193.

严格性 ①。博纳文图拉认为，**上帝有很多名**，首要之名是"存有"，其次是"善" ②。

在漫长的辩论之后，神学家们一致同意，上帝之名是"我是"，是"存有"。而在西奈山上，当上帝对摩西说"我是所是者"时，他是为了给人类一个界限的感受，而不是定义自己的本质 ③。所有的解释都必须尊重神性本质的神秘性，即使神说"我是是"（Je suis suis），也无法展示本质"我是什么"（Ce que je suis）④。

在《圣经》中，上帝说"我是"（Je suis），但没有说"我是存有"（Je suis l'être），神学家将"存有"的抽象概念蕴涵其中，这是一个完全宗教式的回答 ⑤。

从异化图开始，拉康在其教学中引入了"存有"，并且在阐述的过程中常常提到"上帝"和"父之名"（les Noms-du-Père）。在法文中很清楚，"父之名"是复数，根据我们以上的介绍可知，拉康毫无疑问跟随了哲学和神学的讨论：上帝拥有众多的名。

虽然在弗雷格逻辑学框架下，主体被能指标记的过程被拉康称为命名，但这里的"名"是专名（le nom propre），是在语言哲学背景下的一个概念。"父之名"完全是在另一个领域中，因为这里的"名"不是姓名，上帝不像人类有家族姓氏，"父之名"也不是专名，因为有了专名，必然牵连出相关的客体和概念。上帝之名是一个称呼、一个界限。如果

---

① Etienne Gilson, *Constantes philosophiques de l'être*, p. 196.
② Ibid., p. 194.
③ Ibid., p. 237.
④ Ibid., p. 246.
⑤ Ibid., p. 247.

没有一个称呼，上帝对人们来说完全是一个谜，没有人能够忍受这样的状态；给出一个称呼，上帝在符号中得以被定位，虽然它无法被理解，但人们的焦虑得以减轻。

拉康遵循了哲学和神学的这个传统，"父之名"在他的理论中位于大它之外，位于和符号之外的"存有"同样的地点，这也是被排除的主体和享乐（jouissance）的地点。

另一方面，拉康确实想讨论这个沿袭自古希腊的、围绕着存有和思维展开的关系，只不过这个问题在中世纪和基督教结合之后，产生了关于上帝和"父之名"的神学讨论。拉康仅仅是在探讨存有的过程中遇到了中世纪关于上帝的问题。而当他在谈论存有的时候，他并不直接提及哲学中关于存有和思维的讨论，却公开谈论上帝和"父之名"，似乎他想掩盖自己的思路。不管是哲学问题还是神学问题，这些讨论在拉康那里又经历了一次变形：关于存有的问题在融合了当代思想之后，变成了围绕"我"的讨论。

我们可以从《从一个大它到另一个》讨论班的两次教学中，看到拉康是如何将神学讨论变成自己的理论构建的。

在 1968 年 12 月 4 日的教学中，拉康谈到真理（vérité）时说：

> 真理，它说"我"，并且你们在那里定义了两个有界限的领域。第一个领域中，主体仅仅被能指的效果所标记，在这个领域中，存在着在我们主体的话语中还没有任何装载的能指的浮夸。这是事件（fait）的领域。然后，第二，这里有让我们感兴趣的东西，除了在西奈山上以外，它还没有被触及，即这个说"我"的东西。[1]

---

[1]　Jacques Lacan, *Le Séminaire*, *livre XVI*, *D'un Autre à l'autre*（1968—1969），p. 70.

　　拉康在这里巧妙地将真理和"我"、主体和能指的问题引向了摩西在西奈山上和上帝的对话的场景。他首先回顾了在《圣经》翻译中，对上帝所说之话的两种译法：

> 我是这个是者。(Je suis celui qui est.)
> 我是我是之物。(Je suis ce que Je suis.)

　　第一句话中，指示代词 celui 代表的是"我是"中的"我"，通过和关系代词 qui 联合，组成了后面的从句，此从句用来进一步描述和限定之前的"我"。第二句话中的 ce que 涉及的是关于"是什么"的问题，哲学上将之用来考察本质。

　　很显然，拉康对上述两种译法都不满意，他随即给出了自己的翻译：

> 我是"我"是之物。(Je suis ce que Je est.)

　　这个句子在中文里看不出差别，我们必须在法语中才能发现其中的蹊跷：和上面第二句话相比，拉康的句子的差别仅仅在从句中，关键在于怎么理解从句中的"我"。按一般的理解，"我"是一个句子的主语，也是第一人称代词，后面的系动词 être 根据语法规则要变位成 suis，但拉康将"我"处理成一个名词，它失去了人称代词的功能，这样，后面的系动词按规则变位成 est。

　　在说谎者悖论中，拉康就是把"我撒谎"中的"我"去掉施动者的功能，而将之处理成一般主语，在这里拉康故技重施，利用语法规则将"我"变成一个普通的名词。所以，拉康在这里表面上谈论的是神学和哲学问题，实际上他想借《旧约》中的这个场景，再次讨论分裂的主体，而背后隐藏的线索是关于存有的分裂："我"是"上帝之名"，是存有，不再是人称代词。并且相比说谎者悖论而言，上帝所说的话有一个语法上的优点，即从句中的系动词随着"我"从人称代词变成普通名词，它的变位方便我们将"我"看成普通名词。

在接下来的 12 月 11 日的教学中，拉康将"我是'我'是之物"（Je suis ce que Je est）这句话纳入了自己的理论中：

> 在我已经开辟的入口中，这个"我"首先在大它面前出现，后者允许围住一个逻辑的故障，大它如同一个起源于话语——话语应该能够答复——中缺陷的地点。
>
> 这个"我"首先如同"屈从的"（assujetti）、如同"去主体"（assujet）那样出现。我已经写下这个词，为了指示主体，主体在话语中从来只是被分裂的产生。[1]

大它之前的"我"是被排除的主体，而"屈从的我"是命名（也是屈从于）能指的"我"，两个"我"展现的正是主体的分裂。拉康借由上帝和摩西的对话，实际上是从另一个角度来讨论自己的主体理论。

总之，拉康的主体理论自异化图提出之后，随着"存有"概念的引入，进入了新的阶段，或者说，他的思想的理论背景开始浮现。然而，拉康并没有指出，关于"存有"他是参考了哪位哲学家或者哪个学派的思想，以及自己如何借此构建自己思想的形而上学（我们将在以后的书

---

[1]　Jacques Lacan, *Le Séminaire*, *livre XVI*, *D'un Autre à l'autre* (1968—1969), p. 81.

中专门讨论拉康思想的形而上学构建），他似乎并不想让读者立刻抓住他的思路，所以才用复杂婉转的修辞来扰乱人们的思路。这毫无疑问让他的理论又蒙上了一层神秘的面纱。

不过必须指出的是，哲学中大部分围绕存有的讨论，特别是神学的理论，都无法直接套用在拉康的理论模型中，因为存有和思维的关系是二元的，而拉康展示的理论模型中涉及的是三元问题：存有、客体 a 和能指。这里存在着一个特别的**中介**，即客体 a，并且当拉康在异化图 II 和异化图 III 中谈论存有时，特指这个中介。

回到《幻想的逻辑》讨论班，当拉康说"我不在"的时候，人们不能将这句话当成普通的主谓结构的陈述句来理解，而必须将"我"和"在"（être）① 当成同一个东西。必须要认识到，否定"存有 / 在"就是否定"我"，因为拉康已经说了，"存有"的建立就是"我的存有"的建立。因此，"我不在"应该理解成"我或在"，两者同一，否定一个也就是否定另一个：

> 这个本质性的"我不思"，在这里，我们要询问由此产生的东西，这涉及产生于选择的丧失：当然，这个在它自身中的"我不在"，我们刚刚将其创立，即如同"我"自身的本质。异化的丧失是否如此总结？当然不是。准确来说，某物出现，它是否定的形式，但不是施加在存有之上的否定，而是施加在"我"自身之上的

① "存有"（Être）是一个名词，当它作为系动词的时候，根据情况，将它翻译成"是"或"在"，在外文中能够看到动词变位，不会造成误解，但在中文中，我们不得不根据不同的情况选择不一样的翻译，请不会法语的读者牢记，这几个看似不同的词实际上是同一个词。

否定，这个"我"如同建立在这个"不在"之中。①

　　显然，这个被否定的"我在"是客体 a，它维系着和大它之外的存有的联系，但又和它有所区分。客体 a 具有的这个特性在第三个理论模型中体现得非常明显，我们在下一章会详细介绍。

3　"我"和"它"

　　"异化"的另一个选择"我不思"则要用另一种方式来解读：不是"我"，而是"它"（Ça）在思考。在此必须关注语法的维度，"我"和"它"是不同的人称代词，它们之间的替换意味着主语的更换。如果说之前的"我在"涉及不可知的客体 a，那么这里的"我思"则是和承担语法主语功能的能指有关。这显然是在弗雷格逻辑学的背景下讨论的内容。

　　在这里，拉康有意识地谈论"它"（Ça）这个弗洛伊德的概念，似乎他想回应弗洛伊德的理论，然而其含义已经和原义大相径庭。在这一节中，我们通过中文译本中对"它"（Ça）的翻译，来理解这个概念和主体的关系，并看看拉康是如何理解它的。

　　让我们从"无意识"概念出发。在中文世界中，人们习惯将"inconscient"翻译成"潜意识"，和"意识"一词一起，这两个概念在"当代主体"的语义下被理解为施动者（agent）。在第一章中我们已经介绍了，当代主体的诞生意味着，人作为有意识的主体，做决定并执行行动，人是自己思想和行为的主人和控制者，是施动者。受到当代西方思想的影响，"意识"或者"有意识地"这个词在中文中——至少在日常

---

① Jacques Lacan, *Le Séminaire*, *La logique du fantasme*, séance du 11 janvier 1967, inédit.

口语中——已经蕴含了施动者的意思，那么，和"意识"相对的"潜意识"对使用中文的人来说也是施动者，只不过是一个不为我们意识所感知的施动者。比如，"他是潜意识地做这件事"，这句话意味着潜意识是另一个不为人知的意识，而两者都有施动的功能。

但我们知道，"无意识"这个概念对弗洛伊德来说仅仅是一个关于空间和系统的概念，它本身并无动力学的含义，而无意识的动力学仅仅通过无意识中的表象运动而体现：在能量（冲动）的支持下，表象可以自动地运转。虽然这个观念和常识相反，但在某些情况下，它并不引起很大的困难。比如，当我们处在某种情绪中时，尤其是愤怒，相应的观念和图像自动地闯入头脑，这时我们可以明显地察觉到能量-观念的自动性。

另外，在弗洛伊德前期的思想中缺乏"施动者"这个概念，因此当弗洛伊德建立精神分析的实践原则——自由联想时，他察觉到，在症状中，原初的表象对应着某种**质**的能量，比如愤怒，虽然这种能量没有直接显现，而是躲在其他表象身后，但它却决定着症状。我们可以通过跟随联想链或者表象的序列来抵达这个原初的表象及背后的能量。重要的是，面对无意识表象网络的复杂运作，弗洛伊德并没有指出一个主体-施动者来负责建立和组织这些表象间的关系。

在 1899 年的著作《释梦》中，弗洛伊德在讨论"原初过程"时，谈到了表象 [1] 和能量之间的交互作用。

弗洛伊德首先同意德拉格的观点，即"'被压抑'的内容变成了'梦的动机力量'" [2]。然后，弗洛伊德认为，思想系列（序列）可以在意识之外自动运行，只是要等待意识的注意，这样便有机会闯入意识系统：

---

[1]　"表象"和"观念"的关系将在第十一章中讨论。

[2]　弗洛伊德：《释梦》，第 585 页。

　　那已经被启动而又分散了的思想系列似乎仍在进行但不再被注意，一直要等到在某一点上达到特大的强度时才能再次被引起注意。因此，如果一个思想系列一开始就被断定是错误的或者对当前的理智目的无所帮助而被（有意识地）排斥于注意之外，其结果这个思想系列将仍可继续进行下去，不为意识所觉察，直至睡眠开始。①

　　对弗洛伊德来说，意识系统的能量是用于引起注意的，无意识中的能量直接投注于思想系列，换句话说，思想在能量的支撑下，自行按照凝缩和移置原则来构建思想链条。这个观点对于当代人来说是无法接受和理解的。

　　进一步，弗洛伊德认为，欲望也是只需要能量就可以自主运行的：

　　前意识的思想系列可以一开始就和潜意识（无意识）欲望结合起来，但也因此而被那占优势的有目的的精力倾注所摒弃；或者，一个潜意识（无意识）欲望也可以由于其他原因（如身体上的原因）而变得活跃起来，从而寻求把能量转移到前意识不加支持的、即不予精力倾注的那些精神遗念上去，而不需要它们在半途中前来迎接。②

　　接着，弗洛伊德向当代读者展示了一个不可思议的场景：观念在能量的支持下，按照凝缩作用的原则，自主完成复杂的思想过程。

---

① 弗洛伊德：《释梦》，第587页。
② 同上书，第588—589页。

那些个别观念的强度变得能够全部释放，从一个传到另一个，因此某些观念可被赋予很大的强度，而且由于这种过程反复发生好几次，整个思想系列的强度最后集中于一个单独的思想元素，于是出现了我们所熟悉的梦的工作中的"凝缩作用"。①

在弗洛伊德看来，无意识观念的运作不像我们在意识层面的思考那样必须有一个外在于思想的主体-施动者，按照他的描述，这些观念自动运行。难以想象，身处受当代哲学强烈影响的文化中，弗洛伊德居然可以提出这样"反常识"的观点。

进一步，弗洛伊德指出，这些无意识中的每个观念如同有独立的意识一般，可以彼此相互作用：

还有一些彼此矛盾但并不互相排斥而只是并行不悖的思想。它们往往联合起来形成联合作用，恰像它们之间没有矛盾似的，它们或者达成一种妥协，这种妥协为我们有意识的思想所不容，但往往为我们的行动所接受。②

上述观点均违背了常识和我们的直觉。总之，在弗洛伊德前期的思想中，他并没有假设一个无意识的主体-施动者作为负责组织无意识中观念的操盘手。

随着理论的发展，我们发现，蕴含着主体-施动者的概念开始出现在弗洛伊德的著作中。从《性欲三论》开始，弗洛伊德开始考虑自保功能和性欲之间的对立，两者在之后变成了自保冲动和性冲动。在1910

---

① 弗洛伊德：《释梦》，第589页。
② 同上书，第590—591页。

年，弗洛伊德给了自保功能一个施动者，即自我，后者从此以后掌控了自保冲动，这是为了实现个体生物学和生理学的存在 [1]。

如果我们从逻辑和语法的角度仔细思考两个冲动的语义，我们很快就会发现围绕着性冲动和性欲望的问题：自保冲动也被称为自我冲动，它实际上蕴含着一个完整的命题，其中自我如同主体-施动者，它连接于如同动词的冲动，然后，动词指向了满足生命需要的客体。而相对于蕴含了完整语法结构的自我冲动，性冲动是有缺陷的，因为在其中只有动词（冲动）和客体，没有主体-施动者，并且弗洛伊德从来没有假设一个无意识的自我或者机构来负责执行冲动的投注，性冲动本身如同自主的能量一样运行。

随后，伴随着术语"力比多"的登场，情况变得更为复杂。力比多作为性冲动的动力学展现，它本质上是性的，但从属于自我，所以位于意识层面。但这并不意味着所有的性能量都变成了意识的，事实上，力比多仅仅是性能量的一部分，其余部分保持着被压抑的状态。

这样，意识和无意识层面之间的巨大差异显现了出来：在意识层面，冲动处于完整的主谓宾语法结构中，准确来说它位于谓语-动词的位置上，但在无意识层面，冲动依靠自身的自主性而运行，它位于主语-主体的位置。问题是，这些似乎具有自主意志的冲动在进入意识并从属于自我之后，放弃或者隐藏了自己的意志，那么，这个放弃或者隐藏是如何发生的？很遗憾，弗洛伊德并没有处理这个理论问题。

稍后，在 1923 年，弗洛伊德完成了第二个拓比理论，并且提出了三个精神的机构——"自我"（Moi）、"超我"（Surmoi）和"它"（Ça），其中关于"它"（Ça）的翻译和理解对理解拉康思想来说至关重要。

---

[1]   J. Laplanche et J. -B. Pontalis, *Vocabulaire de la psychanalyse*, p. 200.

在中文中对 Ça 存在着三种翻译。第一个是"伊底"，这是高觉敷为其选择的译名。因为中文版是从英文版翻译过来的，而弗洛伊德著作的英文翻译者特别选择了拉丁语 Id 来翻译弗洛伊德的 Es（它）一词，所以"伊底"在语音层面对应拉丁文 Id 的发音，但它并不是 Id 的音译而是意译。"伊底"二字取之于《诗经·小雅·小旻》："我视谋犹，伊于胡底？"表达的是深远至混沌的状态，"我"之未形之际。根据高觉敷的理解，弗洛伊德用"伊底"所表达的，正是一种先于"我"之产生的状态，是一种最为原始"无我"的混沌状态。如果读者不明白此翻译的来历，一来会认为是音译，二来也不会明白其想表达的含义，因此，此翻译慢慢不再流行。

第二个翻译是广为流传的译文，"本我"。"本我"想告诉读者的是，这个位于自我之下的精神机构是精神动力学所在，也是精神真正的核心，即本来的我，换句话说，这是一个无意识的主体-施动者。

但在德文或者法文的语境中，术语"Es"或"Ça"向我们显示的仅仅是"它"的意思，别无他意。为了融合"它"和"本我"，霍大同发明了"它我"一词，既表达了原文的意思，又加上了意译的部分，虽然读起来别扭，也算是一种妥协。

不管如何，让我们先回到弗洛伊德自己的陈述中，看看弗洛伊德想用此术语表达什么。在《精神分析导论讲演新篇》中的《关于心理人格的剖析》一文中，弗洛伊德将"无意识"置于"事物的一种特征"意义上来使用，因为自我和超我的一部分都是无意识的；另一方面，他谈及格罗德克（G.Groddeck）所使用的 Ça 一词，并借用此词来代替无意识系统。

我们认识到，我们无权将不同于自我的那个心灵领域称之为"无意识系统"，由于无意识的特性并不仅限于这个领域。那么，我们将不再在系统的意义上使用"无意识"这个术语，我们将赋予我们直到今天一直称之为无意识系统的领域以一个更好的，不再会产生误解的名称。追随尼采的词风，并吸收乔治·格罗德克（1923）的建议，我们今后将这一领域称之为"本我"（Id）。这个非人称代词好像特别适应于表达该心灵领域的主要特征——即它与自我不相同这一真实情况。超我、自我和本我（Ça）——这些是三个领域、区域、范围，我们把个体的心灵机构划分为这三个部分。①

为了明确"Ça"的含义，我们加上一段格罗德克本人的陈述：

　　我们称为"自我"的东西，其行为在生命中完全是被动的，而且……我们是依靠一些不可知、不可控的力量来生活……它（Ça）比我强大，它（Ça）突然出现在我脑海。②

在格罗德克的陈述中，很明显术语"Ça"指示的是未知和不可控的力量，这和弗洛伊德所说的"领域、区域、范围"是不一样的。相反，格罗德克描述的内容和弗洛伊德的"冲动"概念很相像。这个自我的被动性和在其控制之外的力量符合精神分析的临床，但在理论上会引起一些困难。

最主要的困难是哲学上的。我们知道，"主体-施动者"的概念在当代哲学中占主导地位，这个主体可以以多种形态存在，不一定要以第一人称代词的形式出现。比如列维-斯特劳斯就认为有一个异于自我的思

---

① 西格蒙德·弗洛伊德：《关于心理人格的剖析》，程小平译，收录于《精神分析导论讲演新篇》，国际文化出版公司，2000，第70页。

② J. Laplanche et J. -B. Pontalis, *Vocabulaire de la psychanalyse*, p. 56.

考主体，并且他用第三人称来谈论这个主体："有一个'他 / 它'在我之中思考，这首先让我们怀疑，是否是我在思考。"① 给主体赋予一个精神行为，在里贝拉看来，这个观点属于赋谓主义 *，其原则是"将精神行为理解为灵魂、精神、'我'或'意识'的'属性'或'谓词'"②。在当代哲学的框架中，只要占据语法主语的地点，人称或非人称代词一般来说都指示主体-施动者。

回到弗洛伊德的"Ça"，虽然弗洛伊德本人并没有使用过"它思考"或"它言说"这类表达，但这个术语仍然给我们一种强烈的暗示：作为弗洛伊德第二个拓比理论中和"自我"及"超我"这两个机构（主体-施动者）并列的"Ça"，它也应该具有主体-施动者的功能。在拉康的教学中，他也明确地使用了"它言说"（Ça parle）③ 这样的句子，并将之等同于言说的主体，这完全符合人们对这个术语的假设和理解："Ça"就是一个无意识的主体-施动者。在中文世界中，"本我"和"它我"这两个翻译的流行也说明，将"Ça"按照主体-施动者来理解是符合大众读者预期的。

那么，人们对"Ça"的这种解读是否符合弗洛伊德的本意呢？

首先，既然术语"Ça"是用来替代"无意识"这个术语的，它应该或多或少地保留后者的一些含义。事实上，弗洛伊德的表达充满歧义，一方面他说"Ça"是"心灵的领域"，这毫无疑问指的是一个空间或地点，即"无意识"概念的内涵，但另一方面他又将"超我""自我"和

---

① Alain de Libera, *La double revolution*, *L'acte de penser*（1），*Archeologie du sujet III*, p. 33（la note）.

② Alain de Libera, *Naissance du sujet*, *Archeologie du sujet I*, p. 69.

③ Jacques Lacan, *Le Séminaire*, *livre V*, *Les formations de l'inconscient*（1957—1958），texte établi par Jacques-Alain Miller（Paris：Édition du Seuil, 1998），p. 326.

"Ça"定义为"三个领域、区域、范围"，而"超我"和"自我"在弗洛伊德的理论中肯定是机构和施动者，但此时它们又蕴涵地点的含义，那么，在弗洛伊德理论中，地点和施动者这两个含义是否是相容的？这个问题的答案将直接决定"Ça"是否也如同主体-施动者一样运作。

我们知道，在第一个拓比理论中，弗洛伊德清楚地区分了地点和施动者这两个含义，任何一个术语都不能同时包含两者。因此，"意识"或"无意识"都仅仅指示一个地点，而作为"自我"同义词的"自我意识"是施动者。然而，这条清晰的界线在"自我-力比多"的理论中变得越来越模糊。

术语"力比多"正式出现在 1914 年的著作《论自恋：导论》中，作为性冲动的变形，此术语并未造成任何困难，重要的理论变化是由"自我的功能"这个术语带来的。根据弗洛伊德的观点，自我是力比多的蓄水池，而后者如同能量，要么投注客体，要么从外部收回来，投注自我。那么，自我同时具有空间和施动者的功能吗？在 1938 年的《精神分析纲要》里面，我们看到了相关陈述：

> 力比多最初在"自我"中积聚了它全部的能量。我们也把这一阶段称为绝对的、最初的自恋。它一直会延续到"自我"开始把力比多注入到外物的概念中，即把自恋力比多转变为他恋力比多。在个体的整个生命过程中"自我"就是一个巨大的储存库，力比多的精神注入从这里倾泻于外物上，然后它们又被重新收回到这个储存库中。[1]

在这段话中，自我很明显地同时扮演着施动者和容器的角色："'自

---

[1]　西格蒙德·弗洛伊德：《精神分析纲要》，王勇希译，收录于《精神分析导论讲演新篇》，国际文化出版公司，2000，第 199 页。

我'开始把力比多注入到外物的概念中"，这是自我在掌控能量；另外，
"'自我'就是一个巨大的储存库"，这是自我在容纳能量。这个观点对
弗洛伊德来说并不矛盾，而他正是将此观点用于对"Ça"的陈述中。

首先，当弗洛伊德将"Ça"定义成"像一口充满着沸腾的刺激物的
大锅"时，很显然，这继承了对"无意识"概念的定义，即这是一个空间
或容器。但在《自我和本我》一文中，弗洛伊德用"骑士和马"来描述自
我和"Ça"的关系，这时，"Ça"似乎如同主体一般有着自己的意志：

> 显而易见，自我就是本我（Ça）的那一部分，即通过知觉-意
> 识的媒介已被外部世界的直接影响所改变的那一部分……
>
> 自我在功能上的重要性在这个事实中表现出来，这就是把对能
> 动性的正常控制转移给我。这样在它和本我（Ça）的关系中，自
> 我就像一个骑在马背上的人，它得有控制马的较大力量；所不同
> 的是，骑手是寻求用自己的力量做到这一点的，而自我则使用借
> 力……自我经常把本我（Ça）的愿望付诸实施，好像是它自己的愿
> 望那样。①

这里的"Ça的愿望"在法语版中是"Ça的意志"（la volonté du
Ça），"意志"这个词强烈地暗示我们："Ça"是一个机构，是一个施动
者。另外，自我既然是"Ça"的一部分，又具有施动者的功能，这样，
"Ça"也可以同时扮演地点和施动者的角色。

不过，我们仍然在弗洛伊德理论中发现了相反的观点：相比完全控
制了能量的自我而言，"Ça"似乎仅仅是一个容器，其中的冲动才是具

---

① 西格蒙德·弗洛伊德：《自我与本我》，杨韶刚译，收录于《弗洛伊德文集6》，
长春出版社，2004，第126页。

有独立意志和欲望的。看看弗洛伊德自己是怎么说的：

> 本我（Ça）充满了本能（冲动）供给的能量，但没有组织，也不产生共同的意志，它只是遵循快乐原则，力求实现对本能需要（冲动）的满足。逻辑的思维规则不适用于本我（Ça），矛盾律是最为明显的。相互矛盾的冲动并不彼此抵消或减弱，而是并列存在的：它们至多在支配性的经济节制的压力下，为了有助于能量的释放，聚集在一起以形成各种中间物。[①]

在这段话中，"Ça"肯定是容器，但似乎也有意志：它"遵循快乐原则"。另一方面，冲动是能量，但拥有意志："相互矛盾的冲动"和冲动"聚集在一起以形成各种中间物"。最有可能的情况是，和自我不一样，"Ça"仅仅是一个容器，因为自我要让冲动放弃自身的意志并控制它，而"Ça"并没有要掌控这些能量，所以，冲动在"Ça"之中仍然保持着自己的意志。[②]

但即便是这样，当弗洛伊德把"自我""超我"和"Ça"并列为三个精神领域和机构时，"Ça"不得不如同另外两个机构一样，具有一定的能动功能，所以人们将之翻译成"本我"或"它我"，这是仿照自我的功能来理解，并没有错。而我们将"Ça"翻译成"它"，一方面是遵照其字面意思，另一方面是想提醒读者，即使"它"（Ça）有能动性，其中的冲动也具有独立的意志，关于两者之间的关系，弗洛伊德并没有说清楚。并且牢记第二点有助于我们理解拉康是如何解读"它"（Ça）这个术语的。

---

① 西格蒙德·弗洛伊德：《关于心理人格的剖析》，收录于《精神分析导论讲演新篇》，第 72 页。

② 同上书，第 75 页。

回到拉康的异化图。"它"（Ça）是相对于"我不思"而提出的，拉康将其进一步解读为"不是我在思"，他很显然是想否定语法主语"我"而保留谓词"思"。通过否定"我"，拉康想说，"它（Ça）在思"，只是"它"的所指很不寻常：

> 它（Ça）不是第一人称，也不是第二人称，更不是第三人称……它（Ça）准确来说是在如同逻辑结构的话语中所有不是"我"的部分，即结构的所有剩下部分。而当我说"逻辑结构"，这是指：语法结构。①

根据之前的介绍可知，拉康的异化图仍然建立在弗雷格逻辑学的基础上，所以大它仍然是一个谓词命题。在上述这句话中，拉康表明，"它"（Ça）是一个命题中不是"我"的部分，即系词和谓词，也就是谓词题，所以"它"（Ça）在这里指的是大它，而拉康将"它"（Ça）和"我不思"对立，这实际上指的是大它和能指的对子。

在接下来的一次教学（1967年1月18日）中，拉康的一段话肯定了我们的观点：

> 思想，作为异化得以在其中实现。这个如同大它跌落的异化，其地位由下述之物组成：左边白色的领域 S 回应"我"的地位，这个"我"的领域统治我们当代人的大部分，毫无疑问，这个领域和"我不思"相连接，这个断言不仅仅是傲慢的还是荣耀的！无论

---

① Jacques Lacan, *Le Séminaire*, *La logique du fantasme*, séance du 11 janvier 1967, inédit.

如何，补全这个领域的是我指明的"它"（Es），上次我已经陈述它为补充部分，确实，这个来自异化的跌落部分的补充部分，即它 S 来自消失的大它的地点，在剩下的如同"非我"的东西中，我将之——因为必须如此指明——称为：语法结构。①

"它"（Ça）不仅仅是"非我"，而且是去除了"我"之外剩下的部分，也就是谓词命题，是大它。

在整理完"我不思"和"我不在"的含义之后，我们看看拉康是怎么改造异化图的。

4　异化图 II

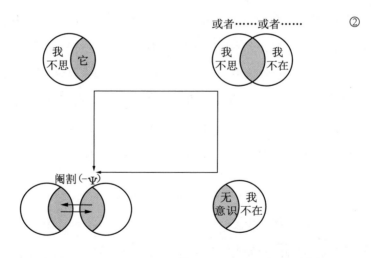

拉康将 1964 年的异化图 I 进行了拓展，图示变成复杂的四元结构。并且此四元结构图是有方向的，根据之后的图示，右上方的两个相交的

---

① Jacques Lacan, *Le Séminaire*, *La logique du fantasme*, séance du 18 janvier 1967, inédit.

② Ibid., séance du 11 janvier 1967, inédit.

圆是起点，终点是左下方的两个分离的圆。

首先必须指出的是，起点的两圆相交等同于"要钱还是要命"的图示，因此它和 1964 年异化图 I 中的两圆相交是完全不同的。我们通过下图来澄清两者之间的区别和联系：

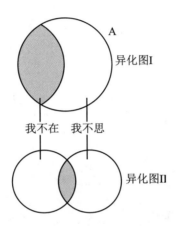

我们说过，拉康想通过"异化"这个概念表达主体的选择，准确来说是在能指和客体 a 之间的选择，在 1966—1967 年的教学中，拉康用两圆相交来表达此选择，看似不同，实则同构。差别在于：

（1）两个图示中，能指和客体 a 的位置是颠倒的；

（2）第二个图示中，通过中间的相交区域标记了能指和客体 a 的中介，即无意识，这是第一个图示中没有的。

关于这个中介，在 1964 年《精神分析的四个基本概念》讨论班的异化图中，无意识和客体 a 挤在中间的相交区域：

按照常理来说，无意识如同一个域，而客体 a 是一个概念，前者可以包裹住或包含后者。而在新的异化图中，情况完全不一样：无意识还是一个域，但这个域并没有包含客体 a，相反，客体 a 位于无意识这个领域之外。

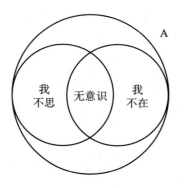

总之，无论拉康用什么图示来表达以上概念之间的关系，它们都位于大它的主语位置上（如上图）。

在澄清了图示的基本框架以后，我们来看看拉康关于新的异化图说了什么：

> 然而，重要的是抓住无意识中涉及的本质性的东西。因为无意识揭露的所有东西，通过弗洛伊德唯一的门徒所坚持的东西来刻画，即通过惊讶，这个本质性的特征。这个惊讶的基础，它出现在所有真正解释的水平上，仅仅是这个"我不在"的维度，后者如同现象中的特征那样——如果我可以说，是"揭发者"——被保留。①

① Jacques Lacan, *Le Séminaire*, *La logique du fantasme*, séance du 11 janvier 1967, inédit.

拉康在这里说得很清楚，无意识是和"我不在"（客体 a）相关的。接着他说：

> 为了指明什么是"无意识"，关于存在（existence）的维度和它与"我"的关系，我将说——正如我们已经看到，"它"（Ça）是一个被某物咬住的思想，这个某物不是"存有"的回返，而是一个灾难的回返——在无意识水平上的非存在（inexistence）是被一个不是"我"的"我思"咬住的东西。这个不是"我"的"我思"能够一瞬间和"它"（Ça）联结，我已经指出这个"我思"如同"它（ça）言说"一样，然而在那里是一个短路和错误。①

上述这段话中，术语在不断替换，但拉康想表达的观点却很简单直接，即谓词命题（它 /Ça）和客体（非存在）之间的链接。这毫无疑问是弗雷格的观点：谓词命题（它）和客体（a）结合，成为完整的概念。

接下来拉康的这段话对于读者理解异化图 II 至关重要：

> 如果我已经对你们说了——"它"（Ça）这个被充满的领域——我将能在这个"它（ça）言说"之中给予一种感受，即这里有遮住无意识的某物，我想今天停在这里：两者没有互相遮盖。
>
> 如果这两个我们刚刚将它们对立的圆，两个域，如同代表了两个术语，只有其中一个进入异化的实在中，如果这两个术语彼此对立，如同在思想和存在中构成关于"我"的不同关系，为了进一步看看这两个圆，其中这将在以后包围住这个在第四个术语中操作完成的东西，它将位于这里，这个"我不思"，作为和"它"（Ça）的

---

① Jacques Lacan, *Le Séminaire*, *La logique du fantasme*, séance du 11 janvier 1967, inédit.

相关物，和无意识的相关物"我不在"连接在一起，但在某种程度上，它们彼此遮住。在"我不在"的地点，这个"它"（Ça）将抵达，这句"我是它"仅仅是纯粹的命令式，这正是弗洛伊德的"它在之处，我必在场"这个公式。①

在异化图 II 中，两个圆相交，然后它们又被分开，且每个圆和阴影区域（相交区域）的关系也不相同，这给人一种强烈的暗示，即将左上方和右下方的圆的阴影区域重叠，就是初始的起点（右上方）。

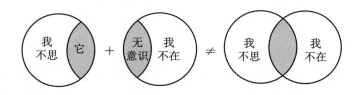

事实上，用不着拉康本人指出，人们按照他的思路也可以得出结论：两个圆圈图里面的阴影区域和异化图中的阴影区域是异质的，两者不能重叠。"我不思"旁边的阴影区域是大它，而"我不在"旁边的区域是无意识，后者在大它之内。拉康将两个圆拆开，目的是想讨论"主体在做出选择之后所面对的不同命运"，但同样的图示极易让读者误解，认为两个圆圈图是同构的。

进一步，"我不思"和"我不在"不是互相隔离的，相反，它们之间有交集。事实上，按照逻辑推理，"我不思"是能指，"我不在"是客体 a，两者是不可能被隔离的，最多当拉康加上了无意识之后，需要讨论的是，在大它中，围绕能指、客体 a 和无意识的三元关系。

① Jacques Lacan, *Le Séminaire*, *La logique du fantasme*, séance du 11 janvier 1967, inédit.

一个圆被另一个圆所遮蔽的过渡在相反的意义上产生，并且无意识，在其诗意和意义的本质中，来到"我不思"的地点。它向我们揭示的是，在无意识的意义中，被思想中我不知道的哪一个失效性所震惊。

因而，在第一种遮蔽中，正是在"我不在"的地点，我们有某物显现，它是结构的真理（我们将看到哪一个是这个因素，我们将说它是什么：这是客体 a），同样在遮蔽的另一个形式中，在意义中的洞，思想的缺陷和断层，我们抵达它是完全通过弗洛伊德划出的异化的过程，这些洞和断层的意义和揭示是：所有覆盖"性"的意义的不可能性。①

拉康在上述的陈述中肯定了"我不思"（能指）、"我不在"（客体 a）和无意识之间存在着某种连接。

而在接下来 1967 年 1 月 18 日的教学中，拉康补充了一些对"我不思"和"我不在"的陈述之后，展开了对异化图中"阉割"概念的讨论。

正是在这个水平上，思想如同这样存在：不是我在思考。

这个思想——它在那里，由这个小小梭子（无意识）来支撑——这个思想有着无意识思想的地位，它蕴涵着如下事实：它不能说"因此我在"，也不能说"因此我不在"，后者将思想补全，并且在大它的水平上，它是思想潜在的地位。因为正是在那里，也仅仅在那里，大它维系了其迫切要求（instance）。正是在那里，这个"我"仅仅被"我不在"所刻写——"我不在"通过以下事实被支撑，即它和这些构成梦的东西相互支撑——弗洛伊德对我们所说的这些自我中心的

---

① Jacques Lacan, *Le Séminaire*, *La logique du fantasme*, séance du 11 janvier 1967, inédit.

梦——在所有这些梦向我们展示的东西中，我们认出了在一张面具下"我的迫切要求"（instance du Ich）；但，如同它并没有如同"我"一样被说出来，它于是伪装自己——它在那里出现。①

拉康在这里首先反对的是，这个自启蒙时代开始到当代哲学中盛行的"我思"，是由主体组织和实施的过程。在他看来，思想不是作为主体-施动者的"（自）我"所产生的，而是如同弗洛伊德在早期文本中揭示的，在冲动（能量）的支撑下，思想或观念的自主活动。事实上，当拉康参考弗雷格逻辑学来构建其理论时，这已经标志着他和当代哲学拉开了距离，因为在弗雷格逻辑学中涉及的是概念和其客体的关系，根本就没有主体-施动者的位置。

拉康在第二段话中表明，"思想"（pensée）一词在他的理论中指的就是作为谓词命题的大它，因为根据弗雷格逻辑学，"我不在"（客体a）能补全的只能是谓词命题。而无意识处于能指和客体 a 之间，是 S◇a 和 S◇D 中的符号◇，这个梭子形状的符号，其功能是连接。

然后，拉康展开了对"阉割"概念的陈述。在之前对欲望图的介绍中，我们概述了此概念，现在，我们将详尽阐述此概念在拉康思想中的含义。

阉割的原初逻辑意义，分析发现了其维度，建立在以下事实之上，即在含义水平上——语言结构化了主体——语言数学化地缺席。我想说：将两性之间的关系简约为我们能够指称的东西，通过语言将性的极性简约为某物，即"有"或"没有"阳具的内涵。②

---

① Jacques Lacan，*Le Séminaire*，*La logique du fantasme*，séance du 18 janvier 1967，inédit.

② Ibid.

拉康指出，阉割和缺席（faire défaut）相关联。紧接着，拉康指明了阉割的地点。

> 对一个人类主体来说，任何对阉割的靠近都不是可能的，除非在我称为"异化"功能的更新中，在异化那里，大它的功能要干预进来，我们必须将这个功能标记为是被划杠的。
>
> 分析通过其工作将颠倒这个关系，后者将让在其"我不在"中、属于主体地位的东西变成一个空域——不可鉴别的主体；这个域将被填满，相反，对"性"意义陈述的失败（−f）将出现。①

阉割和大它的功能联系了起来，而这个功能是"被划杠的"，这毫无疑问指的是符号 S（A̶）所描述的内容，即大它这个谓词命题的主语位置，是无法被补全的。接着拉康表明，客体 a 让主体（sujet）在主语（sujet）位置上消失，这让后者变成一个空的地点，即空域，这对应着"对'性'意义陈述的失败"。失败和空白表达的就是阉割。

在本次教学的尾声，拉康将阉割和客体 a 联系了起来：

> 这允许我们察觉到，为什么我们能够在客体–核心中重新找到阉割的迫切要求（instance du la castration），语法主语的地位围绕这个客体旋转。②

---

① Jacques Lacan, *Le Séminaire*, *La logique du fantasme*, séance du 18 janvier 1967, inédit.

② Ibid.

　　根据之前的陈述可知，阉割表达的是"客体 a 无法被命名的事实"，而后者在语言中留下了一个空白，拉康特意标定了这个语言的地点，即语法的主语。

　　接下来，1967 年 1 月 25 日的教学一开始，拉康就明确表明，阉割和客体 a 有关系，然后他力图解释为什么阉割的符号是被负号所标记的 -ψ——因为它表达了"客体的空缺"："围绕着阉割的记号，即围绕着一开始阳具的记号，它代表了客体的错失（le manque d'objet）。"① 接着，阉割的地点被最终确认了：

　　　　但我们在这里和作为真理领域的大它打交道。并且，不管我们如同哲学家那样希望还是不希望，这个大它首先被阉割所标记，这正是今天我们要处理的东西（阉割），没有任何东西应该胜过它（阉割），从此以后分析得以存在。②

　　阉割标记的是大它，准确来说是"大它中的空白"，而作为谓词命题的大它，其主语的位置是一个空白，是永远无法被完全填满的空洞，阉割和这个"永恒的空缺"（Ⱥ）相关。

　　让我们回到异化图 II，看看图中的"阉割"想表达什么：

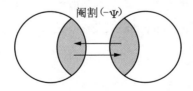

阉割（-Ψ）

①　Jacques Lacan，*Le Séminaire*，*La logique du fantasme*，séance du 25 janvier 1967，inédit.

②　Ibid.

主体在大它中出现的标志，必然是能指的冒起，但主体的状态不是稳定的，能指很快又会消失。根据上页这一图示，阉割描述的就是客体 a 和能指的分离，一旦分离，因为客体 a 是不可表象的，所以主语位置上的空白必将显现出来。

三　异化图 III

根据异化图的演变，1966—1967 年《幻想的逻辑》讨论班至少要分为两个阶段，不同阶段中的异化图是不一样的，而且后一个阶段的异化图 III 直接关系到下一年教学中的图示。

1　思想与重复

我们一直强调的一个事实是，在拉康思想中，虽然出现大量弗洛伊德理论和哲学的术语，但如果按照这些术语的原义来解读，必定会出错，因为它们的含义已经在新的理论框架中发生了根本性的变化。在异化图 II 中，出现了"思想"（pensée）和"存有"（Être）这个对子。为了理解异化图 III，我们从"思想"出发，看看这些哲学术语或日常的用语是怎么在新的理论框架下"变身"的。

"思想"这个概念的内涵，一般认为是"客观存在反映在人的意识中，经过思维活动而产生的结果"。在这个定义中，首先，思想是和意识相关的，准确来说是位于意识层面；其次，思想是意识活动的产物，其本质是符号的重新组织。简而言之，思想是由意识这个主体-施动者所实施的一系列符号运作的结果。

弗洛伊德的发现是，在无意识中这种符号组织的活动并没有停止，只不过弗洛伊德并不认为，这种无意识中的符号运作需要一个主体-施

动者。在他看来，思想是无意识中自组织活动的产物。从这个角度来
看，弗洛伊德已经颠覆了自启蒙以来的流行观点。

拉康走得更远，他对"思想"一词的观点完全不同于任何学说。在
1967 年 2 月 15 日的教学中，拉康说：

> 思想是"能指的效果"，即它是痕迹的效果。这个称为"结构"
> 的东西，是我们跟随思想而不是别的。因为痕迹总是引起思想。①

而在《从一个大它到另一个》讨论班中，拉康给出了略微不同但类
似的说法：

> 思想正是表象代表（Vorstellungsrepräsentanz），它代表了这个
> 事实，即这里有不可代表之物，因为享乐被禁止。在什么水平上？
> 很简单，在器官水平上。快乐原则，这就是享乐的栏栅。②

在关于"伦理学"的讨论班中③，拉康就已经清楚地定义了，弗洛
伊德的表象代表在他的理论中就是能指，而在弗雷格逻辑学的背景下，
能指从来不具有符号的再组织或符号运作的意思，并且作为客体 a 的专
名，能指的功能仅仅是命名，即代表某物。因此，当能指的功能被拉康
定义成"思想"时，很清楚的是，拉康并不想涉足"意识或无意识水平

---

① Jacques Lacan, *Le Séminaire*, *La logique du fantasme*, séance du 15 février 1967, inédit.

② Jacques Lacan, *Le Séminaire*, *livre XVI*, *D'un Autre à l'autre*（1968—1969）, p. 277.

③ Jacques Lacan, *Le Séminaire*, *livre VII*, *L'éthique de la psychanalyse*（1959—1960）, p. 75—76.

上符号的再组织"，他想讨论的仅仅是"代表"这个功能 ①。

　　讨论能指和思想的关系，是为了进一步考察异化中的"我不思"的选择。我们之前提出的观点是，异化涉及的是主体在"我不思"（能指）和"我不在"（客体 a）之间的选择，同时，能指一直是"重复"的同义词。但从 1967 年 2 月 15 日开始，拉康在异化图 III（1）中，在不同位置分别放置了"能指"和"重复"，这意味着拉康的能指理论发生了些许变化。

　　为了再次明确"我不思"的含义，我们找到拉康对此的一段陈述：

　　　　让我们努力澄清这件事，并且将我们放在异化的水平上，在这里，这个"我"被一个将所有领域留给逻辑结构的"它"（Es）② 的"我不思"所建立。"我不思"……如果因为我不思，我更为存在（我想说：如果我仅仅是这个逻辑结构建立的"我"），这些术语可以结合的中项或特征，这是"我行动"……③

　　"我不思"首先还是和"它"（Ça）相关联。"我"和"它"相对立，且后者占据了"所有领域"，这是拉康在委婉地陈述弗雷格逻辑学：作为谓词命题的"它"比起主语位置来说，当然占据了更大的空间。但和之前的教学不一样的是，拉康在这里讨论异化时，加入了"重复"：

　　　　因而异化在不同运作的两个意义上得以形象化——一个意义代

---

① 关于此功能在拉康理论形而上学构建中所具有的地位和意义，我们将在以后的书中阐述。

② "它"在德文中是 Es，在法文中是 Ça，这个 Es 的发音和 S 相同，而这个字母在拉康思想中是"主体"（sujet）和"能指"（signifiant）的缩写。

③ Jacques Lacan，*Le Séminaire*，*La logique du fantasme*，séance du 15 février 1967，inédit.

表了"我不思"的必然选择，这个被逻辑结构"它"（Es）截取的"我不思"，另一个意义是我们不能二选一的元素，它结合无意识的核心，这个核心如同某物，其中不涉及一个可以归因于主体统一性的"我"的思想，另一个意义将这个无意识的核心和"我不在"相结合，后者在我定义的梦的结构中，如同主体干涉一样被标记，这个主体的干涉也就是承担无意识思想的主体的不确定和不固定的特征——重复允许我们将这两个模式建立关联和对应性，在这两个模式下，主体可在其短暂的包装中显现，可以不同的方式出现，这些不同的方式对应着两个不同的地位，一个是"异化的我"，一个是在一些特别的条件中无意识位置揭示的东西，这些条件不是别的，正是分析的条件。①

关于异化，拉康并没有改变观点，这始终涉及主体在"我不思"和"我不在"之间的选择，在这一段话中新加入的观点是，是重复将主体的两个选择建立起关联。

当谈到拉康思想中的"重复"概念时，人们首先想到的是能指的换喻。但根据我们已有的对异化的解读来看，此概念和无意识有关：如果一定要在"我不思"和"我不在"之间安置一个中介，这只能是无意识，因为第一个异化图（1964）很清楚地表明，异化中除了能指和客体a，就只剩无意识了：

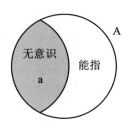

---

① 　Jacques Lacan, *Le Séminaire*, *La logique du fantasme*, séance du 15 février 1967, inédit.

而更为重要的是，《精神分析的四个基本概念》讨论班就是以"无意识和重复"作为开篇的，按照这样的思路，如果"重复"是"无意识"的一个同义词，似乎也说得过去。但在这一年的教学中，"无意识的重复"和冲动有关，也和能指有关。我们只能从拉康的话语中找线索。

在 1964 年 2 月 12 日的教学中，拉康从自己的角度来阐述弗洛伊德的思想。首先他谈到，在弗洛伊德的思想中，本质性地决定无意识的东西是表象代表，后者在拉康思想中是能指，然后他谈到了实在，"实在的地点"和"重复的功能"有关①，接着拉康说，在实在显现的现实背后，是冲动。②

随后，无意识被定义成"开口"，其中涉及的是冲动：

> 冲动正是这个装配组合，通过它性欲参与了精神生活，以一种必须遵从开口结构的形式来参与，这个开口就是无意识的开口。③

在弗洛伊德的思想中，冲动和表象代表紧密相关，前者提供能量，后者负责在语言中卸载能量，两者是一体的。在这个意义上，我们当然可以说，重复既可以描述冲动又对应表象代表的运动，而无意识就被包含在冲动的轨迹中，因此它们之间是联动的关系。

然而，在《幻想的逻辑》讨论班中，当能指和重复位于不同位置

---

① Jacques Lacan, *Le Séminaire*, *livre XI*, *Les quatre concepts fondamentaux de la psychanalyse*(1964), p. 70.

② Ibid., p. 71.

③ Ibid., p. 197.

上时，整个情势让人非常困惑。我们接下来就在异化图 III 中分析这个
情势。

2　异化图 III

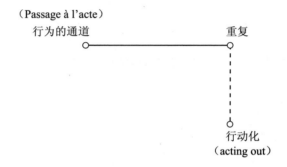

（Passage à l'acte）
行为的通道　　　　　　　　　　　重复

行动化
（acting out）

在 1967 年 2 月 15 日的教学中，拉康引入了未完成的异化图 III。相
比异化图 II 来说，变化最大的是起点的位置：在异化图 II 中，起点是
异化的选择"或者……或者……"，但在异化图 III 中，起点是"重复"。
两者绝对不是一回事。

我们来看看拉康对图中"重复"这个概念的解释：

> 一个重复的情势，如同失败的情势，它蕴含了一些坐标，这不
> 是有张力的而是（或多或少）能指同一性的坐标，能指的同一性如
> 同这个必须被重复的东西的记号。①

和常识一样，重复与能指紧密相关。然后，第一个理论模型中的能

---

① Jacques Lacan, *Le Séminaire*, *La logique du fantasme*, séance du 15 février 1967,
inédit.

指图示再次登场：

> 重复之物靠其得以维持的划线，必须构成环状，必须重返一开始，这个划线从那时起标记了被重复之物。[①]

在拉康思想中，能指有三种形式：一划、螺旋线或内八字，以及数字 1。三种形式的理论背景不一样。拉康在这里想讨论的是第二种形式，即在《认同》讨论班中就引入的内八字图：

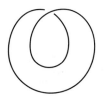

接着，拉康开始讨论"行为"这个概念。"行为"（acte）这个词在古希腊哲学中就存在，它被用来指思想的运动，拉康赋予了这个词新的含义：

> 但怎么定义"行为"是什么呢？
> 不可能将其定义成别的，除了在双倍圆环的基础上，换句话说：在重复的基础上。准确来说，行为是主体的奠基者。
> 行为是重复的等价物。行为是在独一无二的一划中的重复，我已经通过这个切口指明了，这个可以在莫比乌斯带中心产生的切口。在其中是能指的双倍圆环……主体在行为中等于其能指。它仍

---

① Jacques Lacan, *Le Séminaire*, *La logique du fantasme*, séance du 15 février 1967, inédit.

然是分裂的。

　　重复内在于所有的行为，重复仅仅通过回溯的效果才是可能的。①

"行为"是重复，是内八字，是能指的运动，也是主体的命名。如果将重复放在"我不思"的位置，这很合理，但问题在于拉康将其放在起点，这样主体从一开始就已经做出选择，或者准确来说，它根本没有选择。

　　随之而来的第二个问题是，拉康在原来"我不思"的位置上，放置了"行为的通道"（passage à l'acte），如果这个术语也指示能指，我们必须解释：为什么能指要以不同的名字占据两个位置？

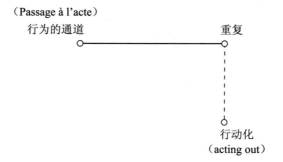

拉康为上图给出了一个简要的解释：

　　重复：短暂的地点，在那里，我首先让这些围绕异化的纯粹逻辑的术语而悬置的东西将起作用，我所强调的这四个极点，一方面是异化的选择，另一方面是建立，另一方面，两个极点，它（Es/Ça）

---

① Jacques Lacan, *Le Séminaire*, *La logique du fantasme*, séance du 15 février 1967, inédit.

和无意识，第四个极点，阉割。这四个术语，它们已经让你们悬而
未决，它们有它们英文的对应物，我上一次已经开始向你们陈述，
通过展示重复的基本结构，一方面（右边）是功能，另一方面是有
特权的模式，即主体的创立，这就是"行为的通道"。①

拉康指出，该图仍然是异化图，只不过用新的术语替代了原来的术
语。在这一段的最后，拉康给出了"行为的通道"的定义，即"主体的
创立"。然后拉康解释了什么是"主体的创立"：

　　行为是能指。这是一个重复的能指，不管在这个唯一的行动中
发生了什么，能指的重复是为了这些拓扑的理由，即它们让这个由
切口创造的双倍圆环的存在成为可能。能指是主体的建立，即因为
切口，主体从一个真正的行为中冒起，它的结构被修改。②

能指是重复，是螺旋线结构，同时，能指的冒起标志着主体的命名
和行为，这就是主体的建立。因此，如下图所示，能指分别位于图中的
两个位置：

① Jacques Lacan, *Le Séminaire*, *La logique du fantasme*, séance du 22 février 1967,
inédit.
② Ibid.

能指在两个位置是否意味着有两种能指，或者不同形式的能指可以同时出现？关于能指的形式，人们可以将其分为两类：螺旋线结构和直线。前者也是内八字，后者还可以是一元划线、"一"或者数字1。当能指关联到重复时，拉康在不同的模型中分别使用过这两种形式：

拉康在讨论重复、无意识切口和冲动之间的关系时，他选用的是内八字或螺旋线结构。

而当重复涉及能指的换喻的时候，拉康用数字1或者符号S的复制来表达这种重复：

$$\frac{S}{s} \longrightarrow S' \qquad\qquad \frac{1}{0} - 1 - 1^n \text{ ①}$$

那么，为什么拉康要采用两种完全不同的能指模型呢？这涉及不同的理论模型的特性。

内八字结构是在《认同》讨论班中提出的，当时拉康展示了其第一个理论模型。在圆环图中，布满螺旋线的"主体之环"穿过"大它之环"的中心洞，而此时这些螺旋线改变了大它的结构，于是内八字结构的能指显现在大它的面上。

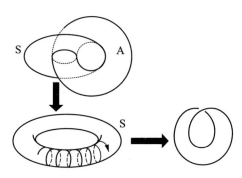

这就是能指的内八字结构的由来：符号（Symbolique）中的内八字

① 我们将在下一章介绍$\frac{1}{0} - 1 - 1^n$这个图示，这涉及拉康的第三个理论模型。

实则对应于实在（Réel）中的螺旋线。能指在此模型中呈现出**不稳定的状态，即闪现**。

在能指被定义成"一"或数字 1 的模型（此模型主要是在 1964—1969 年的教学中被讨论）中，拉康探讨的是能指的**持续存在并增殖**。

以上两种能指的状态均出现在异化图 III 中，"重复"的位置被拉康定义为"短暂的地点"①，这对应能指的内八字结构，而"行为的通道"是"主体的创立"，这指示着主体的坚实状态，其形式必然是"一"。而关于"行动化"（acting out）这个位置，按照之前的异化图 II，这应该指的是客体 a。我们看看拉康是怎样阐述的。

首先他谈到异化是什么：

> 异化，我们已经将之作为这条逻辑道路的起点，而我们今年尝试勾勒出这条道路。这是消除，准确说来：扔在门外，对大它常见的消除。在哪扇门外？涉及的是切口决定的门，语言的本质存在于切口中。
>
> 大它的消除。这句话想说什么，大它，它被消除了？这个如同封闭且统一的域被消除了。这句话想说的是，我们有最好的理由来确认，没有论域，在这个术语下，没有一丁点可假设的东西。②

拉康之前谈到过，异化的真理仅在这个丢失的部分中呈现，是"我不在"③，即客体 a。在这里拉康换了一种说法，异化所涉及的是"大

---

①　Jacques Lacan, *Le Séminaire*, *La logique du fantasme*, séance du 22 février 1967, inédit.

②　Ibid.

③　Ibid., séance du 11 janvier 1967, inédit.

它的消除"。根据拉康以上的解释可知，并不是大它本身被抹去，而是不存在一个"封闭且统一的域"，也就是说，在其主语位置上始终有空缺，这正是符号 S（Ⱥ）所指示的内容。这个观点在拉康 1967 年 1 月 25 日的教学中，已经被指明：

> "没有大它"，这是我今天开始的话。因为我已经首先采用了哲学传统的表述："大它不存在"，并且我提及了这个声明包含的无神论的关联。但，这不是我们要停留的东西。我们必须自问，在提问的意义上走得更远：大它的倒塌，S（Ⱥ），我们将之作为逻辑地等价于异化最初选择的术语提出。①

"大它"作为概念应该是完整的，否则没有意义，但在拉康思想中相反，必须保证概念是不完备的。因此，拉康将"主语位置上的空缺"定义为"大它不存在／被消除"或者"大它的倒塌"。归根结底，空缺的产生是因为客体 a 无法被完全符号化或者命名这一事实，而这一切都必须建立在弗雷格的空概念或集合论的空集 ② 的基础之上。只有在这两个学说中，不完整的概念结构被允许存在。

所以，通过"大它的消除"这一说法，拉康探讨的是客体 a 的位置，因此"行动化"（acting out）对应的是异化图 II 中的"我不在"，这是客体 a 的另一种表达式。

最后，在完整的图示中，人们可以考察第四个术语"升华"的

---

① Jacques Lacan, *Le Séminaire*, *La logique du fantasme*, séance du 25 janvier 1967, inédit.

② 我们之后会介绍，在本年度的教学中，集合论中的"空集"已经登场，并在之后的教学中被等同于"空概念"。正是借助这类特殊的概念，拉康的主体动力学才得以构建和成立。

含义：

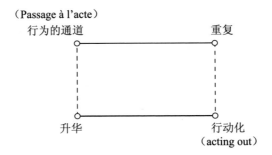

"升华"这个概念在《精神分析的伦理学》讨论班中就出现过 ①，其
含义和《幻想的逻辑》讨论班中的含义并不相同，作为异化的第四个术
语，它和阉割相关，但拉康并没有给出这个术语的准确含义：

> 能准确地再生重复的同一类型，这就是说，所有属于的升华东
> 西……（我在这里更愿意在艺术创作的形式下提及"升华"，但既
> 然必须这样，我来引导）正是在这个程度上，某物，某客体可以来
> 到性行为中这个（–f）占据的位置，而升华通过给予性行为中满足
> （Befriedigung）的序列而持续存在，你们会看到：正是悬置于这件
> 事，在伴侣内部简单而单纯的东西不是满足。②

相对于异化图 II 来说，异化图 III 中的最大变化是能指位置的双倍
化，而在接下来的异化图 IV 中，拉康再次对图示做了改动。

① 我们将在以后关于形而上学的书中讨论这个概念在 1959—1960 年教学中的含义。
② Jacques Lacan, *Le Séminaire*, *La logique du fantasme*, séance du 22 février 1967, inédit.

四　异化图 IV

1　主体和错失

在 1968 年《精神分析的行为》讨论班中，拉康给出了新的异化图——异化图 IV，其中又出现了新的术语，并且拉康首次讨论了异化图中术语之间的关系。

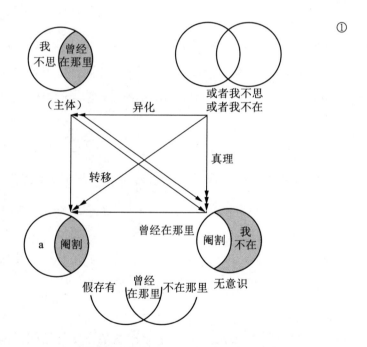

我们从最下方的**半圆相交图**出发。这个图示表达的就是异化，只不过拉康用不同的术语来描述主体的选择。

根据拉康的解释，"假存有"（faux-être）指的就是"我不思"[2]，也就

---

① Jacques Lacan，*Le Séminaire*，*L'acte psychanalytique*，séance du 10 janvier 1968，inédit.

② Ibid.

是能指。不仅如此，在这一年的教学中能指也被称为"记号"（marque）。这个观点是完全符合弗雷格逻辑学的，作为专名的能指，其功能仅仅是标记客体：

> 不要搞错了：如同我刚刚强调的那样，在记号的水平上，我们仅仅看到异化必然的结果，即在记号（marque）和存有（Être）之间，没有选择，因此如果这必须在某处被标记，这是在左上方（"我不思"的图示）。①

和"我不在"中的结构一样，"不在那里"（n'y être pas）是对"存有／在"（Être）的否定，所以此说法针对的是客体 a。并且，和之前异化图的差别在于，在异化图 IV 中，拉康没有将重心放在"我"之上，而是放在"存有"之上。

为了解释中间的"曾经在那里"（là où c'était），我们首先要了解这个表达来自弗洛伊德。在《精神分析引论新编》中的《心理人格的解剖》一文中，弗洛伊德提出了"它"（Ça）、"自我"和"超我"的第二个精神拓比理论。他指出，"自我"产生于"它"（Ça），准确来说是从后者中发展出的一个特异部分，其作用是和现实连接以及抵御来自外界的强烈刺激；"它"（Ça）不可能直接面对现实，其对象只能是自我，这样的关系也应对第一个拓比理论中无意识和意识的关系，而压抑和稽查机制就运行于两者之间；因此，弗洛伊德在文末写道："'它'所在之处，'自我'也将在场。（Là où était du ça，du moi doit advenir.）"

拉康在这里将弗洛伊德的话做了一些变更，首先他只选用了前半

---

① Jacques Lacan, *Le Séminaire*, *L'acte psychanalytique*, séance du 10 janvier 1968, inédit.

句，并且将原句稍作修改为 là où c'était。和原句对比可知，原句中特意强调了"它"（Ça），并清楚地将其展现为一个**名词**，但拉康的句子中，"它"仅是一个充当主语的**指示代词**，其所指是无意识。在其他讨论班中，拉康会修改弗洛伊德这句话的后半部分，将之变为"它所在之处，'我'将突然诞生"（là où c'était，Je advient）。拉康在此特别将"我"作为**名词**，是想强调"说'我'的主体的诞生"。根据之前的介绍可知，无意识的脉动和主体的诞生紧密相关。拉康没有止步于此，他继续将无意识和其他概念联系起来：

> 精神分析的结束假设了真理运作的某种实现，即如果它必须构成这种路径，这个安置在其"假存有"之中的主体使自己实现了思想的某物，后者包含了"我不在"，它在一个交叉和颠倒的形式下重新发现其最为真实的地点，在"在那里"（là où c'était）形式下的地点，这在"我不在"的水平上，后者在这个客体 a 中，我已经给你们提供了意义和实践。另一方面，这个错失（manque）持续存在于自然主体、认识的主体、主体的"假存有"的水平上，这个错失一直以来如同人的本质被定位，它被称为"欲望"，但在分析结束时，错失被称为"阉割"的东西所具象化和公式化。①

从以上陈述中人们可提出以下问题：拉康一方面将"错失"这个概念和能指（假存有／我不思）联系在一起，另一方面将错失和欲望以及阉割相关联，他想表达什么呢？能指为何和错失有关系？而能指怎么又指示欲望了？回答这些问题对澄清拉康思想至关重要。

---

① Jacques Lacan, *Le Séminaire*, *L'acte psychanalytique*, séance du 10 janvier 1968, inédit.

按照时间顺序首先回答最后一个问题。前文中已经说明，"欲望"一词在弗洛伊德理论中是缺席的，根据常识，"欲望"指的是主体想达到某种目的的要求，这种指向性的精神动力学过程被弗洛伊德用术语"冲动投注"来描述。在常识中，"欲望"在语法层面都指示完整的主-谓-宾句法结构，在这个结构中，人们能够清楚地找到欲望的主体-施动者、动作（动词）和客体（宾语）。但拉康思想中的"欲望"一词完全是另一个东西。

在 1959—1960 年《精神分析的伦理学》讨论班中，拉康一方面是在探讨"伦理学"，另一方面在为**第一个理论模型**奠基。在这年教学的尾声，他谈及"欲望"这个概念并指出，"欲望"分别和能指及存有相关。因此我们必须在第一个理论模型框架中来理解"欲望"这个概念。

> 我在这里强调——我们称一个能指和另一个能指的换喻关系为"欲望"。①

> 欲望，我们已经在别处将其定义为"我们存有的换喻"。欲望处于其中的小溪，不仅仅是能指链的抑扬顿挫，还是在下方奔跑之物，后者准确说来是我们所是之物，同样也是我们不是之物，我们的"存有"和我们的"非存有"——在行为中是所指之物，在所有意义之下，从一个能指跑向链条中的另一个能指。②

拉康在这里很清楚地表明，欲望一方面是"能指的换喻"，另一方面又是存有的换喻，根据拉康的解释，"我们所是之物，同样也是我们

---

① Jacques Lacan, *Le Séminaire*, *livre VII*, *L'éthique de la psychanalyse*（1959—1960），p. 340.

② Ibid., p. 371.

不是之物"，这就是后来的客体 a（我不在）①。

在第一个理论模型中，欲望指示的是在大它的主语位置上，主体的实现，用弗雷格逻辑学的语言来说，欲望表达的是在概念或者谓词命题的主语位置上，客体被其命名的过程。

综上所述，拉康思想中的"欲望"概念绝对不同于弗洛伊德理论和常识中的"欲望"一词。他的"欲望"是一种分裂性的状态，换句话说，"欲望"是能指和客体 a 的分裂统一体。这实际上是分裂的主体的**第二个模型**。

另外，在《精神分析的伦理学》讨论班中，拉康还从另一个角度阐述了欲望和存有之间的关系：

> 正是死亡对生命的侵犯提供了对所有问题的动力论，当这些问题尝试对欲望实现的主体有所表达之时。为了说明我们所说的，如果我们直接从巴门尼德的绝对主义出发提出欲望问题，这个绝对主义取消掉所有不是存有的东西，我们将说——没有任何东西属于没有诞生之物，并且所有存在之物仅仅活在对存有的错失（le manque à l'être）中。②

拉康的"欲望"同时涉及能指和存有，前者代表死亡，后者表示生命，死亡侵入生命，这就是拉康所说的"符号（能指）进入实在（存有）"，这表达的是能指对客体 a 的命名；接着拉康谈论了另一种情况，即"存在之物仅仅活在对存有的错失中"，这指的是能指错失了客体 a。

---

① 我们之前在脚注中提到过，"存有"（être）成为动词时，根据不同的语境，可以翻译成"在"或"是"。

② Jacques Lacan, *Le Séminaire*, *livre VII*, *L'éthique de la psychanalyse*（1959—1960），p. 341.

这里涉及术语"manque"，它本身包含空缺和错失两个含义，我们选择了第二个含义，如要论其原因，就必须来到1964年"精神分析的四个基本概念"的教学中。在1964年5月27日的教学中，刚介绍完异化图I，拉康立即谈到了"manque"这个概念。Manque首先是和"集合的相交"（中间的相交区域）相关，他认为，这个区域产生于对两个manque的覆盖，关于第一个manque，他说：

> 一个manque是通过主体在大它中遇到的，同样在大它通过其话语向主体发出的通告中遇到（这个manque）。在大它话语的间歇中，这个东西出现在儿童经验中，它在其中是根本性地可定向的——"他对我说了这些，但他想要什么？"。
>
> 在这个切割能指的间歇中，间歇本身又属于能指的结构，在我发展的其他登记中，间歇又是我称之为"换喻"的东西的住处。在那里，这个我们称为"欲望"的东西（传环游戏）蔓延、滑动和逃离。大它的欲望在这个无法胶合的东西中、在大它话语的这些manque中被主体所得知，儿童所有的"为什么"与其说见证了对事物理由的贪婪，不如说更多是构成了一个对成年人的测试，这个总是被激起的"为什么你对我说这些？"是成年人欲望的谜。①

第一个"manque"指示的是大它谜一般的欲望，拉康通过"他（它）想要什么？"来陈述主体面对这个未知欲望时的困惑。因此，我们可以将主体遭遇的这个"manque"翻译成"错失"或者"遗漏"，而不是"空白"或者"缺口"，因为这里不是少了什么，相反大它有欲望，

---

① Jacques Lacan, *Le Séminaire*, *livre XI*, *Les quatre concepts fondamentaux de la psychanalyse*（1964）, p. 239.

问题仅仅是主体无法抓住这个神秘的欲望。

　　另外，"他想要什么？"这句话在这里不是第一次出现，早在1960年的欲望图中，拉康就使用过这个表达式来拷问大它的欲望。借用儿童对成年人神秘欲望的追问方式，拉康希望读者理解主体和大它围绕着欲望的动力学。然而遗憾的是，这是误导。

　　由于"欲望"一词在拉康思想中必须放在理论模型中来解读，因此它的含义必定违背常识。首先，主体欲望的"地点"在大它主语的位置上，其次，主体欲望的形式和内容分别指向能指的形式和客体 a。根据拉康的观点，主体和大它是在后者的主语位置上联结的，那么，大它的欲望也应该是在这个位置上，考虑到其神秘性，拉康将这个欲望划杠，这就是符号 S（Ⱥ）中 Ⱥ 的另一个含义。而根据不同的理论需要和语境，Ⱥ 既可以用来表达缺乏一个能指来填补主语，或者错失了未知的客体，也可以表达大它神秘的、被划杠的欲望。

　　所以，当拉康用"他想要什么？"来阐述大它的神秘欲望的时候，读者会很容易被这句话误导：首先，这似乎涉及两个主体-施动者之间关于欲望的对话，但我们知道，无论是拉康的主体还是大它，都无法完全按照日常的主体-施动者概念来理解，因为拉康的主体的一半是主语，而大它仅仅是一个谓词命题或者概念，它绝不是主体；然后关键的是，"欲望"在拉康思想中不再是日常的主-谓-宾结构所表达的内容，而仅仅是弗雷格逻辑学中客体和专名之间的关系。

　　另一方面，在第四章中解释"大它"的定义时，我们引用过拉康的一段话，其中他将大它定义为"关于'manque'的概念"，我们将之翻译成"关于'错失'的概念"①。我们当时的解释是：在弗雷格逻辑学中，谓词命题（概念）和客体组成完整的整体，所以在此框架下，只能将

---

① "错失"（le manque）是一个名词。

"错失"理解为客体 a，因为大它就是"关于客体 a 的概念"。现在，拉康自己给出了关于"主体的 manque"的解释：

> 然而，主体用自身的消失、用之前 manque 的答案来回应这个问题，它将坐落于大它中察觉到的错失（manque）的点。它向双亲的欲望（其欲望的客体是未知的）提供的第一个客体，是它自身的丧失——"他想失去我？"。①

拉康在此提到，manque 不仅仅和主体的消失有关，还和丧失的客体相关，而两者都指向客体 a。参考《精神分析的伦理学》讨论班中的观点，主体自身的 manque 涉及的是和客体 a 的擦肩而过，所以不能将之理解为"空缺"而应是"错失"。

为了进一步证实我们的观点，让我们看看接下来在 1964 年 6 月 3 日的教学中，拉康说了什么：

> 主体回到了最初的点，这是它的 manque 的点，它消失的 manque 的点。②

在此之前，拉康谈论了"消失"，它是由客体 a 引起的。然后请注意拉康的用词：主体回到了这个最初的、它自身的"manque"的点，主体不是一个开口或者空缺，只有大它才是被洞开的结构，因此，这个"manque"不可能是"空缺"，而只能是"错失"。并且这句话蕴涵了一个新的论点：客体 a 是主体自身的且最初的点。这意味着主体就来自客

①　Jacques Lacan, *Le Séminaire*, *livre XI*, *Les quatre concepts fondamentaux de la psychanalyse*（1964）, p. 239—240.

②　Ibid., p. 244.

体 a，反过来说客体 a 就是主体。关于这个新论点我们在下一章中解释。

最后，我们来看看拉康是怎样将两个水平上的"错失 / 空缺"联系起来的：

> 一个错失覆盖了另一个错失。从此以后，欲望客体的辩证法在主体欲望和大它欲望之间建立了连接——长久以来我已经跟你们说过了，这是同一个欲望——这个辩证法经受以下事实，即没有直接的回答。一个错失由之前时间而产生，后者用于回答由随后的时间激起的错失。①

为了理解拉康的这段话，我们有必要回到弗雷格的理论框架中。我们知道，弗雷格逻辑学阐述的是围绕谓词命题（概念）、客体和专名的关系（下图）。这个逻辑结构中的要点是：客体属于谓词命题（概念）。

$$\left(\frac{专名}{客体}\right) 是要死的。$$

接下来我们看看拉康思想中的基本结构：

$$\left(\frac{能指}{客体\ a}\right) 是要死的。$$

其中的谓词命题（概念）就是大它，我们可以将之简约为 A：

$$\left(\frac{能指}{客体\ a}\right) A$$

如果遵循弗雷格逻辑学的原则，客体 a 属于大它，但在精神分析的

---

① Jacques Lacan, *Le Séminaire*, *livre XI*, *Les quatre concepts fondamentaux de la psychanalyse*（1964）, p. 240.

视角下，客体 a **并不属于**大它，它仅仅是**位于**其中而已，客体 a 本质上和主体相关。拉康正是综合了两个不同理论，将客体 a 的"双重归属"描述为"两个错失的覆盖"。拉康在其第三个理论模型中，将再次利用客体 a 的双重归属来构建理论，我们将在下一章中论述。

回到《精神分析的行为》讨论班。在我们之前引用的那段话中，拉康在最后谈到了阉割，通过它和错失的关系，我们能更好地理解这个概念：

> ……这个错失（manque）持续存在于自然主体、认识的主体、主体的"假存有"的水平上，这个错失一直以来如同人的本质被定位，它被称为"欲望"，但在分析结束时，错失（manque）被称为"阉割"的东西所具象化和公式化。①

拉康谈到，错失是人的本质，也是欲望，这再次证明了，拉康思想中的"欲望"完全不同于人们对此概念的直观和常识，因为它关联的是能指和客体 a。然后，阉割具象化了错失，此观点想说的是能指对客体 a 命名的失败，或者两者并没有形成稳定的对子，而是不断地结合又分离。这也是为什么在异化图 II 中，异化的最终结果（异化图左下角）是阉割，此图示展示的便是能指和客体 a 之间的分离：

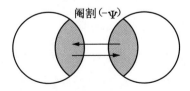

阉割(−Ψ)

---

① Jacques Lacan, *Le Séminaire*, *L'acte psychanalytique*, séance du 10 janvier 1968, inédit.

2 "假设知道的主体"和转移

对比异化图 IV 和异化图 II，人们可以发现两个不同点：第一，在之前的图示中，位于左下角的阉割是结构运行的终点，但在异化图 IV 中，阉割所在地是右下角；第二，相比之前的图示，异化图 IV 中的关系更加复杂——左下角的图表和起点（右上角）是镜像对称关系，并且拉康用对角线标明了两者之间有着特殊的关系，即转移：

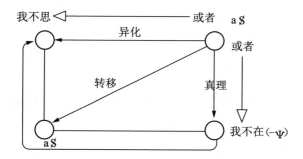

在上图中，起点仍然是右上角的选择"或者……或者……"，然后主体要么异化成"我不思"，要么跌落回"存有"，"我不在"；因为"我不在"（客体 a）被否定，它标志着和"我不思"（能指）的错过，阉割指示这个错失。之前的异化图就是在描述这个结构。

但拉康在这里加入了另外一个关系：转移。并且，它和"假设知道的主体"（sujet supposé savoir）建立起了关联。

> 分析行为的主体，我们知道，他不能知道任何分析经验中学习到的东西，除非人们称为"转移"的东西在那里运作。转移，我以完整的方式将之建立，它和"假设知道的主体"联系起来。①

---

① Jacques Lacan, *Le Séminaire*, *L'acte psychanalytique*, séance du 10 janvier 1968, inédit.

在下图中，我们更能区分异化和转移这两种不同的运作：

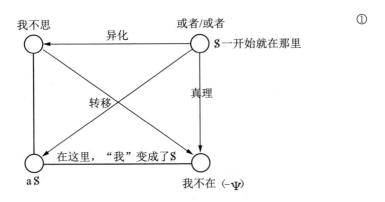

为了理解"转移"和"假设知道的主体"这两个术语的含义和它们之间的关系，我们先回到弗洛伊德的理论中，然后梳理拉康的思路。

根据《精神分析辞典》，"转移"这个术语在弗洛伊德的理论中指的是"过程"，通过它，无意识欲望在与一些客体建立的关系框架中，在这些客体中现实化[2]。而关于这个概念最广为人知的含义是"在分析者和分析家的关系中呈现的情感关系"，爱或恨，因此，也有人把这个概念翻译为"移情"。但弗洛伊德想强调的不是情感而是关系的再现，情感仅仅是这段关系再现的结果或副产物。

具体来说，是费伦齐最早提出，在治疗中，病人会无意识地让医生扮演他喜爱或害怕的双亲形象。弗洛伊德在"俄狄浦斯情结"提出之后，也强调"转移和某些'原型'及'图像'（主要是父亲，也可能是母亲和兄弟等人的图像）相联系"："医生将被安置在病人已经形成的精神'序列'之中。"用形象的语言来说，如同弗洛伊德发现的那样，在"转

① Jacques Lacan, *Le Séminaire*, *L'acte psychanalytique*, séance du 10 janvier 1968, inédit.

② J. Laplanche et J. -B. Pontalis, *Vocabulaire de la psychanalyse*, p. 492.

移"中体验到的是主体和双亲形象的关系，并且在过程中伴随着冲动的矛盾情感，即爱和恨。①

总之，分析者无意识地将自己和父母过去的**关系**，转移到当下自己和分析家的**关系**中，并且通过分析家的工作，他能够重新认识到这种关系或者结构的**重复**，从而在某种程度上摆脱其对我们强大的决定作用。这就是弗洛伊德的"转移"概念向我们传达的内容。

当拉康在使用"转移"这个概念时，他将这个概念和另一个概念"假设知道的主体"关联起来，后者和弗洛伊德理论中的双亲形象有没有关系呢？首先，拉康在这个概念中加入了"知道"（savoir）一词，在法语中，这是术语"知识"（savoir）的动词。拉康不仅构建了这个和"知识/知道"有关的主体，还加上了"假设"，这其中必定蕴含着某种深意；其次，我们介绍了，拉康的"sujet"概念只有在大它之外才具有主体的含义，它在大它之内仅仅是主语，那么，既然我们将这个概念理解成"假设知道的主体"，它位于大它之外吗？最后，从拉康思想的基础概念的含义就可以知道，他并没有过多讨论临床，但我们将会看到，这个"假设知道的主体"指向了分析家，难道拉康在这里开始讨论临床架构了？为了回答以上问题，我们跟随拉康的话语，看看他是怎么发展这些概念的。

在 1968 年 1 月 17 日教学的一开始，拉康就开始谈论转移和假设知道的主体：

> 精神分析的行为，我们如此安置它，即它支撑转移。我们不是说：分析家不言自明地支持和产生行为。我将说，转移应该是一个

---

① J. Laplanche et J. -B. Pontalis，*Vocabulaire de la psychanalyse*，p. 494.

纯粹而简单的猥亵，如果我们没有归还给转移它真正的结，它会在假设知道的主体的功能中加倍语无伦次。①

在拉康思想中，"行为"或者"精神分析的行为"指的就是能指。根据这段引文可知，能指支撑转移，后者还和假设知道的主体有关系。但我们知道，能指一直被设定在大它主语位置上，其功能是作为客体 a 的专名，而这样一个命名功能的能指，我们是无论如何无法将其和弗洛伊德理论中的"转移"联系起来的，更加无法想象它和"假设知道的主体"有关，因为后者常常被理解成上帝，其位置在分析中则是被分析家所占据。

拉康接下来做了一个理论上的跳跃，将假设知道的主体和客体 a 联系起来：

　　问题是："假设知道的主体"变成了什么？我将对你们说，原则上说，分析家知道他变成了什么。当然，他跌落了。理论性地蕴涵在假设知道的主体悬置中的东西，这个撤销的划线，这个在主体（S）上的划杠在分析的发展中象征了悬置，它显现在这件事中：某物产生于一个地点，这对分析家来说不是无所谓的，因为在他的位置上，某物冒起了。这个物体被称为"客体小 a"。

　　"客体小 a"是这种"去存有"（désêtre）的实现，后者敲打这假设知道的主体，这是分析家……分析家知道，他注定要是"去存有"，因此，如果我可以这样说，他构成一个在突出物中的行为，

---

① Jacques Lacan, *Le Séminaire*, *L'acte psychanalytique*, séance du 17 janvier 1968, inédit.

因为他不是假设知道的主体，因为他不能是这个主体。①

在这段引文中，分析家的位置上出现了客体 a，不仅如此，另一个观点，即"分析家最终是或者变成客体 a"，也广为流传，但这都不意味着人们对这个观点的理解符合拉康的本意。关于以上这些观点的一个解释是：因为客体 a 常常被拉康定义成"垃圾"或者"残渣"，这给人一个印象，这是符号化后剩余的无用之物，应该丢弃，而在分析结束时，分析者需要面对和分析家的分离，这时分析者要把分析家当成垃圾一般的客体 a 那样扔掉，这样分析才得以结束。

对此种解释我们暂时先搁置一会儿，看看拉康在此做的另一个连接，即通过分析家这个中介，客体 a 等同于假设知道的主体。相比"分析家是客体 a"，这个观点更加让人吃惊，因为假设知道的主体毫无疑问和具有能动性的人一样，是一个主体-施动者，然而客体 a 绝对不可能是这样的主体，并且，拉康选择客体这个术语，其目的便是将其作为主体的对立面，因此在术语的层面上，现在将客体 a 等同于假设知道的主体是不能被接受的。

那么，拉康究竟想表达什么意思呢？事实上，在上述讨论中我们遇到的所有困难都源于一个事实，即拉康已经进入**第二个分裂的主体模式**，而这个主体分裂的新模式和**第三个理论模型**有关，我们将在下一章介绍它。总之，在这个模式中，拉康彻底颠覆了自启蒙运动以来构建的主体与客体的对立：客体 a 实际上就是主体的一部分。

另外，既然拉康的理论是建立在弗雷格逻辑学的基础上，那么人们必须考虑弗雷格的观点，而对他来说，客体或主语（sujet）首先是一个

---

① Jacques Lacan, *Le Séminaire*, *L'acte psychanalytique*, séance du 17 janvier 1968, inédit.

逻辑结构，而不对应着经验现实。因此，即便拉康将客体 a 比喻为假设知道的主体和分析家，这也并不意味着他想探讨临床，或许他仅仅希望在教学中活跃下气氛，或者让听众能抓住一些东西而做了个比喻。

最后，经过以上的理论探讨，我们终于能够解释拉康理解亚里士多德三段论的思路了。在第四章中我们介绍了，拉康在 1964—1965 年的教学中按照弗雷格逻辑学来拆解亚里士多德的三段论，并且他给出了一个图示（下图），其中就涉及转移①：

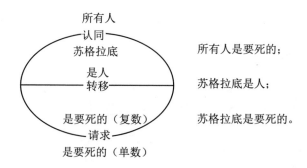

所有人	
认同	所有人是要死的；
苏格拉底	
是人	苏格拉底是人；
转移	
是要死的（复数）	苏格拉底是要死的。
请求	
是要死的（单数）	

这个图示的基础是第一个理论模型："人"是实在（Réel），在圆环图中是"主体之环"，包含了被排除的主体和客体 a 两个部分，前者在大它（在这里是谓词命题"要死的"）之外，后者在大它的主语位置上；

"苏格拉底"是专名，即能指，"苏格拉底"和"人"的关系是命名；

当某一个"人"和"苏格拉底"在大它的主语位置上结合时，这就是能指对客体 a 命名的过程，拉康将两者的关系命名为"转移"。在对异化图 IV 的解释中，拉康明确指出，转移之中涉及的是精神分析的行为（能指）和假设知道的主体（客体 a），这正是弗雷格逻辑学中的命名

① "认同"很好理解，但关于"请求"，拉康的解释是：苏格拉底是请求执行死刑的。很显然，这里拉康所说的"（苏格拉底的）请求"和精神分析的术语"请求"并不是一回事，"请求要死"对应的是谓词命题，而拉康的"请求"是和主语的位置相关的。

过程。由此可知，弗洛伊德理论中的"转移"概念，如同他的其他概念一样，在拉康思想中经历了巨变。

　　总之，第二个理论模型中的四个异化图构成了第一个理论模型到第三个理论模型的过渡，并且，四个异化图在基本结构不变的情况下又彼此不同，每个图都集中讨论了异化的不同方面。实际上异化图非常重要，我们将在以后关于形而上学的讨论中，再次回到异化图 I 和异化图 III，深入讨论其中涉及的哲学思想。

第七章
第三个理论模型：集合论

从第一个理论模型到第二个理论模型，拉康的主体理论仍旧在弗雷格逻辑学的框架下，因此它没有发生变化，但在第三个理论模型中，除了弗雷格逻辑学，拉康还借鉴了集合论来构建其新的主体理论。在这一章中，我们将围绕1968—1969年讨论班《从一个大它到另一个》展开论述，以期揭示拉康第二个主体理论和其第三个理论模型。

一 主体的分裂以及主体显现的第二个模式

主体显现的模式是主体在大它中出现的方式，其基础是主体分裂的模式。在第一个理论模型中，主体分裂为表述的主体（sujet de l'énonciation）和叙述的主语（sujet de l'énoncé），前者在大它之外，拉康将其结构化为**一系列**的螺旋线，而后者是在大它的主语位置上显现的**单个**螺旋线，两者同构。根据这样的主体分裂模式，我们可以说，第一个理论模型（1961—1962）中主体显现的模式是，主体在大它主语位置上的**闪现**，换句话说，它刚出现便消失。

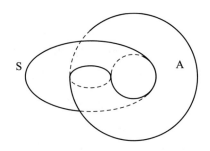

在三年之后的《精神分析的关键性问题》讨论班（1964—1965）中，拉康对第一个理论模型进行了彻底的修改，于是人们迎来了第二种主体显现的模式。

在 1965 年 1 月 20 日的教学中，当拉康讨论数字 1 的时候，他加入了数字 0：

> ……在 1 之下，和对于这些接踵而至的 1 来说，涉及的是 0……换句话说，最近的数理逻辑的研究发现是，0，这个错失（manque），是整数函数背后的理由；这个 1 原初地代表 0，二元的起源对我们来说和柏拉图式的起源完全不同，区别在于，就这个 1 为了另一个 1 而代表着 0 而言，二元已经在 1 中。
>
> 显著的是，将 n + 1 的必然性带给所有数字 n，这正是添加的 0 的必然性。[1]

数字 1 对我们而言并不陌生，它在《认同》讨论班中就已经被用来指示能指，问题在于数字 0。在此，根据拉康的陈述，人们能够提出三个重要的问题：

---

[1] Jacques Lacan, *Le Séminaire*, *Problèmes cruciaux pour la psychanalyse*, séance du 20 janvier 1965, inédit.

（1）拉康首先将 0 等同于错失，通过上一章的论述可知，这个术语指示的是客体 a，但问题是：客体 a 作为数字 0 意味着什么？

（2）接着拉康说："1 为了另一个 1 而代表着 0。"这个说法和能指的一个定义，即"一个能指为另一个能指代表着主体"，极为类似。如果这两个定义是一致的，客体 a 在这里指示主体吗？

（3）最后，能指 1 的**增加**是因为客体 a（0）的"添加"，这意味着能指的模式发生了巨变：在第一个和第二个理论模型中，能指是不稳定结构，是闪现，而现在能指不仅在大它中驻足还增殖，且拉康指出，其增殖的动力源是大它之内的实在，即客体 a。这在理论层面是如何实现的？依靠的又是什么理论及原则呢？

这些问题我们稍后会一一回答，现在我们看看拉康的思路是如何发展的。在 1965 年 3 月 3 日教学的一开始，拉康就提到了 0 和 1 的关系，并将之放在弗雷格逻辑学中，"弗雷格"这个名字也终于正式出现在了拉康的话语中：

> 主体，如果我们相信这条狭窄的道路，在其中，我已经尝试用数论引导你们的目光，总之，主体应该在这个以数学的思想来看密切地联系于关于"错失"的概念所证实的东西中被认识，这个概念的数是 0。
>
> ……弗雷格必然地被引导从这个概念的补足和支架出发，为了让 1 从中冒起，这个概念的数是 0。①

----

① Jacques Lacan, *Le Séminaire*, *Problèmes cruciaux pour la psychanalyse*, séance du 3 mars 1965, inédit.

在弗雷格逻辑学中，数是在概念的水平上被发现的，也只有在弗雷格思想中，人们才能说，这个"概念的数"是多少。并且，数字 0 对弗雷格来说至关重要，它对应的是其中没有任何客体的空概念。很明显，拉康在此引述的就是弗雷格逻辑学的内容——"为了让 1 从中冒起，这个概念的数是 0"，准确来说，拉康将重心放在空概念之上。但值得注意的是，拉康并没有遵循弗雷格逻辑学的原则，因为按照弗雷格的观点，空概念永远都是空概念，不可能在其中产生任何东西，否则就和其定义相矛盾，而拉康偏偏在其中安置了能指。我们将在最后一章中讨论拉康此举产生的后果。

紧接着，拉康先肯定了客体 a 就是 0：

在原初缺乏（privation）的认同游戏中，不仅仅是没有一个纯粹窟窿、一个初始的 0 的显现，这个主体的现实具化在纯粹的错失中，对于这个操作，特别是从挫折经验中出现的操作，这里总是有某物，它逃离了其辩证法：一个剩余物，某物出现在逻辑水平上，在其中 0 出现，主体经验让这个某物出现，我们将之称为客体 a。[1]

在弗雷格逻辑学的框架中，如果 0 是客体 a，这意味着后者变成了空概念，这个观点完全颠覆了之前的理论模型。我们看看拉康是怎么阐述这个观点的：

这个窟窿、这个空洞构成了芥末罐，这是同一个空洞吗，还是

---

[1]　Jacques Lacan, *Le Séminaire*, *Problèmes cruciaux pour la psychanalyse*, séance du 3 mars 1965, inédit.

说这是不同的空洞？这里，问题有点棘手，它通过 1 诞生在 0 中而被重提，而算术思想强制这个诞生。

　　在错失的水平上，1 的引入是关键点……主体如同 0 一样得以建立和被容忍，这个 0 缺少填补……①

拉康在以上这两段话中表达了两个重要的观点：

第一，能指 1 诞生于客体 a（0）之中。虽然拉康说，他关于 0 和 1 的思想来自弗雷格逻辑学，但在弗雷格逻辑学中，数之间并不存在任何关系，它们彼此都是独立存在的实体。事实上只有在数理逻辑中，"1 诞生于 0 之中"这个观点才勉强成立。拉康在此希望融合弗雷格逻辑学和数理逻辑。无论如何，客体 a 作为能指的诞生地，只能作为概念才行。

第二，能指和客体 a 建立起了因果关系。根据上一章中的考证，康德的"异化"概念中，物自身异化成客体，两者之间就存在着因果关系。拉康也将客体 a 和能指的关系定义成异化，如今他承认两者之间还存在因果关系。看来，早在 1964 年的第二个理论模型中，拉康就着手为主体分裂的第二个模式做理论上的铺垫。不过此观点中的问题是，康德的异化涉及的始终是物本身，并不是两个不同的东西，而根据常识，客体 a 和能指应该是不同的事物，这该如何解释呢？拉康在稍后会给出答案。

在本次教学的尾声，拉康表达了一个颠覆性的观点：主体分裂在 0 和 1 之间②。这就是主体分裂的第二个模式，它蕴含了三个理论要点：

（1）在第一个主体分裂的模式中，主体因为其所处的位置（在大它

---

① Jacques Lacan, *Le Séminaire*, *Problèmes cruciaux pour la psychanalyse*, séance du 3 mars 1965, inédit.

② Ibid.

之内或者之外）产生主体和主语的区分，这个分裂本质上建立在术语"sujet"自身的**多义**基础之上；而第二个模式则建立在数学和数理逻辑基础上，并且主体的分裂发生在大它内部。

（2）在第一个模式下，主体的分裂表达的是**功能差异**，整个过程没有**产生**任何东西；第二个模式则相反，主体从自身中**分化**出某物，且此物也是主体，可以说第二个模式呈现出一种特殊的**因果同一性**。

（3）所以当拉康说主体分裂在 0 和 1 之间的时候，不要认为两者是简单地从一个整体中分离出来的两部分，相反，它们彼此关联并存在着因果关系。对于这种**因果同一性**，我们目前能在海星的发育过程中找到这种关系，我们接下来给大家介绍这种生物非同一般的发育历史，帮助大家想象主体的第二种分裂模式：

> 短腕幼虫是海星发育的转折点，幼虫身体一侧的干细胞会在体内发育成一套完整且独立的消化、运动、神经、生殖等系统——那正是小海星的雏形。与此同时，短腕顶端也会分泌黏液，成为一套吸盘。短腕幼虫随后沉入海底，把自己牢牢粘在海床上，把那个原本位于一侧的海星雏形翻到上面，迎接最关键的蜕变。小海星从短腕幼虫身上吸取营养，最终瓜熟蒂落，离开幼虫独立生活，最终长成了成年的海星，而那个羽腕幼虫就逐渐衰老死去。不妨这样类比一下：一个成年人从儿童阶段的自己身上长出来，而且那个儿童阶段的自己比成年阶段的自己先老死了。①

事实上这里类比的并不是完整的第二个主体分裂模式，我们将通过

---

① http://www.360doc.com/content/17/1216/20/46111088_713652689.shtml.

之后的一节关于"'我'的分裂"的介绍来补全这个模式。

现在我们终于可以回答翻译上的一个问题：为什么我们将拉康思想中的"objet"翻译成"客体"而不是"对象"？

由第二章中的内容可知，"objet"这个术语被提出，是为了指示作为施动者的主体和物之间的意向性关系，准确来说，物是作为主体-施动者指向的对象。这时的"objet"一词并没有被物化，它表达的仅仅是一种关系，但随着这个词被物化，objet 取代了物（chose），它才被解读为客体。

我们将 objet 理解为客体而不是对象，首先是考虑到在拉康思想中，特别是在第二个主体理论中，objet（客体）和 sujet（主体）并非对立的异物，相反它们是同一个东西："主体，在思考之前，首先是这个 a"[1]；其次，我们在这一节中介绍了，主体不仅仅首先**是** a，命名它的能指还诞生于这个 a；最后，能指和客体 a 之间是因果关系。这一切都说明，拉康思想中的主体-客体（objet）关系完全不同于哲学中主体指向对象（objet）的意向性关系。

另外，虽然拉康在解释公式 S◇a 时表示这是"主体追寻丢失的客体"，似乎如同主体-对象的意向性关系那样，但我们知道，中间的符号◇并不是表达（动作的）指向或者（意向性的）朝向的含义，而是中介，拉康在其中安置的是冲动概念。如我们之前所示，公式 S◇a 其实描述的就是主体分裂的第二个模式。

综上所述，我们将拉康的术语"objet a"理解和翻译成"客体 a"。

有一件事请读者注意，在本小节中介绍的主体分裂的第二个模式和

---

[1] Jacques Lacan, *Le Séminaire*, *livre XVI*, *D'un Autre à l'autre*（1968—1969）, p. 160.

接下来将要讨论的第三个理论模型本质上是对立冲突的，两者在能指的产生这个问题上给出了完全不同的答案，并且在第三个理论模型中没有客体 a 的位置。由此可知，1968—1969 年的教学虽然内容丰富，但是观点和模型间却充满矛盾。

二　罗素悖论

在《从一个大它到另一个》讨论班中，拉康借助于集合论构建了他的第三个理论模型。

在上一章中我们已经指出，弗雷格逻辑学和集合论之间并不是相互对立的，相反，这两个学说的一些概念之间具有高度对应性，比如"集合"和"概念"，特别是"空集"和"空概念"的含义之间，存在着惊人的类似性。这允许拉康从弗雷格逻辑学跳跃到集合论，同时又在后者中保留前者。

在 1968 年 11 月 27 日的教学中，拉康首次引入了集合论：大它被正式称呼为集合 A[①]，从此以后，能指 S 和大它的关系变成了集合论中元素和集合的从属关系。这个理论上的改动并非没有后效，事实上随着大它定义的修改，能指发生了一些根本性的变化：

首先，拉康给能指添加了下标，即 S_1、S_2 和 S_3 等，然后，拉康区分出了两类能指，第一类是"集合的元素"，这和第一个理论模型中能指的含义相差不大，而第二类则是"指称集合的能指"。对于这第二类能指，拉康指出：

---

① Jacques Lacan, *Le Séminaire*, *livre XVI*, *D'un Autre à l'autre*（1968—1969），
　p. 60—61.

我不会在黑板上陈列（这些公式），我简单地说，仅仅提出问题，是否 S，这个和 A 不一样的、作为所有 S 的集合的 S，不包含自身，结果是我们不知道在哪里安置这个集合。①

在以上这段引文中，我们已经可以找到关于能指 S 的新定义，即"不包含自身"，这个定义和罗素悖论中的集合定义"不是自身的元素"或"不属于自身"一样，并且拉康明确表示，这里的能指和大它的关系就是按照罗素悖论来构建的：

实际上，现在让我们尝试在主体被代表的水平上抓住它。让我们努力从有序对构建的集合中取出能指 S，它代表着主体。在那里，你们很容易找到熟悉的场地。通过抓住这些 S，我们要做什么呢？除了将这些我们称为"不包含自身"的能指从集合 A 中取出。这是逻辑悖论。②

在罗素悖论中，悖论产生的过程是：所有不是自身的元素的集合构成了一个集合，那么这个集合是否包含自身呢？如果包含自身，和定义"不是自身"相矛盾，如果不包含自身，它又符合定义，就应该包含自身。这就是悖论。这个悖论的结构在拉康思想中则变成了能指和指示所有能指集合的能指之间的关系，具体过程是：主体作为能指在大它内部增加，最后，有一个能指作为所有能指的集合，被排除在大它之外。

---

① Jacques Lacan, *Le Séminaire*, *livre XVI*, *D'un Autre à l'autre*（1968—1969），p. 60—61.

② Ibid., p. 60.

换句话说，随着你们质问，随便一个 S 对集合 A 的从属，这个首先被安置在 S（A）关系中的 S，你们将看到，和黑板上图示相反的，这个 S 将被 A 所排除。①

在接下来的 1968 年 12 月 4 日教学的尾声，拉康尝试着解决罗素悖论，不过他的解决方案很不寻常。首先，他双倍化了罗素悖论中"所有集合的集合"。在集合论中，只涉及"集合"和"所有集合的集合"这两个类别，如果按照集合论的原则，人们只会看到作为集合的大它和作为元素的能指之间的关系。但在能指层面上，拉康划分出了"作为元素的能指"和"作为所有能指集合的能指"，后者在定义和功能上都和大它相**重叠**。为了避免概念之间的重复，拉康将这个"所有能指集合的能指"排除在大它之外：

我们将在 A 中构成子集 B，它是所有不是自身的能指——S_α、S_β、S_γ、S_δ 的集合。这个 B，这是我的公式的另一个能指，S_2，在它旁边，所有其余的能指代表着主体，即 S_2 将这些能指如同主体般归入。②

拉康通过图示表明，为了不造成悖论，能指 S_2 必须被排除在大它之外：

我将 B 确定为另一个能指，即 S。左边，B 的两个位置是令人不满意的，因为它既不是自身的元素，也不是自身。右边，不是 A 的元素，B 只能是在外部。

①　Jacques Lacan, *Le Séminaire*, *livre XVI*, *D'un Autre à l'autre*（1968—1969），p. 61.
②　Ibid., p. 75.

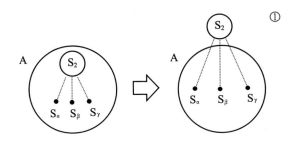

而关于 S_2，我们看看拉康是怎么解释的：

> 我们怎么翻译这个外在性呢？我们说，最终，以某种被归入的方式，主体要么属于大它的首要位置，这个包含自身的大它，要么在大它中限于这些不是自身的元素，主体不应该被普遍化。[2]

拉康在此仅仅回应了主体的两个位置，即能指的两个类别，却并没有对大它和 S_2 两者在定义和功能上的重叠性做出解释。

在下一次（1968 年 12 月 11 日）的教学中，拉康尝试将集合论和弗雷格逻辑学融合起来。在重复了 "S_2 作为所有在大它内部能指的集合，它将位于大它之外" 这个集合论的观点后，拉康谈到了弗雷格逻辑学中的谓词命题（概念）结构：

> 因此，语法主语仅仅是这个地点，某物将重新出现在其中。
> 回到 S_1，它代表着这个某物，回到 S_2。[3]

弗雷格逻辑学中的谓词命题，其主语位置是一个空间，拉康在此所

① Jacques Lacan, *Le Séminaire*, *livre XVI*, *D'un Autre à l'autre*（1968—1969）, p. 75.
② Ibid., p. 76.
③ Ibid., p. 83.

说的主语的"地点"正是指示这个空间。因此，S_1 就是大它内部的能指，其功能是客体 a 的专名，问题出在术语 S_2，在弗雷格逻辑学中找不到其位置。

在这里，拉康希望将集合论融入弗雷格逻辑学，从而安置 S_2：

> 我们应该在上次就将 S_2 抽离出了大它的领域，既然它不能待在那里，S_2 集结了 S_α、S_β、S_γ，我们能够在这些 S 中抓住主体，它们满足了某个函数 R，这个函数在大它的领域中被定义成"x 不是 x 的成员"。

$$R(x) = R: x \notin x$$

> 书写 R（x）就是将所有元素，在这里是能指，转换成仍然是未被决定的、开放的某物，这个占据了变量（x）功能的某物。一旦我们规定了，这个变量必须答复命题，后者不是随便哪个命题，它并非是变量是红的或者蓝的就行，这个命题必须是主体，这产生了如同 A 那样能指的必然性，这个能指不应该以任何方式登记在大它的领域中。在最原初的形式下，这个能指正是这个定义知识函数的东西，S_2。[1]

能指归于某个函数，同时也归于命题，函数等价于谓词命题（概念），这个观点只有在弗雷格逻辑学中才被允许。而关于这个能指集合的能指，拉康使用集合论的术语来描述它："S_2 集结了 S_α、S_β、S_γ。"并

---

[1]   Jacques Lacan, *Le Séminaire*, *livre XVI*, *D'un Autre à l'autre* (1968—1969), p. 83.

且，能指归属的这个函数式 R（x）= R：x $\notin$ x 就是罗素悖论的公式：所有不是自身元素的集合构成一个集合 S_1，即 S_1 = {x：x $\notin$ x}。通过一步步的论述，拉康实际上想将"概念""函数"和"集合"三个概念**等同**。

按照弗雷格的说法，比如"概念的**聚集力**"[①] "如果把所有其下只有一个对象的概念**汇集**在一个概念之下"[②]，人们可以将概念（谓词命题）等同于集合，但弗雷格逻辑学绝对无法容忍的一个事实是，专名（能指）归属于两个概念，并且其中一个概念**中**的专名（能指）还在这个概念**之外**。

在这里，人们再次遇到这个拉康始终希望解决的问题，即大它和 S_2 在定义和功能上的重叠：能指 S 首先是登陆在作为集合的大它 A 中，这说明能指必然符合大它这个集合的定义，换句话说，大它就是能指的集合，可为了理论需要，拉康必须在大它中再构造一个能指的集合（S_2），并且这个集合的定义 [R（x）= R：x $\notin$ x] 必定和大它的定义相同。按照理论构建对一致性和严密性的要求，同为能指的集合的大它和 S_2 构成了理论上的冗余，但这两个概念在拉康思想中都是必须存在的，他无法舍弃任何一方。不仅如此，我们稍后会看到，大它和客体 a 这两个概念之间也存在着从定义到功能的重叠。由此可知，第三个理论模型中理论冗余的现象非常显著，这值得读者和研究者高度重视。

三　"我"的分裂

在第四章中我们介绍了第一个理论模型，并澄清了拉康主体分裂的第一个模式是建立在术语"sujet"的多义基础上，并且依靠语法结

---

① 弗雷格：《算术基础》，第 67 页。
② 同上书，第 71 页。

构，拉康区分出了主体和主语，并将前者命名为"表述的主体"（sujet de
l'énonciation），而将后者命名为"叙述的主语"（sujet de l'énoncé）。而
在主体分裂的第二个模式中，主体分裂在能指和客体 a 之间。但"表述
的主体"并没有被抛弃，而是被赋予了新的名字和功能——S₂，这说明
拉康仍然试图在"sujet"（主体-主语）的框架下讨论主体的分裂。

　　在上一节中我们介绍了，拉康在 1968 年 12 月 11 日的教学中，尝
试着融合弗雷格逻辑学和集合论，事实上，在融合这两个学说之前，拉
康重新探讨了这个可以作为主体或主语的人称代词"我"，接着，他谈
论起无人称句式："下雨了。（Il pleut.）"通过这个简单的句子，拉康想
将主语和主体分离。

　　　　这是话语的事件，通过这个事件，说话者装成是次要的。事件
　　包括了一个故事，而这个"Il"标记了其地点。①

　　因为这是无人称句，"下雨"是没有主语的，主语位置上的"Il"仅
仅起到补全句法结构的作用，它没有语义，只是纯粹的语法形式，即语
法的主语。援引这个例子，拉康接下来立即谈起了弗雷格逻辑学中"谓
词命题（概念）的主语位置"的话题，然后便开始融合弗雷格逻辑学和
集合论。

　　关于这个无人称句"下雨了"（Il pleut），中文读者和外文读者对它
的感受是不一样的。在外文中，句法结构占据了主导地位，一个句子没
有主语是不可想象的，除了祈使句，其他形式的句子都要强行按照语法
要求添加主语，即使这仅仅是一个语法形式，并没有语义；但在中文

---

① 　Jacques Lacan, *Le Séminaire*, *livre XVI*, *D'un Autre à l'autre*（1968—1969），p. 83.

中，这类没有主语的句子遍地都是，比如这句"下雨了"，其中就没有主语，所以对中文读者来说，这似乎并没有什么大不了的。

不仅如此，受到语言结构的强烈影响，对中文读者来说，语义的重要性远远大于语法，所以，当拉康用"sujet"这个词来展开主语和主体的游戏时，这给中文读者造成了巨大的障碍：人们无论如何也想不到，这个没有意义的、纯粹形式的语法主语会在拉康思想中占据如此重要的地位。但另一方面，虽然在句法层面缺少主语，语义上的空缺驱使着人们补全"下雨"这个动词的主体-施动者，比如雨神降雨的神话就展现出对语义补充的努力，并且填补语义的欲望具有普遍性，即使外文的无人称句式具有语法的完整性，这仍然无法解决语义上的空缺，人们同样会构造"下雨"的主体-施动者，比如上帝。

进一步说，围绕这个简单的无人称句，哲学家们展开了一场关于主语和无人称句的讨论。

在尼采的批判中，他认为人们有一种对主体-施动者的预设："思想是一种行动，所有的行动假设了一个完成它的主体。"[1] 尼采认为，这个对主体-施动者观点的幻觉源于人们心中的一个信仰，即相信所有的行动都预设了一个施动者，而其基础是主语和谓语不可分离。[2]

由此出发，尼采还将批判扩展到人们对"事件"的误解：

> 这个引导我们对因果性的信仰怀有无与伦比的坚固性的东西，不是对现象连续性的经验，而是我们不能理解一个事件，除非它是有意图的。这是对"生命体"和作为唯一行动者的"思想者"的信仰，是对意志和意图的信仰，对"所有事件是一个行动"和对"所

---

[1]　Nietzsche, *Par-delà le bien et le mal*, p. 21.

[2]　Alain de Libera, *L'invention du sujet moderne*, p. 128.

有行动预设了一个行动者"的信仰，是对"主体"的信仰。信仰因果性的心理必然性存在于"呈现一个没有意图的事件、一个没有主体的行动的不可能性"之中。①

对于一个已经发生的事件，人们会不自觉地寻找让其发生的原因，也就是推动这个事件的主体-施动者，人们不认为事件有其独立性和自动性。在外文中，这种寻求主体-施动者的迫切需要体现在了句法的构造中，而在中文中，句法上缺乏主语并不意味着中国人对这个主体没有需求。在批判西方思想时，尼采举了一个例子——"光发光"②，这是人为地将"发光"这个事件按照主谓结构来拆分，仅仅为了满足人们追求主体-主语的欲望。

在同一时期，即 19 世纪 80 年代末期，布伦塔诺在思考"隐藏的主语"时，讨论了"没有主语的句子"，他选择的正是"下雨了"（Il pleut）这个命题，然后他指出了对"宙斯有能力降雨"的假设。"下雨了"可以是一个重言式的"雨下雨"，要么人们将"il"理解成第三人称代词"他 / 她 / 它"，而在神话中，能降雨的神是宙斯。于是，对语义的渴求让人们将主语推向主体。对于布伦塔诺而言，在"下雨了"这个没有主谓形式的命题中，人们执着于寻找缺席的主语-主体（sujet），这很荒谬。

科学的解释在于将繁多引向统一。这正是在目前的例子中人们尝试做的，但在所有路线中都失败了。当人们说"下雨了"，一些哲学家开始想象，这个被泛指代词"il"指示的主语应该是宙斯，并且意思应该是：宙斯降雨。但当人们说"有噪音"，很明显，主

---

① Nietzsche, *Par-delà le bien et le mal*, p. 109.

② Alain de Libera, *L'invention du sujet moderne*, p. 130.

语不可能是宙斯。哲学家们会认为，这里的主语是噪音自身，命题的意思因此是：噪音发音。他们以类似的方式补全了之前的例子：雨下雨。①

这个语法现象的重要性和所有尝试的滑稽失败，这个如此灵巧的尝试是为了定义隐藏的主语，两者使得米克洛希奇（Miklosich）相信，寻找这类命题的主语是一个纯粹的幻觉，这类命题事实上不包含任何主语和谓词的联系，它们本质上没有主语。②

我们介绍关于命题"下雨了"的历史，一方面是想表明，拉康举例时常常都是在谈论西方思想中的一个重要争论，另一方面是想说明，拉康以这个特殊的命题为例，是想让读者明白主体和主语的分离，更准确地说，是在当代主体盛行的背景下重拾纯粹语法主语的功能，而其最终目的是呈现以弗雷格逻辑学为基础构建的理论模型。

接下来拉康立即介绍，在语法主语的位置上，能指冒起。然后，第一个理论模型中的欲望图出现在教学中，借由这个图示，拉康将"'我'的分裂"和两类能指结合起来。和主体分裂的第一个模式一样，主体现在仍然分裂在表述（énonciation）和叙述（énoncé）两个水平上，其中叙述是思想，是被说的内容，其中涉及的 sujet 是语法的主语，拉康在这里称之为"语法的我"③，而表述中的 sujet 是主体-施动者，是位于大它之外的、被排除的主体，拉康将之命名为 S_2。

---

① Brentano, *Psychologie du point de vue empirique*, trad. M. De Gandillac（Paris：Vrin，2008），p. 319—320.

② Ibid., p. 320.

③ Jacques Lacan, *Le Séminaire, livre XVI, D'un Autre à l'autre*（1968—1969），p. 87.

接下来在 1969 年 1 月 8 日的教学中，"我"又和"享乐"（jouissance）联系了起来：

> 真理说"我"。这个"我"是什么呢？
>
> 这个"我"在这里应该和主体严格地区分，人们可以将"我"简化为切口的功能，不可能将其和一元划线的功能区分开，一元划线的功能隔离出"大一"（Un）的功能，如同在编号中独一无二的切口。因此，这个"我"完全没有被确定，因为我们可以说，他是或者他不是，如同主体一样，根据"我"的运作，如同主体一样运作，"我"被享乐所流放，后者并非不是"我"。①

在这段饶舌的论述中，拉康还是想区分两个"我"，一个是主体的"我"，一个是主语的"我"，后者是弗雷格逻辑学中主语位置上的专名，是能指，其形式是一元划线，其功能是切口，前者则是被排除的主体，拉康第一次在教学中将这个主体的"我"和"享乐"建立起关系。

"享乐"这个术语在拉康思想中替代了弗洛伊德理论中的"冲动"概念，但拉康为什么要做这样的替换，他本人对此并没有做清晰的说明。在这里我们想指出的是，享乐同样位于被排除的主体或者 S_2 的位置，但这不是简单地添加一个概念，因为享乐带来了新的东西：被排除的主体和 S_2 是来自哲学和数学的术语和符号，它们完全不涉及能量的维度，但作为"冲动"的替代者，"享乐"这个概念就蕴含着能量的含义。显然，拉康无法忽略这个在弗洛伊德理论中起着精神动力学本源作用的维度。

---

① Jacques Lacan, *Le Séminaire*, *livre XVI*, *D'un Autre à l'autre* (1968—1969), p. 100.

稍后在 1969 年 1 月 22 日的教学中，拉康将"表述的主体"和"叙述的主语"替换成了新的术语，即"享乐的我"和"知识的我"：

> 我已经说了，这个 a 决定了这个支撑大它的领域、让其能够统一成知识领域的"我"和享乐的"我"的区分。要知道的是，为了统一，这个知识的"我"绝对不会抵达其足够性……事实上，随着知识的"我"的完善，享乐的"我"处于完全被排除中。①

拉康此时赋予了客体 a 一个重要的功能，即它决定了"享乐的我"和"知识的我"的划分，这个关于"我"的划分接下来在 1969 年 1 月 29 日的教学中被拉康命名为"享乐的主体"和"创立在标记中的主体"。这个划分是在第一个主体模式中，按照主体和主语的差异而区分出的分裂的主体，但现在，有了客体 a 之后，术语间的关系变得异常复杂②。我们用下图来表达三者之间的关系：

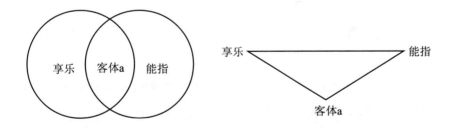

（1）在上图中，左边是异化图 I，图中享乐被排除在大它之外，而客体 a 虽然在大它之内，它却指示着一种特殊的享乐，即剩余享乐；

---

① Jacques Lacan, *Le Séminaire*, *livre XVI*, *D'un Autre à l'autre* (1968—1969), p. 135.
② 根据数学家彭加勒的观点，二元关系，比如地球和月亮，是比较容易判断和预测的，但从三元关系（地球-月亮-太阳）开始，一切都无法预测。

（2）拉康说，客体a构成了"享乐的我"和"能指的我"的区分，这意味着三个术语之间的关系已经超越了异化图中的复杂性，因此，接下来我们用右边的三角形来探讨它们之间的关系；

（3）在新的主体模式中，客体a产生了能指；

（4）在大它之内的客体a（剩余享乐）和大它之外这个被排除的享乐之间，存在着某种连续性；

（5）最后，享乐和能指都具有同样的形式："我"、1和S：

> 这个1和1的关系在这里被简单地模仿。这仅仅在无尽重复的水平上，我们能够看到某物出现，它回应这个1和1的关系，这个在"享乐的主体"和"创立在标记中的主体"之间的关系。①

为了理解第二个主体模式，人们必须同时考虑以上所有的关键点：

主体分裂在享乐、客体a和能指之间，而不再是如同第一个主体模式，主体简单地分裂在表述的主体和叙述的主语之间。

至于概念之间的关系，享乐和能指的关系对应于第一个主体分裂模式，而享乐和客体a，以及客体a和能指的关系必须借助集合论才能理解。拉康正是以集合论和弗雷格逻辑学为基础构建了他的第三个理论模型。

在第一个理论模型中，大它是一个**开放**的领域，它迎接外部实在的入侵，而能指作为表象代表代表这个实在。我们通过圆环图再次回顾这个结构：

---

① Jacques Lacan, *Le Séminaire*, *livre XVI*, *D'un Autre à l'autre*（1968—1969），p. 141.

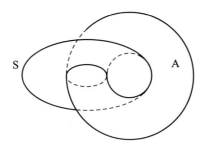

在第三个理论模型中，主体和大它之间的关系发生了巨变：首先，大它变成了**封闭性**的结构，作为绝对实在的享乐被排除在外永远不得进入，拉康称大它为"被洗净的领域（le champ）"。

> 这个邻人，我称之为大它，它被用来让无意识能指链接的在场运转起来吗？当然不是。邻人，这是无法忍受享乐的临近。大它仅仅是被洗净的国土（le terre-plein）。
>
> 从我跟你们说大它定义的时候开始，我能同样很快地说这些事。大它，是这样，这是一块将享乐洗净的土地（un terrain）。①

不过对享乐的清扫并不彻底，在大它中留下了一点剩余，这就是客体 a 被称为"剩余享乐"的原因。并且，因为享乐被排除而且被隔离，大它之中的主体动力学只能和客体 a 相关，这意味着在新的主体模式下，客体 a 通过产生能指来构建主体动力学。异化图正好对应着主体分裂的第二个模式：大它的领域关闭，享乐的领域用虚线来勾勒，因为这是实在，是"被假设的领域"，客体 a 是剩余享乐，它在符号中保留了实在的维度。

---

① Jacques Lacan, *Le Séminaire*, *livre XVI*, *D'un Autre à l'autre*（1968—1969），p. 225.

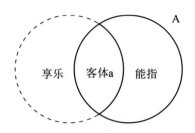

上图是结构图，它无法表达主体的动力学。在接下来的一节中，我们将介绍这个新的动力学模型，其基础是有序对。

四 有序对：能指的增殖

但凡了解一点拉康思想的人，都很熟悉一个观点，即主体的动力学体现在能指的滑动或者换喻中。在《著作集》中的《无意识中字母的迫切要求》一文中，拉康给出了能指的换喻公式：

$$f(S \cdots S')S \cong S(-)s$$

从公式中可知，能指的换喻（动力学）仅仅产生于能指 S 和所指 s 之间的关系，这给人一种强烈的暗示，即只需要考察"能指–所指"这个二元结构就可以讨论能指的动力学：能指的滑动是因为所指的不可指称性。不过我们知道，拉康的能指并不是索绪尔语言学中的术语，不能用语言学中的"指称"来思考其和所指的关系；用上面这个简单的公式来考察能指的动力学，如同用"一个能指为另一个能指代表着主体"这个定义来思考主体一样，完全忽略了拉康在教学中使用的理论模型。

有趣的是，当人们将换喻公式纳入理论模型中时会发现，此公式不符合任何一个理论模型：第一个理论模型中能指的动力学是"闪现"，即能指出现后立即消失，而在这个过程中**没有**所指，第三个理论模型中的能指开始在大它中积累并增殖，而拉康是利用集合论原则而不是索绪尔语言学来实现这一过程的。

在《从一个大它到另一个》讨论班一开始，拉康就着手借用有序对这个模型来标记主体和大它的关系。

> 如果我们称 A 为能指的地点或宝库，我们难道没有处于询问接下来布局的姿态中吗？要提出如同一个关系的能指，这个能指干预这同一个关系。换句话说，如同我已经强调的那样，如果另一个能指的相异性仅仅在能指的这个定义中起作用，是否用同一个能指 A，大它的相异性，来标记关系（S→A）是形式化的呢？①

首先，S→A 表现的正是集合论中的有序对（la paire ordonnée），根据定义，由两个元素 a 和 b 按一定的顺序排列成的二元组叫作有序对（或有序偶），记作（a，b），其中 a 称为第一元素，b 称为第二元素。有序对可以表示有一定次序关系、成对出现的事物。

拉康不仅希望将能指和大它的关系看成矢量关系，还希望将能指的增殖处理成是沿着某个方向进行的。为了实现这一点，拉康给大它添加了一个新的功能：大它指示"能指指向它自身的关系"。这个定义听起来是很奇怪，一个能指指示了一段关系，而这段关系中又包含了这个能指。我们来看看拉康是怎么自圆其说的：

> 如果我们提出了问题，很清楚的是，构成了这个集合的有序对中的 A，等于指示这同一个集合的 A。S 和 A 的关系（S→A），将这样书写：（S→（S→A）），如果我将 A 所是之物替换了 A，A 是

---

① Jacques Lacan, *Le Séminaire*, *livre XVI*, *D'un Autre à l'autre*（1968—1969），p. 57.

由 S 和 A 的关系构成的集合的能指。这在集合论的发展中完全是常见的事情。①

拉康在这段话中指出了大它（A）的新定义，A 指示能指（S）和它自身（A）的关系。不管这个定义如何难以理解，拉康的理论建构必须依靠它，能指才能增加：首先有了关系（S→A），然后因为 A 指示（S→A），所以第一个关系中的 A 被替换，变成了（S→（S→A））。按此运算，能指能够增加至无穷。

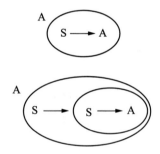

你们看到了，从这个过程出发，产生了什么。我们将有一个圆的序列——我不知道这是什么，除非这些圆被我们用于指示这个集合并且用于让集合运行——还有一个 S 无限的重复，如果我可以这样说，不用让 A 的后退停下来。②

通过修改大它的定义，拉康实现了能指的增殖，这也是拉康**第一个**能指增加的模型，而此模型和人们习惯的 $\dfrac{S}{s} \longrightarrow S'$ 或 $\dfrac{1}{0} - 1 - 1^{n}$ 这样的

①　Jacques Lacan, *Le Séminaire*, *livre XVI*, *D'un Autre à l'autre*（1968—1969）, p. 58.

②　Ibid.

动力学模式大相径庭。

回到有序对。如果人们仔细考察此模型，会发现两个要点：

（1）在集合论的理论框架下，能指不能自行增殖，它必须依靠一个集合的重复，在这里是大它 A。换句话说，能指的增加和重复实际上是依赖大它的重复，这是和第一个理论模型中的能指模式最大的不同。

（2）能指嵌套在集合的结构中，按照集合论的原则，每个能指的"地位"是不一样的。我们在此给能指加上下标，以便讨论：在第一个关系（$S_1 \to A$）中，S_1 和 A 是同一个层级；而在第二个关系（$S_1 \to$（$S_2 \to A$））中，S_1 和 S_2 是不同级的，因为后者是之前集合 A 的元素；同样，在第三个关系（$S_1 \to$（$S_2 \to$（$S_3 \to A$）））中，按照集合论的规定，S_1、S_2 和 S_3 都属于不同集合。而能指彼此之间的等级差异，是源于其依赖的**集合**的不同，也就是说，在这样的结构中每个 A 都应该是不一样的，正因如此，每个 A 包含的元素都不相同。

拉康自然不愿看到这样的情况发生，为了避免能指的等级差异，拉康强行定义每个 A 都相同，他试图通过保证众多 A 的相等来确保每个 S 的等同。此举违反了集合论的原则。

其实，有序对中的能指增殖模型并不是第一次出现在拉康思想中，早在《精神分析的四个基本概念》讨论班中，拉康就引入了这个模型。

在 1964 年 6 月 3 日教学的尾声，拉康在谈论了笛卡儿（"笛卡儿积"和有序对关系密切）和异化图之后，给出了一个关于基数序列的代数式：

$$1 + （1 + （1 + （1 + （\cdots）））） ①$$

---

① Jacques Lacan, *Le Séminaire*, *livre XI*, *Les quatre concepts fondamentaux de la psychanalyse*（1964）, p. 251.

　　拉康当时对此代数式没有做任何解释，人们对此也没有任何理解，只有在了解了《从一个大它到另一个》讨论班中的图示后，人们才能回头解释这个式子，因为它完全就是有序对图示的简要表达：能指 S 被数字 1 替代，而集合"大它 A"则被简化成了括号。

　　然而，不管形式怎么变化，拉康通过将大它定义成"能指和大它自身的关系"来解释能指的增殖，这肯定违背了集合论原则，他心里也对此非常清楚，所以在 1968—1969 年教学的尾声，拉康提出了对大它的新定义，并在集合论框架下勉强解释了主体的动力学。

　　在 1969 年 6 月 11 日的教学中，拉康将大它定义为空集，这个定义使得能指能按照集合论的原则不断地冒起：

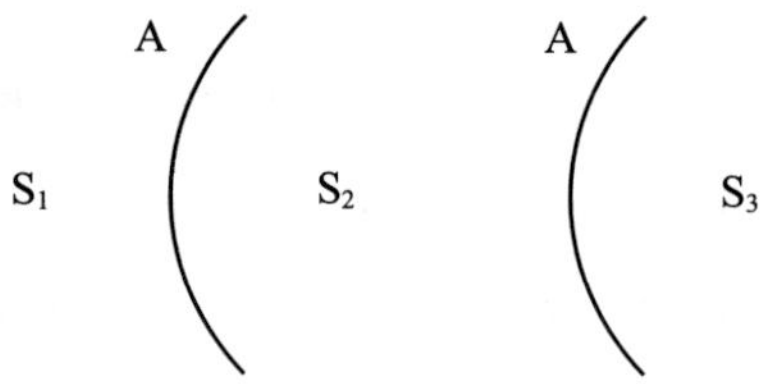

$$A \qquad\qquad A$$
$$S_1 \qquad S_2 \qquad\qquad S_3$$

　　这个 S_1 在 A 的圆之外，指示着作为空集的大它领域的边界。S_2 登记在大它领域之中。这指示了从 S_1 到 S_2 的关系。

　　我同样强调这件事，即作为空集的 A 的边界伴随着 S_3 被更新，其他能指能够随后接班。

　　记住，不是随意地将边界线认定为同一个重复的字母 A，因为这不是集合论最不独特的点，即当你们询问一个集合，你们能够瞬间让空集冒起，以子集的头衔。在它产生的任何水平上，这都是同一个空集。①

---

① Jacques Lacan, *Le Séminaire*, *livre XVI*, *D'un Autre à l'autre*（1968—1969），p. 358—359.

拉康在此提及了空集的一个重要性质，这是能指冒起的关键条件：**空集是任何集合的子集，是任何非空集合的真子集**。关于子集和真子集，我们必须要知道：

（1）子集是一个数学概念，如果集合 A 的任意一个元素都是集合 B 的元素，即任意 a∈A，a∈B，那么集合 A 称为集合 B 的子集。

（2）如果集合 A 是集合 B 的子集，并且集合 B 中至少有一个元素不属于 A，那么集合 A 叫作集合 B 的真子集。

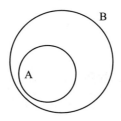

（3）空集是任何集合的子集，但不是任何集合的真子集，空集不是空集的真子集。

相对于前面两点，第三点特别重要：**空集是任何非空集合的真子集**。这句话的意思是：**只要一个集合不是空集，其中必然有且只有一个空集作为其真子集**。我们将看到，拉康正是利用了这个原则构建了主体的动力学。

接下来我们来到拉康在 1969 年 6 月 18 日的教学，看看他是如何让能指依靠"大它的重复"而增殖的。

　　我重新写 1，然后是圆圈，它被我们首先用来记录大它。如果在这个圆圈中，这个以集合功能被看待的圆圈中，我写下两个元素，左边是 1，右边应该采用集合的名称，如果这还是大它的话。

这是指示空集的符号。关于这些数学用法的理由，使用 0 应该是滥用，正确的是根据集合论的经典模式来表达它，即用斜线标记这个 0。你们知道，我也在其他地方使用这个符号。

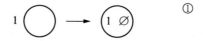

拉康对上图做了粗略的解释，省略了一些关键性的细节，我们重新梳理从左到右变化的过程：

（1）图中左边的 1 和圆圈是初始结构，关于这个圆圈，拉康说"以集合功能被看待的圆圈"，也就是说圆圈是集合，在此指的是作为空集的大它。

（2）这里有两种不同的视角来理解大它，第一种是之前拉康用字母表示的（S→A），即大它自身就蕴涵和能指的关系；第二种视角是强调 S 和 A 的存在，两者是同时存在还是有先后顺序，拉康对此没有任何回答。

（3）右边的图也有两种解读方式：第一种是利用大它的结构（S→A），这自然会产生（S→（S→A））以及后续的无限运动；第二种解读方式将回到集合论，这需要考察能指和空集的定义，以及集合论关于空集的特殊原则。

（4）我们已经介绍过，当拉康在构建能指的定义"能指不指示自身"时，一开始就将其设置为符合弗雷格的空概念、罗素悖论中的集合以及空集的定义，在下面的表格中通过对比可知，这些概念的定义非常类似：

---

① Jacques Lacan, *Le Séminaire*, *livre XVI*, *D'un Autre à l'autre*（1968—1969），p. 378.

	定义
能指	不指示自身
空概念	与自身不相等
罗素悖论中的集合	不属于自身（$y = \{x \mid x \notin x\}$）
空集	$B = \{x \in A \mid x \notin x\}$

从上表中可知，空概念、罗素悖论中的集合和空集的定义极其类似，从逻辑上来说，它们都可以包含能指作为它们的元素。而确定了此观点之后，我们可以发现，拉康在1968—1969年的教学中，起初的设定和最后的总结之间并不一致。

在教学一开始引入有序对之时，拉康给大它的定义是（$S \to A$），我们将之转换成代数式是 $A = (S \to A)$。拉康并没有解释此定义的理论来源，人们也可以不管此公式是否合理而仅仅考虑这个公式，它向我们揭示的事实是，大它自身的定义就足以让能指无限增殖。

然而，在本年度教学的尾声，拉康抛弃了一开始的这个观点。现在，能指的增殖是按照集合论的规定来实现的：**根据定义，空集能够产生能指，而在能指诞生的瞬间，原来的空集已经不再是空的了，按照集合论的原则，即"空集是任何非空集合的真子集"，一个空集会立刻在能指的旁边出现，作为这个非空集合的真子集，然后，在这个空集中，又会诞生能指，同时旁边出现一个空集**……此过程将无限重复下去。

在接下来的陈述中，拉康一边论述能指增殖的结构，一边解释讨论班的题目"从一个大它到另一个"（D'un Autre à l'autre）[①] 的由来，我们

[①] 如果读者对法语或者拉康思想有一点了解的话，一般来说会将"D'un Autre à l'autre"翻译成"从一个大它（者）到小他者"。读者将在接下来的文本中看到，拉康是怎么确定这两个概念的内涵的。

也借此机会向读者说明，为何我们要如此翻译此标题。

参考上图，拉康将圆圈中的空集（∅）称为"另外的 1"（un-en-plus），而将圆圈中的能指 1 称为"一个大它"，其含义为大它中的 1：

> 这个在其附近主体得以再出现的能指是这个"一个大它"（un Autre）。你们看到它如同 1 一样被记下，它是源泉，在其附近，这个应该运作为主体的东西在大它的领域中再次出现。这个"在大它中的 1"如果不包含空集的"加 1"是行不通的。①

将能指 1 定义成"un Autre"（一个大它），拉康是想强调，能指始终是产生在大它之中的，而按照定义，大它中只产生或者包含一个能指，这意味着如果能指要增殖，大它必须要不断重复。为了达成此目的，拉康利用了集合论的原则，将大它定义成空集，并借助空集独特的特性，实现了能指的动力学。

> ……"一个大它"（un Autre）在这里被记作 1，它在圆圈中位于左侧，它展示自己，即在大它中的 1。在这个 1 旁边，主体被 1 所代表，这第一个 1，它位于圆圈之外的左边。怎么说呢？这个 1，这个在其旁边主体将被第一个 1 所代表的 1，它来自哪里？很清楚

---

① Jacques Lacan, *Le Séminaire*, *livre XVI*, *D'un Autre à l'autre*（1968—1969），p. 379.

的是，它来自和第一个 1 相同的地方，后者代表主体。①

关于圆圈**内**的第一个 1，拉康的观点是：它产生于圆圈**外**的 1 的侵入。对于圆圈内的这第一个能指，拉康似乎并不想说"它是由大它产生的"，我们将在以后的书中讨论这个观点。拉康接下来承认，空集具有动力性，它可以**同时产生**能指和空集。此观点符合集合论的原则：

> 人们说正是在那里，包含自身，这是不对的。这个被转换的集合，它登记了我们刚刚所说的元素，它不再是之前的同一个集合，之前的集合只有元素"1"和"空集"作为元素。在这个空集中，元素"1"和"空集"现在被复制。②

根据集合论的规定，一旦集合中的元素发生了变化，它便不是之前的集合，所以，当空集中出现了元素（当然，这在集合论中是不可能出现的情况，是拉康有意设计的，关于这个理论设计，我们将在第十二章中讨论），这个集合便不再是空集，其中便会自动出现一个空集。于是，整个过程被总结为：空集产生了能指和空集。

澄清了"一个大它"（un Autre）的含义后，我们现在来看看"l'autre"的意思。"l'autre"这个术语在拉康教学的初始（1953）就被引入，它被用来指示"相对于'我'的他人"，因此也被译为"小他者"，在镜像阶段和 L 图中被简写为 a。在 1968—1969 年的教学中，围绕这个术语的论述并不一致：

---

① Jacques Lacan, *Le Séminaire*, *livre XVI*, *D'un Autre à l'autre*（1968—1969），p. 379—380.

② Ibid., p. 380.

换句话说，为了变成"加1"（un-en-plus），即它自身所是之物，即空集，大它需要"另一个"（un autre）。这是第二个能指，另一个1，它和第一个能指不同，它被包含在大它之中。正是这"另一个1"，我称之为"一个大它"。①

如果如这段所说，"另一个"指的是"另一个能指"，就是"一个大它"（能指）自身，那么题目就应该被理解为，从一个能指（大它）到另一个（能指）。而在1969年6月25日的教学（本年度最后一次教学）中，拉康对"l'autre"还有另一个论述：

在左边的1，S的位置上，所有这些仅仅产生于这个神秘的"享乐"，它在所有的层级中都被辨识，并且我将使其再现。人们对它一无所知，除了这件事，"享乐"想要"另一个享乐"（une autre jouissance）。②

真理允许驱散某些圈套，并且它提醒，要承认这个a如同"剩余享乐"，这是我今年所做的，换句话说，a如同赌博的赌注，为了赢得"另外的享乐"（l'autre jouissance）。③

如果"l'autre"（另一个）指客体a，这倒是合乎理论假设的，因为

---

① Jacques Lacan, *Le Séminaire*, *livre XVI*, *D'un Autre à l'autre*（1968—1969），p. 381.

② Ibid., p. 394.

③ Ibid., p. 395.

能指和客体 a 一直是相伴出现的，并且它们在空间上也临近。不过细心
的读者一定发现了问题，在我们以上论述的主体模式中，客体 a 这个重
要的概念却一直没有出现：能指的增加只需要大它自身的重复就可以
了。拉康也意识到了这个问题，在上述两段引文之前，他给出了一个
图示：

很显然，这和之前的图示（下图）是不同的，此时，客体 a 替换了
作为空集（∅）的大它，那么，这是否意味着理论上的修改呢，还是说，
客体 a 和大它可以相互替换？我们来看看拉康是如何处理这个问题的。

拉康实际上很早就注意到了客体 a 在模型中的缺席，为了安置这个
概念，在 1969 年 5 月 7 日的教学中，客体 a 首次被定义成“大它的椭”
（l'enforme du A）：

　　　A 在这里扮演着大它结构的面具角色，大它的结构和 a 是同一
　　个东西，a 的“椭”。①

在下一次（5 月 14 日）教学中，拉康进一步解释了客体 a 的新
名字：

---

① Jacques Lacan, *Le Séminaire*, *livre XVI*, *D'un Autre à l'autre*（1968—1969），
　p. 303.

你们还记得，我认为，为了登记第二个能指，在 S_2 的水平上，我们只能使如同登记地点的 A 重复，为了所有这些随后能够登记的东西。最终，我们看到它被我上次称为"A 的楦"的东西打洞，即这个 a 将 A 洞穿。

我 们 将 根 据 我 们 的 用 法 使 用 一 个 新 名 字，"大 它 的 楦"（l'enforme du A）。①

"楦"（enforme）是指做鞋用的模型：楦子、鞋楦，或者指拿东西把物体中空的部分填满，使物体鼓起来。拉康在此将客体 a 定义成"大它的楦"，意思是大它这个集合得以存在，必须有客体 a 在其中支撑。然而根据集合论的规定，一个集合并不需要"楦"这类概念来支撑，这会导致矛盾，关于这里产生的矛盾，我们留在第十二章再说。不过很明显的是，拉康还是想在理论中给客体 a 留一个位置，而相比于能指来说，客体 a 更符合题目中"l'autre"的含义。

因此，我们将这一年的教学主题翻译为"从一个大它到另一个（享乐）"。

我们在本章中介绍了《从一个大它到另一个》讨论班涉及的两个模型，它们都建立在集合论（罗素悖论和有序对）的基础上。

在第一个模型中，拉康不仅将空概念等同于罗素集合，还试图将弗雷格逻辑学和集合论整合在一起；

第二个模型涉及的仅仅是集合论，并且其中的这个动力学依赖集合

---

① Jacques Lacan, *Le Séminaire*, *livre XVI*, *D'un Autre à l'autre*（1968—1969），p. 311.

论的原则：空集是任何非空集合的真子集。

总之，在1968—1969年的教学中拉康正式引入了集合论，借此他构造了第三个理论模型，也完成了主体分裂的第二个模式，随之而来的是，主体显现的模式发生了根本性的变化。但罗素悖论和有序对并没有穷尽这一年的教学内容，我们在接下来的一章中，继续探讨其中涉及的另外两个模型。

第八章
第四个理论模型：斐波那契数列

在《从一个大它到另一个》讨论班中，除了弗雷格逻辑学和集合论，拉康还借用了数列（la série du nombre）这一数学工具，其目的是用新的视角审视能指、客体 a 和大它之间的关系。

数列是以正整数集（或它的有限子集）为定义域的函数，是一列有序的数。拉康并不仅仅在 1968—1969 年的教学中才使用数列，在《认同》（1961—1962）和《精神分析的反面》（1969—1970）讨论班中，他都使用了这一数学工具。在这一章中，从《从一个大它到另一个》讨论班出发，我们将介绍拉康希望利用数列探讨的内容。

一　帕斯卡的赌博

在众多数列中，拉康一直对斐波那契数列情有独钟。毫无疑问，这是一个在数学史上非常有名的数列：斐波那契数列，又称黄金分割数列，因数学家列昂纳多·斐波那契（Leonardo Fibonacci）以兔子繁殖为例子而引入，故又称为"兔子数列"。它指的是这样一个数列：**从第三项开始，每一项的数等于前两项数之和**（1，1，2，3，5，8，13，21，34…）。在数学上，斐波那契数列以如下被递推的方法定义：$F(1)=1$，$F(2)=1$，$F(n)=F(n-1)+F(n-2)$（$n \geq 3$，$n \in N^*$）。在现代物理、准晶体结构、化学等领域，斐波那契数列都有直接的应用。有趣的是，这样一个完全是自然数的数列，通项公式却是用无理数来表达的，而且当趋向于无穷大时，前一项与后一项的比值越来越逼近黄金分割0.618（或者说后一项与前一项的比值小数部分越来越逼近 0.618）。

在 1969 年 1 月 22 日的教学中，拉康从以下初始公式出发，开始构造递增数列和递减数列：

$$\frac{1}{a} = 1 + a$$

根据拉康的定义，我们分别以 a 和 1 为起点开始构建：

（1）以 a 为起点的数列为递减数列，其第一项是 a，第二项是 1 − a，相邻两项之差构成紧随的第三项。其公式为 $U_n = U_{n-2} - U_{n-1}$（n ≥ 3，n ∈ N*）。由此得到数列：

a

1 − a

2a − 1

2 − 3a

5a − 3

5 − 8a

（2）以 1 为起点的数列为递增数列，第一项是 1，加上 a 构成第二项，相邻两项之和构成紧随的第三项。其公式为 $U_n = U_{n-2} + U_{n-1}$（n ≥ 3，n ∈ N*）。由此得到数列：

1

1 + a

2 + a

3 + 2a

5 + 3a

8 + 5a

然后，拉康将两个数列的每一项都代入初始公式 $\frac{1}{a} = 1 + a$，使得每一项都得出一个数值：

$$a \qquad\qquad 1 \qquad\qquad\qquad ①$$

$$1 - a = a^2 \qquad\qquad 1 + a = \frac{1}{a}$$

$$2a - 1 = a^3 \qquad\qquad 2 + a = \frac{1}{a^2}$$

$$2 - 3a = a^4 \qquad\qquad 3 + 2a = \frac{1}{a^3}$$

$$5a - 3 = a^5 \qquad\qquad 5 + 3a = \frac{1}{a^4}$$

$$5 - 8a = a^6 \qquad\qquad 8 + 5a = \frac{1}{a^5}$$

---

① 拉康并没有演示这些运算的过程，我们可以通过反运算来验证结果。我们在递减和递增两个数列中分别验证两个运算：

从递减数列第二项开始，很容易得出，$a^2 = 1 - a$ 就是初始公式 $\frac{1}{a} = 1 + a$ 的变形，

将第二项等式代入第三项 $2a - 1 = a^3$ 的右边 a^3，得到 $\frac{2a-1}{a} = 1 - a$，

即 $2 - \frac{1}{a} = 1 - a$，

接着两边同时消去 1，得到 $1 = \frac{1}{a} - a$，

这正是初始公式 $1 + a = \frac{1}{a}$，

这样，第三项等式得证。

将第三项等式代入第四项 $2 - 3a = a^4$ 的右边 a^4，得到 $2 - 3a = a（2a - 1）$，

展开得到等式 $2 - 3a = 2a^2 - a$，

两边同时消去 $-a$，得到等式 $2（1 - a）= 2a^2$

两边同时消去 2，得到等式 $1 - a = a^2$，

这是已经证明的第二项等式，所以，第四项等式得证。

递增数列这边，第二项就是初始公式 $1 + a = \frac{1}{a}$，

将初始公式代入第三项公式 $2 + a = \frac{1}{a^2}$ 的右边 $\frac{1}{a^2}$，得到 $2 + a = \frac{1 + a}{a}$，

展开得到等式 $a^2 + 2a = 1 + a$，

两边同时消去 a，得到等式 $a^2 + a = 1$，

这是初始公式，所以，第三项等式得证。

将第三项等式代入第四项 $3 + 2a = \frac{1}{a^3}$ 的右边 $\frac{1}{a^3}$，得到 $3 + 2a = \frac{a + 2}{a}$，

展开得到等式 $2a^2 + 3a = a + 2$，

两边同时消去 a，得到等式 $2（a^2 + a）= 2$，

两边同时消去 2，得到等式 $a^2 + a = 1$，

这是初始公式，所以，第四项得证。

人们可以从初始公式算出 a 的值，取其正值 $\dfrac{\sqrt{5}-1}{2}$，约等于 0.618，这个比 1 小的数随着指数的增加越来越小，这反映出递减数列的趋势；而其指数的倒数则相反，越来越大，趋向无穷大，这是递增数列的趋势。

不过，拉康接下来并没有继续讨论斐波那契数列，而是谈起了帕斯卡的赌博。哲学家帕斯卡认为，"上帝存在与否"这无法证明，那么，我们信不信上帝呢？这里存在着四种可能性：

（1）如果上帝存在而我信上帝，那么我会受到奖赏（获得致福的永生）；

（2）如果上帝存在而我不信上帝，那么我会失去致福的永生；

（3）如果上帝不存在而我信上帝，我无所失无所得；

（4）如果上帝不存在而我不信上帝，我依然无所失无所得。

所以，如果一个人是趋善避恶的，他就应该信上帝，不然就不理性。

我们接下来看看拉康是怎样用帕斯卡的赌博来阐述斐波那契递增数列的。首先，拉康指出，如果谈论赌博，必须要有赌注，而这个赌注"在任何话语的领域中引起所有存有（Être）"[1]，这就是 a，客体 a。他将其安置在左下方的空格中。

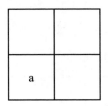

---

[1]　Jacques Lacan, *Le Séminaire*, *livre XVI*, *D'un Autre à l'autre*（1968—1969），p. 144.

至于"致福的永生"，拉康认为这涉及递增数列 ①，并用无穷大的符号 ∞ 来标记它。

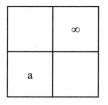

剩下的两个空白格，拉康在其中均放入数字 0，至于这样做的原因，他解释道：用来标记"致福的永生"的无穷大符号 ∞ 在这里指示"整数的无穷大"，那么，相比这个无穷大来说，初始的赌注就变得微不足道了，因此用 0 来标记它。

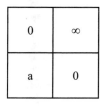

然后，拉康加入了博弈的一方——大它。在帕斯卡的赌博中，人们是针对"上帝存在与否"展开赌博的，而在拉康的赌博矩阵中，针对的是大它。这里仍然不能将大它和上帝等同，因为我们看到，拉康利用博弈矩阵讨论的是斐波那契递增数列是如何产生的：整数的递增数列如何从 a 开始变成无穷大。大它是这一切的前提条件，因为整个过程发生在大它之内，我们唯一无法确认的事情是：这时的大它到底是弗雷格的空概念，还是集合论中的空集，或者别的什么集合。无论如何，既然拉康讨论的还是能指增殖的问题，大它就必定是谓词命题（概念）或者集

---

① Jacques Lacan，*Le Séminaire*，*livre XVI*，*D'un Autre à l'autre*（1968—1969），p. 144.

合，不可能是上帝或者别的东西，正如拉康在此给出的定义："大它是
话语的领域。"①

A	0	∞
	a	0

接着，拉康开始讨论赌博的不同结局（下图）。如果大它 A 是存在
的，a 等于 0，对此拉康解释道，在博弈论中，冒险的赌注应该被考虑
成是输掉的（perdu），但我们得到了致福的永生，即 ∞；如果大它不存
在，即 A̶，这意味着我们得不到许诺，即我们同样有一个 0，它什么都
不是，而赌金输掉了，即 −a。

主体

A	0	∞
A̶	−a	0

关于"赌博"和"许诺"的含义，我们可以通过拉康对上图的解释
来理解：

> 事实上，在帕斯卡的赌博中，赌注等同于许诺。这是因
> 为，许诺陈述为，我们能构成矩阵。一旦矩阵构成，主体的运
> 行（conduite）仅仅通过这个被能指固定的东西所定义，这没有

① Jacques Lacan, *Le Séminaire*, *livre XVI*, *D'un Autre à l'autre*（1968—1969），
p. 145.

问题。①

很显然，拉康借由帕斯卡的赌博继续探讨他本年度的主题，即"能指在大它中的命运（增殖）"，而这一切的前提是大它存在，没有大它，就没有能指登陆的地点。

进一步，拉康补全了这个矩阵，我们看看他是如何解释"主体的赌博"的：

	支持 我	反对
A	$0, \infty$	$a, -\infty$
A̶	$-a, 0$	$a, 0$

如果上帝存在，对于一个已经知道这个事实的主体来说，他支持这个事实，那么，这是左上方中（$0, \infty$）的情况；

如果上帝存在，主体知道这个事实，但他选择不支持，那么他失去了致福的永生，这是右上方中（$a, -\infty$）的情况；

如果上帝不存在，主体知道此事，他参赌，但输了，这是左下方中（$-a, 0$）的情况，拉康指出，$-a$ 表达的是 a 的丧失，这是 a 的本质；

关于右下方中（$a, 0$）的情况，拉康没有做出解释。②

这里的赌博，其中仅仅涉及大它、能指和客体 a 之间的关系，我们其实可以用异化来理解：

首先，关于"赌注"（enjeu）和"赌金"（mise），这两个法语词都同时

---

① Jacques Lacan, *Le Séminaire*, *livre XVI*, *D'un Autre à l'autre*（1968—1969），p. 146.

② Ibid., p. 148—149.

包含赌注和赌金这两个含义，但我们必须区分两者，因为拉康用"赌注"来指称客体 a，用"赌金"来指称"致福的永生"，即能指的无限增殖。

　　然后，在大它存在的情况下，存在着两种情况，分别是 0，∞ 和 a，–∞。对于第一种情况，其中的 0 实际上就是客体 a，拉康在这里用 0 来表示这个概念，意思是，相对于无穷大来说，客体 a 显得微不足道；而解析"赌博"一词的关键就是第二种情况，拉康在针对此种情况的两处评论中 [①] 都谈到，这是主体在 a 和"致福的永生"（能指的无限增殖）之间的**选择**，谈到选择，我们自然会想起在上一章中介绍的异化，其中涉及的正是在客体 a 和能指之间的**选择**。

　　事实上，用异化来理解主体在大它存在的情况下的两种可能性是可行的。"赌博"其实指的就是选择，选择了大它，就是选择了能指的无限增殖，而选择了客体 a，就是回到了存有（Être），主体消失了。

　　而在大它不存在的情况下，是没有任何可能性的，既没有"能指无限性"的未来，也没有谈论客体 a 的可能性。我们看到，在 –a，0 和 a，0 的情况中，没有赌金，而赌注也输掉了，没有保本的可能性。因此拉康说，a 的本质是丧失（perte）。

　　最后，拉康替换了赌博矩阵中的术语，专门讨论了"我"和 S（Ⱥ）之间的关系：

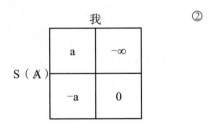

①　Jacques Lacan, *Le Séminaire*, *livre XVI*, *D'un Autre à l'autre*（1968—1969），p. 148，p. 156.

②　Ibid., p. 182—183.

值得注意的是，上页图示所示的情况不再是赌博，因为符号 S（Ⱥ）和 A 的含义不同，后者指示大它不存在，而前者表达的是大它存在，但缺乏一个能指填补它，因此拉康在此并没有谈论赌博，而是讨论在大它的结构中，客体 a 和能指的一些功能：

首先，S（Ⱥ）强调的是缺乏或者裂缝，因此绝对不会出现能指的无限性（∞）；

其次，a 的**功能**被表述为"给世界添加的知识"，这意味着客体 a 将不断地在大它中产生"知识"，但拉康紧接着强调，a 的逻辑后续是 −∞，即"缺席于欲望的东西（manquer au désir），这正是无限"，如果欲望是"能指的无限性（∞）"，那么对欲望的永恒缺席，就是负无穷；因此，a 被否定符号所标记；

最后，0 所指的也是客体 a，之所以用数字 0，是为了表示"洞"，这对应的正是 S（Ⱥ）所指示的永恒裂缝 ①。

拉康将斐波那契数列和帕斯卡的赌博结合，并非想讨论赌博，因为对于主体来说，本质上不存在赌博：主体必须在大它的领域中登陆，如果没有大它，什么都没有。这是一个绝对不对称和不平等的关系，因此谈不上赌博。实际上，拉康借由斐波那契数列想讨论的仍然是大它、客体 a 和能指的关系，并且，相对于第一个理论模型中的能指**闪现**和第三个理论模型中的能指**线性递增**模式来说，拉康在斐波那契数列框架下希望向读者呈现出能指的**指数级增长**模式：

帕斯卡赌博依靠的无限，是数的无限性。我已经抓住了这个无

① Jacques Lacan, *Le Séminaire, livre XVI, D'un Autre à l'autre*（1968—1969），p. 183.

限性，并且如果我可以这样说，我已经通过指数的斐波那契数列的
建立，加快了这个数列中数字的产生，它们不是代数式地而是几何
式地增长。①

　　能指的几何式或者指数级增长模式完全不同于之前的能指模式，这
带来了一些理论上的困难：

　　首先，这违背了我们的常识。当拉康在《认同》讨论班中将能指定
义为"一元划线"，并用螺旋线来具象化这个概念时，他给出的能指模
式是**线性连续**结构。

　　其次，在拉康的换喻公式中，能指是一个个依次排队的模式，所以
人们能够接受能指在大它中**闪现**，也可以接受它在其中**线性增加**，但无
法想象其**指数级大爆发**的增长模式。

　　更为重要的是，在这种模式下，作为能指诞生之地的大它，我们将
无法确定其定义。之前，大它被定义为弗雷格逻辑学的空概念或者集合
论中的空集，人们勉强能接受空概念中能指的冒起-消失，或者在集合
论的规则下，空集每重复一次，能指增加一个。重要的是，在以上两种
情况中，大它的定义维持着一致性（空概念＝空集）。现在，人们找不
到对应能指增长模式的"大它"定义，即便找到，其定义也和大它之前
的定义相去甚远。因此，在讨论斐波那契数列的时候，为了避免理论上
的困难，拉康绝口不提"大它"这个概念。

　　那么，既然斐波那契数列会在理论上带来诸多困难，为什么拉康仍
然坚持要用它来进行理论探讨呢？一个重要的原因涉及客体 a 的地位。
我们介绍过，在《精神分析的关键性问题》讨论班，拉康引入了主体分

―――――――――

① Jacques Lacan, *Le Séminaire*, *livre XVI*, *D'un Autre à l'autre*（1968—1969），
　 p. 154.

裂的第二个模式，在此模式下，客体 a 是能指冒起的原因。构建两个术语之间的**因果性**时，拉康发现斐波那契数列是一个不错的数学模型：

（1）首先，这是一个无限递增数列，这满足能指无限增加的理论要求；

（2）其次，当数列趋向于无穷大时，前一项与后一项的比值越来越逼近一个固定的数（或者说后一项与前一项的比值小数部分越来越逼近这个数）。在拉康看来，这正好可以用来说明客体 a 是能指增殖背后的原因。

在接下来的一节中，我们会介绍拉康是如何用数来讨论这个能指增殖的原因的。

二 客体 a 的值

拉康在其教学中，除了用 0 之外还用了两个数来讨论客体 a，这两个数从不同的视角考察了 a 和能指的关系。

1 虚数

虚数首次出现是在 1545 年，以 $\sqrt{-15}$ 的形式被记录在卡尔达诺（Girolamo Cardano）的书中。稍后，在莱昂哈德·欧拉的书中（1777），虚数被书写成 $b\sqrt{-1}$，后来被简写为 ib。虚数因为违反了代数运算的规则（负数不能开平方根），长时间为数学家所拒绝，在获得其名"虚数"之前，它被称为"诡辩的"或"不可能的"。在法语中，虚数是 le nombre imaginaire，字面意思是"想象数"，意指这个数仅仅是人们的想象而已，它不可能存在。

拉康用虚数来定义客体 a，这完全符合此概念被定义为"符号中的实在"的事实：这个数产生于计算，却被符号体系所拒绝，因为人们不能将其归入已知的任何数中。直到复数被构造出来后，虚数才找到了自己的安身之所。

从 1961—1962 年的《认同》讨论班开始，直到 1971—1972 年《……或者更糟糕》讨论班，拉康都坚持将客体 a 定义为 $\sqrt{-1}$。

在 1962 年 1 月 10 日的教学中，拉康使用黄金分割数的公式 $a = \dfrac{1}{1+a}$ 来讨论"主体的命运"，即在重复的终点，主体无限接近某个数。那时，客体 a 还没有出现在理论中，拉康将这个"未知的所指"用虚数 $\sqrt{-1}$ 来指称。将 $\sqrt{-1}$ 代入公式之后，没有出现原本的斐波那契数列，而是一个循环，或许拉康想借此来讨论能指的结构，即螺旋线所展示的"回归"。

这个循环分成三个阶段，我们接下来展示这三个阶段的验算过程：

第一个阶段是 i + 1，关于 i，拉康承认，这就是在命名之前的主体 ①。

第二个阶段是 $i + \dfrac{1}{i+1}$，经过计算 ② 得到 $\dfrac{i+1}{2}$。拉康认为，第二阶段指示了主体因为命名而处于分裂的状态：主体分成了两部分，$\dfrac{i}{2}$ 和 $\dfrac{1}{2}$，相比之前，它现在只有一半，即 $\dfrac{i}{2}$。

---

① Jacques Lacan, *Le Séminaire*, *L'identification*, séance du 10 janvier 1962, inédit.

② $$i + \dfrac{1}{i+1}$$
$$= i + \dfrac{i-1}{(i+1)(i-1)}$$
$$= i + \dfrac{1-i}{2}$$
$$= \dfrac{i+1}{2}$$

第三个阶段是 $i + \cfrac{1}{i + \cfrac{1}{i+1}}$ ，经过计算 [1] 得到 1，我们回到最初。主体从未命名到命名，再到重新跌落，经历了一个循环。

在下一次教学的一开始，拉康指出，符号 $\sqrt{-1}$ 支撑主体 [2]。其实这个观点出现在《认同》讨论班是十分违和的，因为在这一年的教学中，作为"主体的丧失"的客体 a 仅仅是能指运动的产物而已，只有从下一年的《焦虑》讨论班，客体 a 才开始以支撑物的角色出现。

到了 1967 年，客体 a 被正式命名为虚数：

> a，如果要用两种对立的方式，并加上或者减去某物来规定它，这产生了 2，a 等于 i。[3]

在《……或者更糟糕》讨论班中，拉康承认，虚数表达了一个事实，即符号中的实在和符号的不可能性有关：

> 总之，$\sqrt{-1}$ 越是和"大一"，即整数的入口相对立，它越是证明

---

[1]
$$
\begin{aligned}
& i + \cfrac{1}{i + \cfrac{1}{i+1}} \\
&= i + \cfrac{2}{i+1} \\
&= i + \cfrac{2(i-1)}{(i+1)(i-1)} \\
&= i + (1-i) \\
&= 1
\end{aligned}
$$

[2] Jacques Lacan, *Le Séminaire*, *L'identification*, séance du 17 janvier 1962, inédit.

[3] Jacques Lacan, *Le Séminaire*, *La logique du fantasme*, séance 12 avril 1967, inédit.

了，在数学中，实在产生于"不可能性"。①

客体 a 位于实在（Réel）和符号（Symbolique）相交处（下图），按照定义，它应该同时具有两者的性质，而这个特征被拉康用"符号的不可能性"来指示："不可能性"是"符号体系"的产物，它同时标记了"知识（符号）的界限"，这正好对应了客体 a 的地位。

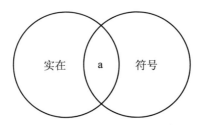

2　黄金分割数

相对于虚数来说，拉康更喜欢将客体 a 定义成黄金分割数，因此他偏爱斐波那契数列。我们已经介绍过，斐波那契数列有一个特征，即当趋向于无穷大时，前一项与后一项的比值越来越逼近黄金分割数的近似值 0.618（或者说后一项与前一项的比值小数部分越来越逼近 0.618）。从哲学的角度来看，数列的这个特征对应着目的论。

接下来，我们简单回顾下从柏拉图开始的关于目的论的理论，以及弗洛伊德对此问题的回答，这不仅仅关乎我们这一节中的内容，还涉及下文对术语"能指"的梳理。

I　哲学中的目的论理论

柏拉图在《蒂迈欧篇》中，通过神话阐述了自然的起源和运转方

_____

① Jacques Lacan, *Le Séminaire*, *livre XIX*, *...ou pire*（1971—1972）, p. 201.

向。按柏拉图的观点，造物主按照理念世界的模型来创造一个尽可能完美的世界，不过，造物主没有创造精神和物质，他只需要将两者结合起来。为了达到此目的，造物主创造了"世界灵魂"，这是由可分与不可分的东西、同一与变化的精神和物质构成，它能够认识理念，感知物质。"世界灵魂"会运动，并且通过自己的运动推动别的物体运动，因此它是一切运动的原因。"世界灵魂"充斥在世界中，推动着世界的运动和变化。①

柏拉图的这个宇宙创生理论表达的是一种目的论的世界观，因为他试图把宇宙万物解释成有目的的存在。目的因和终极因是世界真实的原因，且宇宙中所有美好、合理和有目的的东西，全部依靠理性，而邪恶、不合理和不合目的的东西是出自机械的原因。

进一步，柏拉图眼中的宇宙是一个有灵魂和理性的有机体，这个观点是根据宇宙和人，即大宇宙和小宇宙的类比推演出来的。我们感官所知觉的物质现象，是永恒不变的理念的影子，后者是形式、欲望和目的的统一，所以当理念受到物质束缚的时候，它会想恢复其本来的状态，这样，在物质层面就产生了运动和变化。

柏拉图关于理念和物质现象的讨论，可以归结为关于形式和质料的争论。虽然柏拉图没有否认质料的意义，但他始终认为，形式才是决定事物本质性的东西。但，两者之间存在着无法逾越的鸿沟：形式是超越的，是独立于物质存在的，那么形式是如何添加在无生命的物质之上的呢？鉴于这些困难，柏拉图的学生亚里士多德提出了自己的自然观。

和柏拉图一样，亚里士多德也认为，宇宙是理性的，是一个相互关联的整体，是一个永恒不变的理念或者形式的体系。但，和柏拉图理念

---

① 梯利：《西方哲学史》，葛力译，商务印书馆，1995，第69页。

的超越性世界观不同，亚里士多德认为，理念或形式就在我们感知的世界中，换句话说，质料和形式不能分开，我们不能离开质料而单纯地谈论形式，也不能撇开形式只考察质料，两者是事物的不同侧面，但是不可分离的。

经验的世界是不断变化的，变化中又有不变的部分。亚里士多德认为，不变的部分是质料，那么，变化是发生在形式水平上的，即事物被新的形式所重新组织（本质上形式也没有发生变化，而是一个形式替代了另一个形式），但其质料没有变化。

对于亚里士多德来说，变化导致新事物的出现，这是形式和质料共同运动的结果，是形式对质料的塑造。形式实现在事物之中，促使物质发生变化和运动，这标志着一个内在于该事物之中的潜在目的的最终实现。准确来说，这是形式潜在的可能性变成现实的过程。如同一颗橡树种子最终长成橡树，种子中蕴涵的形式有一个潜在的目的，通过最后变成橡树而实现这个目的。

因此，形式不仅仅是事物的本质，更是带有目的性的推动力，事物发展变化就是依靠形式这种有目的的力量。在此意义上说，形式既是动力因又是目的因。

总之，亚里士多德的自然观表达了一种目的论，而在中世纪的经院哲学中，这种目的论和基督教相结合，形成了有强大影响力的神学。后来，目的论在德国古典哲学中再次绽放出光芒，我们将在以后的书中阐述。

II　弗洛伊德思想中的目的论

不管哲学中的目的论是否为真，回答"宇宙运行的方向和目的是什么""世界发展的终点在何方"和"人生最终的归属为何"这几个相互关联的问题确实是我们精神的内在必然需要。如果我们接受没有目的论的人生观和宇宙观，那么，世间一切对我们来说都是偶然，我们的人生也没有方向和目标，是随机且发散的，这并不符合大部分人的精神需求。事实上，不管是东西方的哲学、中世纪的宗教，还是近代的科学，它们都要回应目的论，如果我们回溯东西方的哲学史，其中古代的天道／天命被中世纪的上帝所取代，而后者在近代又被科学真理替代，可以看到，人们始终对"目的"有着执着的追求。

在精神分析的临床中，我们同样能遇到对"目的"的拷问。实际上，在精神分析诞生的一开始，弗洛伊德就力图回答问题："治疗的结束意味着什么？"，并且这个问题贯穿了弗洛伊德整个精神分析的生涯。

在《癔症研究》中，通过对五个癔症案例的观察，弗洛伊德和布洛伊尔向我们揭示了"精神结构的分裂"，即"无意识和意识之间的分裂"：在无意识中，存在着一些活跃的、被压抑的表象，它们随时准备闯入意识。然而，因为这些表象对于意识来说是难以接受的，会在意识层面激起道德的痛苦、内疚或者羞耻的情感①，所以它们不被允许进入意识中，并且有一个精神的力量来对抗这些记忆的回返。

但压抑和监察机制并没有阻止无意识表象的发展：它们在意识的领域之外进行自组织，并且不停向我们的精神生活施加巨大的影响。这些无法成为意识的表象，弗洛伊德和布洛伊尔称其为"病理性的"。对那时的弗洛伊德来说，癔症症状起因于"被压抑的记忆"，换句话说，记忆，包括无意识表象和与之匹配的情感，必须通过话语而重回意识，并且随着这项工作的完成，情感得以宣泄，症状得以消除。这就是精神分

---

① 关于"精神能量"，弗洛伊德一直使用"情感"（affect）一词，但我们认为应该是"情绪"（émotion）。在这里，我们仍然采用弗洛伊德的术语，而对"精神能量（情绪）"，我们将在以后的书中再次回到弗洛伊德的理论中讨论。

析工作的最终目的，而弗洛伊德将这项技术称为"宣泄法"。

> 我们认识到，"当我们在引起患者对意外事件的清晰回忆和引起
> 其伴随的情感这两个方面取得成功时；当病人已最能够详细描述那
> 个意外事件，并把情感置于言语之中时，我们见到大多数各种不同
> 的、已持续多年的癔症症状立即和永远地消失"。①

二十年之后，精神分析从理论到实践都获得了巨大的发展。在《精神分析引论》中，弗洛伊德详细解释了分析治疗的目标，以及在分析中会遇到的困难。

弗洛伊德在长期的工作中，对精神的结构和发展有了更多的认识。对他来说，精神分析的任务是从根源上清除症状：通过克服抵抗，不仅仅症状消失，分析者的精神生活还获得了持久的改变，比如，患者的精神状态被提升到了更高的发展阶段，并且这种新的精神状态能够抵御疾病的侵袭。

关于分析的目标，弗洛伊德在《癔症研究》中指出，分析的结束意味着**澄清了案例中的晦暗不明，填补了记忆的空缺，并发现压抑的理由**。随着分析的进展，弗洛伊德发现了"转移"的现象，这时，分析工作变得复杂：我们处理的不再是分析者本身，而是分析者和分析家的关系。

从此以后，只揭示无意识中被压抑的表象变得不够，分析要**依靠转移来触及无意识的情结，有时候，分析家要激起转移，即过去冲突的新版本，在转移的战场上，这些相互对抗的力量得以相遇。**

---

① 西格蒙德·弗洛伊德：《癔症研究》，金星明译，收录于《弗洛伊德文集 1》，长春出版社，2004，第 143 页。

1937 年，弗洛伊德写了两篇文章来对临床工作做总结。第一篇是著名的《有终结的和无终结的分析》，这篇文章围绕着"分析的终结"这个问题来展开。对弗洛伊德来说，如果两个条件能够被满足，分析是可以结束的：

> 第一，分析者"不再受症状之苦"，他必须已经"克服了焦虑"；①
> 第二，根据分析家的评估，分析者无意识中如此多的被压抑之物进入了意识，如此多的谜题得以被澄清，如此多的抵抗被克服，那么人们将不再"害怕病理过程的重复"。②

而分析结束的另一个意义和"自我"以及"自我和冲突的病因学"有关。弗洛伊德指出，当人们谈论"冲突的病因学"时，这要么涉及"过分强大的冲动"，它拒绝服从自我的法则，要么涉及"过早的创伤"，自我对其无法掌控。③ 通过分析的工作，**自我得以加强，同时对于创伤的早期处理，它被后期更为成熟的办法所替代。另外，分析将引领自我对早期压抑进行修改。**④

同年完成的另一篇文章《分析中的构建》中，弗洛伊德表达了类似的观点：分析的工作在于，**引导分析者揭示其生命早期建立的压抑，然后用"对应精神成熟状态的反应"来替代这些早年不成熟的反应。**⑤ 这时候，弗洛伊德特别强调对"幼儿压抑"的修改，因为症状和禁止不是

---

① Sigmund Freud, "L'analyse finie et l'analyse infinie," dans *Résultats*, *idées*, *problèmes II* (*1921—1938*), trad. Janine Altounian (Paris: PUF, 1998), p. 234.

② Ibid., p. 235.

③ Ibid.

④ Ibid., p. 242.

⑤ Sigmund Freud, "La Construction dans l'analyse," dans *Résultats*, *idées*, *problèmes II* (*1921—1938*), p. 270.

主要的问题，它们仅仅是压抑的结果，是被遗忘之物的替代物。[1] 通过自由联想，分析者能够认识到这些被压抑的经验、对被压制情感的抛弃和对这个抛弃的反应。[2]

另一方面，在弗洛伊德的理论中，"冲突"这个概念从一开始就处于中心：在第一个精神装置理论中，冲突产生于意识施加在无意识之上的压抑，而在第二个理论中，冲突来自相互斗争的精神机构之间的关系。那么，分析不再瞄准揭示无意识的表象，而是要处理冲突。弗洛伊德指出，分析要处理的不仅仅是过去和现在的冲突，还有未来的冲突。为了实现此目标，分析依靠转移"来将未来的冲突转换成当下的冲突，而对于后者人们可以对其施加影响"[3]。

而关于分析的结束，弗洛伊德清楚地指出，分析不是一个标准化的加工厂，它必须保证每个人的独特性，即使一个分析者经历了彻底的分析，这也不意味着他变成了超人，完全没有苦难，也没有任何的内部冲突。[4] 分析必须建立对于自我功能最合适的心理条件，这使得自我的任务得以完成。[5]

我们看到，从早期的"宣泄疗法"到晚期的"解决冲突"，弗洛伊德对临床目标的理解发生了巨大的变化，这说明，理论相对临床工作有着优先性：我们是从理论的视角来看待临床的，同时按照理论的规定来进行临床实践。

---

[1]　Sigmund Freud, "La Construction dans l'analyse," dans *Résultats*, *idées*, *problèmes II* (*1921—1938*), p. 270.

[2]　Ibid.

[3]　Ibid., p. 246.

[4]　Sigmund Freud, "L'analyse finie et l'analyse infinie," dans *Résultats*, *idées*, *problèmes II* (*1921—1938*), p. 265.

[5]　Ibid., p. 263.

III　拉康思想中的目的论：黄金分割数

当弗洛伊德谈论分析的目标时，他是围绕着具体的经验展开论述的，读者可以通过自己的经验来想象和理解，但在拉康思想中，其基本术语都是围绕逻辑学和数学来构建的，所以当拉康谈论分析的终结时，肯定和常识有距离。另外，弗洛伊德精神分析的主题是治疗，分析的结束往往意味着治愈，或者症状的极大缓解，而拉康的精神分析临床无法确定其具体目标，它既包含了治疗，同时也涉及人生的选择，因此拉康对分析目标的阐述不是对临床经验的直接描述。

在逻辑学和数学框架中，拉康仍然需要思考关于目的论的问题，因为在之前的模型中，能指的重复是单调或无止境的，它要么**冒起又消失**，要么一个一个**相继出现**，并堆积在大它中，如果我们用这些结构来类比和理解临床工作，会产生几个理论问题：

（1）人生的目标。虽然拉康的理论不是直接面向临床，但能指的单调重复结构只会让人感到焦虑：这样没有目标的无限重复，意味着人生道路既没有目标，也没有终点。因此在回答人生目标的问题时，拉康不能继续使用能指的此模式。

（2）能指和实在的关系。在第三个理论模型中，实在（客体 a）成了能指的形式因，不过在理论模型中，我们只能看到能指和实在之间的微观关系，即能指 1 伴随着客体 a（0）的重复而一个接一个地产生，这不是**宏观关系**，它无法回答"实在的终点是什么？"这个问题。

（3）能量守恒。我们介绍过，在第一个理论模型中，大它是一个开放性结构，它允许实在从外部**进入**它，这时我们可以忽略能量的问题。但在第三个理论模型中，大它变成了封闭的结构，所以能指只能从客体 a**中产生**。此时这个"创生"的结构让人们不得不考虑能量的问题。

精神能量在弗洛伊德理论中被"冲动"这个概念表达，而在拉康思想中，"享乐"概念替代了"冲动"，这意味着享乐是具有能量属性的。并且在第三个理论模型中，因为大它结构的变化，拉康特意区分了"享乐"和"剩余享乐"（客体 a），这就是为了表明，产生能指的动力源是这个大它中的"**有限享乐**"，这也意味着，随着能指的不断增加，这个**有限**的享乐在量上应该是不断减少的 ①。而能指的增加没有限制，这意味着剩余享乐在未来必将耗尽，精神动力学也就随之终止，这绝不是拉康希望看到的局面。因此，拉康希望客体 a 不是一个普通意义上的数值，而是一个无限数列的**极限**，这样便可以源源不绝地产生能指，从而维持主体动力学。考虑再三之后，拉康选择了斐波那契数列。

在陈述了引入斐波那契数列的必要性之后，接下来我们跟随拉康的思路，看看他是如何引入这个数列的。在教学中，拉康很早就开始关注关于目的论的问题，不过他并没有直接谈论这个主题，而是反复提及我们介绍过的弗洛伊德晚期的一篇文章《有终结的和无终结的分析》。拉康借由讨论这篇文章，看似在回答分析临床中分析结束的问题，实则是在理论上探讨目的论，理由便是：在词源上，"终结"（fin）一词和"目的论"（téléologie）这个术语并无关系，但它和"finalité"这个术语有共同的词根，而后者也可以表示目的论（finalité）②。

---

① Jacques Lacan, *Le Séminaire*, *livre XVII*, *L'envers de la psychanalyse*（1969—1970），texte établi par Jacques-Alain Miller（Paris：Édition du Seuil），1991, p. 51, p. 56—57.

② 在巴黎精神分析杂志上，我们看到在 20 世纪 80 年代举行的关于"目的论"（finalité）的会议的记录。另外在众多法语哲学著作中可以发现，在关于"目的论"的讨论（特别是围绕康德第三批判的讨论）中，比起术语 téléologie，哲学家们也喜欢用 finalité。

有了以上的铺陈，我们终于可以明白，为什么在《认同》讨论班1962 年 1 月 10 日的教学中，拉康虽然一直忙于在弗雷格逻辑学框架下区分表述的主体和叙述的主语，并将能指定义为专名，可是在教学的尾声，他突然提到黄金分割数，并讨论起斐波那契数列。

关于黄金分割数，除了我们之前提到的——在斐波那契数列中，当趋向于无穷大时，前一项与后一项的比值越来越逼近这个数值——之外，其实还有一种算法，即把一条线段分割为两部分，使其中一部分与全长之比等于另一部分与这部分之比（下图）。

$$\overset{}{\underset{A \quad\quad\quad C \quad\quad\quad B}{\bullet\!\!-\!\!-\!\!-\!\!-\!\!-\!\!-\!\!-\!\!\bullet\!\!-\!\!-\!\!-\!\!-\!\!-\!\!\bullet}} \qquad \frac{AC}{AB}=\frac{BC}{AC}$$

如果我们设 AC 为 1，BC 为 a，我们会发现，以上的公式就是拉康在《从一个大它到另一个》讨论班中讨论斐波那契数列时的初始公式：

$$\overset{\;1\;\;a\;}{\underset{A \quad\quad\quad C \quad\quad B}{\bullet\!\!-\!\!-\!\!-\!\!-\!\!-\!\!-\!\!\bullet\!\!-\!\!-\!\!-\!\!\bullet}} \qquad \frac{1}{1+a}=\frac{a}{1}$$

在 1962 年 1 月 10 日的教学尾声，拉康将笛卡儿的"我思故我在"放在弗雷格逻辑学框架下来解读，即"我思"是能指，"我在"是客体 a，后者也是"未知的所指"；按照表述的主体和叙述的主语的划分，前者能够将"我思故我在"不断转换成"思想"，即"我思……我思故我在"，这是我们在第一章中提到过的欣蒂卡的观点。然后，拉康突然提到了黄金分割数的倒数 $\dfrac{1+\sqrt{5}}{2}$，随后他便开始谈论一个收敛数列，而这个数列就是斐波那契数列的一种形式：

$$1+\frac{1}{1}=2,\ 1+\frac{1}{1+1}=\frac{3}{2},\ 1+\cfrac{1}{1+\cfrac{1}{1+1}}=\frac{5}{3},\ 1+\cfrac{1}{1+\cfrac{1}{1+\cfrac{1}{1+1}}}=\frac{8}{5}\quad\cdots$$

在《认同》讨论班的理论模型中，能指是闪现的模式，但拉康一定要在此插入以斐波那契数列为模型的能指模式，其目的就是强调"主体的命运"，即在无限的重复中，主体会趋向一个稳态[①]。而在接下来（我们在上一小节中介绍了），拉康用虚数 i 替换了一个 1，以上的公式便呈现出循环的特征。拉康特意强调某种规律，正是为了避免能指无意义的单调重复，因为在此种结构中无法谈论主体的命运。由此可以看出目的论在拉康思想中的重要性。

拉康第二次谈及"主体的命运"是在《精神分析的反面》讨论班中。同样是利用黄金分割数的公式 $a = \dfrac{1}{1+a}$，拉康构造了无限重复的数列：

$$\cfrac{1}{a + \cfrac{1}{a + \cfrac{1}{a+1}}} = a \quad ^{②}$$
$$\cdots\cdots$$

拉康此时应该已经注意到，在前一年教学中提出的第三个理论模型中，大它是一个封闭性结构，所以客体 a（剩余享乐）这个产生能指的能量是**有限**的。如果拉康始终坚持第三个理论模型中的主体模式，这个建立在有序对基础之上的能指模型终有一天会耗尽能量：

---

① Jacques Lacan, *Le Séminaire*, *L'identification*, séance du 10 janvier 1962, inédit.

② Jacques Lacan, *Le Séminaire*, *livre XVII*, *L'envers de la psychanalyse*（1969—1970）, p. 183. 这里拉康展示的公式似乎是错误的，按照黄金分割数的公式，应该是以下公式：

$$\cfrac{1}{1 + \cfrac{1}{1 + \cfrac{1}{1+1}}} = a$$
$$\cdots\cdots$$

$$1 + （1 + （1 + （1 + （...））））$$

由上图可知，每个能指的产生都和其原因，即空集，一一对应，换句话说，每次空集的重复都会产生一个能指。当人们只考察集合论的原则而忽略能量问题的时候（数学都不涉及能量），这个模式不会产生任何问题。但一旦考虑能量，肯定会遇到能量守恒的问题：每产生一个能指都是要耗能的，能指的无限增加一方面会导致"能源危机"，另一方面，**有限的能量**也无法产生**无限的能指**。因此，一旦涉及能量的问题，拉康必须放弃之前的模型而参考斐波那契数列，而此数列的特点是，数列的增长没有一个**显在**的原因，黄金分割数体现在当数列趋向于无穷大时，前一项与后一项的比值的近似值，我们可以将这个数理解成数列增长的**潜在**原因。这个潜在原因具有两个重要的特征：

（1）黄金分割数本身永远不会显现出来，它只体现在前后项的比值中，并且这个比值仅仅是逼近黄金分割数而绝对不会抵达它，这保证了数列可以无限增长；

（2）因为黄金分割数是前后项的比值，我们可以解释为，它不仅仅决定了数列增长的量，还决定了其增长的方式。

因此，斐波那契数列对于拉康来说，是讨论目的论和"能量守恒"的绝佳理论模型，只不过在此模型中，能指呈现出指数级增长，这种模式不对应任何一个理论模型，尤其是第三个理论模型，这导致1968—1969年的教学内容无法保证一致性。

第九章
第五个理论模型：量词逻辑

量词逻辑属于一阶逻辑，后者也叫一阶谓词演算，它允许量化陈述的公式，是使用于数学、哲学、语言学及计算机科学中的一种形式系统。量词，准确来说是全称量词，是弗雷格在1879年引入的，这是逻辑学发展历史上的一个标志性转折点。

全称量词是指在语句中含有短语"所有""每一个""全部""一切"等都是在指定范围内（记作∀），表示该指定范围内的全部客体或该指定范围整体的含义的词。含有全称量词的命题叫作全称命题。全称量词的否定是存在量词。

而短语"存在一个""至少一个"在逻辑中通常叫作存在量词，用符号∃表示。含有存在量词的命题，叫作特称命题（存在命题）。

当拉康使用量词逻辑构建其第五个理论模型的时候，这意味着弗雷格逻辑学的回归。而我们在这一章中的目标是考察拉康利用量词逻辑会带来什么新的内容。

一 《精神分析的行为》讨论班：引入量词逻辑

1967—1968年《精神分析的行为》这个讨论班的内容非常丰富，拉康不仅再次用皮尔斯逻辑图来讨论自己在 1961—1962 年教学中引入的全称肯定命题，还引入了异化图 II 和异化图 III，除此之外，他借由全称肯定命题来探讨量词逻辑，只不过拉康在此并非以系统的方式引入新的逻辑形式。

在 1968 年 2 月 7 日的教学一开始，拉康就谈及量词逻辑，随后他便展开了对皮尔斯逻辑图的论述：

> Le sujet 在当代逻辑的步伐中，变得越来越含混不清，这个转折点的另一面让 sujet 摇摆，数理逻辑中的视角倾向于将 sujet 简约为一个函数的变量，即这个将随后进入所有量词辩证法中的某物，它仅仅让 sujet 从此以后出现在命题中的模式变得不可恢复。术语"转折点"对我来说是被我已经给出的公式决定的：sujet 是能指为另一个能指所代表的东西。①

我们在此特意没有翻译 sujet 一词，目的是想让读者根据整段话的语义来了解一个事实，即当拉康在谈论 sujet 时，常常利用这个术语的多义性而一语双关。在这段话中，因为量词指示的客体在弗雷格逻辑学中处于命题的主语位置，所以量词总是和主语相关的，拉康正是在此结构基础上使用 sujet 的歧义性（主体／主语），从而将逻辑学和精神分析结合起来。

虽然量词逻辑在之后的教学中变成了讨论"男女性差异"的公式，但我们在此要强调的是，这些公式和第一个理论模型中的逻辑命题一样，它们首先并不是用来描述临床现象的，所以即便拉康用这些逻辑公式来谈论男女，这也仅仅是一种**比喻**，因为他说过，主体不是个体，不

---

① Jacques Lacan, *Le Séminaire*, *L'acte psychanalytique*, séance du 7 février 1968, inédit.

是经验中的人。所以，当我们考察量词逻辑时，应该首先思考其（弗雷格）逻辑学的维度和意义。

拉康将 1968 年 2 月 28 日的讨论班交给学生纳西夫（Nassif）做报告，他仅在其报告结束之后做了一番简要的评论，随后他谈到了量词逻辑并提出了自己的独特解释。按照逻辑学的原则，全称量词的否定是存在量词，也就是说"全部"和"存在着一个"是相互对立的，但拉康并不这样认为，他在此引入了一种新的对全称量词的否定，即"不是所有"（pas-tous）：

> 事实上，在亚里士多德逻辑的水平上，这事是已经存在并且是显著的，考虑到全称、特称、肯定和否定构成的四极，亚里士多德逻辑向我们展示了，这里有另一个全称和特称的位置，两者可以通过否定来使得全称和特称以对立的方式呈现，或者特称可以被定义为"不是所有"（pas-tous），这是我们操心且能够把握的事。①

接着，在引入了全称符号 ∀ 和特称符号 ∃ 之后，通过强调主语和谓词命题之间的关系，拉康将量词和弗雷格逻辑学融合：

首先，量词逻辑涉及的是函数而不是谓词命题，于是拉康参照弗雷格逻辑学中函数和谓词命题的等同性，将谓词命题转换成了函数；

然后，拉康将亚里士多德的一个全称陈述命题"所有人是圣贤的"，按照弗雷格逻辑学来改造，并和全称量词 ∀ 相结合。

$$(-h + v \, s) \qquad ②$$

---

① Jacques Lacan, *Le Séminaire*, *L'acte psychanalytique*, séance du 28 février 1968, inédit.

② Ibid.

　　上面的公式表达了"主体的选择"，字母 h 指人（homme），负号指的是否定，字母 v 是逻辑符号，表示连接，而字母 s 则是谓词"圣贤的"（sage）。拉康用这个公式想说的是：对于所有的客体 i 来说，要么是"非人"，要么是"圣贤的"①。这完全是在弗雷格逻辑学框架下的解读：主体面临一个选择（此选择和异化中的选择不一样），要么它选择"存有"，它是人，如果这样，它是被谓词命题所排除的主体，即"非人"（−h）；要么它选择进入谓词命题之中，这时它是"圣贤的"（v s）。主体如果要成为纯粹的、自由的主体，它就必须摆脱谓词命题的定义和规定。所以这样的主体（−h）要么和谓词命题分离，从而处在被否定和排除的状态，一旦它和谓词命题连接，就要接受谓词"圣贤的"（s）的规定。

　　接着拉康又以另一个命题"所有划线都是竖直的"为例，指出全称命题和特称命题，以及肯定命题和否定命题之间的对立，都建立在"这个划线的'不'"（le pas de trait）②的基础之上，而这本质上指的是"这个**主体**的'不'"（le pas de sujet），即对**主语**的否定和排除。毫无疑问，这些正是弗雷格逻辑学所陈述的内容。

　　最后，拉康谈到，对主语的否定和对谓词的否定是两种完全不一样的否定③。关于这两种否定的差异，我们在第四章中有详细的介绍，不过拉康在这里重提此观点，一方面是强调自己弗雷格逻辑学主义的立场，另一方面是为后面引入量词逻辑的公式做准备。

---

① Jacques Lacan, *Le Séminaire*, *L'acte psychanalytique*, séance du 28 février 1968, inédit.

② le pas de trait 可以翻译成"没有划线"，但拉康并不是想表达"划线的虚无"，而是"对主语'划线'的否定"，换句话说，主语"划线"处于否定和被排除的状态中，所以我们将之翻译成"这个划线的'不'"。

③ Jacques Lacan, *Le Séminaire*, *L'acte psychanalytique*, séance du 28 février 1968, inédit.

1968 年 3 月 6 日的教学，拉康以命题"没有人，他（不）是圣贤的"
[*pas* d'homme qui *ne* soit sage/ There isn't a person who is（n't）sage] 开
始，这是回应《认同》讨论班中的全称肯定命题：

Il *n'y a pas* d'homme qui *ne* soit mortel.［没有人，他（不）是要死的。/
There isn't a person who is（n't）mortal.］

拉康在此重申 1961—1962 年的全称肯定命题，是想讨论从全称命
题过渡到特称命题。他随后便提出了他的特称命题：

Il *est homme tel qu'il ne soit sage.*［有人，他（不）是圣贤的。/
There is a person who is（n't）sage.］

这个特称命题和之前的全称命题的唯一差别就是主句从原来的否定
变成了肯定。按照拉康的设定，从句指示大它，主句表达的是被排除的
主体，那么，主句应该始终是被否定所标记的。但在特称命题中，主句
居然是肯定句。为什么拉康要修改设定呢？原因是，他想借用弗雷格逻
辑学，准确来说是弗雷格的概念文字中的命题结构，来引入量词逻辑，
虽然两者都属于弗雷格思想，但在很多地方都有所不同。

关于这个特称命题，拉康指出，他将其放在"例外"的位置上，随
后他便定义了什么是"例外"：

当然，例外，和流行于世间的观点不同，它并不确认规则。这
将它简单地简约为不是必然价值的法则价值，即这将它简约为法则

价值；这同样是对法则的定义。①

拉康的上述定义清晰地表达了一个事实：例外不遵守法则，或者在法则之外。这个对主体的定义同时也定义了法则（大它），至少确立了法则的边界。并且，如果说例外不遵守法则，那么它和法则之间是否定性的关系，这是否意味着会否定从句中的谓词"圣贤的"呢？根据之前的介绍可知，在概念文字中否定谓词实际上就是否定了谓词命题（概念），但后者是客体存在的充分必要条件，如果前提条件被否定，那么我们不能谈论任何东西。

拉康显然意识到了这一点，接下来他开始谈论"对谓词的否定"，并指出，这样的结果就是否定性命题：他们都是非圣贤的（Ils sont tous pas sages）。在概念文字的框架下，这个否定性命题不可能有主语，或者整个命题因为否定而不存在。而拉康正是从此命题出发，引入量词逻辑。他首先将上述谓词命题变成了函数，用符号 F（x）表示，其中 F 指示谓词命题（"圣贤的"），x 是"人"②，由此，"人是圣贤的"变成了 F（x）。

虽然量词逻辑和概念文字具有共同的主谓逻辑结构，但两者的主谓逻辑关系是完全不同的，并且相比后者的谓词命题-客体结构来说，量词逻辑具有两个优点：

（1）弗雷格构造概念文字是为了判断，因此，为了保证判断得以进行，谓词命题必须是肯定的；但量词逻辑的目的不是判断，因此函数可以被否定，并且否定函数不影响对量词的讨论。

（2）在概念文字中，否定谓词命题意味着谓词命题不存在；而在量词逻辑中，函数的否定可以意味着不服从，即悬置（mettre en l'air）或

---

① Jacques Lacan，*Le Séminaire*，*L'acte psychanalytique*，séance du 28 février 1968，inédit.

② Ibid.

悬空，在这样的语义背景中，人们可以随意在量词和函数上施加否定，并讨论两种否定之间组合的多种关系。

正是这两个优点吸引着拉康，而他接下来重点讨论的公式，就是基于对量词（主体）和函数（谓词）的双重否定：

$$-\exists x - F(x) \qquad ①$$

符号 $\exists$ 意味着此公式首先是关于存在量词的，然后，否定同时施加在量词（主体）和函数（谓词）上。关于此公式的含义，拉康解释道：不存在一个 x 会悬置函数 F(x)。在这里，函数 F(x) 之前的否定符号被解释为悬置，这就是我们以上提到的，在量词逻辑中，对否定符号的解释是非常灵活的，不一定是否定的含义，而这些不同的含义就允许携带否定符号的函数参与各种和量词的关系。

必须指出的是，拉康此时是围绕着第一个理论模型思考的，因此他还是按照概念文字的规则，将公式 $-\exists x - F(x)$ 解释成：这是"被否定的主体"和"被否定的谓词"之间的析取，即分离。②

在接下来一次（1968 年 3 月 13 日）的教学中，拉康用第一个理论模型中的全称肯定命题结构来解释公式 $-\exists x - F(x)$。

概念文字和量词逻辑都属于弗雷格逻辑学，两者之间既有互通的部分，也有差异之处。我们刚刚介绍了量词逻辑相对于概念文字的优点，不过概念文字也有相对于量词逻辑的长处，比如说，如果要讨论主体的分

---

① Jacques Lacan, *Le Séminaire*, *L'acte psychanalytique*, séance du 28 février 1968, inédit.

② Ibid.

裂，就必须在概念文字的结构中，因为量词逻辑的结构不允许讨论此主题。

在第四章中我们展示了拉康利用弗雷格逻辑学中谓词命题和语法主语的分离，以及术语"sujet"的不同语义，构建了主体的动力学：

被排除的主体进入谓词命题中，成为其主语。在这个动力学的过程中，"我"分裂成了"主体的我"和"主语的我"，并且两者同时被不同的否定副词（pas 和 ne）所标定，分别表达了主体的"被排除在大它之外"和"在大它之中不确定"的状态。因此，如果我们要表达主体的整体性，这应该是一个"分裂的统一体"（ce *pas qui ne*）①。

但概念文字中的主体双重否定和量词逻辑公式 $-\exists x - F(x)$ 中的双重否定是完全不一样的，$\exists$ 前面的负号是对量词（主体）的否定，而 $F(x)$ 之前的负号是对函数（谓词命题）的否定，两者绝对不能混淆。然而，拉康执意要将量词公式中的双重否定解释为主体的分裂统一态，这在某种程度上是为了调和两个学说的差异：

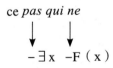

虽说是调和，但拉康毕竟没有遵循量词逻辑的规定，而这和《精神分析的行为》讨论班的特殊地位有关。拉康在这一年的教学中是通过

---

① Jacques Lacan, *Le Séminaire*, *L'acte psychanalytique*, séance du 13 mars 1968, inédit.

第一个理论模型中的命题模型及第二个理论模型的异化图 II 和异化图 III 来引入量词逻辑的，即便异化图还是建立在第一个理论模型（概念文字）的基础之上。所以，为了保证讨论班整体的统一性和一致性，拉康必须考虑到概念文字和量词逻辑之间的差异并将之中和，因此，即使违背了量词逻辑的规定，他也要照顾到概念文字的原则。但必须指明的是，量词逻辑虽然和第一个理论模型有着某种连续性，比如谓词命题等同于概念，量词等同于主体，但在两个模型中，主体（量词）和谓词命题（函数）的关系完全不一样。我们稍后介绍。

　　不仅如此，拉康在这次教学中还大量讨论了弗雷格在《概念文字》中的判断公式，并在最后将能指和客体 a 安放在了一个公式中：

$$\text{S} \quad\underset{\text{a}}{\quad}\quad \text{S}_1 \qquad\qquad ①$$

　　在弗雷格的概念文字中，符号├──表示"对内容的判断"，在判断符号右边出现的大写字母表示这里"总有一种可以判断的内容"②，而之后弗雷格使用的普遍性公式中

$$\vert\!\!\!-\!\!-\!\!-\underset{\text{a}}{\quad}-\!\!-\ \Phi(\text{a}) \qquad\qquad ③$$

弗雷格指出，在一个判断的表达中，可以将位于├──右边的符号组合始终看作其中出现的一个符号的函数。如果在这个变量的位置上代入一个字母，并且在内容线上画出一个凹处，使这个相同的字母处于这个凹处，它就意谓下面这样一个判断：无论将什么看作变量，那个函数都是一个事实。④

———————————

① Jacques Lacan, *Le Séminaire*, *L'acte psychanalytique*, séance du 13 mars 1968, inédit.

② 弗雷格：《概念文字：一种模仿算术语言构造的纯思维的形式语言》，收录于《弗雷格哲学论著选辑》，第 7 页。

③ 同上书，第 26 页。

④ 同上。

　　拉康在此借用概念文字中的公式，一个重要的原因就是在保证弗雷格逻辑学中的主谓结构不变的情况下，改变术语，即从"谓词命题-客体"过渡到"函数-量词"，这都为引入量词逻辑打下了基础。另外，对比拉康和弗雷格的公式，我们可以很容易地发现它们之间的差异——拉康在变量两边还放了其他符号，这是因为他遇到了第一个理论模型中的老问题，即理论模型中没有客体 a 的位置，因为量词涉及的"全部"或"至少有一个"只能对应能指，客体 a 只有一个，无法参与复杂的量词运算，但拉康不可能放弃这个关键性的术语，所以他在这里强行将客体 a 安插到公式中，却省略了后面的函数符号，这样就避免了人们提出"到底哪一个才是变量"的问题。

　　最后，拉康将 a 放在能指 S 和 S_1 之间，是想讨论在"原初的重复"中出现的"主体的首次分裂"，这个问题涉及拉康思想的形而上学设定，我们将在以后的书中探讨。

　　拉康在本年度的教学中最后一次提到量词是在 1968 年 3 月 20 日。拉康此时提出了一个观点：全称量词和特称量词之间，有一个基本的分裂。

　　　引入了"对于所有"和"存在着一个"的量词功能，引入了模棱两可、有疑问、基本的分裂，后者包括以下事实：基本的分裂承认，同时对此提出疑义，即如果我们说"对于所有后继之物以这样或者那样的方式不是真的"，这蕴含着，存在着某物不属于这个"所有"，因为有一些不是属于"所有"，这不为真。

　　　换句话说，因为一个否定施加在全称上，某物从特称存在中冒起，同样，因为不是所有的东西都被"不是"所影响，有一些东西让双重否定的特称肯定存在冒起，这是真理的特称存在，真理撤销了不存在的"所有"，让特称存在从中冒起。①

　　拉康在此讨论的是全称公式 $-\forall x\ F(x)$ 和特称公式 $\exists x\ -F(x)$。可以看到，两者之间是相反的结构，前者在量词上施加否定，后者在函数上施加否定。拉康将两者对立，想说明的事实是，在能指水平上发生了分裂，这意味着"有一个能指（特称）和其他的能指（全称）所处的状态是**相反的**"。上述两个公式将这个分裂说得很清楚：**不是所有的能指都服从函数 F（x），存在着一个能指，它不服从 F（x）。**

　　这个观点理解起来并不复杂，但我们必须指出其中一些不能忽略的细节，请读者务必注意到量词逻辑和前几个理论模型之间的关系：

　　（1）在《精神分析的行为》讨论班中，拉康是通过第一个理论模型（概念文字），特别是全称肯定命题，来引入量词逻辑的，但量词逻辑所陈述的内容并不符合概念文字的规定，甚至与之对立。两者之间关键性的差异是"能指的布局"。

　　在第一个理论模型中，所有的能指一开始在大它之外，然后它们排队等待依次进入其中，而每次只能有一个能指能进入大它，这是全称肯定命题和圆环图向我们展示的内容：

Il *n*'y a *pas* d'homme qui *ne* soit mortel
没有人　　他（不）是要死的

S　　　　　　　　　　　　A

① Jacques Lacan, *Le Séminaire*, *L'acte psychanalytique*, séance du 20 mars 1968, inédit.

　　上述模型中能指的布局并不符合量词逻辑中的描述，例如，在我们刚刚介绍的全称陈述公式 $-\forall x\, F(x)$ 和特称陈述公式 $\exists x\, -F(x)$ 中，前者陈述的是"大部分的能指都服从函数"，这意味着大量的能指在函数之内，而后者说"有一个能指不服从函数"，意思是这个特殊的能指在函数之外。很显然，量词逻辑中的能指布局和第一个理论模型中的情况相反。

　　量词逻辑中陈述的内容却符合第三个理论模型（关于这两个子模型的差异，我们将在第十二章详细介绍）：

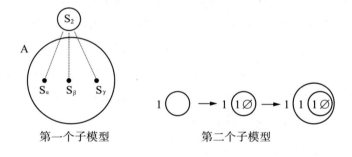

第一个子模型　　　　　　　　　第二个子模型

　　可以看到，第三个理论模型中的能指布局就对应量词逻辑的描述：除了一个特殊的能指，其余的能指都在大它之内。

　　关于这个在大它之外的能指，因为它是"大它之内能指集合的能指"，所以拉康有时将其位置比喻为上帝的位置。在基督教教义中，上帝是制定法则的存在，他确实不受任何法则的约束，因此符合这个位置的定义。因此，公式 $\exists x\, -F(x)$ 常常被用来描述"例外的人"或"在法则之外的人"。人们要从理论上明白，量词逻辑涉及的是第三个而不是第一个理论模型。

　　（2）第二个要点是：在第一个理论模型中，被排除的主体是被**否定的**主体，必须用否定符号标定，在第三个理论模型中，在大它之外的主体是**肯定的**被排除主体，这类似于存在（特称）量词中这个**肯定的**"例外的主体"（$\exists x$）。差别在于，第三个理论模型中的 S_2 指示着一个**整体**，因为它是大它内能指集合的能指，而量词逻辑中的存在量词（ョ）指示的是**个体**。相比第一个理论模型来说，量词逻辑和第三个理论模型有着诸多共同点。

二 《论一个不应该是假装的话语》讨论班：性公式

1971 年讨论班《论一个不应该是假装的话语》在精神分析圈中非常有名，因为这一年的教学涉及一点中国文化，所以有些法国分析家将其称为"关于中国的讨论班"。在我们看来，这个讨论班其实和中国文化没有关系，它的作用是将量词逻辑和"男女之性"结合起来，为下一年的教学打下基础。

拉康在 1971 年 2 月 17 日的教学中，谈到了孟子的一句话："天下之言性也，则故而已矣。"拉康此处的用意并不是讨论中国思想，而是继续引入量词逻辑。在教学的尾声，拉康强调了"天下"二字，这对他来说是全称量词。随后，他谈论起皮尔斯图，并重提了亚里士多德的全称肯定命题：

> 如果皮尔斯的图有好处，那就是展示了定义"所有 x 是 y"，所有东西都具有这个属性，这个命题对于所有 x 来说，是一个完美的可受理的全称位置。①

拉康的目的显然不是简单地回顾亚里士多德的逻辑，他真正想讨论

---

① Jacques Lacan, *Le Séminaire*, *livre XVIII*, *D'un discours qui ne serait pas du semblant*（1971），texte établi par Jacques-Alain Miller（Paris：Édition du Seuil），2006，p. 69.

的是全称否定量词。在量词逻辑中，没有对函数的否定，否定仅仅施加于量词之上，而**全称量词是特称量词的否定**，反之亦然。拉康创造出一个新的量词"不是所有"（pas-tous）来构造全称否定量词，以此和全称肯定量词相对立，并且这个否定量词是专门用来指示"女人"的：

> 所有女人的享乐神话所指示的东西是，没有这个"所有女人"。没有女人的全称。那就是关于阳具而不是性关系的提问所提出的东西，关于阳具所构成的享乐是什么，我说了，这是女性的享乐。①

在 1971 年 3 月 17 日的教学尾声，拉康第一次提出了自己的量词公式矩阵：

$$\forall x. F(x) \quad \Big| \quad \forall x. \overline{F(x)} \qquad ②$$
$$\exists x. F(x) \quad \Big| \quad \overline{\exists x}. F(x)$$

这四个公式中，$\forall x. F(x)$ 和 $\exists x. F(x)$ 是常规公式，$\forall x. \overline{F(x)}$ 和 $\overline{\exists x}. F(x)$ 是拉康自己发明的。关于这两个公式，拉康做了一番解释：

> 另一方面，在这个涉及 $\forall x. \overline{F(x)}$ 的东西中，这个划分在于意识到否定性全称的无价值，对于你们谈论的某个 x 来说，不应该书写 $F(x)$。
>
> 同样对于特称否定也是如此。在这里，$\exists x. F(x)$，x 可以书写，登记在这个公式中，$\overline{\exists x}. F(x)$ 可以简单地说，x 不是可以登记的。③

①　Jacques Lacan，*Le Séminaire*，*livre XVIII*，*D'un discours qui ne serait pas du semblant*（1971），p. 69.

②　Ibid.，p. 110.

③　Ibid.，p. 111.

需要说明的是，首先，这个矩阵和之后的矩阵不一样；其次，拉康对公式∀x. $\overline{F(x)}$ 的解释也是有问题的：∀x. $\overline{F(x)}$ 表达的是"对所有 x 来说，不应该书写 F（x）"，但拉康说的是"对某个 x 来说"。至于 $\overline{\exists x}$. F（x），这个公式否定的是特称量词，即"不存在一个 x 能登记在 F（x）中"，拉康的解释没有大问题。这两个公式都没有出现在之后的矩阵中。

随后，在 1971 年 5 月 19 日的教学中，拉康从另外的角度深化了对量词公式的解释。

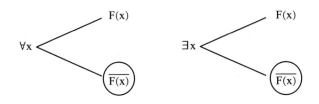

拉康解释道，主体不仅仅是 x，还应该将其考虑成"所有 x"，即 ∀x，从此以后需要考察的是：在哪种程度上，这个"所有 x"能够满足和函数 F 的关系。另一方面，x 作为未知数能够在函数 F 中找到自己的位置，因此它被定义为变量。[①]

以上都是陈述之前弗雷格逻辑学中的内容，并没有新意。但紧接着拉康话锋一转，将重点放在了关于数的问题上：这里涉及函数和函数值，在数学中，可以根据函数值，即数的种类，来划分函数类型，因为往往同一个或者同一种函数的函数值都是某一类数。

拉康首先提出了关于"函数 F"**类型**的问题：如果将变量 x 考虑

---

① Jacques Lacan, *Le Séminaire*, *livre XVIII*, *D'un discours qui ne serait pas du semblant*（1971）, p. 139.

成二次方程的根，那么这个 F 是否是实数的函数？二次方程是一种整式方程，其未知项的最高次数是 2；根的判定是利用判别式判定，二次方程中最常见的是一元二次方程，它的基本表达式为：$ax^2 + bx + c = 0$（$a \neq 0$）；解实系数一元二次方程时，必须关注解是实数还是复数，通过判别式的正负可以判断。

对于任意一个一元二次方程：$ax^2 + bx + c = 0$（$a \neq 0$），令 $\Delta = b^2 - 4ac$，此之为判别式。下面分情况讨论：

（1）若 $\Delta < 0$，方程无实数根，有两个复数根：$x = \dfrac{-b \pm i\sqrt{-\Delta}}{2a}$。

（2）若 $\Delta = 0$，方程有两个相等的实根：$x_1 = x_2 = -\dfrac{b}{2a}$。

（3）若 $\Delta > 0$，方程有两个不等实根：$x = \dfrac{-b \pm \sqrt{\Delta}}{2a}$。

实数是有理数和无理数的总称。数学上，实数定义为与数轴上的点相对应的数。实数可以直观地看作有限小数与无限小数，它们和数轴上的点一一对应。实数和虚数共同构成复数。实数可以分为有理数和无理数两类，或代数数和超越数两类。实数集通常用黑正体字母 R 表示。

拉康在这里引入实数、二次方程以及方程的根，是想跳出弗雷格逻辑学的框架，从另一个角度来阐述主体和大它的关系。

实数包含有理数和无理数，但不包含虚数。拉康在复述了这个观点后指出：

> 好的。完全清楚的是，人们不能说，所有二次方程的根都满足实数函数，因为很简单，有一些二次方程的根是虚数，它们不属于实数的函数。[1]

---

[1]　Jacques Lacan, *Le Séminaire*, *livre XVIII*, *D'un discours qui ne serait pas du semblant*（1971）, p. 140.

拉康将量词的"所有 x"和"有一些 x"转换成"所有二次方程的根"和"一些二次方程的根"，"函数"也被转换成了"方程"[①]：

存在着一些满足实数方程的二次方程的根，还存在一些不满足这个方程的二次方程的根。

在弗雷格逻辑学中，人们不能脱离概念来谈论客体，换句话说，人们谈论的客体，一定是某个概念的客体，两者是绑定的。

在量词逻辑中，量词是独立存在的，为了表达这种独立性，拉康特意将量词转化成数；数和方程并没有必然的关系，人们可以单独讨论数而不用涉及任何函数。

另外，概念文字规定了，概念具有优先性，人们能够谈论客体，是因为存在着一个定义它的概念；在数学中相反，方程并不具有任何的优先性，人们谈论某个实数，并不需要依赖一个实数的方程，不仅如此，人们还可以反过来操作，即根据数的不同种类来选择方程。

进一步说，不属于某一类方程的数并非不存在，它们独立存在着，但这在概念文字中是不可能的，因为人们是从概念来思考客体的，没有前者，后者对于符号体系来说就不存在。

最后，量词逻辑允许数和方程各自独立存在：如果我们谈论的数不满足某个方程，这对双方都没有影响，因为它们彼此独立。这个全新的理论框架同时解放了主体和大它，主体摆脱了在之前理论模型中对大它的绝对依赖性，而后者也获得了自在的独立性，不会因为某些异类根的存在而影响到自身：

[①] 拉康在这里的用语并不准确，当我们谈论根的时候，肯定是在讨论方程，而不是函数，但拉康并不区分两者。

同样在"存在着一个 x"的水平上，存在着某些二次方程的根，对此我可以写出它们满足的实数函数，还有一些根是我不能写出实数函数的。这并不是否定了实数函数。①

读者应该还记得，从《认同》讨论班开始，拉康就用数来定义能指和未知的所指：能指一直被定义为 1，而作为未知所指的客体 a 时而被定义为 0［《精神分析的关键性问题》讨论班（1964—1965）］，时而被定义为虚数［《认同》讨论班（1961—1962）和《……或者更糟糕》讨论班（1971—1972）］。拉康在这里提到实数函数（方程）和虚数，不仅仅改变了之前讨论的理论结构，还产生了一些理论问题。

（1）在弗雷格逻辑学的框架中，主语的位置上一定有能指和客体 a：

$$\left(\frac{能指}{客体 a}\right) 是圣贤的。$$

而在"从一个大它到另一个"的集合论模型中，大它 A 是空集，能指是元素，已经没有客体 a 的位置了（我们之后会看到，直到《……或者更糟糕》讨论班，客体 a 才在集合论的框架下重新获得了自己的位置）；在量词逻辑中，无论拉康怎么调整，都无法安置客体 a，这是一个理论上的缺陷。

（2）当拉康将函数（方程）和数联系起来之后，另一个理论上的困难出现了。在量词逻辑中，量词"所有"和"存在着一个"一定是描述能指的，因为只有能指才有"全部"和"例外"的区分，但客体 a 无论在什么情况下都只有一个，无法用全称量词来描述。

---

① Jacques Lacan, *Le Séminaire*, *livre XVIII*, *D'un discours qui ne serait pas du semblant*（1971）, p. 140.

（3）最后一个问题涉及能指和客体 a 的关系。在概念文字的框架下，能指是客体 a 的专名；在集合论中，客体 a 产生能指，它是"能指的原因（形式因）"；但在数学的框架下，这两个术语不再有任何关系，因此在文本中可以看到，拉康在这一年的教学中几乎没有谈论两者的关系，仅仅将它们放入同一个函数（方程）。

接着，拉康将"性关系"纳入量词逻辑的讨论中。"男女关系"是和量词的否定联系起来考虑的。拉康首先给出了两个公式：

$$\overline{\forall x}. \, \Phi x$$

全称否定量词

$$\overline{\exists x}. \, \Phi x$$

存在否定量词

拉康对这两个"否定"解释道：不是因为有"对于所有 x"，我才能够写下或不能够写下 Φx，也不是因为有"存在着一个 x"，我能够或不能够写下 Φx。[①] 这两个公式涉及性关系的核心，即不可能书写性关系。[②]

实际上，拉康用量词公式既讨论性公式，也讨论性关系，但两者有着很大的不同。性公式涉及的是两性如何定义的问题，是 x 和函数 Φx 之间的二元关系；性关系讨论的是两性之间的关系，本质上是男女性别和函数 Φx 之间的关系，涉及的是三元关系。因此，拉康考察的性关系和日常经验中的性关系完全不同。

---

① Jacques Lacan, *Le Séminaire*, *livre XVIII*, *D'un discours qui ne serait pas du semblant*（1971），p. 141.

② Ibid., p. 142.

在这里，拉康首次尝试讨论性关系。首先他用图示展示了男女关系的结构，并指出男女都是未知的某物，在男女之间有一个中项（médium）：

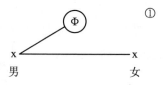

在进一步介绍拉康的"男女关系"之前，有三点必须被指出。

第一，我们知道，在量词逻辑中，变量 x 指的是代表着主体的能指，而主体不是经验中的"个体"，所以严格来说，代表主体的 x 是不能指示男或女的，甚至它和性别根本就没有关系。

第二，函数 Φx 来自概念文字，表示的是表达变量 x 的不确定的函数[2]，即使拉康在此要将符号 Φ 解释为阳具，我们也不要忘记，Φ 首先是弗雷格逻辑学中的符号，它表达的是函数或者谓词命题（概念）。

第三，用 x 和函数来讨论性关系是拉康首次在逻辑学教学中将其理论**半经验化**。一方面是讨论男女以及他们之间的关系，另一方面，讨论并不完全对应经验，还是带有很多逻辑和数学的维度。

现在让我们回到文本，拉康接下来围绕全称量词"所有"展开讨论。

关于男人，拉康指出，男人和阳具函数（Φx）是密切相关的，但"所有男人"（tout homme）不存在，如果要谈论男人，他仅仅以"整个

---

[1] Jacques Lacan, *Le Séminaire*, *livre XVIII*, *D'un discours qui ne serait pas du semblant*（1971）, p. 142.

[2] 弗雷格：《概念文字：一种模仿算术语言构造的纯思维的形式语言》，收录于《弗雷格哲学论著选辑》，第 25 页。

人"（touthomme）的身份出现，以一个能指出现 ①。拉康利用单词 tout 的多义，即"所有的"和"整个的"，将男人的群体缩减为一个男人，这就是弗洛伊德《图腾与禁忌》中的"原初的父亲"或"神秘的父亲"②。在那时，这位"原父"拥有所有的女人，并且没有法则，儿子们杀掉他之后才设定了禁忌和法律，因此可以认为，"原父"是在法律之外的存在。"原父"就是拉康想讨论的例外之人，他不服从阳具函数（Φx）。

　　在女人这边，拉康解释道，没有"所有女人"，女人只有以"一个女人"的头衔才能在性关系中找到位置。③ 重要的是，女人和阳具函数（Φx）没有关系，因此在上页的图示中，三角形无法关闭，始终保持着一个开口。④

　　最后，拉康稍微改变了这个三角形的图示（下图），并将存在量词"存在着一个"变成"至少有一个"（au moins un），这对应着"原父"特殊的位置。因此，拉康发明了一个新词"hommoinzin"来一语双关，这个词的前半部分指示"男人"（homme），而整个词则与"至少有一个"（au moins un）发音相同 ⑤。

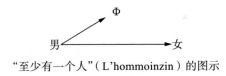

"至少有一个人"（L'hommoinzin）的图示

　　拉康想表达的是，存在量词是和男人绑定在一起的，并且，这个存在量词安置了女人。⑥

① Jacques Lacan, *Le Séminaire*, *livre XVIII*, *D'un discours qui ne serait pas du semblant*（1971）, p. 142.

② Ibid., p. 143.

③ Ibid., p. 142—143.

④ Ibid., p. 143.

⑤ Ibid., p. 144.

⑥ Ibid.

在接下来的一次（1971 年 6 月 9 日）教学中，拉康明确指出，$\overline{\forall}$x. Φx 是女人的公式，其中否定的全称量词想表达的是“女人不能以整体出现”；$\overline{\exists}$x. Φx 则是男人的公式，不过拉康的解释让人费解：不存在满足函数 Φ 的 x[①]。这和之后男人的公式并不相同。

另一方面，关于新词 hommoinzin，拉康认为有好几种解释，其中一种和客体 a 有关。因为 hommoinzin 实际上指的是 au moins un（至少有一个），后者也可以写成 a（u moins un），通过强调 a，拉康承认，存在量词“至少有一个”（au moins un）可以如同客体 a 一样运作[②]。但如果函数 Φ 仅仅容纳能指，那么其中肯定没有客体 a 的容身之所，拉康似乎想表明，女人不在函数 Φ 之中。

有趣的是，拉康在本次教学中引入了一个术语“不可列数的”（innombrable），并用它来描述女人。不仅如此，在最后一次（1971 年 6 月 16 日）的教学中，拉康指出，父亲们属于“可列数”的数列，而母亲们则是“不可列数”的数列。

“不可列数”是康托集合论中的术语，拉康在这里谈论这个术语，是为了在下一年的教学中引入康托集合论。不过一旦引入“不可列数”和“可列数”这两个术语，我们立即遇到了一些理论上的困难：

在此之前拉康已经根据函数值，或者说二次方程的根来区分男人和女人，他认为性关系中涉及的方程 F（x）是一个实数方程，但除了实数根，还存在着虚数根，后者无法满足方程 F（x）。因此，男人对应着实数，女人对应着虚数，两者分别对应着能指和客体 a。

---

① Jacques Lacan, *Le Séminaire*, *livre XVIII*, *D'un discours qui ne serait pas du semblant*（1971）, p. 146.

② Ibid., p. 153.

现在，他希望用数来表达能指、客体 a 和被排除的主体这三个概念，并且男人是"可列数的"，女人是"不可列数的"。我们先来看看什么是"（不）可列数的"。简单来说，可以将集合中的元素排定一个次序，或者可以一个一个点名点出来，如果一个无限集中的元素可以按某种规律排成一个序列，或者说，可以对这个集合的元素标号表示为：

$$\{ a_1, \ a_2, \ a_3 \ ..., \ a_n, \ ...\}$$

则称其为可列集，否则，是不可列集。举例来说，正整数集可列，因为可以由 0，1，2……开始列出元素。

因此，如果一个集合与正整数集合之间存在一一对应，则这个集合称为可列集（或可数集），也就是说，存在一个从该集合到正整数集合的双射（也称可逆映射）。自然数集、有理数集、代数数集都是可列集。正有理数集是可列的，因为可以 0，1，$\frac{1}{2}$，$\frac{1}{3}$，$\frac{2}{3}$，$\frac{1}{4}$，$\frac{3}{4}$，$\frac{1}{5}$，$\frac{2}{5}$，$\frac{3}{5}$，$\frac{4}{5}$……排列出来，并且这个数列可以和正整数集一一对应：

正有理数：0，1，$\frac{1}{2}$，$\frac{1}{3}$，$\frac{2}{3}$，$\frac{1}{4}$，$\frac{3}{4}$，$\frac{1}{5}$，$\frac{2}{5}$，$\frac{3}{5}$，$\frac{4}{5}$…

$\updownarrow \quad \updownarrow \quad \updownarrow \quad \updownarrow \quad \updownarrow \quad \updownarrow \quad \updownarrow \quad \updownarrow \quad \updownarrow \quad \updownarrow \quad \updownarrow$

正整数：1，2，3，4，5，6，7，8，9，10，11…

而实数集是**不可列数**的。因为实数与数轴上的点是一一对应的，若实数可数（或可列）的话则数轴上的点便可数了，也就是说用自然数就能把数轴上的所有点全部一一标示完成了，这样数轴就是点状的非连续状态，不是连续的实线了。所以，实数集无法将其元素用一定次序排列出来，换句话说，实数集无法与正整数集元素一一对应，所以不可列数。

拉康引入"可列数"和"不可列数"这些术语，背后隐含的是不同的数列，这给理论构建造成了巨大的困难。男人对应的是"能指 1 的无限数列"，这个数列是可以和正整数集一一对应的，也就是可列数的数列，但如果女人对应不可列数的实数集，我们从下图中可知，人们可以用无理数来描述女人：

$$
复数\begin{cases}
实数\begin{cases}
有理数\begin{cases}
整数\begin{cases} 正整数 \\ 0 \\ 负整数 \end{cases} \\
分数
\end{cases} \\
无理数
\end{cases} \\
虚数
\end{cases}
$$

那么，产生的第一个问题是：女人之前对应的是客体 a，后者又被描述为**一个虚数**，$\sqrt{-1}$，或者是**一个虚数根**，也就是说，"**虚数$\sqrt{-1}$**"只能标定**一个女人**，这显然是不现实的。所以拉康必须用一个**数列**，或者一个**数的集合**来讨论女人这个群体，这必然导致对客体 a 的抛弃，但这是不可能的。

暂时抛开客体 a 的问题不谈，单单可列数和不可列数这两种数集就蕴含着矛盾。在拉康的理论中，能够用数集表达的概念只有能指，而能指从其出现在拉康理论中开始，一直都是 1。所以，我们在拉康思想中根本找不到一个可以用不可列数的数集表达的概念。这是一个理论上的大问题。

总之，《论一个不应该是假装的话语》是过渡性的讨论班，拉康在这一年的教学中完成了对量词逻辑的引入，而在接下来一年的讨论班中，量词逻辑迎来了最终的形式。

三　《……或者更糟糕》讨论班：量词逻辑矩阵

1971—1972 年的讨论班算是对整个 20 世纪 60 年代逻辑学教学的总结，在这个讨论班中，量词逻辑、弗雷格逻辑学、康托集合论、亚里士多德的模态逻辑和数学被拉康糅合在一起，呈现出"混乱"的局面。我们很难简单地将每个学说分离开来讨论，因为在拉康的努力下，每个学说都和另一个甚至好几个学说搭建起了关系。为了让主题明确，我们只能人为地将量词逻辑、弗雷格逻辑学和模态逻辑分别提取出来讨论，而剩下的内容我们留到下一节再说。

《……或者更糟糕》讨论班是以弗雷格的公式 ├──ɑ── Φ（a）开始的。在 1971 年 12 月 8 日的教学中，拉康通过介绍此公式想表明，所有的讨论仍然在弗雷格逻辑学的框架下进行。关于函数 Φx，我们已经在第四章中介绍过，它替代了作为谓词命题的大它[①]，而这仅仅在概念文字中才是可能的。

在本次教学的尾声，拉康给出了本年度教学的三个重点。

第一个是全称否定量词"不是所有"，即 $\overline{\forall x}$。在逻辑学中，对全称量词的否定就是存在量词，但这个原则不适用于拉康思想。他指出，"某个"不足以否定"不是所有"，当然，如果"存在"（existence）被证实，"不是所有"也就产生了。[②] 拉康在此想表达的意思是，男人和女人以不同的方式不服从于阳具函数（Φx）：只有一个男人不服从 Φx，至于有多少女人不服从此函数，不可知。另一方面，拉康在这里真正想讨论的不是量词，而是术语"存在"。

---

① Jacques Lacan, *Le Séminaire*, *livre XIX*, *...ou pire*（1971—1972）, p. 117.

② Ibid., p. 21.

"存在"（existence）在中世纪由一位经院哲学家维克托利努斯（Marius Victorinus）提出①，用来讨论**神学**问题，即"世界从上帝那里诞生""圣子从圣父那里出来"等问题，其前缀 ex- 就有出、外的意思，我们在法语词 exclure（开除，排斥）、expatrier（逐出本国）中就可以看到此前缀自身蕴含的含义。

在我们**日常的语言**中，"存在"指的是不以人的意志为转移的实在，包括物质的存在和精神的存在，包括实体、属性、关系的存在。这也是人们最为熟悉的含义。

在**量词逻辑**中，"存在"是一个逻辑用语，它特别地和量词联系在一起，意思是"这里有……个"，它和日常的含义绝对是不一样的。

在中世纪，existence（存在）的含义常常和 Être（存有）纠缠不清，而在中文翻译中，人们常常将 Être 翻译成"存在"，而将 existence 翻译成"实存"，强调其"实在"的维度，不过我们坚持将 Être 翻译成"存有"，是为了避免读者将其简单地理解为"实实在在的存在"。另外，"存在"一词在拉康思想中指示的绝对不是现实经验中的任何事物，人们应该首先考虑其逻辑含义，即使它在经验维度被使用，也仅仅是相对于"实在的不可能性"而言的"符号中的存在"。

关于"存在"（existence）一词，拉康首先注意到的显然是其词源学的维度。在 1972 年 3 月 15 日教学的尾声，拉康在构词层面上谈论起"存在"，即 ex-sistere（存在于……之外），并且他区分了 existence 和 Être：这个在外的存在，它不在（n'être pas）②。他想用此术语指称这个"例外的 x"。

另外，当拉康强调，本年度的重点是存在量词"存在着一个"时，这个"存在着一个"不是别的，而是一个满足方程的数，并且数是属于

---

① Jean-Christophe Bardout，*Penser l'existence*（Paris：Vrin，2013），p. 20.

② Jacques Lacan，*Le Séminaire*，*livre XIX*，*...ou pire*（1971—1972），p. 135.

实在范畴的。①

最后，虽然拉康之后用量词逻辑讨论了男女关系，但这也不是经验意义上的男女关系，我们首先还是要从逻辑学的角度来理解这些公式。

第二个教学的要点是要将亚里士多德的模态逻辑和量词逻辑结合起来。

第三个要点涉及"否定"。拉康再次提到了1961—1962年教学中谈论的两种否定，即"排除"（forclusion）和"不和谐"（discordance）之间的区分，并给出了确切的定义："不和谐"施加在全称否定量词"不是所有"（pas-tous）之上，而"排除"应该放在函数的水平上②。显然，这两种否定虽然和第一个理论模型（1961—1962）中的两种否定同名，但其功能已经彻底被更改了。

在接下来1971年12月15日的教学中，拉康谈及函数 Φx，并指出，x 指示的仅仅是"一个能指"。这不得不让我们想起之前提出的问题：当拉康用"可列数的"和"不可列数的"来描述男人和女人，这意味着有两类能指，而我们从未在拉康思想中看到他明确谈论此观点。

然后，拉康将"不是所有"和"存在着一个"结合起来讨论：

> 量词的这个连接允许我们提出"不是所有"的功能——它从来没有在量词逻辑中产生，而我做了这个连接，因为我考虑到，这可能对我们来说是有成效的。这里有一个能指的集合，它们为了享乐而填补性别的函数，它们在一个地点，是"不是所有"在阉割的函

---

① Jacques Lacan, *Le Séminaire*, *livre XIX*, *...ou pire*（1971—1972）, p. 21.

② Ibid., p. 22.

数中运作。①

在这里，"性别的函数"和"阉割的函数"指的都是 Φx，而拉康在此使用的实际上是**第三个理论模型**：函数中包含了无限的能指，而只有一个能指不满足函数的定义，从而处于这个函数之外。和之前的理论模型不一样的是，对于函数之内的能指集合来说，完整的整体出现了破缺，这个破损的整体被全称否定量词"不是所有"所描述，也即是说在外的能指**不止一个**。

拉康紧接着开始陈述存在量词"存在着一个"。首先他指出，这个"存在着一个"意味着"存在着一个能指"②；然后，拉康将存在量词和"上帝的存在"关联起来，其目的是想表明，因为这个特殊的能指不服从函数，所以这导致了后者的失效：

> 关于这个以能指为材料的"存在着一个"，让我们感兴趣的是什么呢？应该是，存在着"至少有一个"，对于它来说，阉割的这个事情无法运作。为此人们发明了它，被称为"原父"的东西，这是为什么"原父"至少和上帝一样存在着。③

拉康将"原父"和"上帝"对应存在量词，是因为两者的共同特征是在法则之外。并且，因为量词逻辑建立在第三个理论模型的基础上，那么这个大它之外的能指是大它之内能指集合的能指，也就是说它指示着大它之内能指的总和，而"原父"和"上帝"这两个能指也有这个含

---

① Jacques Lacan, *Le Séminaire*, *livre XIX*, *...ou pire*（1971—1972），p. 35.
② Ibid.
③ Ibid., p. 36.

义：前者是所有男人的父亲，后者创造了世间万物。

对拉康来说，存在量词的意义不限于此，它还表达例外，即这个能指不仅在函数之外，它还反过来否定了函数。我们看看拉康是怎么阐述这个例外的位置的：

> 因此，参考这个例外，从"存在着一个 1"出发，所有其他的就可以运作。仅仅在那里才能很好地理解人们书写对函数的拒绝，被否定的 Φx。好吧，被阉割不是真的。这是神话。只是说，这些小滑头没有意识到，这是存在的相关物，它提出了"阉割不为真"的"存在着一个"。[1]

拉康在这里讨论的实际上是以下这个新公式：

$$\exists x.\overline{\Phi x}$$

需要再次指出的是，和弗雷格的概念文字不一样，函数 Φx 上面的横杠虽表达否定，但这不是对函数的否定，而是对量词和函数之间**关系**的否定，即存在着一个变量 x 不满足函数 Φ。

最后，拉康还提出了另一个新公式：

$$\overline{\exists x}.\overline{\Phi x}$$

拉康解释道，这个双重否定表达了"没有能指位置的例外"，或者说这个例外能够登记在阉割（函数）的否定中[2]。对于这个公式，还有一种解读是：没有一个能指不在函数 Φ 中。拉康在此的观点非常明确：量

---

① Jacques Lacan, *Le Séminaire*, *livre XIX*, *...ou pire*（1971—1972）, p. 36.

② Ibid., p. 37.

词逻辑和概念文字不一样，量词和函数彼此独立，它们不仅可以分开，还可以被分别解读。

1972 年 1 月 12 日教学的一开始，拉康就给出了新的也是最终的量词矩阵：

$$\exists x. \overline{\Phi x} \qquad \overline{\exists x}. \overline{\Phi x} \qquad \text{①}$$
$$\forall x. \Phi x \qquad \overline{\forall x}. \Phi x$$

从这个矩阵开始，男人和女人分别对应着左边和右边的两个公式。拉康从公式 $\forall x.\Phi x$ 出发，这是描述男人的群体公式：所有男人都被阳具函数所定义 ②。紧接着拉康说："阳具函数是这个堵塞性关系的东西。" ③ 意思是，函数 Φx 阻碍了性关系。这个观点在 1971 年 12 月 15 日的教学中也出现过。④ 为什么拉康要如此定义函数 Φx 呢？

事实上，拉康早在上一年（《论一个不应该是假装的话语》讨论班）的教学中，就已经陈述过这个观点。拉康通过以下图示表达过一个观点：男女和函数 Φx 的关系并不相同。

函数 Φx 构成了男女关系的**中介**，这意味着两者要达成关系必须首先和函数建立关系。这对男人来说不是问题，因为所有男人都可以和函数建立关系，但图示中显示，女人和函数没有关系，这意味着男女不能建立关

---

① 　Jacques Lacan, *Le Séminaire*, *livre XIX*, *...ou pire*（1971—1972）, p. 39.

② 　Ibid., p. 45.

③ 　Ibid.

④ 　Ibid., p. 31.

系。反过来说，对于直接的二元男女关系来说，函数 Φx 构成其障碍。[1]

接着，拉康将目光转向女人的特称公式 $\overline{\forall}x.\,\Phi x$。拉康指出，全称否定量词"不是所有"并不意味着女人和函数没有关系，相反，这恰好说明两者之间有某种关系：

> 事实上，和特称否定函数相反，即有"一些"不满足函数，不可能将"不是所有"从这样作出断定的陈述中抽离出。保留给"不是所有"的权利是指出女人和阳具函数有某种关系，没有别的。[2]

拉康进一步指出，"不是所有"实际上表达了"没有不可能"：女人不可能不认识阳具函数。[3] 这和之前的观点（女人和函数没有关系）不同，在这里拉康还是希望女人以某种方式保持着和函数的连接。

然后拉康谈起男人的群体（集合），虽然说男人的整个群体都连接于阳具函数，但"存在着一个人"，或者说"至少有一个人"，对于他来说，其真理不在阳具函数中，这就是我们已经介绍过的公式 $\exists x.\overline{\Phi x}$。拉康说，正是在"至少有一个"的水平上，阳具函数的普遍性被颠覆，它不再为真。[4]

最后，拉康谈起了亚里士多德的模态逻辑：可能性和必然性对立，偶然性和不可能性对立。他指出，女人以变量和偶然性的方式出现在阳具函数中。[5] 拉康在此正式引入亚里士多德的模态逻辑，并将之和量词逻辑相结合，借此讨论男人（能指）、女人（客体 a）和函数（大它）之间的关系。

---

[1]　我们还是强调，这里的男女关系背后是能指和客体 a 与函数的关系。

[2]　Jacques Lacan, *Le Séminaire*, *livre XIX*, *...ou pire*（1971—1972），p. 46.

[3]　Ibid., p. 48.

[4]　Ibid., p. 46.

[5]　Ibid., p. 48.

在接下来（1972 年 1 月 19 日）的教学中，拉康开始正式谈论量词
逻辑和模态逻辑框架下的"存在"（existence）概念。

首先拉康指出，"非存在"（inexistence）和必然性相关：

> 但在冒起的时刻，这个必然性同时提供了证明，即它可能首先
> 仅仅以非存在的身份被假设。
>
> 必然性在其被产生之前，仅仅被假设为非存在。①

在此他并没有明确指出"非存在"的所指，不过我们可以通过"存
在"的所指——能指来推测，"非存在"可能指的是客体 a。

接着，拉康继续阐述"非存在"，并将其和享乐联系起来：

> 在第二个情况中，重复的自动性让享乐的非存在从顿足不前的坚
> 持来到这扇门，后者被指定为如同迈向存在的出口。只是，进一步，
> 完全不是说，人们呼唤一个等待你们的存在，这是享乐，它如同话语
> 的必然性一样运作，你们看到，它仅仅如同非存在一样运作。②

上述这段话中蕴含了丰富的信息。首先，"非存在"指的是享乐，
同时享乐和重复关联起来。我们知道，在拉康思想中，享乐被分成了两
个部分：在大它之外的绝对享乐，和在大它之内的剩余享乐，即客体 a。
因为量词逻辑建立在第三个理论模型之上，在此模型中，是客体 a 在重
复。所以，拉康此时说的"非存在的享乐"是客体 a，而"非存在"通
过重复朝向"存在"，这描述的应该是能指在空集的重复中不断产生的

---

① Jacques Lacan, *Le Séminaire*, *livre XIX*, *...ou pire*（1971—1972）, p. 51.
② Ibid., p. 52.

过程，这对应着拉康段末的观点：这个"剩余享乐必须重复"的事实，构成了**话语**的必然性。

从这段话中我们可知，"存在"和"非存在"这两个概念在拉康思想中的含义和日常语言中的含义完全不一样，它们必须在逻辑学的背景中被谈论。

另外，借此机会我们可以深入探讨拉康思想中"言说"一词的含义。人们按常识假设拉康将精神分析奠基在语言和话语（言说）之上，所以他常常使用的 le sujet parlant 一词，人们习惯于将之理解翻译为"言说的主体"，而对拉康后期使用的 l'être parlant，则翻译为"言在"，简而言之，人们将动词 parler 理解为"说话"。然而，根据拉康以上陈述可知，"话语"一词在此不是指"人们说出来或写出来的语言"这样的日常含义，而是特指"能指因为客体 a 的重复而产生"的事实，这个特殊含义符合理论模型的描述。由此可知，要想理解拉康的"言说的主体"和"言在"这两个术语，人们必须考虑其对应的理论模型，两者分别表达"在谓词命题中，主体在主语的位置上被能指命名"和"主体在主语位置上被符号化"。因此"言说"（parler）一词在拉康思想中虽然一定和语言有关，但它和说话没有任何关系。

接下来我们看看拉康是怎么具体阐述和定义这个"非存在"的：

"非存在"仅仅提出享乐和真理的问题，双重答案，但它已经非存在了。不是通过享乐，也不是通过真理，"非存在"才获得地位，它可以非存在，即它走向这个将其定义为非存在的符号，不是在没有存在的意义上说的，而是仅仅在符号的存在意义上说，符号让其非存在，而它本身存在。如同你们所知的，这是一般通过 0 指示的数。这展示了"非存在"不是人们认为的那样，虚无。①

　　拉康在这里论述了一个哲学问题：不可言说之物的存在，是实在吗？这个问题类似于说谎者悖论，即当我们遇到不可言说之物时，语言会尽全力地命名它、捕捉它，但当语言给予其名字之时，此物已经变得可被言说了，这和它的定义相矛盾。如同"无"这个字中所蕴含的矛盾，看似它命名了一个存在的空洞，但这个命名本身却蕴含了"有"。所以"非存在"对拉康来说是在符号中被命名的一种相对于"存在"的存在，它绝不是虚无，而是一种"相对性的存在"。为此拉康特意提到数字0，一方面是用0来指出"非存在"是"符号中的一种特殊存在"，另一方面，拉康想借此重回弗雷格逻辑学。

　　事实上，拉康随即提到了弗雷格的名字，还简介了一番他的理论②，然后，他提出了一个观点，并指出这正是弗雷格本人的观点：

　　　　然而，值得注意的是，应该质问整数和其逻辑起源，弗雷格被引导到将数字1建立在关于"非存在"的概念上。③

　　我们先不管这个观点是否真的是弗雷格提出的，重要的是，拉康要开始借用弗雷格关于0和1的观点了。0和1第一次共同出现还是在1964—1965年（《精神分析的关键性问题》讨论班）的教学中，之后拉康并没有仔细探讨两者之间的关联，直到1971—1972年《……或者更糟糕》讨论班中，拉康才详细论述了0和1的关系。

―――――――――

① Jacques Lacan, *Le Séminaire, livre XIX, ...ou pire* (1971—1972), p. 52.
② Ibid., p. 53—55.
③ Ibid., p. 56.

0 在弗雷格逻辑学中对应着空概念，而空概念的定义"与自身不相等"和能指的定义"不指示自身"非常相似，准确来说，拉康如此构造能指的定义，其目的就是将其安置于空概念之中。于是在 1964—1965 年的教学中，拉康提出了"1 诞生于 0 之中"这个观点。不过在 1971—1972 的教学中，拉康稍微修改了他的观点。

在表达新的观点之前，拉康先回顾了弗雷格的理论：

> 因此，弗雷格退到空概念的想法，这个概念不包含任何客体，它不是关于"虚无"的概念，因为它是概念，但它是关于"非存在"的概念。他考虑到他认为是虚无的东西，即这个其数等于 0 的概念，并且他相信能够用"x 不同于 x"的公式来定义这个概念，$x \not\in x$，即 x 与自身不等同。[①]

接着拉康提到，在弗雷格关于 0 和 1 的定义中都有 0，但在两个定义中，0 的地位并不一样：

> 从此以后，参考这件事，数字 0 适合的概念等于 0，但和 0 不一样，而和 0 一样的概念被看作其继任者，被看作等于 1。事物建立在被称为等数性的起点上。概念的等数性，在其之下，以非存在的名义，没有任何客体，等数性总是等于自身。在 0 和 0 之间，没有区别。这个"没有区别"正是弗雷格建立 1 的借口。[②]

这段话极为饶舌和难懂，我们只需要回到弗雷格对 0 和 1 的定义就

---

① Jacques Lacan, *Le Séminaire*, *livre XIX*, *...ou pire*（1971—1972），p. 58.

② Ibid.

可以明白拉康的意思。弗雷格说：

> 0是适合"与自身不相等"这个概念的这个数。
>
> 1是适合"与0相等"这个概念的这个数。

我们在第三章中解释过，第一个0在概念的层面，而第二个0是概念包含的客体。我们接下来看看弗雷格自己的解释就会发现，拉康仅仅是以复杂的修辞复述了弗雷格的话而已：

> 让我们考虑下面这个概念——或者，如果人们愿意的话，让我们考虑下面这个谓词——"与0相等"。0处于这个概念之下，却没有对象（客体）处于"与0相等但不与0相等"这个概念之下，因而0是属于这个概念的数。①

按照弗雷格的定义，0对应的是空概念，而1对应的概念其下只有一个客体，即0，因为0只有一个，所以两个0之间没有差别。对读者来说，重要的是明白拉康谈及这些观点的目的是什么。我们可以从拉康接下来的一句话中了解到其意图：**1是"非存在的能指"**②。换句话说，能指1的所指是"非存在"，后者只能是客体a。这样，拉康在此使用的理论框架慢慢浮出水面：基本结构仍然是弗雷格的概念文字，函数是指空概念，客体则是客体a，它也被称为非存在或0，而它的专名是能指1。

1972年3月2日的教学中，拉康对公式$\overline{\exists x}. \overline{\Phi x}$进行了说明，他把

---

① 弗雷格：《算术基础》，第95—96页。

② Jacques Lacan, *Le Séminaire, livre XIX, ...ou pire* (1971—1972), p. 59.

重点放在了特称否定量词 $\overline{\exists}x$ 之上，并给出了两个不同的观点。

拉康首先谈到了"性关系的可能性"。我们知道，在拉康思想中，男女关系不是直接的关系，而是为阳具函数所中介，也就是说作为变量的男人和女人必须首先和函数建立关系，然后才能谈论两者的关系，但因为女人不能和函数有直接的关系，所以无法建立性关系。结构中始终有一个无法闭合的缺口。

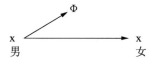

既然阳具函数（Φx）构成了性关系的阻碍，拉康指出，它被撤销或者被否定就为性关系的可能性提供了机会①。也就是说，如果我们能在量词逻辑中表达性关系，那就只能是公式 $\exists x.\overline{\Phi x}$ 和 $\overline{\exists x}.\overline{\Phi x}$ 中所表达的内容：在这两个公式中，$\overline{\Phi x}$ 表达了对函数的否定或撤销之义②，而随着函数被否定，男女关系也终于变成了二元的直接关系：

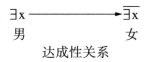

由此可知，拉康在 1971—1972 年的教学中根据不同的理论需要，对 $\overline{\Phi x}$ 给出了**两种**解释："函数的否定"在某些时刻被放在量词和函数之间，即否定关系，在另一些时刻则仅仅解释为"函数本身被撤销"，但"撤销"不是指不存在，这意味着，虽然量词逻辑和概念文字都属于

---

① Jacques Lacan, *Le Séminaire*, *livre XIX*, *...ou pire*（1971—1972）, p. 103.

② 我们再次见证了拉康思想的特点：因为是面对听众的教学，而不是写论文，拉康可以根据当下的理论需要，随时调整观点。这导致了文本分析的困难——缺乏理论上的一致性。

弗雷格思想，但是两者之间差异巨大 ①。

在本次教学的尾声，拉康再次阐述公式 $\overline{\exists x}.\,\overline{\Phi x}$，并且他给出了我们熟知的解释，即 $\overline{\exists x}.\,\overline{\Phi x}$ 是对公式 $\exists x.\overline{\Phi x}$ 的否定，换句话说，后者指示了例外，前者则是"否定这个例外"，即"没有例外" ②。同时，公式 $\overline{\exists x}.\,\overline{\Phi x}$ 对应着女人的情势，这就意味着女人和函数之间存在着某种关系。

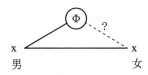

这个观点和拉康之前在图示中给出的解释不同，现在，人们必须在女人和函数之间建立联系（上图）以表现出两者之间有关系，但因为这种关系不同于男人和函数的关系（实线），所以我们用虚线加以区分，而图中的问号则是想表达此关系的神秘和未知。总之，女人和函数不是没有关系，相反，她和函数有一个肯定和积极的关系 ③。

在 1972 年 6 月 1 日的教学中，拉康对量词逻辑的解释进行了微调，并总结了逻辑矩阵：

$\exists x.\,\overline{\Phi x}$	存在（existence）	$\overline{\exists x}.\,\overline{\Phi x}$
矛盾	错失（manque） 裂缝	不可判定
$\forall x.\,\Phi x$	欲望 客体 a	$\overline{\forall x}.\,\Phi x$

---

① 一词多义，这对于理论构建来说是应该极力避免的情况。
② Jacques Lacan，*Le Séminaire*，*livre XIX*，*...ou pire*（1971—1972），p. 109.
③ Ibid.

从男人的这边出发，$\exists x.\overline{\Phi x}$ 这个公式表达的是，这里有一个被函数决定的主体，它对这个主导性关系的阳具函数说"不"。拉康解释道，"存在"和"一个声明"（un dire）相连，即说"不"：至少存在着一个 x 说"不"。[1] 显然，这个说"不"的声明是施加在阳具函数之上的否定。这里的否定是对主体和函数之间**关系**的否定，函数本身并没有受到任何影响。

公式 $\forall x.\Phi x$ 则表达了整个男性群体和函数的关系，即全部的男人都服从函数的规定。

女人这边，公式 $\overline{\exists x}.\overline{\Phi x}$ 陈述了一个事实，即不存在这样的一个 x 会说"阳具函数的主导性关系不是真的"。换句话说，所有 x 都承认阳具函数的地位。

最后，关于公式 $\overline{\forall x}.\Phi x$，拉康解释道，量词"不是所有"的功能在和阳具函数的某种关系中是关键性的。[2]

进一步，关于公式 $\exists x.\overline{\Phi x}$ 中的否定，即说"不"，拉康提到弗洛伊德的著作《图腾与禁忌》，因为有了对阉割说"不"的例外之人，我们才能谈论服从于阉割的"所有男人"。不过拉康指出，这个例外不一定非要是人，在《圣经·创世记》中，亚伯拉罕应上帝的要求献祭自己的儿子以撒，但上帝仅仅是一只公羊。[3]

另外，在男人的公式中，特称量词 $\exists x$ 和全称量词 $\forall x$ 是有逻辑关系的。这个例外是一个包含的功能。换句话说，存在（$\exists$）在这里扮演了补充部分或者"边"的角色：这个"例外的 1"划定了边界，之后才有

① Jacques Lacan, *Le Séminaire*, *livre XIX*, *...ou pire*（1971—1972），p. 202.

② Ibid., p. 203.

③ Ibid., p. 204.

"所有 x" 的可能性。①

公式 $\overline{\exists x}. \overline{\Phi x}$ 实际上对应着 $\forall x. \Phi x$，它以另一种方式表达了女人的整体保持着和函数的某种关系，即不存在对阳具函数说"不"的 x②。并且拉康再次用数来定义女人：女人位于 0 和 1 之间。根据他随后提到康托这一事实来看，这个观点涉及康托讨论的、在 0 和 1 之间的"可列数的有理数"和"不可列数的无理数"，而从拉康之前的定义来看，女人应该属于"不可列数的无理数"。

至于女人这边的 $\overline{\exists x}. \overline{\Phi x}$ 和 $\overline{\forall x}. \Phi x$ 两个公式，虽然 $\overline{\exists x}. \overline{\Phi x}$ 肯定了女人和函数之间的联系，但在其中有缺口和空洞，这就是"不是所有"，它展现了"在阳具函数中女人的位置"③。另外，女人的公式中的量词都被否定所标记，特别是 $\overline{\forall x}. \Phi x$ 中的量词"不是所有"，因为女人和函数的关系无法被精确地定义，所以这些量词既不是定性也不是定量的表述。不仅如此，人们如果仔细考察拉康对这两个公式的说明会发现，女人的位置充满矛盾：$\overline{\exists x}. \overline{\Phi x}$ 指出**每个女人都和函数有关系**，但 $\overline{\forall x}. \Phi x$ 却说**有些 x 不服从函数**，两个公式的内容相互冲突。

接着拉康定义，女人是"被划杠的大它"（A），即这个"不可能的能指"。④关于这个观点，拉康并没有做解释（在之后我们会再次遇到这个观点），不过根据拉康之前对符号 S（A）的解释，A 指示"大它中的裂缝和丧失"，即客体 a。如果拉康用客体 a 对应女人，这和以上拉康将女人视为无理数的观点是相冲突的。

随即，拉康在另一个图（下页图）中继续讨论四个公式之间的关系：

---

① Jacques Lacan, *Le Séminaire*, *livre XIX*, *...ou pire*（1971—1972）, p. 204.

② Ibid.

③ Ibid., p. 206.

④ Ibid.

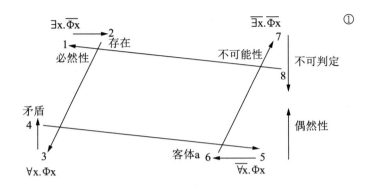

拉康指出，"存在着一个（∃x.$\overline{\Phi x}$）"和"不存在一个（$\overline{\exists x}$.$\overline{\Phi x}$）"，这是存在；

在"存在着一个（∃x.$\overline{\Phi x}$）"和"不存在不是这样的一个（∀x.Φx）"之间，是矛盾；

在全称否定陈述 $\overline{\exists x}$.$\overline{\Phi x}$ 和全称肯定陈述 ∀x.Φx 之间，是不可判定；

而在全称肯定量词 ∀x 和全称否定量词 $\overline{\exists x}$ 之间，涉及错失、裂缝和欲望，拉康说，这就是客体a[2]；

左上方的特称量词表达了必然性：一定会存在一个 x 反对函数 Φx[3]。这个必然性对应着大它自身的不完备性，即 S（Å）。

公式 $\overline{\exists x}$.$\overline{\Phi x}$ 表达的"不可能性"实际上是通过双重否定肯定了全称肯定命题，两者之间有某种一致性，但拉康将两者的关系定义为"不可判定"，我们并不清楚原因。

至于"偶然性"，拉康在这里只字不提，我们要到下一年的教学

① Jacques Lacan, *Le Séminaire*, *livre XIX*, *...ou pire*（1971—1972），p. 207.
8→1 的矢量关系指示"必然性"，1→2 指示"存在"，2→3 指示"全称量词"，3→4 是"矛盾"，4→5 表示"过渡到否定的全称量词"，5→6 指示"客体a"，6→7 指示"不可能性"，最后 7→8 指示"不可判定"。

② Ibid., p. 207—208.

③ Ibid., p. 208.

（即 1972—1973 年《继续》讨论班）中，才能等到拉康的解释。

根据拉康以上的说明，我们必须将上页图示做一些微调，"不可判定"和"偶然性"实际上是图中的对角线关系：

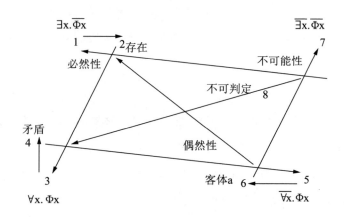

拉康关于量词矩阵的思考并没有结束，在接下来一年的教学中，拉康对这个矩阵进行了最后的阐述。

四 《继续》讨论班：性关系和逻辑矩阵

1972—1973 年的教学《继续》讨论班是我们本书研究的终点。从此以后，人们迎来了以"波罗米结"为代表的拓扑学时代——拉康教学的晚期阶段。在 1972—1973 年的教学中，拉康从另一个角度对量词逻辑进行了总结。

在 1973 年 3 月 13 日的教学中，拉康给出了一个表格，他将量词公式和一些基本术语放在其中，并希望借此图表来讨论男人和女人的关系。

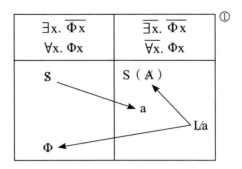

在这个图表中，男人和女人被中间的竖线分开，拉康指出，在男人一边有分裂的主体（Ƨ）和阳具（Φ），后者在这里不是阳具函数，而仅仅是一个能指；分裂的主体只和客体 a 打交道，后者指示的是女人，她也是大它 [2]；关于女人的位置，拉康的观点比较复杂，一方面，女人（la femme）不是整体（不是所有），因此"整体的女人"被划杠（La），这个 La 意味着有例外的存在，因此和指示大它裂缝的能指 A 相关联 [3]，另一方面，因为能指 A 无法独立存在，必须是在 S（A）中，那么 La 也就和 S（A）有关系了，同时它还和 Φ 有关，后者是"没有所指的能指"，在男人那边，它指示"阳具的享乐" [4]，根据拉康之前的说法，这是一个"洞" [5]，即使这样，我们对"阳具的享乐"还是不知所以，之后拉康解释道，阳具是欲望原因的关键点 [6]，那么，阳具和客体 a 有着密切的关系。

在 1973 年 3 月 20 日的教学中，拉康换了一个角度来阐述四个公式的关系。首先，拉康给出了"偶然性"（contingence）的定义，即"停止

[1]　Jacques Lacan，*Le Séminaire*，*livre XX*，*Encore*（1972—1973），texte établi par Jacques-Alain Miller（Paris：Édition du Seuil，1975），p. 99.

[2]　Ibid.，p. 101.

[3]　Ibid.，p. 102.

[4]　Ibid.，p. 103.

[5]　Ibid.，p. 16.

[6]　Ibid.，p. 120.

不书写"（cesse de ne pas s'écrire），然后是"必然性"，即"不停止书写"（ne cesse pas de s'écrire），随后是"不可能性"，即"不停止不书写"（ne cesse pas s'écrire）。

关于"偶然性"，拉康解释道：在偶然性中，这个使性关系服从于相遇的东西得到概括 ①。在上一年的教学，即《……或者更糟糕》讨论班中，拉康在图示中标定了 $\exists x.\overline{\Phi x}$ 和 $\overline{\forall} x. \Phi x$ 之间是偶然性：

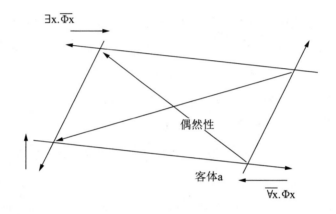

拉康解释道："不是所有"蕴含了产生例外的存在"一"，而这个"至少有一个存在"能够对阳具函数说"不"，换句话说，"不是所有 x"都能登记在函数中，这里有一个 x 驳斥了函数 ②。拉康在此并没有讨论男女关系，而是从逻辑的角度来解释这两个公式之间的关系，并且这个蕴涵关系还可以从另一个角度来解释：全称否定量词（$\overline{\forall x}$）指示着客体 a 这个例外的存在，但 a 是在函数中，而特称量词（$\exists x$）指示的例外是在函数之外的能指 S_1。这两个例外虽然不同，但它们都属于享乐，在外的是绝对的享乐，在内的是剩余享乐。

---

① Jacques Lacan, *Le Séminaire*, *livre XX*, *Encore*（1972—1973），p. 120.
② Ibid., p. 131.

第十章
第六个理论模型：集合论终章——"大一"理论

拉康在 1968—1969 年《从一个大它到另一个》讨论班中，用集合论的模型讨论并解决了"能指是如何在空集的不断重复中无限增殖"的问题，但这个模型是不完美的，或者说是有缺陷的。一个重要的问题是，这个模型中没有客体 a 的位置。虽然拉康将客体 a 定义为"大它的楦"，但这仅仅是强行将客体 a 安插在模型中，按照集合论的原则，能指的产生和大它的重复，以及大它本身的存在，都不需要客体 a。为了解决这个问题，拉康在 1971—1972 年《……或者更糟糕》讨论班中重拾集合论，并用"大一"（Un）这个术语来解决第三个理论模型中的这个基本问题。

和大它（Autre）一样，术语"大一"（Un）并不是拉康的发明。根据他自己的说法，这个术语在柏拉图和亚里士多德的著作中就已经出现，相对于描述具体个体的"一"（un）来说，"大一"（Un）指示的是整体和统一，因此在一些哲学家和神学家眼中，这个术语指示最高神或者上帝。可以预见，和其他术语一样，这个术语在拉康思想中有独特的含义。接下来，我们通过回溯"大一"在拉康教学中的历史，来理解拉康是如何将其融合在集合论中的。

一　《幻想的逻辑》讨论班：另外的"大一"和多余的"大一"

拉康在《幻想的逻辑》讨论班的第一次教学（1966 年 11 月 16 日）中就谈到了"大一"。在教学的尾声，拉康谈起术语"论域"（l'univers du discours）①，并声称"没有论域"。"论域"这个术语来自逻辑学和数学，它有两个定义：

（1）一定文句或对话中涉及的客观事物，即论题所包括的同类事物的总和。

（2）任何科学理论有它的研究对象，这些对象构成一个不空的集合，称为论域。论域中的元素，即所谓的研究对象，称为个体。一个理论还要研究个体之间的关系以及作用于个体的函数。

在形式科学里，"论域"（或称作论述全集）是指某些系统化的论述里的一些令人感兴趣的变数之上，由其中的实体所组成的集合。论域通常被视为预备知识，所以不需要每一次都指出相关变数的范围来。

拉康的第一个主体理论建立在弗雷格的概念文字基础上，后者允许人们谈论概念和此概念包含的所有客体。之后的量词逻辑模型中，全称量词表示的也是论域，即服从于函数的变量全集，所以拉康谈论论域合乎逻辑。而"没有论域"想表达的是大它的不完备性 $[S(A)]$。不过，拉康在这里谈论"论域"的真正目的是想借助这个术语的构词引入"大一"。

在表达了"没有论域"的观点后，拉康立刻转入了字面上的分析。他指出，在话语的世界（l'Univers du discours）中，没有任何东西能够

---

① 实际上，如果人们（特别是母语不是印欧语系的读者）不具备数学和逻辑学的知识，很容易误解"l'univers du discours"（论域）这个专业术语，因为从字面来看，它的意思是"话语的世界"，和"论域"一点关系都没有。

包含全部，那么，必须将"整体的'大一'"（Un de la totalité）和"可计数的'大一'"（Un comptable）相区分，后者至少重复一次，并且关闭于自身，不仅如此，这个"可计数的'大一'"在最初建立了"错失"，这涉及"创立主体"①。很显然，这个"可计数的'大一'"指的是能指，但暂时还不能从拉康的话中推论"整体的'大一'"这个概念的含义。

在接下来一次的教学（1966年11月23日）中，拉康开始为第三个理论模型预热。他首先谈到罗素悖论，并指出，能指链面临罗素悖论中一样的悖论，为了关闭这个链条，必须有一个"另外的能指"（signifiant en plus），并且这个能指是"不可计数的"（incomptable）。

拉康以数列"A，B，C，D，E"为例来说明，为了指称这个数列，需要在这个数列之外有一个不相关的能指（A），它负责指称这个数列（B，C，D，E）。拉康解释道，整个能指链构成了"所有能指的集合"，这是一个整体，而正是这个整体让集合之外出现了一个能指，这个"不可计数的能指"对于数列结构来说是本质性的。②

接着，拉康提出了"另外的'大一'"（Un-en-plus），这个概念的提出是回应"重复的1（un）"与"统一和合并的1（un）"的区分。我们知道，在拉康思想中，"（能指的）重复"是和"可计数"（comptable）相联系的：能指在1961—1962年的第一次形式化定义时，就被比喻为"猎人记录猎物的划线"，猎人刻下这些划线的目的就是点数（compter）猎物，而拉康将能指定义为1也是想表明，它如同一个个的单位一样，是可以被（列）数的。现在，拉康提出的"另外的'大一'"一方面区

---

① Jacques Lacan, *Le Séminaire*, *La logique du fantasme*, séance 16 novembre 1966, inédit.

② Ibid., séance du 23 novembre 1966, inédit.

别于能指，另一方面它又和能指的重复功能相关联。

进一步，拉康将"另外的'大一'"定义为"重复功能的真正根源"，并且它是"被排除的1"，除此之外，"重复"寻找的是这个逃脱的东西，这是根本性的、首要的错失，它来自被计数之物的功能，而正是这个不能被计数的"另外的'大一'"构成了错失。[1] 这些术语之间复杂的关系，我们可以用下图来理解：

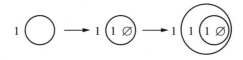

在大它（A）之外的那个能指是所有大它之内能指的根源，这是因为它的侵入产生了能指的重复，从此以后，能指的重复是为了抓住那个逃逸的客体 a（错失）。以上段落中的观点完全对应第三个理论模型的第二个子模型。

在 1966 年 12 月 14 日的教学中，拉康回顾了欲望图和《主体的颠覆和欲望的辩证法》一文，并提出了一个新的概念——多余的"大一"（Un-en-trop）。根据拉康本人的说法，这个全新的"大一"和"大它中的裂缝"（A̶）有关，它指示的是"这个在能指链中失去（manquer）的东西"。拉康进一步解释，这个"多余的'大一'"是"错失的能指"，也是"被划杠的大它"（A̶）。[2] 综上所述，这个多余的"大一"指的就是客体 a，但问题是，为什么拉康要费尽心思将客体 a 用"大一"来定义呢？此时人们还并不能了解拉康此举的意图。

---

① Jacques Lacan, *Le Séminaire*, *La logique du fantasme*, séance du 23 novembre 1966, inédit.

② Ibid., séance du 14 décembre 1966, inédit.

拉康在 1967 年 1 月 11 日的教学中通过摩根逻辑（双重否定）而引入了异化图 II，但在本次教学一开始，拉康讨论的却是集合论，而且他特别强调了空集。这是空集首次在拉康教学中登场。

令人吃惊的是，拉康将空集和表述的主体联系在了一起：

> 但在集合论的水平上，我们仅仅要寻找到一个装置，它允许被我们用来象征在数学发展中被确认的东西，这个在行为中如同表述的主体（sujet de l'énonciation）那样被隔离的东西——表述（énonciation）的主体和叙述（énoncé）中的尖端不同，我们能够认出来——在集合的术语中，正是表述建立在空集的可能性基础上，表述的主体的存在以一种被遮蔽的方式得以确认。①

这里拉康谈起"表述"（énonciation）和"叙述"（énoncé）之间的区别，很明显这涉及建立在弗雷格的概念文字基础上的第一个理论模型，其中能指产生在空概念（大它）之中，而集合论是第三个理论模型（1968—1969）的基础，其中空集的功能是产生能指。拉康似乎试图整合这两个理论模型，但他应该将大它而不是被排除的主体定义为空集②。

但拉康并不是一时糊涂而犯错，他随后还特意强调了这个观点：

> 这两个"不"（ne pas）从空集的维度引入的时刻开始，没有得

---

① Jacques Lacan, *Le Séminaire*, *La logique du fantasme*, séance du 11 janvier 1967, inédit.

② 在《从一个大它到另一个》讨论班（1968—1969）中，拉康就是将大它定义为空集，但并不是想整合第一个和第三个理论模型，因为这两个模型中的能指模式完全不一样，而我们将会看到，在《……或者更糟糕》讨论班（1971—1972）中，拉康修改了空集的所指。

到很好的理解，空集的维度支撑这个被表述（énonciation）所定义的东西，这个代表着表述的主体（sujet de l'énonciation）的空集迫使我们抓住否定的功能。①

拉康此时谈论的是异化图 II 中"我不思"和"我不在"的区分，而让人感到奇怪的是，这两个否定居然和空集有关。

接着，空集又被赋予了新的所指，即客体 a：

但大它的维度是如此关键，人们可以说这个维度是"我思"的命脉，也正是这个维度，构建了这个可以定义和确信为空集的东西的界限，而"我在"构成了空集，作为"我在"的"我"如同以下事实那样得以构成：不包含任何元素。这个框架仅仅就这个"我思"来说才是有价值的，我思考它，即"我"和大它辩论"我思"。"不在"意味着，这个在"我"这个术语之下存在的集合，其中没有元素。②

从异化图 I 开始，拉康就引入了哲学中的重要术语"存有"（Être），并将之放在被排除的主体，即表述的主体的位置上；从异化图 II 开始，拉康将"我思"用摩根逻辑处理过之后放入图中，用它来讨论主体的选择，而"我不在"（je ne suis pas）就是作为主语（sujet）的存有（Être）的否定形式。拉康清楚地将"这个否定的存有"定义为客体 a。那么现在的问题是，虽然客体 a 和表述的主体都属于存有的范畴，但两者处于

---

① Jacques Lacan, *Le Séminaire*, *La logique du fantasme*, séance 11 janvier 1967, inédit.

② Ibid.

完全不同的状态：一个在大它之内，一个则被排除在大它之外，拉康在任何时候都没有将两者混淆。所以，当拉康分别将这两个概念定义为空集的时候，确实让人摸不着头绪。

有趣的是，在这一年的教学中再也没有出现关于空集的论述，直到下一年的讨论班《从一个大它到另一个》，这个概念才再次出现，并且明确地指示大它。毫无疑问，围绕着空集有太多的谜团，人们只能等到1972—1973年《继续》讨论班中才会看到拉康对此的最终处理方案。

拉康在1967年2月15日的教学中讨论能指的重复时，重提了"大一"。他首先还是提到了对不同的"大一"的区分，即"统一的'大一'"和"计数的'大一'"，然后他将重点放在了后者。这个"计数的'大一'"的本质是差异性，并且给人们提供了"数的功能"，而所有这一切建立在递归的操作上[1]。这里说的都是能指的特性[2]。紧接着拉康明确指出，这个"基础的'大一'"仅仅被"重复本身"所创立[3]，我们由此可以断定，"计数的'大一'"就是能指。

然后，拉康将之前提到的两个"大一"和"计数的'大一'"联系在一起论述：

> 重复着的被重复之物所支撑的划线，它必须呈环状关闭，必须重返最初：这个划线标记了被重复之物。

---

[1] Jacques Lacan, *Le Séminaire*, *La logique du fantasme*, séance 15 février 1967, inédit.

[2] 能指的差异性和等同于1这两个特性自然不用说，关于"递归"的特征，可以参考上一章中关于数列的讨论。

[3] Jacques Lacan, *Le Séminaire*, *La logique du fantasme*, séance 15 février 1967, inédit.

　　这个划线不是别的，而是双环，或者这个我第一次引入的时候称呼的内八字。我们将写下这个：它重现于重复之物，在如同这样的、首要的、基础的和起始的重复操作中，这是提供回溯效果的东西，人们无法将之移开，它迫使我们思考三角关系——从一到二，再返回——重复之物通过朝向这个"大一"而关闭的方式来返回，为了给出这个不可计数的元素，我将之称为"另外的'大一'"，为了不将这个一和二，以及后继简约为既不是递增也不是递减的自然数列，重复之物匹配得上"多余的'大一'"这个头衔……①

　　拉康在这段陈述中首先回顾了《认同》讨论班中提出的能指模型，即一元划线和内八字，然后他在第三个理论模型的背景下指出，能指的重复最终是给出一个"不可计数的能指"，这个能指正是后来通过罗素悖论来论证的 S_2，在此它被称为"另外的'大一'"。而"重复之物"不仅仅支撑能指，它还产生能指，很显然这是客体 a。

　　在第三个理论模型中，"重复之物"应该是空集，在之前的讨论中，拉康已经将之对应于客体 a，现在他称呼其为"多余的'大一'"。所以，在《幻想的逻辑》讨论班中讨论的第三个理论模型不同于《从一个大它到另一个》讨论班中的模型，其中关键的差异就是空集的所指：在 1966—1967 年的教学中，空集是客体 a，而在 1968—1969 年的讨论班中，空集是大它。

　　我们可以根据第三个理论模型中的有序对模型来安置这些不同的"大一"。

―――――――――

① Jacques Lacan, *Le Séminaire*, *La logique du fantasme*, séance 15 février 1967, inédit.

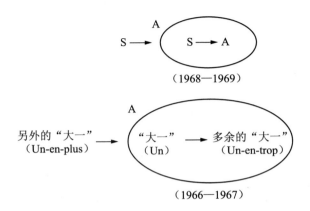

（1968—1969）

（1966—1967）

而在 1967 年 4 月 26 日的教学中，拉康从讨论"二元"出发。他指出，"二元"在他的思想中指的是"大一"和大它，这里的"大一"只能是"另外的'大一'"，即在大它之外的能指 1。在拉康思想中，大它的符号其实并不是 A，而是 S（A）：A 一定和在它之外的能指 S 联系在一起，两者**关系的总和**才是大它。论其原因，拉康在接下来一年的教学中给出了答案：从一开始就不是一元结构，而是一个二元结构，这意味着大它始终处于有序对 [S→A 或 S（A）] 中。拉康在这里为下一年的理论模型做了铺垫。

接着，他围绕"大一"、客体 a 和大它的关系开始阐述：

> 因为客体 a 是"大一"和大它隐喻的孩子，它如同最初的重复的残渣一样诞生，而这个重复，为了成为重复，要求从"大一"到大它的关系重复，主体从中诞生。①

拉康在这里描述的是第三个理论模型，在初始状态中是 S→A 结

---

① Jacques Lacan, *Le Séminaire*, *La logique du fantasme*, séance du 26 avril 1967, inédit.

构，"大一"在大它之外：

随着这个"大一"进入大它中，能指的第一次重复（这也被称为"原初的重复"，在异化图 III 中也有提到）产生。而根据集合论的原则，一旦原来是空集的大它中有了元素，就可以自动产生一个空集。在《从一个大它到另一个》讨论班的教学中，这个空集是大它，但人们将会看到，这个空集在《……或者更糟糕》讨论班的教学中变成了客体 a。不管如何，客体 a 是因为这个在外的"大一"进入大它中而产生的，所以拉康说，客体 a 是两者"隐喻的孩子"。

值得注意的是，在这段话的后半部分中，拉康将主体的诞生定义为"从'大一'到大它的关系重复"（下图），因为涉及主体的诞生，这时的"大一"就是大它内的能指 1。

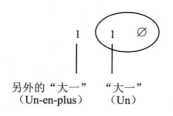

因此，在这段话中两个"大一"的所指是不一样的。如同拉康在接下来的一段话中又谈到"大一"，此刻它再也不是大它之外的能指了，而是大它之内的能指 1：

　　那么，我上次已经说过了，"大一"在逻辑中是简单的游戏的入

---

① 　Jacques Lacan，*Le Séminaire*，*livre XVI*，*D'un Autre à l'autre*（1968—1969），p. 378.

口，是测量的操作的游戏入口，是在语言的这个操作中，给予小 a
价值操作的游戏入口。①

"测量"是大它之内的能指 1 的功能，而且因为这个能指的存在，
客体 a 如同其效果那样存在。

总之，《幻想的逻辑》讨论班不仅仅讨论了异化图 II 和异化图 III，
还区分出不同的"大一"，这一切都是为第二年的第三个理论模型奠基，
而日后拉康又重拾"大一"这个术语构建了第六个理论模型。

二 《从一个大它到另一个》讨论班：享乐、"大一"和空集

在 1968—1969 年的教学中，虽然拉康提到"大一"的机会并不多，
但在有限的机会中，他还是尽力发展关于"大一"的理论。

1969 年 1 月 22 日教学的尾声，拉康在介绍完斐波那契数列之后，
谈到了"大一"。拉康还是区分出了两个"大一"（下图），但这次没有用
不同的名字，而是通过和不同术语的结合来标定区别。

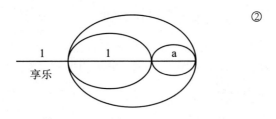

---

① Jacques Lacan, *Le Séminaire*, *La logique du fantasme*, séance 26 avril 1967,
inédit.

② Jacques Lacan, *Le Séminaire*, *livre XVI*, *D'un Autre à l'autre*（1968—1969）, p. 134.

　　拉康首先将大它的领域衡量为"大一"，从图中所指，这个"大一"就是大它之内的能指1，然后他强调，这个"大一"一定要和另一个"大一"相区分，即标定享乐的"大一"，它也被称为享乐的"大一"。这个享乐的"大一"和第三个理论模型中的能指 S_2 一样，都表达了**总和**的含义，两者的差别是：

　　（1）对象。S_2 是和大它内的能指组成对子，而享乐的"大一"关联的是客体 a（剩余享乐）。

　　（2）时间。根据第三个理论模型中的不同子模型，S_2 或**先于**或**后于**大它内的能指，而享乐的"大一"必然**先于**客体 a。

　　1969 年 2 月 12 日的教学中，拉康从另一个角度评论了第三个理论模型：

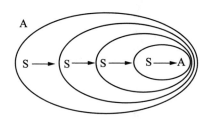

　　在上图中，大它的圈随着能指在其内部的产生而不断地后退。拉康解释道，可以将大它定义为"大一"。接着他指出，人们最终只能将客体 a 等同为"这个出自大它的东西"，即能指1，在这个 a 中，人们能发现能指 1 的本质。①

　　拉康在这里陈述的内容早在 1964—1965 年《精神分析的关键性问题》讨论班中就已经表达过，即能指（1）产生于客体 a（0）之中。客体 a 作为能指的**形式因**赋予能指定义。所谓"定义"，即回答了能指是

---

① Jacques Lacan, *Le Séminaire*, *livre XVI*, *D'un Autre à l'autre*（1968—1969）, p. 182.

什么，这在哲学中就是涉及本质的问题。

最后，拉康在 1969 年 6 月 18 日的教学中，谈到了"另外的 1"（un-en-plus）。和"另外的大一"（Un-en-plus）不同，"另外的 1"指示的是重复的空集。我们知道，在这一年的教学中，拉康将空集仅仅赋予大它，而在 1971—1972 年的教学中，他改变了观点。接下来我们就来看看，拉康如何修改关于"大一"的理论。

三 《……或者更糟糕》讨论班：三个 Un

在 1971—1972 年的教学中，拉康使用了概念文字、集合论和量词逻辑来构建他的主体理论，之前我们介绍了概念文字和量词逻辑，在这一部分，我们将主要介绍集合论。读者肯定会好奇，拉康不是在 1968—1969 年《从一个大它到另一个》讨论班中借用集合论的原则构建了主体的动力学吗，为什么在 1971—1972 年的教学中再次参考集合论呢？其原因就在于，在 1968—1969 年的模型中没有客体 a 的位置，虽然拉康通过将客体 a 定义为"大它的楦"，勉强将其安置在模型中，但客体 a 完全丧失了功能，沦为系统的冗余。这是拉康无论如何不能接受的事实，于是在《……或者更糟糕》讨论班中，他卷土重来，在集合论的框架下尝试给客体 a 一个合适的位置。

拉康开始谈论"大一"是在 1972 年 3 月 15 日的教学中。在这次教学中，他首先发明了一个词"这里有一个"（Yad'lun），这是"这里有一个'大一'"（il y a de l'Un）的缩写。拉康构造这个新词很显然是为了对应量词逻辑的公式 $\exists x.\overline{\Phi x}$，量词"存在着一个 x"和"这里有一个'大一'"在形式上相同。不过，拉康并没有立即给出这样缩写的理由，我们在以后才能看到他对此观点的解释。实际上，在这一年的教学中，拉康将量词逻辑和集合论交错介绍，在某种程度上也是在整合这两个学说。

然后，拉康赋予了"大一"新的含义：

> 对你们来说，我说这个不大可能的事的重要性太迟了，这里有"大一"(il y ait de l'Un)。
>
> 事实上，自从人们开始询问这个"大一"开始，自从它变成了松散的事物开始，就不可能将其和任何东西扯上关系，除了整数序列之外，这个序列不是别的，正是这个"大一"。[1]

"大一"在这里似乎涉及量词"存在着一个 x"，但根据定义，即"大一"是"整数序列"，"大一"的理论背景已经不再是量词逻辑，而是集合论。并且，虽然拉康紧接着谈论了弗雷格逻辑学以及 0 和 1 的关系，但他随后提到一个集合论的概念"超限基数 $\aleph_0$"，这表明，拉康此时真正参考的理论模型是康托集合论：

> 在弗雷格逻辑学，特别是《算术基础》中，你们同时看到了对 1 的整个逻辑推导的不足，既然推导必须通过 0，人们仍然不能说这是 1，然而，正是这个 1 在 0 的水平上缺席，而所有代数后继都起源于 1。因为，从 0 到 1，这产生 2。从此以后，这产生了 3，因为这里将有 0、1 和 2。同样，准确来说直到第一个超限基数，它仅仅被 $\aleph_0$ 所指示。

---

[1]   Jacques Lacan, *Le Séminaire*, *livre XIX*, *...ou pire*（1971—1972），p. 132.

这远远地向我们呈现。这就是为什么必须将其具现化，况且我已经首先提出了"这里有一个"（Yad'lun）。你们不应该过分惊讶于这个陈述，如同对随后的 $\aleph_0$ 感到惊讶一样，$\aleph_0$ 对于探测"这里有'大一'"这句话所带来的震惊来说是足够的。是的，这值得以"啊哟"这种方式来致敬。[①]

在继续介绍之前，我们必须澄清拉康在这里引入的两个新概念，"超限基数"以及"$\aleph_0$"，以便明晰拉康的思想背景。

基数（nombre cardinal）是集合论的基本概念之一，是集合论中刻画任意集合大小的一个概念。两个能够建立元素间一一对应的集合称为互相对等集合。这个思路是康托引入的：集合 a 的基数是一切与 a 一一对应的集合的共同特征，它既舍弃了 a 中元素的具体属性，也不考虑 a 的元素间的次序关系，所以集合 a 的基数是抽象的结果。例如 3 个人的集合和 3 匹马的集合可以建立一一对应，是两个对等的集合。

因为集合有有限、无限之分，相应地，基数亦有有限、超限之分。最先被考虑的无穷集合是自然数集 N = {0，1，2，3，...} 及其无限子集。他把所有能与 N 一一对应的集合定义为可数集。N 的所有无限子集都能与 N 一一对应。他把 N 的基数称为"$\aleph_0$"（读作阿列夫零，阿列夫是希伯来文的第一个字母），它是第一个也是最少的超限基数。

康托发现，原来有理数集合与代数数集合也是可数的，于是在 1874 年初，他尝试证明是否所有无限集合均是可数的，稍后他发明了著名的对角论证法，证明实数集是不可数的。实数集的基数，记作 c，代表连续统（Continuum）。

接着康托构造了一个比一个大的集合，得出一个比一个大的基数，

---

① 　Jacques Lacan，*Le Séminaire*，*livre XIX*，*...ou pire*（1971—1972），p. 132—133.

而这些巨大集合的元素已不可如实数般书写出来。因此关于基数的一般理论需要一种新的语言描述，这就是康托发明集合论的主因。

康托随后提出了连续统假设：c 就是第二个超穷数 $\aleph_1$，即继 $\aleph_0$ 之后最小的基数。多年后，数学家发现这假设是不能证明的，即接受或否定它会得出两套不同但逻辑上均可行的公理化集合论。

通过以上介绍可知，第一个超限基数，即 $\aleph_0$，指示的是自然数集合中的个数，换句话说，是无限自然数的个数，这完全符合拉康的第三个理论模型中的 S_2 以及量词逻辑中 $\exists x$ 的含义。

为了安置以上的概念，这里必须首先有一个集合，然后，符合定义的元素进入集合中。这时人们便可以追问：有多少个元素被包含在此集合中？S_2、$\exists x$ 和 $\aleph_0$ 这三个表示总和的概念都具有列数元素的功能，而此功能也是弗雷格逻辑学中数的功能。由此拉康从概念文字跳到量词逻辑，从弗雷格逻辑学跳到康托集合论，他讨论的重心也从弗雷格逻辑学中的 0 和 1，来到康托的 $\aleph_0$ 概念，拉康此番理论跃迁的目的是想讨论能指的无限集合。

在 1972 年 4 月 19 日的教学中，拉康以特称肯定量词"存在着一个"和特称否定量词"不存在一个"为开始，讨论起亚里士多德和柏拉图围绕"理念"的争论。拉康在这里是想讨论"精神分析的研究对象是否一定是现实的存在"，因为在量词逻辑中，表达存在的 x 要放在函数的变量位置上 [1]，这个框架对于思考经验世界中的存在来说难以想象。由此，拉康提出了"逻辑意义上的存在"和"自然存在"之间的区分。

拉康指出，逻辑存在不必局限于有机体或者可见物，比如研究天体，这些客体可以是点状的。拉康此番言论完全可以追溯到古希腊的思想，这是柏拉图和亚里士多德之间的一场争论。

---

[1] Jacques Lacan, *Le Séminaire*, *livre XIX*, *...ou pire*（1971—1972），p. 140.

　　这场争论围绕着"不完美的、变化的和衰落的世界"和"永恒不变的真理世界"之间的关系来展开。柏拉图坚持认为，只有通过理想世界的数学知识来理解现实世界的实在性和可知性，毫无疑问，这个世界是数学化的。① 柏拉图认为，几何学所要求的知识不是反复无常的，而是永恒的，因此永恒不变的数学定律表达了现实的本质。至于数，现实事物仅仅是对数的模仿，数超越了事物。②

　　关于天文学研究，柏拉图认为，这门学科真正研究的不是可见的天体运动，人们必须抛开天体，真正的天文学探求的是数学化的运动定律。

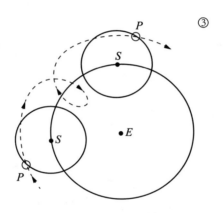

　　在上图表示的天体运行中，行星 P 以 S 为中心作匀速圆周运动，而 S 本身以 E 为中心作匀速圆周运动。这些字母可以指示任何星体，比如 E 可以是地球，也可以是太阳，但在数学上，它仅仅是一个点，即点状物。④

　　事实上，拉康也在柏拉图和亚里士多德的立场之间摇摆：一方面他构建的主体理论不是经验性的，而是形而上学层面的思考，但另一方

①　M. 克莱因：《数学：确定性的丧失》，李宏魁译，湖南科技出版社，2004，第 8 页。
②　同上。
③　同上书，第 17 页。
④　同上。

面，精神分析要面对经验的临床，这迫使拉康思想的一部分要经验化。两者之间的冲突在量词逻辑中达到了顶峰，因为量词所描述的存在不是经验的事物，而是逻辑存在或者数学存在，比如实数。所以拉康承认，他特别地对科学有信心，因为分析的话语虽然不是科学的话语，但科学向它提供了话语的材料[①]。他认为，对"言在"的把握只有在数的使用中才得以实现，而这个数在集合论的框架下可以很简单地缩写为"这里有一个"（Yad'lun）。[②]

在表达了自己集合论的立场之后，拉康随即展开了对康托理论的介绍。

以单元集为基础，拉康首先区分了作为元素的"大一"和作为集合的"大一"。单元集亦称单元素、单元素集，是一种特殊的集合，即只含有一个元素的集合。比如，元素 a 组成的单元集记为 {a}，而这个 a 可以是任何东西。拉康则将元素 a 替换成空集，那么，空集是这个单元集中的**唯一元素**。但这个观点和空集的性质是相矛盾的，因为空集是"任何非空集合的真子集"，即空集不能作为这个非空集合的**唯一元素**。虽然违背了集合论的原则，但拉康的目的是准备在此理论框架下正式引入空集。

然后，拉康谈论起作为"大一"的阿列夫零，即 $\aleph_0$，这个"大一"建立在"相同性"（mêmeté）基础之上，这和建立在"差异性"基础上的"大一"，即能指，是不同的概念。

拉康接着将空集和"大一"联系起来，并且他谈到了"希尔伯特无穷旅馆"。这样，这一年教学中的三个"大一"悉数登场，它们的所指各有不同，但拉康在谈论它们的时候，不会像以前那样用不同的名字区

---

① Jacques Lacan, *Le Séminaire*, *livre XIX*, *...ou pire*（1971—1972）, p. 141.

② Ibid., p. 142.

分它们，所以当我们遇到每一个"大一"的时候，一定要参考文本背景来仔细辨别其所指。

"希尔伯特无穷旅馆"陈述的是无限集合的一个特征。

希尔伯特在谈到"无限之数"时，先设想有一家旅馆，内设有限个房间，而所有的房间都已客满。这时来了一位新客，想订个房间。"对不起，"旅馆主人说，"所有的房间都住满了。"

现在再设想另一家旅馆，内设无限个房间，所有的房间也都客满了。这时也有一位新客，想订个房间。"不成问题！"旅馆主人说。接着他就把1号房间的旅客移到2号房间，2号房间的旅客移到3号房间，3号房间的旅客移到4号房间……这样继续移下去。这样一来，新客就被安排住进了已被腾空的1号房间。

他又设想一个有无限个房间的旅馆，各个房间也都住满了客人。这时又来了无穷多位要求订房间的客人。"好的，先生们，请等一会儿。"旅馆主人说。于是他把1号房间的旅客移到2号房间，2号房间的旅客移到4号房间，3号房间的旅客移到6号房间，如此等等，这样继续下去。现在，所有的单号房间都腾出来了，新来的无穷多位客人可以住进去了。

此时，又来了无穷多个旅行团，每个旅行团有无穷多个旅客，只见这个老板不慌不忙，重复使用了以上方法，解决了问题。

无限集合不同于有限集合，它的某些特征超出了我们的有限经验知识。在有限集合中，真子集是一定小于全集的（部分小于整体），但在无限集合中，真子集等于全集（部分等于整体）。例如，正整数集{1，2，3，...}是无限集合，而正奇数集是其真子集，但可以与其一一对应：

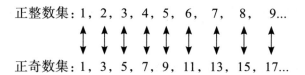

"整体和部分相等"，这在有限集合以及我们有限的经验中是错误的观点，但在无限集合中，这却是合乎逻辑的。拉康谈论这个关于无限集合的故事，是为了探讨一种"大一"："'大一'在这个有一个缺席之物的水平上开始。"①

接下来，我们看看拉康本人是如何阐明这句带有歧义的话的：

> 因此，空集因为此事而被证明是合理的，如果我可以这样说的话，它是一扇门，对它的超越构成了"大一"的诞生。第一个"大一"以一种可接受的经验被指认，我想说数学化的可接受的、可被教授的方式，因为这正是性公式（即四个量词逻辑公式）想表达的东西，并且这种方式并不求助于粗陋的形象表现。这个构成"大一"并为其辩护的东西，它仅仅如同差异般被指认，没有任何别的质的定位。它仅仅从其错失（manque）开始。②

从语义上来看，这段话的开头和结尾都在谈论空集和"大一"的关系，而最后两句的主语应该都是空集，因此我们可以将这段话总结为：对空集的超越构成了"大一"的诞生……这个构成"大一"并为其辩护的空集，它仅仅如同差异般被指认，没有任何别的质的定位。空集仅仅从其错失开始。

---

① Jacques Lacan, *Le Séminaire*, *livre XIX*, *...ou pire*（1971—1972），p. 146.

② Ibid.

即便如此，我们仍然不能明白拉康想表达的意思：对空集的超越构成了"大一"的诞生，以及空集构成"大一"并为其辩护。唯一确定的是，这里提到的"错失"指示着客体 a，那么根据拉康的意思，空集从客体 a 开始，但问题是，空集是客体 a，还是说它产生于这个客体？我们接着往下看。

拉康随后将无限集合和帕斯卡三角（也称为杨辉三角）结合起来讨论"大一"：

$$
\begin{array}{ccccccc}
 & & & 1 & & & \text{①} \\
 & & 1 & & 1 & & \\
 & & 1 & 2 & 1 & & \\
 & 1 & 3 & 3 & 1 & & \\
 1 & 4 & 6 & 4 & 1 & & \\
1 & 5 & 10 & 10 & 5 & 1 & \\
1 & 6 & 15 & 20 & 15 & 6 & 1
\end{array}
$$

可以看到，整个数列的最外层是 1。拉康认为，这些 1 是首要的，因为它们的重复产生了中间所有的数（关于这个模型我们将在下一章讨论），而这些 1 就是重复的"大一"。这个"大一"是被"错失"、被"打洞的地点"所指认的入口②。"错失"是客体 a，而"打洞的地点"是来自集合论的说法，它被用来描述空集：根据集合论的原则，空集不是无，它只是内部没有元素的集合；数学家将集合想象成一个装有元素的袋子（定义），而空集是一个空袋子。

接下来拉康用集合论的术语表明，这个"打洞的地点"就是空集：

---

① Jacques Lacan, *Le Séminaire*, *livre XIX*, *...ou pire*（1971—1972），p. 146.

② Ibid., p. 147.

　　　　如果你们想要一个（这个"大一"的）画像，我应该将"这里有一个"（Yad'lun）的基础描绘为如同一个袋子。只有在一个袋子、一个被洞开的袋子的画像中，才有"大一"。没有任何"大一"从袋中来，到袋中去。这是直觉地抓住"大一"，并且是"大一"原初的基础。[1]

　　"'大一'是被'错失'（客体 a）所指认的入口"这句话描绘的应该是能指 1 诞生于客体 a（空集）中这个事实。

　　这样，我们终于可以确定三个"大一"的所指：

　　（1）一个是能指 1，另一个是"这里有一个"（Yad'lun），第三个是空集。

　　（2）第二个"大一"是公式 $\exists x.\overline{\Phi x}$ 中的存在量词"存在着一个 x"，这也是第三个理论模型中的"被排除的主体"或 S_2。

　　（3）第三个"大一"是被称为"被洞开的袋子"（空集）的客体 a。拉康认为，客体 a 是"被排除的主体"或 S_2 的**基础**。遗憾的是此观点没有得到进一步的阐释。

　　借助帕斯卡三角，拉康想表达和斐波那契数列的增长模式一样的"集合内的元素呈指数级增长"的态势，这种能指模式显然和第一个以及第三个理论模型中的能指模式完全不同。

　　1972 年 5 月 4 日的教学分成了两个部分，第一个部分是讨论"在帕斯卡三角中，能指的增长模式"。

　　帕斯卡三角是把二项式系数图形化，把组合数内在的一些代数性质

---

[1]　Jacques Lacan, *Le Séminaire*, *livre XIX*, *...ou pire*（1971—1972）, p. 147.

直观地在图形中体现出来，是一种离散型的数与形的结合（下图）。

$$
\begin{array}{ccccccc}
 & & & 1 & & & \\
 & & 1 & & 1 & & \\
 & & 1 & 2 & 1 & & \\
 & 1 & 3 & & 3 & 1 & \\
 1 & & 4 & 6 & 4 & & 1 \\
1 & 5 & 10 & 10 & 5 & 1 & \\
1 & 6 & 15 & 20 & 15 & 6 & 1
\end{array}
\qquad
\begin{array}{l}
2^0 = 1 \\
2^1 = 2 \\
2^2 = 4 \\
2^3 = 8 \\
2^4 = 16 \\
2^5 = 32 \\
2^5 = 64
\end{array}
$$

帕斯卡三角的一个特性是：第 n 行数字的和为 2^{n-1}，上图中右边给出了每行数字和的算式。拉康引入公式 2^{n-1} 是为了计算"集合内子集的数量"：一个非空集合的子集的个数为 2^n。

在计算集合内子集数量的时候，要把元素看成集合，而空集是任何非空集合的真子集，于是：

集合 {1} 中只有一个元素，那么它只有两个子集：∅，{1}；

集合 {1，2} 中有两个元素，其真子集为：∅，{1}，{2}，{1，2}；

集合 {1，2，3} 中有三个元素，其真子集为：∅，{1}，{2}，{3}，{1，2}，{2，3}，{1，3}，{1，2，3}；

……

依此类推，一个非空集合内的子集数量为 2^n 个。

拉康在教学中首先陈述了以上算法，随后他说，一个给定集合中的元素"a，b，c，d，e"，"a，b，c，d"对应"e"，而"a，b，c，d，e"对应"c"。这两个对应事实上完全不同质，它们分别表达了不同的思想：

后一个对应表达的是"实数集的基数是 c"。我们之前介绍过，拉康从 1971 年《论一个不应该是假装的话语》讨论班开始，就把大它定义为实数根的方程，根据康托集合论的观点，满足此方程的能指**个数**应该是 c，即 $\aleph_1$；

　　而前一个对应表达的是建立在罗素悖论基础上的第三个理论模型。拉康在 1968 年 12 月 4 日的教学中表达得很清楚，在大它内，一个能指成为其他能指集合的能指，从而被排除在大它之外（下图），而这个过程就是上述的 "'a, b, c, d' 对应 'e'"。

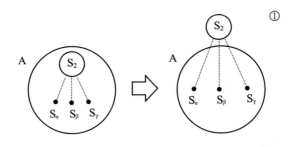

　　这样，我们终于可以理解，为什么拉康给出的公式是 $2^{\aleph_0-1}$：在自然数的无限集合中，元素是无限的，其数量是 $\aleph_0$，但拉康根据罗素悖论，认为要计算其子集必须减去一个集合，即将能指集合的能指（$\aleph_0$）排除在外。此观点提醒人们，虽然目前介绍的是第六个理论模型（康托集合论），可是拉康仍然在这里保留了第三个理论模型的架构。

　　进一步，人们不得不提出这样一个问题：为什么拉康要计算子集数量呢？这似乎是完全没有必要的事。虽然拉康本人并没有对此做出任何解释，但我们可以通过思考第四个理论模型来回答这个问题。

---

① 　Jacques Lacan, *Le Séminaire*, *livre XVI*, *D'un Autre à l'autre* (1968—1969), p. 76.

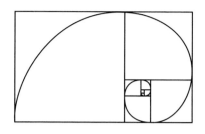

在第四个理论模型中，拉康通过研究斐波那契数列（上图），力图展示"主体的命运"，即随着能指的增加，前后项的比值逼近一个数值，即黄金分割数，这个数不仅仅是能指的目的，也是能指增殖的原因。拉康随后将黄金分割数定义成客体 a。

从第三个理论模型开始，主体分裂在能指和客体 a 之间，所以，通过斐波那契数列，拉康只展示了主体命运的**一半**，而这另外一半的命运直到《……或者更糟糕》讨论班中才得到讨论。在斐波那契数列和康托的无限集合中，能指都是不断增殖直至无穷，但"无穷"在这两个模型中是不一样的概念。

关于"无穷"，我们要追溯到公元前 400 多年前的哲学论辩，那时针对"无穷"的观念就产生了分歧。根据哲学家们的观点，我们可以将"无穷"区分为"潜无穷"和"实无穷"。关于"潜无穷"的思想是：把"无限"看作永远在延伸着的一种变化着、成长着、被不断产生出来的东西来解释。它永远处在构造中，永远完成不了，它是潜在而不是实在。按照此观点，自然数不能构成一个集合，因为这个集合永远也完成不了，它不能构成一个实在的整体。斐波那契数列就属于"潜无穷"的无限数列，只不过这个数列的特别之处在于，在数列无限增长的过程中，相邻两个数的比值会逼近一个数值。

而关于"实无穷"的思想是：把"无限的整体"本身作为一个现成的单位，是已经构造完成了的东西，换言之，即把无限对象看成可以自我完成的过程或无穷整体。按照此观点，所有的自然数可以构成一个集合，因为可以将所有的自然数看作一个完成了的无穷整体。康托的朴素集合论就是建立在"实无穷"的基础之上的。举个形象点的例子就是，一条线段上的点有无穷个，但这条线段本身又是有限的。

　　拉康肯定支持康托的观点，因为在其第三个理论模型（下图）中，存在着"大它之内的众能指"和"大它之外一个能指"之间的**等值关系**，而前者正是无限增殖的。由此可知，拉康采纳了"实无穷"的观点。因此，他肯定会参考康托集合论而将大它设置为自然数集合，然后把能指定义为可列数的，其目的是最终计算出大它内众能指的个数，并让其等于 $\aleph_0$，这就是 S_2 的数值。

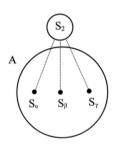

　　然而，拉康不仅用 $\aleph_0$，还用 $\aleph_1$ 和 c 来表示 S_2 和 S_1 的等数值关系，此举导致的问题是：不同的超限基数对应着不同的无限集合，这意味着大它会随着超限基数的变化而变成完全不同的集合。

　　其实早在第四个理论模型中，当拉康选择用斐波那契数列来展示能指的无限增殖时，大它便已经发生根本性的变化。而当拉康在集合论中探讨能指的增殖模式时，此概念的变化显得更加明显：$\aleph_0$ 是整数的无限集合的势，整数的无限集合同构于大它内能指一个接一个无限产生的结构。但根据康托基本定理，整数无限集合 A 的元素不能与 2^A 建立一一对应的映射，这意味着拉康在用公式 $2^{\aleph_0-1}$ 来计算大它内的能指数量时，大它已经悄然改变定义。更不用说将大它定义为超限基数是 c 的"实数根的方程"，大它的含义已经不是最初的"整数的无限集合"。

拉康从来没有指出过，S_2 数值的变化会导致大它的质变，他也从未解释为何要用不同的集合或数列来探讨能指的增殖模式，或许他是希望从不同角度探讨主体的命运，但这些理论模型之间的**异质性**会损害其思想的**整体性**和**一致性**。或许正是考虑到以上种种理论上的困难，拉康在1971—1972 年的教学中干脆将大它定义为 Φx，此定义既符合弗雷格逻辑学，又回避了大它定义的变化此等难题。

在本次教学的第二个部分中，拉康谈到了第三个"大一"。首先，拉康重复了之前关于"大一"的观点，即"'大一'由错失的地点构成"和"'大一'如同错失的效果一样冒起"[1]；然后，他提起"基数增加"并指出，数的不断增加是通过添加空集来实现的：

> 所有谈论基数的言论引出以下结果，即从 0 开始的基数序总是包含唯一的后继。通过向你们以一种即兴的方式陈述，我已犯了一个错误，即谈论一个序列，好像它从今以后是有序的。我从来没有承认是这样，仅仅是，每个对应之前基数的数是通过添加空集。[2]

这显然是第三个理论模型向我们展示的内容：能指 1 产生于空集，并且随着后者的重复，能指不断产生。拉康承认了这点："大一"从空

---

[1]　Jacques Lacan, *Le Séminaire*, *livre XIX*, *...ou pire*（1971—1972）, p. 158.

[2]　Ibid., p. 159.

集中来。① 接着，拉康阐述了作为空集的"大一"和作为能指的"大一"之间的关系：在集合论中，空集是"大一"，并且它是"数字'大一'"冒起的原则②。很显然，这个"数字'大一'"就是从空集中产生的能指 1。

终于，拉康将三个"大一"全部展示了出来，我们将它们的一切信息汇总在以下表格中，以便读者清楚地认识和分辨：

	拉康的术语	集合论的术语	别　名	功　能
大一	被排除的主体 $/S_2$	$\aleph_0$、$\aleph_1$、c	这里有一个	集合内所有能指集合的能指
大一	大它内的能指 1	元素	"数字'大一'"或"可计数的'大一'"	客体 a 的产物
大一	客体 a	空集	错失	重复，产生能指 1

四　《继续》讨论班：S_1 和"这里有一个"

在《继续》讨论班的最后，拉康重新讨论了第三个理论模型（下图）。

$$S_1\,(\,S_1\,(\,S_1\,(\,S_1 \longrightarrow S_2\,)\,)\,) \qquad ③$$

拉康首先提到了"这里有一个"（Yad'lun），然后在解释什么是"这里有一个"时，他谈起 S_1，并利用同音的游戏，将 S_1 解读为"一个大群能指"（un essaim signifiant）。关于这个新词，拉康解释道，这个"大

①　Jacques Lacan, *Le Séminaire*, *livre XIX*, *...ou pire*（1971—1972）, p. 161.

②　Ibid., p. 162.

③　Jacques Lacan, *Le Séminaire*, *livre XX*, *Encore*（1972—1973）, p. 181.

群"保证了主体和知识连接的统一体[1]。随后，他将 S_1 称为"大一"，而且指出这个"大一"不是随便一个能指，它创立了"包裹"，通过这个"包裹"，整个能指链可以持续存在[2]。很显然，这里的 S_1 对应的是1968—1969 年模型中的 S_2。拉康在这里改变了术语的所指，但想表达的内容不变，"这里有一个"是大它之外的能指，它也是其余能指集合的能指。

对比 1968—1969 年和 1972—1973 年教学中的模型，我们可以发现一个理论上的问题：在 1972—1973 年的模型中，按照逻辑来说，S_1 是不应该重复的，换句话说，只能有一个 S_1。但拉康对此并没有给出任何解释。

总之，在这个"大一"的理论模型背后，拉康仍然在讨论目的论，只不过"大一"理论和第四个理论模型中的目的论略有差异：在之前的理论模型中，拉康将客体 a 定义成黄金分割数，是为了确保能指**个数**的无限增加是为了在**比值**上抵达此数；现在，大它之外的能指被定义成超限基数，拉康想表明，这个特殊的能指决定了大它之内能指的总和，换句话说，即使能指是无穷递增的，但因为这是实无穷，是一个有边界的无穷序列，所以这个边界已经被大它之外的能指所决定。

更为重要的是，第六个理论模型是对第三个理论模型的综合。拉康用同一个术语"大一"来指示大它之外的能指、大它之内的能指以及客体 a 这三个不同的概念，正是为了解决之前第三个理论模型中的一个重要问题。

我们用下页这个图来展示和对比这两个理论模型之间的关系：

---

[1] Jacques Lacan, *Le Séminaire*, *livre XX*, *Encore*（1972—1973）, p. 181.

[2] Ibid.

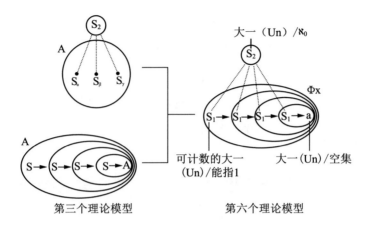

第三个理论模型　　　　　　　　第六个理论模型

　　虽然第三个理论模型的两个子模型是异质的，但它们分别有不同的功能：一个用来陈述两种能指之间的关系，一个用来展示能指如何在大它之内无限增殖。现在，拉康希望新的理论模型将两个异质的模型整合起来：将大它用**弗雷格逻辑学**中的函数 Φ 来定义，此定义不仅剥夺了大它对能指增殖的贡献，还使得此概念在第六个理论模型中不具有任何功能，也就是说，大它沦为了理论上的摆设，而 S_1、S_2 和客体 a 则按照**集合论**的原则来规定，S_1 和 S_2 的关系得到更准确的论述，而 S_1 因为客体 a 的重复而不断产生，这不仅在理论模型中正式安置了客体 a，还解决了第三个理论模型中"大它包含自身"的悖论。

第三部分

水仙花

引　论

在第二部分中，我们介绍了拉康在中期教学（1959—1973）中使用的理论模型以及其中的基本概念，但从理论构建的角度来说，拉康的理论并非完美无瑕，相反，其中存在着诸多矛盾。遗憾的是，精神分析圈对此知之甚少。为了让读者更为全面地了解拉康思想，我们计划在第三部分中，用两个章节分别从两个不同的视角重新审视拉康使用的基本概念和理论模型。

第十一章探讨的是"能指"概念在拉康思想中的含义。为此，我们回溯了拉康在不同理论模型中如何定义和使用这个概念。通过研究可以发现，"能指"和"表象"概念的内涵具有一致性，然后我们发现，两个概念之间的一致性可以在西方哲学史中找到线索，于是我们介绍了"表象"和"主语 / 主体"概念在哲学史中的关系和演变历程，希望读者能够借此机会拓宽思路——拉康思想不是孤立的存在，它和宏观背景之间具有诸多联系。

在第十二章中，我们在十一个主题中讨论了主体理论是如何随着理论模型的变化而发生改变、基本概念的内涵在不同理论模型中如何变化以及由此引起的矛盾。由此希望说明，拉康思想不是一个统一体，读者在其教学的不同阶段，应该明确基本概念的不同含义以及概念之间关系的变化。

第十一章
拉康的第四个镜子模型：能指理论

在很多人看来，拉康思想中的"能指"是最为简单的基本概念：此概念来自索绪尔的语言学，表示声音形象。并且，在流行的话语中，特别是在法国分析家的教学中，"能指"和"言说"总是同时出现。人们借此想表达语言在分析中的重要性，特别是无意识和语音之间的紧密关系。

但我们在第四章中介绍过，拉康在 20 世纪 60 年代的逻辑学教学一开始（《认同》讨论班）就明确表示，能指在其理论中不是和声音而是和书写联系在一起的。而在接下来几年的教学中，能指和表象相关，并且正是因为具有表象的功能，能指构成了拉康的第四个镜子模型①。

在这一章中，我们不仅将展示拉康如何将能指和表象联系起来，还力图探讨他如此设定的理由，这不仅是拉康对弗洛伊德理论的反思，还涉及他对西方哲学史的思考。

---

① 拉康的前三个镜子模型分别是：镜子阶段（1938 年国际精神分析会议文章），光学图示（1953—1954 年《弗洛伊德技术论》讨论班和 1962—1963 年《焦虑》讨论班）。

一　拉康思想中的"能指-表象"理论

1　表象、精神代表和表象代表

在正式研究之前，我们必须首先将目光聚焦在以下几个概念上："表象""精神代表"和"表象代表"。只有在澄清了这几个概念在弗洛伊德理论中的含义之后，我们才能明白拉康如此定义"能指"的用意。

"表象"（re-présentation）一词必须分解为前缀 re- 和后面的词 présentation 来理解：前缀 re- 表示再、重复、重新的意思，而 présentation 的意思是展出、陈列。将两个部分组合起来就是表象的意思，即外物不在主体面前呈现时，在观念中所保持的外物的形象，所以准确来说，"表象"应该翻译成"复现表象"，即让已经不在眼前的物体重现在脑中。不过我们在这里还是遵循普遍的表达，沿用"表象"一词。

既然表象的功能是重现物体的**形象**，那么它必定和记忆系统相联系。根据拉普朗什（Laplanche）的观点，表象在弗洛伊德理论中就是和"记忆痕迹"相关的 [1]，由此可知，表象属于经验的领域。在弗洛伊德看来，表象对儿童而言等同于"他所知觉的客体"，在幻想中，不是客体而是表象接受能量的投注。

在精神分析的经验中，弗洛伊德不得不面对和处理冲动施加的压力，这个位于身体和精神之间的能量竭力寻求表达和卸载，于是他提出了"精神代表"一词。按照《精神分析辞典》的定义，"精神代表"指的是身体内源性兴奋的精神表达。身体和精神并非连续，它们之间存在着一条鸿沟，当冲动想要在精神水平上或者借助精神来达到自己的目的，它必然遇到两个困难：

---

[1]　J. Laplanche et J. -B. Pontalis，*Vocabulaire de la psychanalyse*，p. 415.

第一，冲动无法直接进入精神，它必须借助一个中介来实现目标；

第二，因为冲动是能量，不是实体的物，它无法在精神中找到自己的"形象"，所以，冲动必须"委托代理"，即寻找到精神的代表来帮助自己达到目的。

这个"委托代理"便是表象。所以在精神分析的文献中，但凡我们讨论表象，它必然是冲动的代表。拉普朗什指出，冲动和表象之间的关系既不是平行论模式，也不是因果模式，而是"存在于代理者和委托者"之间的关系。这就是为什么拉康在其教学中不断地重复称，表象的本质是代表。

2 《精神分析的伦理学》讨论班：表象代表

在 1959—1960 年的讨论班中，拉康首次将能指和表象联系在了一起。在 1959 年 12 月 16 日的教学中，拉康首先确认了物（Chose）和表象之间紧密的相关性：物不仅仅构成了表象运动的枢纽，还为符号过程定向。[1] 随后，能指被定义成表象代表：

> 无意识在其中得以组织的结构，无意识的潜伏机制在其中得以絮凝的结构，这个产生表象凝块的东西，即这个和能指——我坚持这一点——有着相同结构的某物。这不是简单的表象（Vorstellung），而是如同弗洛伊德稍后在其关于"无意识的表象代表"的文章中所写的那样，这让表象变成了一个结合的、联合的元素。[2]

---

[1]　Jacques Lacan, *Le Séminaire*, *livre VII*, *L'éthique de la psychanalyse*（1959—1960）, p. 72.

[2]　Ibid., p. 75—76.

然后，在 1960 年 1 月 27 日的教学中，拉康指出，能指能够代表（représenter）物：

> 这正是如同被遮盖的物的第二个特征——论其本性，它在对客体的再找寻中被另外的东西所代表……
>
> 很显然，这个被找到的东西是被找寻的，但是在能指的道路中被找寻。①

物被能指所代表，这个结构和弗洛伊德理论中的"冲动-表象代表"结构等同。不过拉康并不满足于这个对应性，他想往前更进一步：对弗洛伊德来说，因为冲动和其精神代表在本质上是异质的，所以它们的关系不是必然而是偶然的，拉康显然不满足于物和能指之间的偶然性，他尝试证明两者之间存在着必然性。

为了达到此目标，拉康提出了"罐子"（也常常被称为"黄芥末罐"）的模型作为能指的模板：

> 今天我想简单地在罐子的工具用法和其能指的功能之间做一个基本的区分……从这个被制造的能指，即罐子出发，空和满如同这样进入世界，不多不少，但都具有相同的意义。②

对拉康来说，物在表象的水平上不是虚无，它如同"缺席的"和"陌生的"③一样得以被区分。拉康认为，如果能指能够代表物，两者必

---

① Jacques Lacan, *Le Séminaire*, *livre VII*, *L'éthique de la psychanalyse*（1959—1960）, p. 143.

② Ibid., p. 145.

③ Ibid., p. 78.

然具有相同的结构：

> 在这里我提出，一个客体可以担当此功能，后者允许客体不回避如同能指的物，而是允许代表物，如同这个客体被创造。①

> 然而，如果你们从我已经首先推动的视角来考虑"罐子"，如同一个客体，它被制作用来代表实在中心的空洞存在，这个被称为"物"的实在，而这个空洞出现在表象中，它如同"无"（nihil/rien）一样出现。这是为什么陶器制造者，如同我说话的对象——你们，用手创造了围绕这个空洞的罐子，陶器制造者创造罐子如同神秘的创世一样，从无开始（ex nihilo），从洞开始。②

最后，拉康概括了其观点：人们是根据物的**形象**，即空洞，来制造能指：

> 事实上这涉及人类制造能指并将其引入世界——换句话说，通过按照物的形象来制造能指。而物以以下特征表现出来，即我们不可能想象它。③

拉康在这里表达了两个似乎相互矛盾的观点：一方面我们无法想象物，因为它是实在，但另一方面能指却是按照物的形象来制造的。这产生了两个问题：

---

① Jacques Lacan, *Le Séminaire*, *livre VII*, *L'éthique de la psychanalyse*（1959—1960）, p. 144.
② Ibid., p. 146.
③ Ibid., p. 150.

（1）根据常识来看，如果我们没有见过或者无法想象一个东西，则无法制作它的复制品或者其同构物，属于实在范畴的物就是这样的存在。但拉康却说，物有形象，并且能指复制了它的形象。这毫无疑问是相互矛盾的观点。

（2）虽然拉康始终强调，他的能指是表象代表，但这并不符合他的以上观点，因为根据以上的陈述，能指是表象而不是代表。

撇开这两个问题不谈，重要的是，拉康在这一年的教学中证明了，不仅仅从形式上，还从功能上，他思想中的能指早就远离了语言学中的能指概念，他的能指绝对不是声音而是形象。并且，和弗洛伊德的观点相反，拉康坚持要论证能指和物之间是必然性的关系。

3 《从一个大它到另一个》讨论班：主体的表象

在 1964 年的讨论班中，拉康谈论"表象代表"的机会并不多，主要集中在 6 月 3 日的教学中。为了阐明"代表"的含义，拉康谈到了"国家的代表"："国家"是一个抽象的概念，它本身没有形象也没有实体，在现实中它只能依靠其代表将其呈现出来，即国家代表；当一群国家的代表在一起谈判的时候，他们仅仅扮演纯粹代表的角色，比如法国的代表，他代表的是超越于他个人的国家而不是本人。

但在《从一个大它到另一个》讨论班中，能指的功能是矛盾的：在 1969 年 4 月 23 日的教学中，拉康将"思想"定义成"表象代表"，在此，"表象"和"被代表之物"（享乐）之间的一致性被取消。拉康接着说，快乐原则是享乐的栅栏。[①] 这是他在《精神分析的伦理学》讨论班

---

① Jacques Lacan, *Le Séminaire*, *livre XVI*, *D'un Autre à l'autre*（1968—1969），p. 277.

中已经表达过的观点。拉康常常将享乐和快乐原则（能指）对立，以此表达这两个领域的异质性，而在这个理论框架下，能指的功能将发生变化：能指不可能"再现客体形象的表象"，它仅仅是表象代表。这意味着能指和享乐之间的必然性被取消，因为代表和被代表之物之间是偶然性的关系，前者随时可以被替代。

1969 年 6 月 11 日的教学中，拉康在有序对模型（下图）中谈到了两个能指之间的关系：

$$1\{\ \} \rightarrow 1\{1, \varnothing\} \rightarrow 1\{1\{1, \varnothing\}\} \qquad ①$$

拉康指出，能指让主体再次面对另一个能指，在后者的旁边，能指将登记在大它的领域中，最终是为了让这个"表象的主体"（le sujet de la représentation）冒起[②]。在这里，"能指"是"大它中的 1"，"另一个能指"是"大它之外的 1"。重要的是拉康使用了"表象的主体"一词，这说明主体是能够被表象的。这显然和之前的说法相矛盾。那么，能指到底是表象还是代表呢？事实上，这个术语的语义歧义性已经蕴含在最初的定义中了。

拉康的"能指"事实上有两个定义：

定义 1：能指不指示自身。

定义 2：一个能指为另一个能指而代表着主体。

这两个定义并不等同却又相互关联：第一个定义陈述了能指自身的差异性，第二个定义表达了能指之间的差异性，但第二个定义还定义了能指和主体的关系，即代表（représenter）。围绕着能指功能的关键点就

---

① Jacques Lacan, *Le Séminaire*, *livre XVI*, *D'un Autre à l'autre*（1968—1969），p. 360.

② Ibid., p. 361.

在于 représenter 这个词。

Représenter 是 représentation（表象）的动词，但它的词义很丰富，其中有两个词义值得我们注意：

（1）表现，呈现；
（2）使想起，使回忆起；
（3）作为……代表，作为……代理人。

在拉康对能指的第二个定义中，因为能指处在不断被替换的结构中，所以它无法执行"呈现"或者"使回忆起"的功能，仅仅是"代表"。

而当我们查看 représentation 的词义时会发现，这个词也是多义的，并且它也同时包含了"表象"和"代表"的含义。所以，当弗洛伊德和拉康在讨论"代表"的时候，为了避免歧义，他们仅仅使用 représentation 的"表象"这一含义，而在之前加上 représentant 一词，后者专门指示代表。

由此可知，拉康在定义能指的时候，虽然总是强调其为主体的代表，但在另一些时候，能指又是主体的表象。这两个功能是完全不同且相互冲突的。

回到这一节的主题，能指在拉康思想中，至少在其理论构建中，都不是属于声音而是属于视觉的维度。但问题在于，这个视觉维度的能指和主体之间的关系中出现了相互矛盾的观点。

随后，在讨论斐波那契数列并将客体 a 定义为黄金分割数之后，拉康谈论起能指和客体 a 的关系：

通过在另一个数字能指旁边的数字能指，从主体的表象中产生的东西持续增加，这使得这个关系极好地稳定下来。这个稳定性很快就会获得，用不着巨大的数目。仅仅在 *21* 或者 *34* 的水平上，你们就已经获得了一个接近这个 **a** 的值了。①

因为在这里谈论的是以斐波那契数列为模型的大它内的能指增殖模式，所以"数字能指"就是大它内的能指，它应该是表象代表，而问题在于这个"主体的表象"（la représentation du sujet）是什么。根据以上的说法，"数字能指"是从"主体的表象"中不断产生的。

在稍后 6 月 18 日的教学中，拉康澄清了"主体的表象"这个术语的含义：

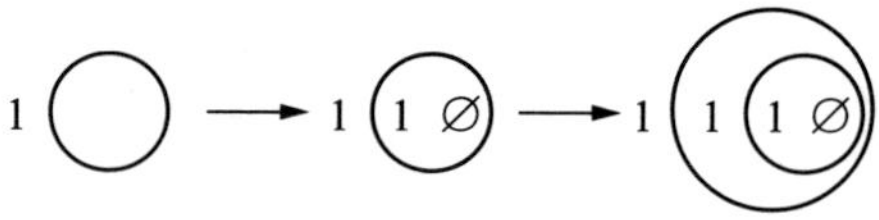

以上图中的第二个图为例，拉康首先区分出了"第一个 1""第二个 1"和"另外的 1"（un-en-plus）："第一个 1"在圆圈之外，"另外的 1"是圆圈中的空集（∅）。然后他说："这'第一个 1'代表了主体。"②此定义毫无疑问是不寻常的，因为拉康并没有给出能指的通常定义，即"一个能指为另一个能指而代表着主体"，在这里讨论的"能指"是一个非常特殊的能指，它指示着大它内所有能指集合的总和。这个"能指"和其他能指之间不是对等的关系，不能将它们的关系描述为从一个到另

---

① Jacques Lacan, *Le Séminaire*, *livre XVI*, *D'un Autre à l'autre*（1968—1969），p. 368—369.

② Ibid., p. 380.

一个的替换。

接着拉康继续解释道：

> 这个 1 和另一个 1 的关系使得主体仅仅能在第二个 1 的水平上被"代表"，S_2，如果你们愿意这样写的话。第一个 1，S_1，确实如同主体的表象那样干预进来，但这个干预仅仅在 S_2 的水平上才蕴含着主体的出现。[①]

拉康在这里解释的是下图中的关系：

（让我们忽略掉字母，因为这里的字母下标和之前的字母下标相反。事实上，拉康在这一年的教学中常常在字母的使用方面颠来倒去。）"第一个 1"在圆圈之外，它进入圆圈才使得"第二个 1"出现，而主体仅仅在这"第二个 1"的水平上才被代表，从此以后，能指 1 才伴随着空集的重复而不断产生。

拉康在这里区分的不是"两个"能指，而是"两类"能指，它们的功能也不一样：

第一类能指只有一个，即在大它之外的能指，它是其余能指集合的能指，是主体的**表象**；

第二类能指在大它之内，其数量是无限的，它们是主体**代表**。

这个在大它之外的能指属于绝对的实在，将其用"表象"来定义并不

① Jacques Lacan, *Le Séminaire*, *livre XVI*, *D'un Autre à l'autre*（1968—1969），p. 381.

符合理论的设定。至此，关于能指和表象的讨论似乎已经结束，但拉康并没有停下脚步，在《……或者更糟糕》讨论班中，他又给出了新的观点。

4　《……或者更糟糕》讨论班：单子

拉康在 1971—1972 年的教学中引入了莱布尼茨的"单子"（monade）概念，并将之整合到自己的术语体系中，而这为他的能指理论带来了全新的内容。在开始探索拉康的思想之前，我们首先看看莱布尼茨提出"单子"概念的背景和此概念的含义。

Ⅰ　莱布尼茨思想中的"单子"概念

"单子"（monade）一词来源于希腊词 monas，其含义为"统一性"，或者指示"作为'一'的东西"。据朱新春在其博士论文《莱布尼茨自然有机论研究》中的考证，毕达哥拉斯最早在哲学意义上使用这个词。[①] 他认为，"单子"指的是上帝或"原初存在"，或者"所有事物的全体"。后来毕达哥拉斯主义者认为，数是从单子中派生出来的，所以，单子是世界万物的本源或者说不可分割的"一"。[②] 第欧根尼（Diogenes Laërtius）认为，从单子中产生了"二元"（dyade），即二重性原则或曰差异原则。而从"二元"中又产生了数字。[③] 柏拉图将毕达哥拉斯的"单子"解释为"理念"或"形式"，而在新柏拉图主义和基督教柏拉图主义的理论中，"单子"是单纯的、不可再分的、自决定的实体，它的活动性是一切复合存在物的本源。[④] 因此，"单子"在不同的学说中时而指示"万物唯

---

① 朱新春：《莱布尼茨自然有机论研究》，博士学位论文，中国科学技术大学，2010，第 96 页。
② 同上。
③ 同上。
④ 同上。

一的源泉，即上帝"，时而指示"单纯实体"。

事实上，不仅仅是毕达哥拉斯和柏拉图，后来的亚里士多德和库萨（Nicholas Cusa）等哲学家也使用过这个术语。虽然在这些不同哲学家的思想中，"单子"的含义有所差别，但其主要的含义是基本实体或存在的单元。

根据朱新春的考证，费尔巴哈在阿拉伯正统思想家的著作中也发现了莱布尼茨意义上的"单子"概念。这些思想家认为，这个世界中的物体是由非常小的微粒所组成的，这些名为"原子"的微粒体积极小且不能分割，它们是没有广延的。[①] 虽然阿拉伯思想家使用的是"原子"而不是"单子"这个术语，但这些"原子"的特征是完全符合莱布尼茨的"单子"定义的。事实上，莱布尼茨也曾称呼"单子"为"实在的本原"和"真正的原子"。

另外，明确地在哲学上使用"单子"概念的是早于莱布尼茨近一百年的布鲁诺。他认为万物都是由单子组成的，单子是没有外因而自己形成的，且它不可毁灭，它是精神的又是物质的。灵魂是不死的单子，上帝则是所有单子的单子。布鲁诺还认为，宇宙的最小构成物是有生命和思想的，它们既是分离又是连续的，而且每一部分都反映或包含着全体。[②] 这些观点与莱布尼茨的单子论思想是非常一致的。

在莱布尼茨之后，德国哲学家鲁道夫·赫曼·洛兹和法国哲学家德勒兹都使用过"单子"一词，后者更是发展了"单子论"。

可见，"单子"概念在西方思想史中绝对不是一个陌生的概念，相反，它是一个既古老又新近的哲学概念。不过，"单子"真正成为哲学史上颇具影响的哲学范畴，还是应该感谢莱布尼茨的工作。

---

① 　朱新春：《莱布尼茨自然有机论研究》，第97页。
② 　同上。

按照朱新春的观点，人们可以从内外两个方面来把握单子的特征。[1]

就其外在属性而言，首先，单子是构成万物的简单实体，它是单一同时又包含统一性的存在，复合物都由它构成；其次，单子不具有任何物理学的特征，即无大小、无广延、无形状，因此单子本质上是精神的且不可再分；再者，莱布尼茨指出，单子是不能以自然的方式消灭和结束的，它们像宇宙一样永恒，它们会变化，但不会被毁灭，因此，这意味着单子的总量是守恒的，所有单子只有状态的变化而没有数量上的增减；最后，既然单子是实体，它就不会受到外物的干扰，它自身的存在也不需要依赖于外物，所以单子是自为的存在，它的变化只能来源于内在本源。

至于单子的内在属性，首先，单子有知觉。单子之间的差异是通过变化和变化的细节体现出来的，而这都来自单子的"知觉"，或者说"经验"。"单子的知觉"就是单子对外物的表象，因此每一个单子都像是有着自己独特视角的镜子，并且因为知觉清晰程度的不同，形成了不同等级的单子。[2]进一步说，每个单子都以自己的视角反映着宇宙，只是清晰程度有所差异。而由于单子表象的是同一个宇宙，它们的知觉对象是相同的。所以，每个单子所表象的宇宙和它相邻单子表象的宇宙有微小的差异，这样，世界看上去才是丰富多彩的。

其次，单子有欲望。知觉是变化的，这个变化的本原就是欲望。如果没有欲望，知觉就只能表象整体的一个局部，结果只会是一幅没有变化的图像。

综上所述，单子具有几个重要特征：

（1）单子是不可分的简单实体，是"一"，是可列数的；

---

[1]　朱新春：《莱布尼茨自然有机论研究》，第98—99页。

[2]　同上文，第99页。

（2）单子之间的差异是由对世界的表象差异决定的，单子如同镜子一样反映着宇宙；

（3）产生所有单子的单子，是上帝，也被称为"原初单子"。

如果将这个术语纳入精神分析的基本概念中，可以想象在理论层面上会带来多大的变化。

II　拉康思想中的能指和单子

拉康首次谈起"单子"这个概念是在 1972 年 1 月 19 日教学的尾声。在讨论了"存在"（existence）和"非存在"（in-existence）并将"非存在"和弗雷格的"空概念"联系起来之后，拉康引入帕斯卡三角，并突然谈到"单子"：

$$0\ 1\ 0\ 0\ 0\ 0\ 0\ 0\ 0$$
$$0\ 1\ 1\ 1\ 1\ 1\ 1\ 1$$
$$\overline{\qquad\qquad\qquad}$$
$$0\ 1\ 2\ 3\ 4\ 5\ 6$$

当我们有一个我们称为"单子"的整数时，你们很容易核实，比如，这自动地提供给我们子集的数字，在这个包含所有点的集合中，这些子集能够构成任何一个数字，这个数字在涉及的整数之下。

因此，比如，如果你们选择二元（dyade）的这条线，

$$0\quad 1\quad 3\quad 6\quad 10\quad 15$$

你们立即会获得：在二元中，这里将有两个单子。二元，这不难想象，这是伴随着两个术语的一划，开始和结束。[1]

***

[1]　Jacques Lacan, *Le Séminaire*, *livre XIX*, *...ou pire*（1971—1972）, p. 59.

　　要明白拉康以上这段话，我们首先要了解帕斯卡三角的几个特点：

$$
\begin{array}{ccccccccc}
 & & & & 1 & & & & \\
 & & & 1 & & 1 & & & \\
 & & 1 & & 2 & & 1 & & \\
 & 1 & & 3 & & 3 & & 1 & \\
1 & & 4 & & 6 & & 4 & & 1 \\
\end{array}
$$

1　5　10　10　5　1

1　6　15　20　15　6　1

　　由上图可知，图中的每一个数都等于上方两个数之和，所以第二排的两个 1 是第一排的 1 和 0 之和。我们可以在第一排加上 0，得到下图：

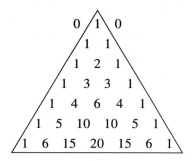

　　顺势我们可以将整个数列最外面都加上 0，得到下图：

可以看到，斜向的左右三列就是拉康给出的图示（下图）。那么，为什么拉康要在两边加上 0 呢？因为在此之前，拉康讨论的是弗雷格逻辑学中对 0 和 1 的定义，还有"存在"（能指）和"非存在"（客体 a）的区分，至于说帕斯卡三角和弗雷格逻辑学之间有没有关系，我们接着往下看。

在教学的最后，拉康对下图做了解释：

$$0\ 1\ 0\ 0\ 0\ 0\ 0\ 0\ 0$$
$$0\ 1\ 1\ 1\ 1\ 1\ 1\ 1$$
$$\overline{}$$
$$0\ 1\ 2\ 3\ 4\ 5\ 6$$

换句话说，如果你们从 0 开始数数，0、1、2、3、4、5、6，这总将产生在那里的东西，即 7。什么的"7"呢？我称为"非存在"的某物的"7"，这个是重复基础的"7"。[1]

拉康将上图中三行数并列在一起陈述："非存在"（0）的重复产生了"存在"（1），也就是说，第一行数字产生了第二行数字。值得注意的是，"存在"是可列数的，但"存在"始终是 1，"存在"之间不会有计算，所以从图中可知，有 7 个"存在"。

接下来，拉康力图解释 1 和 0 之间的关系：

第一行数字表达的是 0 的重复。拉康引用弗雷格的话"在所有这些 0 之间没有区别"，他想说的是：只有一个 0。因此，虽然数列"0 0 0 0 0"中有多个 0，这仅仅表达了同一个 0 的不断重复。

第二行数字表达的是 1 的重复。和第一行数字不同，这里实实在在地有复数的 1，即随着 0 的重复，1 不断产生，而且每个 1 之间彼此

---

[1]　Jacques Lacan, *Le Séminaire*, *livre XIX*, *...ou pire*（1971—1972）, p. 61.

不同 [①]。

拉康在此描述的实际上是第六个理论模型，即能指因为客体 a 的重复而不断产生的过程，但关于"单子"是什么，拉康没有说明。

拉康再次提到"单子"是在 1972 年 4 月 19 日教学的尾声。本次教学仍然围绕帕斯卡三角展开论述，不过这次拉康引入了一个新词。

拉康强调，欧几里得就谈论过"单子"，然后他说，帕斯卡三角和集合论有关。帕斯卡三角的每一行数字的和等于 2^{n-1}，集合内子集数等于 2^n。接着拉康说了一段重要的话：

> "单子"是第二行。我们怎么称呼第一行呢？这个总之由空集构成的第一行，对它的跨越正是"大一"得以构成的东西？为什么不用西班牙语给我们的回响，将之称为"元单子"呢？第一行重复的"大一"涉及的，正是"元单子"，即这个入口，它被错失、被打洞的地点所指示。[②]

我们已经澄清，帕斯卡三角中第一行是重复的 0，第二行是重复的 1，拉康在这里说得非常清楚：第一行的 0 是"空集"（被打洞的地点），是"大一"，是"错失"，即客体 a。作为单子的 1 诞生于 0，因此单子是能指 1。

不仅如此，拉康在此赋予了客体 a 一个新名字"nade"。莱布尼茨在《单子论》中区分出了两种单子，一种是普通的单子，一种是产生普通单子的单子，即上帝，人们将后者翻译成"太一单子"或"原初单子"。在

---

① Jacques Lacan, *Le Séminaire*, *livre XIX*, *...ou pire*（1971—1972）, p. 61.

② Ibid., p. 147.

拉康的第三个理论模型中，客体 a 产生能指，而当后者被定义为"单子"（monade），前者也就可以拥有一个与之相关联的名字，于是拉康将客体 a 命名为"nade"，为了避免和哲学术语冲突，我们将之翻译为"元单子"。

拉康第三次提到"单子"是在 1972 年 5 月 4 日的教学中。在论述了超限基数 $\aleph_0$ 和无限集合的子集数 $2^{\aleph_0-1}$ 之后，拉康谈到"单子"和"元单子"之间的关系：

> 如果我们在这里将 $\aleph_0$ 等同于 1，整数的后继仅仅通过 1 的再重复而被支撑，这看起来是可受理的。从空集出来的"大一"，它构成了上次我提出的东西，如同在帕斯卡三角中、在单子的基数水平上显现的原则。在后面，你们找到了这个我称为"元单子"的东西——或者说给这些询问我已经说过的内容的聋子听——即"大一"从空集中出来，它是错失的再重复。[①]
>
> 我强调了，"大一"，这是集合论用再重复的空集替换的东西——在其中，集合论显示了"元单子"真正的本质。[②]

我们先看第二段话，拉康在这里将"大一"、空集和元单子联系在了一起，它们都指示客体 a。而在第一段话中，帕斯卡三角中的"基数"指的是 1 的那一列，它显示了在集合中有多少元素，并且拉康将"大一"定义为"空集的产物"，这个"大一"肯定指的是能指 1（再次强调，在 1971—1972 年教学中，"大一"的所指根据上下文的变化而不同，请读者一定注意语境）。因此，通过上述两段话，拉康将莱布尼茨

① Jacques Lacan, *Le Séminaire*, *livre XIX*, *...ou pire*（1971—1972），p. 161.
② Ibid., p. 162.

的单子论、他本人的能指理论以及集合论综合在了一起。

另外，值得注意的是拉康在第一段话中的一句话："如果我们在这里将 $\aleph_0$ 等同于 1，整数的后继仅仅通过 1 的再重复而被支撑，这看起来是可受理的。"这句话解释了帕斯卡三角中的一个困难："第一个 1"的所指是什么？它是怎么诞生的？

$$
\begin{array}{cccccccc}
 & & & & 1 & & & & & 2^0 = 1 \\
 & & & 1 & & 1 & & & & 2^1 = 2 \\
 & & 1 & & 2 & & 1 & & & 2^2 = 4 \\
 & 1 & & 3 & & 3 & & 1 & & 2^3 = 8 \\
1 & & 4 & & 6 & & 4 & & 1 & 2^4 = 16 \\
\end{array}
$$

		1							

```
              1                2^0 = 1
            1   1              2^1 = 2
          1   2   1            2^2 = 4
        1   3   3   1          2^3 = 8
      1   4   6   4   1        2^4 = 16
    1   5  10  10   5   1      2^5 = 32
  1   6  15  20  15   6   1    2^6 = 64
```

帕斯卡三角（上图）原本是表达"牛顿二项式的系数在三角形中的一种图形化排列"，而"二项式的系数"是指"如（1 + x）^{n} 展开后 x 的系数（其中 n 为自然数，k 为整数）"，因此，"第一个 1"通过计算 $2^0 = 1$ 就可以得出。

除了表示二项式的系数，帕斯卡三角中的数之间还有一个关系：每一个数都等于上方两个数之和。因此我们在两边分别加上了一列 0：

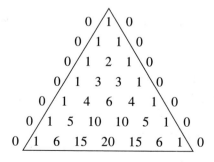

但这和拉康给出的数列并不一样（下页图）：

$$0\ 1\ 0\ 0\ 0\ 0\ 0\ 0\ 0$$
$$\underline{0\ 1\ 1\ 1\ 1\ 1\ 1\ 1}$$
$$0\ 1\ 2\ 3\ 4\ 5\ 6$$

可以看到，拉康将第一个 1 放在 0 的那一列中。为什么呢？拉康对此没有做任何解释。不过我们通过"将 $\aleph_0$ 等同于 1，整数的后继仅仅通过 1 的再重复而被支撑"这句话来解读：在 0 那一列中的 1，和第二列中的 1 是不一样的；第一列中独一无二的 1 是 $\aleph_0$，即第三个理论模型中的 S_2，它指示其他所有能指的集合，而第二列中无限重复的 1 是第三个理论模型中的 S_1，是大它内的能指 1。将 1（S_2）放在 0（客体 a）这一行是因为两者是同质的，比如拉康在另外的场合用"享乐"和"剩余享乐"来指称这两个概念。

接着，拉康继续陈述作为空集的元单子的功能：

> 对于空集，它被证明是集合论的本源，以至于它仅仅只能是"大一"。这个"大一"——元单子，是"数字大一"冒起的本源，整数由后者产生——"大一"是这个空集自身。[1]

在这段话中，作为空集和元单子的客体 a 产生"数字大一"，即能指。而关于能指被标定为单子这一事实，拉康并没有过多地解释和强调，似乎这是一个不重要的事情，但结合之前我们对能指和表象的梳理可知，单子给拉康的能指理论画上了最终的句号：拉康终于在能指的表象和表象代表功能之间作出了论断，很显然，能指的功能是表象而不是

---

[1] Jacques Lacan, *Le Séminaire*, *livre XIX*, *...ou pire* (1971—1972), p. 162.

表象代表。我们通过以下表格来看看能指和单子的一致性：

	性　质			功　能
能指	精神最小单位"1"	彼此差异	可列数	表象 / 表象代表
单子				表象（镜子）

另外，我们也得以透过这个概念窥视拉康的思想脉络：

拉康一开始选择了来自语言学的术语"能指"，并将之定义为"在换喻中代表主体"，给人感觉这是在表达声音在时间中的延展。

随后，拉康按照弗雷格逻辑学的框架，将能指定义为专名。弗雷格并没有强调专名属于书写还是声音维度，但拉康通过"一元划线"和"猎人的刻痕"已经表明了能指属于视觉维度。

进一步，拉康将能指定义为表象代表，其视觉维度再次得到强调。

最后，随着能指被定义为单子，围绕着这个概念的迷雾才最终被驱散：和流行的观点相反，能指并不处在声音的维度，而是在视觉的维度中，其功能是表象，准确来说，它如同镜子一般映射实在的主体。

这就是拉康的第四个镜子模型。

事实上，拉康对能指的设定和定义不是随意的，能指理论不仅回应了弗洛伊德的思想，还考虑到了哲学中的表象理论。在接下来的两节中，我们将分别介绍在弗洛伊德理论和哲学中关于"表象"概念的思考。

二　弗洛伊德理论中的表象和表象代表

对于读过弗洛伊德中文文本的读者来说，提到"表象"一词，最为熟悉的应该是"物表象"和"词表象"这两个概念。事实上，"表象"

一开始便出现在弗洛伊德的著作中，并且它在癔症症状的形成中扮演了相当重要的角色，只不过因为翻译的缘故，中文世界的读者将其地位完全忽略。

我们重新注意到"表象"及其相关概念，是缘于拉康在他的教学中不断地提及它们，并且我们之前介绍过，拉康教学的一个特点是，如果某个重要的概念来自非法语国家、地区的思想，比如古希腊或者德国，拉康一定会用古希腊语或德语来谈论这个概念。

同样，弗洛伊德的重要概念"表象"，拉康在其讨论班中常常用德语提及它，这不仅提醒读者注意此概念的德语出处，更为重要的是，当中文读者在阅读译文的时候，它能帮助大家认识到翻译上的偏差，以及由此产生的误导。

弗洛伊德的中文文本是从其英文版本翻译过来的，因此中文读者读到的弗洛伊德著作其实是三手的文献，其中难免有意义的偏差，而对"表象"的错译会使读者陷入对弗洛伊德观点的误解中。

我们在车文博主编的《弗洛伊德文集 3》中的《冲动及其命运》的英文版编者批注中发现了重要信息：此文的英文编者表明，弗洛伊德的 Vorstellung 这一概念在英文中被翻译成了 idea，实际上根据德文，Vorstellung 应该被理解成表象。这是为什么拉康在其讨论班中不断地提及 Vorstellung，并反复强调这个德语词对应着法语中的 représentation（表象）。然而，此概念经由英文版最终被中文译者翻译成"观念"①。"表象"和"观念"之间的偏差，对中文读者来说是灾难性的。

可以想象，当中文读者看到"观念"一词时，会产生一种印象，即这个概念应该和语言、声音或者和符号层面的概念相关，但我们接下来

① 西格蒙德·弗洛伊德：《冲动及其命运》，宋广文译，收录于《弗洛伊德文集 3》，长春出版社，2004，第 141 页。

会看到，弗洛伊德使用 Vorstellung（表象）一词是想表达和视觉层面相关的维度。

一个单词就足以使得读者对弗洛伊德和拉康思想的理解产生巨大的误差，因此在我们引用弗洛伊德著作的中文译本时，"观念"一词需要被"表象"所替代 ①。

不仅是"表象"，"代表"一词在中文译文中也是缺失的，取而代之的是"表征"。此术语的德文词是 repräsentant，对应的法文是représentant，可以看到此术语和"表象"（représentation）有着共同的词源，并且此术语的意思是代表、代理人、驻外使节和代位继承人，它并没有表征的意思。关于 représentant 这个术语，我们现在只要简单地将其理解为代表，之后我们会解释这样理解的原因。

在澄清了以上这两个术语之后，我们将开始回顾"表象"在弗洛伊德思想中扮演什么角色，及其如何演变。

1 《癔症研究》：表象与情感

在《癔症研究》（1895）中，弗洛伊德和布洛伊尔通过展示对五个女性癔症患者展开的工作，揭示了精神结构的运作，并论证了无意识的存在。这标志着精神分析的诞生。

从此书第三章的理论部分出发，人们可以看到作者如何确定表象和癔症症状之间的关系。

作者一上来就指出，表象"是我们经验中恒定的东西"②，这意味

---

① 我们接下来会引用的弗洛伊德中文译文，都是对比过法文译文的。事实证明，中文译文中所有的"观念"都对应着法文译文中的"表象"。这说明了英文译文和法文译文的差异。

② 西格蒙德·弗洛伊德：《癔症研究》，收录于《弗洛伊德文集 1》，第 121 页。

着"表象"和"经验"是相关的，而"经验"指的是已发生的事件，在其中我们有感知觉，还有情绪情感的表达。一开始作者就将讨论限定在"经验"的范畴中，这一点对之后的讨论非常重要。

在第三章的第一部分"所有癔症现象都是意念的吗？"中，首先要解释的是"意念的"（idéogène）这个词。这个术语的关键在于其前缀 idéo-，其含义是思想、观念，但作者将其解释为："意念的"，即由表象决定的①。这里又牵扯出了思想和表象的关系，关于此观点我们之后再解释。

第一部分想讨论的是癔症症状和表象之间的关系。作者定义了表象，即"纯粹和简单的记忆性意象"，这里的"意象"（image）其实就是图像的意思，可以肯定的是，表象是记忆中的图像。这就是为什么表象和已发生的事件（经验）有关，因为后者是在记忆中的、以视觉为主的信息。

在弗洛伊德和布洛伊尔看来，视觉（记忆）和癔症症状的关系是非常紧密的，比如在安娜·O 的案例中：

> 在 1880 年 7 月，当时她在乡村，她父亲患严重的胸膜下脓肿。安娜和她的母亲共同分担着护理父亲的责任。一天晚上，她醒来后极端焦虑病中的父亲，因父亲高热；她紧张地期盼着从维也纳来的外科手术医生。她的母亲暂时走开一会儿，安娜坐在床边，右手搁在椅背上。她好似做了一个活龙活现的梦，看见一条黑蛇从墙上下来，朝向父亲，并咬着他（很可能是这样一个事实，在房后的田野里有几条蛇，以前曾惊吓过安娜，因此这给她的幻觉提供了素材）。她试图赶走蛇，但她好似瘫痪一样。她睡着时搁在椅背上的右臂发

---

① 西格蒙德·弗洛伊德：《癔症研究》，收录于《弗洛伊德文集 1》，第 122 页。

麻和轻瘫；当她看着自己的右手指时，就好像右手的手指变成了小蛇，指甲就如死蛇头（可能是她试图用局部麻醉的右臂驱赶蛇，而右臂的麻痹和轻瘫随后便与蛇的幻觉联系起来）。①

作者认为，安娜·O出现手臂发麻是因为看到像蛇一样的东西②，这个像蛇一样的东西就属于表象。另外，细心的读者肯定会注意到，在幻视之前，患者处于极度焦虑的情感③中，毫无疑问，这种强烈的情感对于症状的出现也起到了至关重要的作用，而作者当然也注意到了这一点，因此在第一部分的结尾他们指出，比起表象来说，"溢出的、或必须宣泄的兴奋"对于癔症和一般的神经症来说都是最重要的。这也是第二部分的主题"脑内紧张性兴奋——情感"。

在继续我们的研究之前，我们给出一个模型，它包含了癔症症状涉及的所有重要概念：语言、表象和情感。

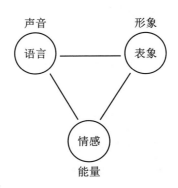

---

① 西格蒙德·弗洛伊德：《癔症研究》，收录于《弗洛伊德文集1》，第37页。
② 同上书，第122页。
③ 这里讨论的到底是"情感"（affect）还是"情绪"（émotion），作者并没有区分得十分清楚，有时候他们会混用这两个概念。在这里我们还是尊重作者的意思，将"能量"的维度用"情感"来表述，而我们将在另外的书中讨论"精神能量"的问题。

　　这个模型可以帮助我们从繁杂的语言描述中脱离出来，更好地思考各个精神要素之间的关系，而我们需要考察的问题是：在癔症症状中，为什么是表象而不是语言起到了重要作用？

　　在第二部分中，作者指出，能量在症状中占有绝对的重要性，而精神为了消除过剩的能量，将能量投注于表象，借助于表象的活动来卸载能量，因此这个被情感能量投注的表象被称为情感性表象①。接下来，虽然作者谈到强烈情感会激起言语的表达和肌肉的活动，但表象和情感的关系仍然被放在第一位。论其原因，弗洛伊德和布洛伊尔还是认为，癔症发作是和回忆或者和过去的经验性事件联系在一起的，在未来某个时刻，带有强烈情感的表象如果没有通过回忆表达出来，那么情感的释放就会不正常，这样会引起躯体症状：

　　　　也可做这样的假设，即任何一个正常智力的人在心灵处于休息时，一系列的观念（**表象**）和回忆穿过他的意识中。这些观念（**表象**）是不太逼真的，他没有在记忆中留下痕迹，也不可能在以后说联想是怎样发生的。然而，如果一个观念（**表象**）在最初伴随着强烈的情感，当它出现后，则那种情感以或多或少的强度恢复……

　　　　如果最初的情感不是正常地发泄出来，而是以"异常的"反射表现的话，则后者同样是通过回忆释放的。这种由情感性观念（**表象**）引起的兴奋被"转换"（弗洛伊德）成躯体的症状。②

　　在转换型癔症的症状中，症状在身体的维度表达，其本质是将精神的冲突转移到了身体的层面。在此种症状中，由于情感和原来投注的表

① 西格蒙德·弗洛伊德：《癔症研究》，收录于《弗洛伊德文集1》，第131页。
② 同上书，第134页。

象的分离，情感在身体层面反映而无法得到有效释放，在精神的层面，由于没有相应情感的投注，当这个表象浮现在意识中时，也不会引起慌乱。相应地，包含此表象的回忆也是不完整的，某些关键的片段还会丢失①。

另外，作者再次提到了语言在解除症状中的作用。毫无疑问，精神分析的治疗是通过言说来达成的，因此，即使某个表象是带有强烈情感并且其内容是不可接受的，但如果我们能用语言来言说它并唤起情感，就可以正常释放兴奋②。特别是在第三部分中，作者总结道：

> 我们认识到，"当我们在引起患者对意外事件的清晰回忆和引起其伴随的情感这两个方面取得成功时；当病人已最能够详细描述那个事件，并把情感置于言语之中时，我们见到大多数各种不同的、已持续多年的癔症症状立即和永远地消失"。③

如果人们是从拉康的视角来看这段话，肯定会觉得弗洛伊德和布洛伊尔以上的观点与拉康的论点一致，即语言在症状的形成和解除中起到了决定性的作用。但看看原文中这段话的上下文，我们立即会发现，弗洛伊德和布洛伊尔的观点与拉康的观点非常不一样。首先，症状的形成和语言没有关系，而是和表象及经验有关：

> 如果一种躯体症状是由一个观念（表象）所引起，并且通过它而反复出现，我们应当期望聪明的病人能通过自我察究而意识到两

---

① 西格蒙德·弗洛伊德：《癔症研究》，收录于《弗洛伊德文集 1》，第 135 页。
② 同上书，第 137 页。
③ 同上书，第 143 页。

者的联系。他们可能通过经验而知道躯体现象出现的同时正是对一种特殊事件的回忆……即使聪明的病人也觉察不到他们症状的出现是一个观念（表象）的结果，而按照他们自己的解释，把这些看作是生理现象。①

然后，在解除症状的过程中，虽然有通过言语来描述事件，但对于弗洛伊德和布洛伊尔来说，语言是辅助性的，关键还是通过治疗来回忆起事件，同时体验到当时的情感：

从这些研究中得出的结论是：起决定作用的过程（即对意外事件的回忆）持续数年在操作着——不是间接地，通过一系列中间因果的联系，而是作为一种直接释放的原因——就像一个意外事件过去很久以后，在清醒意识中回忆起这个心理痛苦时仍激起泪腺的分泌一样。癔症发作主要来自回忆。但倘若是这样——如果心理创伤的记忆无疑被看作一个当时的动因，就像一个异物强行长期进入后，并且如果病人并没有意识到这些记忆及其出现，那么，我们必须承认存在着潜意识观念（无意识的表象），并起着作用。②

这些致病的回忆（表象）不能够在意识层面被回忆，但它们继续在无意识中运作，最终以症状的形式闯入意识。由此，弗洛伊德和布洛伊尔提出了"无意识"的概念，并认为"带有强烈情感的无意识表象"是致病原因。

而对我们来说，这里有两个问题值得考虑：

---

① 西格蒙德·弗洛伊德：《癔症研究》，收录于《弗洛伊德文集 1》，第 143 页。
② 同上书，第 144 页。

（1）语言的地位。可以肯定的是，弗洛伊德和布洛伊尔认为，癔症症状是被表象（记忆）和情感所决定的，语言在某种程度上仅仅是工具，其作用是在声音的层面上描述记忆，但这不是解除症状的必要条件。因此，我们可以用下图来表示弗洛伊德和布洛伊尔所认为的语言、表象和情感在癔症症状中的关系。

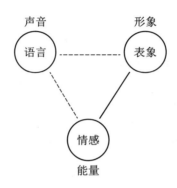

图中的情感和表象用实线连接，表达了两者之间的内在本质性关系，而语言和情感、表象用虚线连接，说明它们的关系是非本质性的，这意味着语言在症状的形成和解除过程中没有起决定性的作用。

（2）无意识和表象。弗洛伊德和布洛伊尔已经定义过，表象是记忆图像，而根据作者在第五部分中的描述，进入意识的表象如同"物体一样……一个接一个地出现"[1]，由此可以推测，表象在无意识中也是一个一个地独立存在着的。只有视觉图像才具有这种性质。

在这一部分中，作者力图论证，这些带有强烈情感的表象虽然没有进入意识，但仍然在无意识中自行运作，并且其结果是致病的：

首先，这些发现使我们有可能从明显纯粹的躯体症状追溯到观念

---

[1]　西格蒙德·弗洛伊德：《癔症研究》，收录于《弗洛伊德文集 1》，第 144 页。

（表象），而这些观念（表象）在病人的意识中是不能发现的。其次，他们告诉我们去理解癔症的发作，至少一部分是由于一个潜意识观念（无意识表象）情结的产物……确实，"潜意识观念"（无意识表象）从未或少有和难得进入清醒思维中，但它们影响着清醒的思维。[1]

潜意识观念（无意识表象）控制着病人的情调和他的情感状态。[2]

先不考虑能量（情感），我们的问题是：无意识表象的存在毋庸置疑，但对于弗洛伊德和布洛伊尔来说，以下观点似乎是绝对的，即无意识中只有表象而没有语言，换句话说，无意识中只有视觉形式而没有声音形式。这和拉康的观点——"无意识像语言那样构成"——是完全相反的。

弗洛伊德和布洛伊尔将表象提升到如此重要的地位，和癔症的症状构成有关。我们接下来以凯瑟琳娜·M 夫人的一个症状为例，来说明癔症症状的独特性。

（凯瑟琳娜·M 夫人）有一种极度强烈的面神经疼痛，一年突然出现两至三次，每次持续五至十天，她拒绝任何治疗，然后（症状）突然停止……（在催眠状态中，）再现了她的面部神经痛……当我开始唤起创伤性情景时，病人看到自己回到她对丈夫很大的心理激惹时期。她叙述了一次她与丈夫的谈话，并评论她对这次谈话感到好像是一种痛苦的侮辱。突然她把手放在面颊上，疼痛地哭叫："就像掌击我的脸一样。"从这时起她的疼痛和发作均消失了。

……

次日，神经痛又发作了。但这次是通过另一个情景的再现而消

---

[1]　西格蒙德·弗洛伊德：《癔症研究》，收录于《弗洛伊德文集 1》，第 153 页。
[2]　同上书，第 154 页。

失，其内容又一次是一种假设的侮辱。这似乎是她多年被侮辱的事。

　　但我们终于能用我们的方法把她带到神经痛的第一次发作中，这是早在十五年以前的事。那时没有象征化，却有同时发生的转换。她看到带有自责表情的痛苦景象，这迫使她回溯另外一系列的思想。因此这是一种冲突和防御的情形。在那瞬间产生的神经痛只能假设为那时她患轻微的牙痛或面部的疼痛，而这也许是可能的，因为那时她正处于怀孕早期。①

很显然，在涉及凯瑟琳娜·M夫人的面神经疼痛的记忆中，语言、表象和情感都是在场的。对于拉康派的分析家来说，他们会更关注语言的作用，而弗洛伊德和布洛伊尔更强调表象和情感的运作，因为在很多亲身经历的回忆中，相对于语言，主体对表象和情感的印象更为深刻和鲜明。但我们不能低估语言的作用，只能说，对于弗洛伊德和布洛伊尔来说，他们更偏向于强调后两者。

对于"无意识中只有表象"这一观点，《癔症研究》中没有给出更深刻的解释，直到《释梦》弗洛伊德才通过介绍自己有关精神结构的理论，详细阐述了此观点。

2 《释梦》

和布洛伊尔分道扬镳之后，弗洛伊德继续探索无意识的领域，并在《释梦》（1899）中系统地陈述了"无意识"概念以及它和其他系统之间的关系。我们从第六章"梦的凝缩作用"出发，并以第七章"梦的过程的心理学"为主，力图阐明无意识表象在弗洛伊德思想中的地位。

---

① 西格蒙德·弗洛伊德：《癔症研究》，收录于《弗洛伊德文集1》，第117—119页。

在上一节中我们介绍了，弗洛伊德和布洛伊尔在《癔症研究》中认为，在无意识中没有语言，**只有**属于形象维度的表象。我们看看在《释梦》中，弗洛伊德是否坚持这个观点。

| 梦的工作：凝缩和移置

在《释梦》第六章中，弗洛伊德介绍了无意识的两个基本运作机制，凝缩和移置；相对于移置来说，弗洛伊德认为凝缩是更为重要的机制，并且它是移置的基础。

弗洛伊德指出，凝缩作用运作的主要方法之一就是"建构集合形象或复合形象"，并以"伊尔玛打针"为例，阐述了无意识是如何将形象集结在一起的。

> 在梦中"伊尔玛"之后所出现的人物之中，没有一个以自己的形象呈现，他们都躲在"伊尔玛"的身后，因此她成为一个集合的形象，甚至有一些互相矛盾的性格，这一点必须承认。伊尔玛成了这些为凝缩作用被略去的人物的一个代表，所以，我把其他人的一点一滴的印象都通过她想了起来。
>
> 为了达到凝缩的目的，还有一种途径可以产生"集合形象"，即把三两个甚至更多的实际形象合为一个梦意象……
>
> 关于我长着黄胡子叔叔的梦中的 R 医生，也同样是个复合的形象，但在这一梦例中，梦的意象是以另一种方式组成的。我没有把一个人的特征与其他人的特征结合起来，而是在形成过程中从记忆形象中删除每个人的某些特征。①

---

① 西格蒙德·弗洛伊德：《释梦》，吕俊、高申春、侯向群译，收录于《弗洛伊德文集 2》，长春出版社，2004，第 195—196 页。

事实上，在梦中不只有形象，还有语言和文字，但弗洛伊德发现，梦在处理词和名称时，将两者看作"个体事物"，即将词语用表象一样的方法来处理〔事实上，我们在母语为中文的人的梦中也发现这一现象：某些词语（声音）必须在**书写**的层面上拆解才能找到联想的线索〕。

> 一次，一位医学同事给我寄来一篇论文。在我看来，论文对最近一个生理学发现评价过高，而且，最重要的是他对这一问题也太感情化。第二天我做了一个梦，其中一个句子明显是指这篇论文而言："这篇文章是用很 norekedal 的风格写成的。"开始时，我感到分析这个词很困难。我想它一定是对德文"巨大的"（kolossal）或"拔尖的"（pyramidal）等词的笨拙模仿生造出来的，但我猜不出它的字源。后来，我发现它是两个名字组成的，即"Nora"（诺拉）和"Ekdal"（埃克达尔）。他们是易卜生著名剧本《玩偶之家》和《疯狂的公爵》的主人公。不久前，我看到报纸上有一篇评论易卜生的文章，正是同一作者所写，我在梦中批评的正是他最近的作品。①

因为凝缩是移置的基础，所以弗洛伊德对后者并没有多花笔墨来描述，但他明确指出，移置仍然是施加在表象上的运作，准确来说，这是关于施加在表象上的精神强度的转移和移置。

这样，弗洛伊德用实例论证了，因为无意识的内容是表象，属于**视觉的维度**，那么梦的工作就是对这些**视觉内容**的加工，即使梦中出现了词语，它们也是按照视觉的**书写维度**来处理的。

---

① 西格蒙德·弗洛伊德：《释梦》，收录于《弗洛伊德文集 2》，第 197 页。

II　梦形成的过程：退行、欲望的满足、原初过程和继发过程

在第七章"梦的过程的心理学"的第二部分"退行作用"中，弗洛伊德首先需要解释的是：梦中的思想被转换成了视觉形象，或者表象内容被转换成了感性形象，其中涉及的机制是什么。

我们知道，表象是记忆中的图像（image），感性形象（image sensible）也是图像（image），两者几乎是同义词，差别在于，后者还具有 sensible 的维度。而说起 sensible 这个词，它包含"感觉的"的含义，如果一定要将其和表象区分开来，那么感性形象还应该具有触觉的维度。不仅如此，弗洛伊德还提到，梦中的"思想"被转换成了视觉形象。我们再次遇到了"思想"一词。接下来我们不仅要考察梦的形成过程，还要考察对弗洛伊德来说"思想"一词意味着什么。

弗洛伊德试图用下面的图示阐述梦是如何产生的。

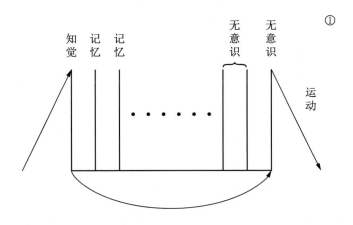

弗洛伊德首先将精神机构分为"感觉端"和"运动端"，前者是接受知觉的系统，而后者是产生各种运动活动的系统，也是卸载紧张

① 西格蒙德·弗洛伊德：《释梦》，收录于《弗洛伊德文集 2》，第 336—338 页。

的系统。这样，精神过程被规定为"从感觉端逐步推进到运动端"的进程。

然后，在感觉端，作用于感官的"知觉"储存在精神中，留下了"记忆痕迹"，其功能就是"记忆"。在记忆中，不同的表象——特别是那些同时性的表象——相互联结着，弗洛伊德将这个事实称为"联想"①。在清醒状态中，感觉端的兴奋最终是通过走向运动端来释放压力，但在梦中，无意识中的表象运动无法通过躯体运动（言说和肌肉运动）来表达，于是又退回到感觉端。这个过程被弗洛伊德称为"退行"②。

关于梦中的退行，弗洛伊德在同一段落中有两个不同的表达：

意向性的回顾以及正常思维的组成过程，都包含着在精神机构中的反向运动，即从复杂的观念活动（表象行为）退回到记忆痕迹的原始材料（这些原始材料位于表象行为的基础③）……在考察梦的凝缩作用时，我们曾不得不假设，梦的工作可以将某一个观念（表象）的强度完全移置于另一观念（表象）。也许，正是正常精神过程的这种改变，才导致了知觉系统的反向贯注：从思想开始，退回到高度鲜明的感觉。④

根据以上的陈述，我们可以将退行的过程用以下表格总结：

---

① 西格蒙德·弗洛伊德：《释梦》，收录于《弗洛伊德文集2》，第339页。
② 同上。
③ 这一段是参考法版添加的。另外，中文中的"表象活动"在法语中是"l'acte de représentation"（表象行为），我们参考法语版修订了中文译文。
④ 西格蒙德·弗洛伊德：《释梦》，收录于《弗洛伊德文集2》，第340页。

退行的起始	退行的终端
复杂的表象行为	记忆痕迹的原始材料
思想	高度鲜明的感觉

可以看到，和我们的常识相反，弗洛伊德所说的"思想"是表象的行为，或者说表象的活动，而表象和"记忆痕迹"极其类似，都属于视觉的维度，但似乎后者更强调是"感觉流"，而表象更强调是一个一个的图像，无论如何，两者是同质的。

弗洛伊德认为，如果要实现退行，那些能够被转换的思想只能关联于被压抑着的或仍旧处于无意识中的记忆[①]，这些记忆"对那些无法达到意识却又努力寻求表达的思想所施加的影响，才使之转化为视觉形象"[②]。因此，在弗洛伊德看来，梦是两种力量叠加而形成的。

在"愿望满足"这一节中，弗洛伊德走得更远，他认为，所有梦中希望实现的欲望都和早年的满足经验相关，即欲望就是"对早年知觉的记忆形象进行投注的精神冲动"，在梦中，精神机构试图建立起"知觉同一性"，即让早年需要满足的知觉重现出来。[③] 由此可知，这种"满足的知觉"不仅仅有形象，还应该有感知觉。而弗洛伊德在此再次谈到了"思维过程"：

> 但是，从记忆形象一直到知觉同一性由外部世界的建立这全部的复杂思维活动，仅仅构成因经验而必需的愿望满足的一条迂回通路。思维终究不过是幻觉性愿望的替代而已。[④]

[①]　西格蒙德·弗洛伊德：《释梦》，收录于《弗洛伊德文集2》，第340页。

[②]　同上书，第341—342页。

[③]　同上书，第353页。

[④]　同上书，第353—354页。

可以肯定的是，弗洛伊德话语中的"思维"一词，绝对不是在语言层面的概念操作，而是在形象和感知觉层面的表象活动。

而在第五节"原初过程与继发过程——压抑"中，弗洛伊德详细地陈述了无意识中的思维活动就是表象的运动。

首先弗洛伊德肯定了，梦思（"梦中思想"的简称）的构建中，"想象的无意识活动"起到了重要作用。具体说来是：

（1）单个观念（表象）的强度可以整体地加以释放，并从一个观念（表象）传向另一个观念（表象），从而使某个具有巨大强度的观念（表象）得以形成。因为这一过程多次反复，所以，整个思想的全部强度可以逐渐地集中于某一单个观念成分（表象）。[1]

（2）同样，由于强度能够自由转移，"中介观念"（表象）和妥协一样，也可以在凝缩过程中产生。

（3）强度可以互相转移的观念（表象），其相互联系都很松散。发生于这种观念（表象）之间的联想，往往为正常思维所不屑，而只在诙谐中得到表现。

（4）相互对立的思想并不企图消除对方，而是井水不犯河水地各自发展。[2]

显然，"无意识的思想"就是表象之间的运动，而在无意识中，表象和记忆有着天然的紧密关系：被储存的记忆以视觉形式为主导，那么当这些记忆被提取或者激活的时候，就会产生表象之间的联结，即联想。[3]

借此弗洛伊德区分出了精神机构中的两个精神过程，即原初过程和

---

[1]　西格蒙德·弗洛伊德：《释梦》，收录于《弗洛伊德文集2》，第369页。

[2]　同上书，第370页。

[3]　同上书，第372页。

继发过程，前者的名称表明，这个过程在时间上具有**先在性**，后者是随着精神机构后续的发展才建立的。这就是弗洛伊德有关精神机构的种系发生学观点。

种系发生学，也被称作系统发生学，是指在地球历史进化过程中生物种系的发生和发展。种系发生学研究物种之间的生物关系，其基本思想是比较物种的特征，并认为特征相似的物种在遗传学上相近。种系发生学研究的结果往往以系统发生树表示，用它描述物种之间的进化关系。

按照系统发生学的思想，弗洛伊德认为，个体的精神和人类的精神发展，如同物种的进化一样，都经历了从低级到高级、从简单到复杂的演化过程。对个体来说，早期没有语言，相反，视觉、感知觉和情绪体验却相当丰富，而当语言渐渐插入并占据主导性的地位时，这些"高级"功能仅仅停留在意识层面，无法抵达无意识层面，那么，这些没有语言参与的经验以及视觉的运作完全保留在无意识中。按照这种思路，弗洛伊德认为，无意识在时间上**先于**前意识和意识，但由于其中没有语言，它在功能上低于后两者。

如下情况却是事实，即精神机构中最早产生的是原初过程，继发过程是在生命的发展过程中逐步形成的，并能抑制和掩盖原发过程；甚至只有到了壮年，它才能获得完全的支配地位。由于继发过程出现得较晚，因此，前意识永远也不能对我们的存在本质——由各种潜意识愿望（无意识欲望）构成——加以理解和抑制。前意识所起的作用，也只能永远地局限于为起源于潜意识愿望（无意识欲望）冲动引导一条最便捷的道路。①

---

① 西格蒙德·弗洛伊德：《释梦》，收录于《弗洛伊德文集2》，第374页。

　　然后，如果无意识的思想要进入意识，就必须要获得新的性质，即和言语（语音）相结合。

　　　　思想过程本身无所谓质，它只伴有快乐和痛苦的兴奋，而且由于有可能干扰思想过程，这些兴奋必然受到限制。思想过程为了获得质的规定性，于是在人类而言，便与言语记忆发生联结。言语记忆痕迹在性质上足以引起意识的注意，并赋予思想过程以一种新的精神贯注。①

　　透过这个观点，我们可知在弗洛伊德的思想中，无意识中是**视觉（表象）**的世界，即使发现了语言痕迹，我们也只能在**书写**的层面处理这些词语；只有前意识和意识中，才有**语音**的维度。弗洛伊德这个观点很显然违背了当代大众的常识，而此观点将在之后的元心理学论著《论无意识》（1915）中得到更为详尽的论述。

　　总之，在精神分析诞生之时，表象就扮演了重要的角色：

　　在癔症症状中，致病的原因是记忆。弗洛伊德和布洛伊尔认为，在具体的经验事件中，表象和情感，而不是语言，是占主导的，进一步，由于记忆是储存在无意识中的，那么《癔症研究》的作者便得出一个结论：**无意识中只包含"视觉的表象"和"情感"**。

　　梦是无意识的产物，因此很自然地，梦是表象的世界，是视觉的世界。弗洛伊德认为，所有梦的欲望都有儿童期满足经验的痕迹，在后者中，也是缺少语言（语音）而充满了感知觉和视觉的。

———————————

① 西格蒙德·弗洛伊德：《释梦》，收录于《弗洛伊德文集 2》，第 381 页。

3　从表象到表象代表

随着精神分析的发展，弗洛伊德改变了早期对症状的看法，性欲和性冲动在理论中被提升到了中心的位置，并且，这个理论上的变化牵动着其他术语的更动：表象的功能不再是对过往的记忆的回忆，而是作为冲动在精神中的代表而出现，这样，"表象"变成了"表象代表"。必须指出，"代表"是"表象"的角色和功能，此术语仍然指的是视觉图像。

接下来我们将围绕弗洛伊德的两篇元心理学论著《压抑》和《论无意识》，看看表象代表的功能。

| 《压抑》：原初压抑

早在《释梦》中弗洛伊德就已经提到，压抑是施加在表象之上的运作[①]。在 1915 年的元心理学论著《压抑》中，弗洛伊德发展了压抑理论，并提出了两种压抑，即原初压抑和事后压抑。

弗洛伊德认为，在精神发展的早期阶段，那时无意识和意识的分裂已经形成，在无意识中，表象[②]已经被冲动投注，从而成为后者的代表，它们试图进入意识的时候遭到了拒绝，于是跌落回无意识，构成了冲动最初也是永恒的固着。[③]这个最初的压抑被弗洛伊德称为"原初压抑"。

之后冲动继续对新的表象进行投注，但它不会放弃和最初表象的关系。这些不同于最初表象的新近表象被称为"被压抑表象的精神衍生物"，而这个之后的压抑被弗洛伊德称为"事后压抑"，它施加在这些精

[①]　西格蒙德·弗洛伊德：《释梦》，收录于《弗洛伊德文集 2》，第 373 页。

[②]　这里弗洛伊德的用语不精确，到底是所有无意识表象还是一部分无意识表象成了冲动的代表，我们无从判断。

[③]　西格蒙德·弗洛伊德：《压抑》，宋广文译，收录于《弗洛伊德文集 3》，长春出版社，2004，第 162 页。

神衍生物之上。

随后，弗洛伊德定义了"冲动代表"：

> 我们认为，所谓本能表征（**冲动代表**），指的是一个观念（**表象**）或一组观念（**表象**），它们源于对本能的限定的心理能量贯注（力比多或兴趣）。①

可以看到，表象不再是对过去事件的精神印刻，它的功能发生了翻天覆地的变化：表象成了冲动的代表，通过表象的运作，冲动得以表达和卸载。

这个代表的功能在同时期的另一篇元心理学论著《论无意识》中被详细陈述。

II 《论无意识》：表象代表、物表象和词表象

在《论无意识》（1915）这篇文章中，弗洛伊德通过讨论无意识、前意识和意识这三个系统的特征以及它们之间的关系，对表象理论进行了总结。

首先他定义，无意识系统中的精神活动被限定为一种表象活动②，而同一个表象既可以在无意识中，也可以出现在意识中，差别在于，意识中的表象会被添加一个**听觉**的形式③。在这里，弗洛伊德还是坚持他早期的观点，认为我们日常经验中占主导的还是视觉和情感，语言所代表的听觉相对来说是次要的，因此，回忆中最重要的是表象和情感的匹配，

---

① 西格蒙德·弗洛伊德：《压抑》，收录于《弗洛伊德文集 3》，第 164 页。

② 西格蒙德·弗洛伊德：《论潜意识》，高峰强、廖凤林译，收录于《弗洛伊德文集 3》，第 352 页。

③ 同上书，第 353 页。

两者之间的错位就是癔症症状的基础：

> 如果关于这一点仅从表面上思考，就会觉得意识的和潜意识的观念（无意识的表象）乃是同一内容在两个不同地形学位置上的不同显现。然而，只要稍加思考，就会看出患者此时所获信息，与他那被压抑的记忆之间的相同只不过是貌合神离；就心理的性质而言，听到某种事情与经验到某种事情是大相径庭的，虽然两者的内容有可能相同。①

接着，弗洛伊德话锋一转，谈到了表象代表。他说，冲动本身永远不能进入精神成为意识的对象，只有依靠其精神代表它才能在精神中显现和卸载：

> 本能（冲动）永远不能成为意识的对象——只有能再现本能的观念（冲动的表象）才能成为意识的对象。进一步讲，即使在潜意识（无意识）王国中，本能（冲动）如不以观念（表象）的形式包装也无法被再现出来。如果本能（冲动）不附着于一种观念（表象）之上，或者它自己的状态没有清晰地显现出来，我们也不能对它有所了解。②

进一步，在"无意识系统独有的特征"这一节中，弗洛伊德将表象和表象代表都归结为无意识系统的独特运作方式。和《压抑》中的观点一样，弗洛伊德认为，无意识的核心是"冲动的代表"，它们也是欲望

---

① 西格蒙德·弗洛伊德：《论潜意识》，收录于《弗洛伊德文集3》，第353—354页。
② 同上书，第354页。

冲动，这对应着原初的感知觉满足：

> Ucs.（无意识）的核心由本能表征性（冲动代表）构成，它们追求释放其贯注。也就是说，Ucs.（无意识）是由欲望冲动组成的。这些本能冲动并列存在着，它们各自独立，互不影响，也不发生冲突。①

另外，这些表象同时也遵从凝缩和移置的操作：

> 在 Ucs.（无意识）系统中贯注的强度更是变幻不定。通过"移置"过程，一种观念（表象）会连同其全部贯注配额转让给另一个；它还可通过"凝缩"过程，把属于多个观念（表象）的全部贯注集于一身。我曾提议将这两个过程作为"原发性心理过程"的典型标志。②

弗洛伊德再次强调，相比前意识过程和意识过程，无意识过程是低级的，因为其中只有**视觉**的操作而缺乏**语言（声音）**的运作，因此无意识过程是经验的但非理性的，意识过程是理性的：

> 潜意识（无意识）过程，我们只能在阐析梦境和各种神经症才能透视到。也就是说，只有将更高级的 Pcs.（前意识）系统中的过程，通过某种退行作用，回复成低级层次上的活动时，才能认识到。这一过程不能独立地被发觉，事实上它们不能独立地存在。Ucs.（无意识）系统出现后旋即被 Pcs.（前意识）系统所遮盖，只

---

① 西格蒙德·弗洛伊德：《论潜意识》，收录于《弗洛伊德文集 3》，第 360 页。
② 同上书，第 361 页。

有 Pcs.（前意识）才拥有进入意识和导致活动的通道。①

随后，弗洛伊德根据表象的内容区分出了物表象和词表象。物表象是对事物的直接记忆表象，记忆表象也就是关于此事物的视觉表象。弗洛伊德认为，物表象和经验相关，因此是"最初而真实的对象–投注"，而无意识中只有物表象。这和弗洛伊德早期的观点保持了一致。

词表象是物表象从无意识中试图通过前意识进入意识中的过程中添加给物表象的，这个添加过程是前意识系统的工作，因此在意识中共存着物表象和词表象。词表象代表着语言，这标志着意识中的精神组织高于无意识中的运作，而那些没有转换成词表象，或者那些没有经历强烈投注的精神活动，将以一种压抑状态保留在无意识中。②

物表象和词表象的区分说明，不是所有的表象都是冲动的代表，还有一部分的表象对应着经验事件。

最后，弗洛伊德确立了两种思维过程：一种是无意识的视觉思维，一种是有意识的思维，它既有视觉维度也有听觉维度。

　　　　思维过程……是潜意识（无意识）的，它们要想进入意识，就只得通过与语词知觉的残留印象相联系方能实现……通过与语词相联系，贯注可装备某种性质，即使当它们仅再现各对象之表象间的关系，而无法从知觉中获得一些品质时也能完成。这些只有通过语词方可理解的关系，构成了我们思维过程的主要部分。如同我们所看到的那样，通过与语词表象的联结，只是有了变成意识的可能性，而与真正成为意识还不是一码事。所以它是 Pcs.（前意识）系

---

① 西格蒙德·弗洛伊德：《论潜意识》，收录于《弗洛伊德文集 3》，第 362 页。
② 同上书，第 371 页。

统的特有部分，而且只能属于这一系统。①

　　通过整理"表象"概念在弗洛伊德思想中的发展，我们可以说，不管是表象还是表象代表，其本质都是事物的图像，两者的差别在于**功能**：前者**映照**着现实中的事物，后者**代表**和自身不相干的冲动。

　　从时间上来看，弗洛伊德一开始讨论的是无意识中的表象，之后此概念才作为冲动代表出现；拉康恰好相反，在他教学之初能指便被定义成表象代表，但随着理论的发展，最终这个概念和莱布尼茨的单子联系在一起。然而，单子并不是表象，它的功能是表象，准确来说是如同镜子一般映照、表象着世界，因此，作为单子的能指并不是严格意义上的表象，其本质是镜子。

　　无论如何，比起表象代表来说，能指被定义为表象更为合适。让我们看看以下这些拉康在不同时期使用的理论模型，在其中能指和实在（物 / 享乐 / 存有）可能存在着**质**的差别，但两者在**形式**上是一致的，这意味着能指和实在之物之间不可能是代表的关系，而是表象或者镜子。

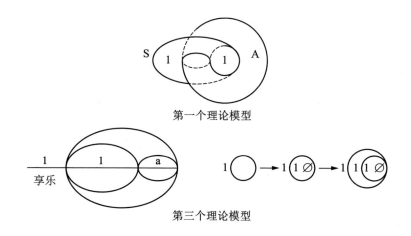

第一个理论模型

第三个理论模型

---

① 西格蒙德·弗洛伊德：《论潜意识》，收录于《弗洛伊德文集 3》，第 371 页。

从上页图中可知，能指和实在之物拥有同样的形式——数字 1。事实上，拉康构建"能指"概念不仅仅是为了回应弗洛伊德的理论，还考虑到了哲学史中"表象"概念的演变。接下来，我们将介绍"表象"概念的历史，其目的是试图讨论两个问题：

（1）事物、表象和思想之间的关系。这涉及弗洛伊德和拉康思想中关于"思想"的观点。

（2）存有（Être）和表象的关系。这关系到拉康对异化图的设计。

关系到这两个问题的历史线索并不重叠，我们分别从阿兰·德·里贝拉和海德格尔的视角来展示这两个线索。

三 "表象"的历史

1 从"种"到"观念"

根据里贝拉的观点，中世纪的概念"种"（espèce）在理性时代中变成了"观念"（idée），到了 19 世纪，"观念"变成了我们现在熟知的"表象"（représentation）。在这一节中，我们跟随这条哲学线索，看看思想和视觉形式是如何联系在一起的。

"种"来自亚里士多德的思想，他认为，不是石头本身，而是其形式（forme）出现在理智（intellect）中；而对于一位中世纪的作者来说，"被思考的外物"不存在于理智中，而是其"种"在理智中[1]。

阿奎那将两者结合起来。他认为，"种"是理智的形式，通过"种"，理智开始工作，并且因为"种"**类似于**被思考之物，两者由此建

---

[1]　Kim Sang Ong-Van-Cung, *L'objet de nos pensées：Descartes et l'intentionnalité*, p. 40.

立了关系 ①。"种"是对事物的抽象，这样，即使事物不在眼前，人们也能够思考它。另外，作为亚里士多德学派的一员，阿奎那认为认识者和被认识之物之间有着内在性，即通过"种"，事物可以被思考。② 翁凡春指出，在经验中，为了认识一个事物，还必须有感觉，这样，感觉和视觉的叠加构成了对事物的幻想。③

斯科特则将感觉和视觉分开：理智的"种"来自对事物的抽象而不是触觉，它们构成了认识的前提，而在感知觉中，事物的活动在理智中印刻了感觉的"种"。④ 两种"种"分别强调了精神和事物在感觉和视觉上的对应性。

对于笛卡儿来说，思想的模式是感觉，不过这些感觉包裹住了一个理智的行为：

> 感觉的行为，如同情绪的状态和激情⑤，是思想的一些模式，因此它们是非物质的。然而，如果理智和意志属于纯粹的思想，它们依赖于独一无二的精神，那么想象、记忆、感觉和激情都要求身体器官的兴奋在场。⑥

很显然，对笛卡儿来说，和经验事件打交道必然意味着多重感官的在场，它们至少包含感觉、视觉和情感，而由此形成的记忆，也是经验的复杂体。弗洛伊德的思想和此观点不谋而合。

---

① Kim Sang Ong-Van-Cung, *L'objet de nos pensées：Descartes et l'intentionnalité*, p. 40.

② Ibid., p. 41.

③ Ibid.

④ Ibid., p. 43—44.

⑤ 我们再次强调，"激情"（passion）表达的是"主体面对冲动和欲望的被动性（passif）"。

⑥ Ibid., p. 109.

另外，在笛卡儿的思想体系中，"观念"（idée）已经替代了"种"，准确来说，"观念"是对一个事物的观念①。事实上，关于"观念"，笛卡儿在不同的文本中有不同的定义。

在《沉思录》的第二个回答中，观念是我们思想的形式；在给梅尔森的信件中，观念是我们想象事物之时，所有在我们精神中的东西，在此意义上说，观念给予了思想一些形式（知觉、想象和感觉），因此观念是表象；第三沉思中，观念是"事物的图像"②；而当涉及真正的观念，即上帝的观念，它是"向我们表现（représenter）了一个物或者一个实体的观念"③，在这个意义上说，笛卡儿的"观念"含义是非常丰富的，它并没有局限在视觉的维度：

> 人们看到，对笛卡儿来说，"表现"（représenter）④ 有时可能意味着想象的概念或表象，或者一个没有图像的知性纯粹观念，它提供了对事物本质的理解。⑤
>
> "表现"不是制造一个图像或者一个精神内容，后者替代事物并表象它，而是有一个对事物的观念，理解事物。⑥

关于"思想"，笛卡儿给出了两个定义：

---

① Kim Sang Ong-Van-Cung, *L'objet de nos pensées：Descartes et l'intentionnalité*, p. 138.

② Ibid., p. 185—186.

③ Ibid., p. 139.

④ 如同我们已经介绍过的那样，représenter 是表象（représentation）的名词，而且其自身是一个多义词，它包含有"表现、描绘、（艺术品、照片等的）呈现、象征、代表"等不同含义。在拉康的能指定义中，représenter 被翻译成"代表"，但在这里不能选择此含义，我们选择的是"表现"。

⑤ Ibid., p. 173.

⑥ Ibid., p. 174.

（1）思想不仅仅蕴含着知性的接受性（它接受观念），也蕴含着意志的活动，因为意志肯定和否定着知性所表现的东西；

（2）思想的一些模式，想象和感觉，蕴含着身体，因为想象和感觉是有形的。①

显然，笛卡儿的"思想"包含了几乎所有的精神活动类型，不过令人吃惊的是，对笛卡儿来说，感觉也是思想的模式之一。

无论如何，事物在精神中会留下印记，最主要的就是视觉印记和感觉印记，因此"观念"除了判断的操作，还有视觉和感知觉的维度，后者对应着我们的经验生活。中世纪和理性时代的哲学思路并不是当代的思路，哲学家们没有讨论语言、图像和感知觉在观念和概念形成过程中的作用和地位，事实上，这种思维方式在语言学兴起后才出现。

2　从"观念"到"表象"

里贝拉指出，海德格尔从古希腊思想出发，从另一个角度考察了从观念到表象的过渡。

海德格尔这一研究的目的是考察围绕着 subjectum（主语/主体）和 objectum（客体）的含义的变化。他认为这一切可以追溯到古希腊的思想中，关于什么是存有的本质（essence de l'être），即 ousia，柏拉图和亚里士多德之间产生了分歧：柏拉图将 ousia 定位在理念（idée）中，而亚里士多德将其定位在现实（actualité）中②。

接着，海德格尔使用经院哲学中的两个术语来指示这两个概念，

---

① Kim Sang Ong-Van-Cung, *L'objet de nos pensées*：*Descartes et l'intentionnalité*, p. 183.

② Alain de Libera, *La double revolution*, *L'acte de penser*（1）, *Archeologie du sujet III*, p. 122.

"他 / 它是什么"（quiddité/ das Was-sein）对应着理念，而"那是什么"
（quoddité/ das Daß-sein）对应着现实①。从法语单词的构词来看，后
缀 -ité 常常表示"是什么"，区别在于前面的 qui 和 quo（i）：代词 qui
可以指人或物，但在从句中，它指示着这个从句的主语；代词 quoi 也可
以指人或物，但在从句中，它指示着谓词或客体。

进一步，海德格尔指出：柏拉图的"理念"在拉丁语中变成了 idea，
后者又变成了 représentation（表象）；而亚里士多德的"现实"则从拉
丁语 actualitas 变成了后来的 réalité effective（实在的现实）。他认为，
古希腊的"理念-现实性"在当代哲学中被"表象-现实"所替代，这构
成了笛卡儿的转向。②对海德格尔来说，表象不属于心理学，而是必须
以形而上学的方式来考虑。③为了理解海德格尔对笛卡儿思想中"表象"
概念的分析，里贝拉构建了以下图示：

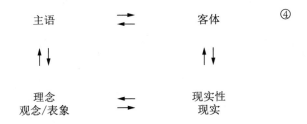

围绕着笛卡儿的"表象"，里贝拉指出了六个值得注意的要点：

（1）"表象"对应着笛卡儿所称的"思想"（cogitatio）⑤，因此，

---

①　Alain de Libera, *La double revolution*, *L'acte de penser*（*1*）, *Archeologie du sujet III*, p. 122.

②　Ibid., p. 123.

③　Ibid., p. 124.

④　Ibid., p. 126.

⑤　Ibid.

"思想"在笛卡儿看来不是语音的产物，而是属于视觉的维度；

（2）"表象"被定义成一种行为 ①；在古希腊哲学中，"思考"本身就是一种行为，而如果"表象"是"思想"，那么它理所应当是行为；

（3）这个行为被一个本体论的特征所刻画：从"表象者"（représentant）到"表象"（représenter）的内在性 ②；

（4）海德格尔称这个内在性为"放在面前"（pré-jacence）；

（5）"放在之前"就是定义"主语性 / 在……之下"（sub-jectité）的东西；

（6）既然被理解成行为，"思想"最终以"主语"（sujet）头衔，通过放在"表象行为"之前的"表象者"而得以定义。③

我们将（3）、（4）、（5）和（6）放在一起来解读。首先，représentant 一词在海德格尔的思想中不能翻译成"代表"，而只能理解成"表象者"，因为这个术语指示的是"自我"，后者"让事物的形象再现出来"。

然后，因为术语"表象"（représentation）表达的是"在事物缺席的情况下，让事物（的形象）再现"，海德格尔在这里将名词"表象"理解为动词 représenter，所以我们仍然将这个动词翻译成"表象"。

再者，海德格尔发明的"放在面前"（pré-jacence）一词，指的是"自我将事物的形象（被表象之物）呈现在自我面前"的事实。

最后，海德格尔出于形而上学而不是心理学的考虑，将笛卡儿的"自我"理解成"基底性"（sub-jectité）而不是"主体性"（sub-

---

① Alain de Libera, *La double revolution*, *L'acte de penser*（1）, *Archeologie du sujet III*, p. 126.

② Ibid., p. 127.

③ Ibid.

jectivité），并且通过强调前缀 sub-①，回应了从亚里士多德开始一直延续到中世纪的对主语的讨论，即将主语看成谓词的**基础**，从语法空间的角度来看，主语位于谓词**之下**。

接下来我们看看海德格尔本人对这些术语的解释：

> 表象（représenter）是所有人类的非认识行为的一个基本特征。从这个角度来说，所有的行为都是思想。但在表象的过程中，表象每一次都将某物放在它面前，这个东西总是处于表象之前（pré-jacent），这就是表象者（représentant）（我思），在自我面前，所有被表象之物得以产生，被表象之物对于自我在场，并且自我想起这些被表象之物。只要表象持续，表象某物的"我思"每次都是在这个表象中，并且在表象之前。因此，在表象（représentation）（知觉）的本质结构中，思考的"我思"被刻画为总是"放在面前"（pré-jacent）的东西，即主语（subjectum）。②

从海德格尔的视角可知，笛卡儿的自我总是和表象面对面，并且自我处于基石的位置，是表象的前提，是主语。由此海德格尔澄清了两个问题：

（1）"观念"（idée）和"表象"（représentation/Vorstellung）是同源的。虽然在中文中，这两个术语在语义上差异巨大，但它们在西文中都源于柏拉图的"理念"（idée）一词，而且从一开始就处于视觉维度（接下来我们会详细考证）。

（2）不管是在哲学中，还是在弗洛伊德的理论中，表象和思维总是有着紧密的相关性，即使拉康强调语言，并把无意识定义为"如同语言

---

① 前缀 sub- 就有"在……之下"的意思。
② Alain de Libera, *La double revolution*, *L'acte de penser*（1），*Archeologie du sujet III*, p. 127—128.

那样构成"，他的本意并非是转向语言学而抛弃传统哲学，相反，当他将思想定义成表象代表的时候 [1]，这不仅仅是回应弗洛伊德的观点，还是回到哲学的思想历史中。[2]

也就是说，在西方思想传统中，"思想"一直是视觉而不是听觉形式。这一观点直到语言学和认知科学崛起之后才被动摇。

事情并没有结束，接下来我们会介绍海德格尔的另一个思考，这涉及从存有到表象的演变历史，我们可以借此来看看拉康是如何考虑和安排异化图中的术语的。

四　海德格尔：存有、基石和表象

在第一章中，我们参考阿兰·德·里贝拉的著作《"主语/主体"的考古学》的第一卷和第三卷，介绍了"sujet"这个术语的历史。在书中，作者从古希腊哲学中的术语"hupokeimenon"出发，论述了从中世纪经院哲学到当代哲学中围绕"sujet"这个术语的各个理论，展示了这个术语的语义变化：它首先是"主语"的含义，然后在康德的理论中成了当代主体。

在本节中，我们将把重心放在存有、主语/主体和表象的关系上，为此，我们将介绍海德格尔在《尼采》中的两篇文章，看看这三个术语是如何被联系在一起的，从而最终阐明拉康的能指为何要定位在**形象**以及**视觉**的维度。

---

[1] Jacques Lacan, *Le Séminaire, livre XVI, D'un Autre à l'autre* (1968—1969), p. 277.

[2] 显然，严格说来，拉康的此观点既不是弗洛伊德的也不是哲学的，因为至少从字面上来看，"表象代表"和"表象"还是不同的，但我们已经说过，两者的本质都是一样，都是"表象"。

1　柏拉图：从"存有"到"表象"

在《尼采》的第五章"欧洲虚无主义"的最后，海德格尔考证了在柏拉图思想中，"存有"这个概念是怎样一步步变化，并最终和视觉联系起来的。

"存有"（Être）作为西方思想中最为基本和重要的一个术语，是古今所有思想家都要思考和回应的概念。海德格尔指出，在古希腊，人们将这个概念理解为"自然、涌现"，准确来说是"从自身中涌现"（l'éclore-à-partir de soi-même）并"处于开放的状态中"（de-se-situer-dans-l'ouvert）①，因此，存有是原初的动力学，它先于存在者（étant）。

根据海德格尔的观点，对于亚里士多德和柏拉图来说，"存有"意味着 ousia，即"在非遮蔽物中确定之物的在场"②，可以看到，亚里士多德和柏拉图已经稍微修改了"存有"最初的含义。而柏拉图则更是在此基础上做出了一个跳跃。海德格尔指出，柏拉图认为，"存有"作为"非遮蔽物中的在场"，它是"理念"（Idée），是"可见性"（visibilité）。虽然"理念"指示着"视觉的维度"（可见性），但它并不是我们意识中的表象，而是"存有"的名字。准确来说，"理念"指的是"作为在场的先在之物"③。

进一步，柏拉图的"理念"和知觉及主体无关，它仅仅具有"先在"的意义：在所有的在场中，"理念"首要且**预先显现出来**。因此，"存有"是先天之物，是最初之物。在海德格尔看来，德语中对"先天"这个拉丁语词最合适的翻译是"Vor-herige"这个术语，其含义是"先在

---

① Heidegger，"Le nihilisme européen—la souveraineté du sujet dans les Temps modernes," *Nietzsche*，t. 2，p. 173.
② Ibid.
③ Ibid.

之物"（précédent）。在构词上，海德格尔解释道，前缀 Vor- 指示的是先前，而 her 则指示从自身出发走向我们之物 ①。"先在之物"这个词既揭示了存有和时间的关系，又保留了其最初始的含义——自发显现。

　　从柏拉图将"存有"理解为理念出发，形而上学由此开始 ②，而柏拉图的解释依旧是形而上学的教规，以他为始的所有哲学都应该是"观念（理念）主义"：存有在理念和观念中寻找 ③。

　　另一方面，在柏拉图的时代，希腊人将"认识"（connaître）看作一种视觉（vision）和凝视（contemplation），这个词在当代被翻译成"目光"（regard）和"看"（voir）④。而这样一个在人类认识和视觉之间搭建起的关系，正是基于将"存有"理解为理念：呈现在视觉中的存有是在场，同时也是人所看到的东西 ⑤。

　　在康德的理论中，"存有"是存在者的可能性条件，是存在者的"存在性质"（la propriété d'être）。在当代的立场中，"存有"和"存在性质"表达的是"表象性"（représentéité）和"客体性"（objectivité）。⑥ 海德格尔认为，康德形而上学的基本命题是：存有是"可被表象性的"。⑦ 而表象性又和自我联系起来：真理的基础是可表象（le représenter），这是在"我思"意义上的"思考"（le penser）；作为客体表象性和客体性的真理，它在主体性中、在表象中找到了其基础，而可表象是存有的本质。康德关于存有和表象关系的这个观点，最终体现在其关于物自体和

----

① Heidegger, "Le nihilisme européen—la souveraineté du sujet dans les Temps modernes," *Nietzsche*, t. 2, p. 174.
② Ibid., p. 175.
③ Ibid., p. 176.
④ Ibid., p. 178.
⑤ Ibid., p. 182—183.
⑥ Ibid., p. 184.
⑦ Ibid.

表象（客体）的观点中。

从柏拉图到康德，"存有"一直是通过视觉来理解的，并且这个概念在康德的思想中完成了和表象的连接。接下来，我们看看海德格尔在另一篇文章中向我们展示的，"存有"演变的另一条路径。

2　存有、hupokeimenon 和基底

在《作为"存有"历史的形而上学》一文中，海德格尔谈及了"存有"的另一个同义词，即 hupokeimenon，我们可以对比下两者的含义：

> 存有：存有作为"涌现"和"去遮蔽"那样显现，由此出发，存有获得了在场的标记，以及在持续存在意义上的坚实标记。①
>
> Hupokeimenon：这是从自身出发，时刻都呈现自己的东西；是时刻持续存在的模式。②

Hupokeimenon 和"存有"共存于古希腊语和古希腊哲学中并且含义相同，准确来说，海德格尔的文本向我们展示的是，hupokeimenon 是紧接着对"存有"的解释而出现的，它进一步补充了"存有"的含义。然而，和"存有"的命运一样，hupokeimenon 在历史中几经变形，最终变成了我们熟知的 sujet（主语/主体）。

根据海德格尔的考证，在拉丁文的文本中，人们将 hupokeimenon 翻译成 subjectum，这个翻译构成了此术语在哲学中的转折点：subjectum

---

① Heidegger, "La métaphysique en tant qu'histoire de l'être," *Nietzsche*, t. 2, p. 324.

② Ibid., p. 344.

指的是主语 / 主体，其含义通过前缀 sub- 可知是"被放置在 / 处于……
之下"，这和 hupokeimenon 的含义可谓天壤之别，这导致人们远离了
"存有"的原初含义：

> 尽管有拉丁文的翻译，这个从 hupokeimenon 向 subjectum 的转
> 变同样使得古希腊人概念中的"存有"本质变得模糊。Subjectum
> 是在作用中被放置和设置在下面的东西，他物能够偶性地落在
> 其上。①

在这段文本中，我们可以看到 hupokeimenon 和"存有"之间语义
的相关性，但随着哲学的发展，在 hupokeimenon 和 subjectum 之间，语
义断裂。

对中文读者来说，我们接下来立刻会遇到翻译和理解的问题。虽
然我们已经分别阐明了 hupokeimenon 和 subjectum 的含义，但翻译这
两个术语却不是这么容易的事情。我们可以看看《尼采》的中文译者
孙周兴是如何选择词汇的：译者将 hupokeimenon 翻译成"基体"，而
将 subjectum 理解为"一般主体"。很显然，"基体"这个翻译是不准
确的，因为和"存有"一样，hupokeimenon 指的是"自发地由内而外
的展开和显现"之意，译者翻译这个术语应该是参考了 subjectum 的含
义"在……之下"。可是我们要知道，虽然 subjectum 是拉丁语世界对
hupokeimenon 的翻译，不过，它并没有体现出 hupokeimenon 的本义。

---

① Heidegger, "La métaphysique en tant qu'histoire de l'être," *Nietzsche*, t. 2,
　 p. 344.

而对于 subjectum 的翻译，译者将其译成"一般主体"，这显然是参考了这个术语之后的形式 sujet（主语／主体）而选择的术语。如果我们仅仅考察 subjectum 自身的含义，即"在……之下"，应该将它翻译成"基底"才对，而对于"自发呈现"的 hupokeimenon，除了"道"之外，我们暂时没有找到其他合适的词对应其含义，所以我们在此不将其翻译出来，读者只要明白其含义便是。

接着海德格尔向人们指明，"基底"（subjectum）决定了之后的"实体"（substantia）和"主语／主体"（sujet）的概念：

> 这个在下面和被放置在之下的东西（基底）从此以后担当了"基础"的角色，他物将被放于这个基础之上，以至于这个"被放置在下面的东西"可以被理解为"站立在之下的东西"（substans），这首先是不变之物。"基底"（subjectum）和"站立在之下的东西"（substans）是同一个东西，指的是确实持续存在和现实之物，是符合现实和恒定之物，因此它被称为"实体"（substantia）。Hupokeimenon，或者说这个"自发呈现之物"的最初本质将从"实体"出发得以被理解。Ousia，即被思考为"实体"那样的在场。"实体"概念不是古希腊的，但它和"现实性"一起，影响着后来形而上学中对存有本质的刻画。①

海德格尔在这段话中表达得很清楚，拉丁语世界对古希腊的"存有"和 hupokeimenon 的理解有偏差，而这个偏差决定了之后形而上学

---

① Heidegger, "La métaphysique en tant qu'histoire de l'être," *Nietzsche*, t. 2, p. 344—345.

的道路。在哲学随后的发展中，"基底"（subjectum）变成了后来的"主语"和"主体"，从字面上我们可以很轻易地发现这几个术语之间的连续性：

> 因为逻各斯加工了这个"在下面之物"的本质，后者变成了"本原"和"原因"的规定，再后来它被称为"基础"和"原因"。
>
> 从以上出发，"基底"（subjectum）变成了主–客关系中的"主体"（sujet）和主–谓关系中的"主语"（sujet）①。

因为 sujet（主语/主体）来源于 subjectum（基底）一词，其前缀 sub- 表明它的基本含义是"在……之下"，所以，从中世纪开始围绕着主谓关系的讨论中，主语是不变的基础，它允许变动的谓词累积在其之上，而谓词没有独立存在的可能性，它们只有依赖于持续存在的主语才能存在。另一方面，主体原本不具有"主动性"的含义，它被定义在"面对面"的结构中：作为主体的自我将表象放在其对面。因此，海德格尔提出了一个新的概念"基底性"（subjectité），并用它来解释主体的诞生。

在《作为"存有"历史的形而上学》的最后一节，即"基底性和主体性"中，海德格尔解释道，在形而上学的历史上，"存有"一直是通过基底来规定的，这是基底性的内涵；从笛卡儿开始，基底性（subjectité）变成了主体性（subjectivité），而这个基底指的是自我；因此，主体性是基底性的一种模式②。

---

① Heidegger, "La métaphysique en tant qu'histoire de l'être," *Nietzsche*, t. 2, p. 345.

② Ibid., p. 361.

在阐述了存有、hupokeimenon 以及主体之间的关系之后，我们回到关于表象的主题。海德格尔指出，当代形而上学的开端是建立在一个绝对且不可动摇的基础上的，即自我，它符合人类思维确定意义上的真理本质。这个自我如同基底一样出现在所有被表象之物和表象之中，并且在表象的领域内构成了不变且稳定的东西 ①。并且，现实的稳定是通过表象的延续而被界定的，在整个表象中的被表象之物的现实通过表象性（représentéité）而得以被刻画 ②。

但现实作为表象性，这并不意味着实在应该是表象活动的精神产物，以至于是仅仅作为精神构成物而存在的某物，相反海德格尔指出，一旦在现实的本质中表象和表象性的基本特征获得优势，实在的持续和稳定就在表象的在场中，它通过具现化的领域而被刻画。重要的是，这个在"存有"的形而上学本质中统治的"在场"特征从此以后作为表象内部的在场而显现出来 ③。

海德格尔的论述让我们知道，"存有"和 hupokeimenon 这两个同义词经历了不同的演变，但都朝向了**视觉**的维度："存有"被理解为理念和可见性，而 hupokeimenon 则被理解为"基底"而最终和表象联系在了一起。不过，海德格尔和康德的立场相反，在康德的二元对立理论中，"人类精神的规则"并不映射物自体，但海德格尔并不这样认为，他承认表象仍然可以让存有**显现其中**。

最后，海德格尔探讨了"在莱布尼茨的单子思想中表象的地位"。在单子理论中，世界是根据"观看的模式"表现出来的，而单子的知觉

---

① Heidegger, "La métaphysique en tant qu'histoire de l'être," *Nietzsche*, t. 2, p. 346.

② Ibid., p. 347.

③ Ibid.

就保持在这种模式中。世界在活跃和统一的表象中得到反映，且每个单子也是一面活跃的宇宙之镜①。

我们介绍过，莱布尼茨认为，作为世界中唯一实在之物，单子的内部状态是欲望（appétition）和知觉，而两者的功能都是表象外部世界。由欲望和知觉构成的统一性构成了内在的原则，莱布尼茨将这个存在者的原则命名为"力"，海德格尔则认为，这个"力"就是基底和基础，它是"在表象行为中，位于之下的持续之物"，而存在者的稳定性正是起源于这个行为②。

莱布尼茨的思想服从于存有明显本质的必然性，而存有在渴望用表象统一的单一性中，满足了独立自在自立的本质。③欲望的表象行为是每个基底的存有的本质。这个变得确定的真理本质，它要求存有作为"表象中的行为自身"。这意味着，单子这面镜子不是我们日常经验中的镜子，因为它的表象功能就是它映射的实在。

在回顾了存有、hupokeimenon、基底-主语／主体、单子和视觉-表象的历史之后，我们回到拉康的能指理论中，看看拉康为何将能指安置在视觉维度。

在第六章中，我们介绍了拉康的第二个理论模型——异化图，相比其他理论模型，异化图的一个显著特征是，拉康在其中放置了形而上学的基本概念"存有"：

---

① Heidegger, "La métaphysique en tant qu'histoire de l'être," *Nietzsche*, t. 2, p. 352.
② Ibid., p. 354.
③ Ibid., p. 355.

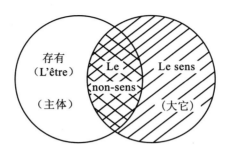

自 1964 年讨论班《精神分析的四个基本概念》中引入异化图和
"存有"这个概念以来，拉康从来没有对"存有"一词做出过任何解释
和说明，但引入此概念对拉康思想史来说毫无疑问是一个极其重要的事
件，它标志着精神分析终于可以走出自身的狭窄区域，进入西方哲学的
漫长历史之中。

异化图基础的一部分是集合论，所以中间的交叉区域仍然属于存有
的范畴，不过因为这个区域还具有另一个域的性质，所以它不是纯粹的
存有，而这个"混杂的存有"被拉康命名为客体 a：

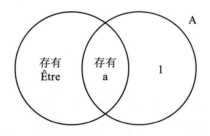

在接下来一年的讨论班《精神分析的关键性问题》中，拉康再次谈
及存有，并论述了"存有的分裂"，而他指出，此分裂正是对应主体的
分裂。

在 1966 年 4 月 15 日的一次会议中，拉康做了关于《精神分析的关
键性问题》讨论班的总结发言。在发言的一开始，拉康就回应了这一年
教学的主题：精神分析的关键性问题的中心是"主体的存有"（l'être du

sujet）。然后他谈到，"主体的存有"对应于"主体的分裂"，因此它也是分裂的，或者说，两者是同一回事。我们介绍过，《精神分析的关键性问题》讨论班中涉及的"主体的分裂"是安置在第三个理论模型中的，此时主体在大它的内部发生分裂，准确来说，是在其主语的位置上，主体分裂于能指和客体 a 之间。因此，当拉康在报告中谈到主体的存有分裂为两极，即真理和知识，两者分别对应客体 a 和能指。

拉康进一步谈道，这两极准确来说是"真理的存有"（être-de-vérité）和"知识的存有"（être-de-savoir）。拉康坚持将主体分裂的两极和"存有"概念建立关系，其目的是希望强调一个事实，即这些围绕着主体的概念都是从主体的存有中**分化**出来的。

然而，拉康在这一年的教学中并没有正面讨论主体的存有的这两极，相反，他常常（包括在之后的讨论班中也是如此）讨论的是真理和知识的区分，只有在很少的场合，"存有"一词才会出现。

在 1965 年 5 月 19 日的教学尾声，拉康谈到了存有，并且在其关于主体的分裂的论述中传达了重要信息：

> 正是在其中，在这个分裂在"其错失"和"其知识"的主体的间隔中的赌博，它是欲望规定的可分离的、合适的形式，欲望不是别的，而是这个赌金、这个 a 的出现，赌徒的"存有"就是这个 a。①

关于主体的分裂，拉康在这里表达得很清楚：主体分裂在"其错失"（son manque）和"其知识"（son savoir）之间。加上"其"，是为了强调两者都是主体自身的一部分，或者说两者有着共同的起源或基础。

---

① Jacques Lacan, *Le Séminaire*, *Problèmes cruciaux pour la psychanalyse*, séance du 19 mai 1965, inédit.

关于"错失"，我们已经阐明，这就是客体 a，而拉康在这里指明，a 是"赌徒的存有"（l'être du joueur），它应该对应着"真理的存有"（être-de-vérité）；而"知识"肯定就是能指，它对应着"知识的存有"（être-de-savoir）。我们可以将上述内容放入异化图来理解：

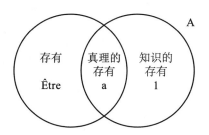

从图中可知，存有（绝对的主体）、客体 a 和能指并非异质，相反，它们都属于"存有"的范畴，准确来说，客体 a 和能指可以说是存有分化出来的两极。如果是这样，按照形而上学的历史所揭示的内容，存有应该在视觉维度中得到表达，因此，能指绝对不可能是索绪尔语言学中的语音而只能是表象。

另外，作为"存有"的同义词，hupokeimenon 关系到主体，而拉康也知道两者的关系，但他的观点充满了矛盾。

在《从一个大它到另一个》讨论班中，拉康多次谈到 hupokeimenon。在 1968 年 12 月 11 日教学的末尾，拉康说道：

> 主体不是一个先决条件，而是一个预测。它是被假设的，是 hupokeimenon，这是它的本质，它的逻辑定义。它是被假设的，几乎是被归纳的，它不是支撑。①

---

① Jacques Lacan, *Le Séminaire*, *livre XVI*, *D'un Autre à l'autre*（1968—1969），p. 90.

拉康在此谈论的"主体"，是在大它之外的 S_2，也就是绝对的 / 实在的主体。这个主体是动力性的，不是在基底（subjectum）意义上的支撑（sub-），而是对应着 hupokeimenon 这个绝对的动力源。

在 1969 年 2 月 26 日的教学中，拉康在谈论表象的时候又提到了 hupokeimenon。在论述中拉康承认，要明白 hupokeimenon 的含义，必须回顾整个哲学传统，在康德关于认识的观点中，即显象和本体（noumène）的区分，后者是被显象排除的物自体，而显象就是表象的世界[1]。在这里，拉康使用康德的二元论来说明 hupokeimenon 属于被排除在符号之外的范畴，而表象构成了我们精神中的运行法则。但关于康德思想中物自体和表象的关系，哲学界存在着两种截然不同的观点：

（1）正如我们在第六章中介绍过的，让-吕克·马里翁认为，物自体和表象（客体）之间是异化的关系，换句话说，后者是物自体自身异化的结果。按照此观点，表象（客体）是物自体自身在精神中的显现，两者不仅有因果关系，前者必定代表着后者。

（2）第二种观点是普遍流行的，即表象的世界服从的是我们人类精神的独特法则，和物自体的世界是完全不同的，那么，表象不代表物自体。

拉康从来没有表达过"实在是不可被表象的"等观点，他常常说的是"实在是无法表达的"，前者涉及的是形象的、视觉的维度，后者涉及的是语言 / 语音的维度，而拉康并没有说两者之间有一致性，即他并没有说"无法表达"也意味着"不可被表象"，所以，我们暂时可以认为实在可以被形象化，但无法被言说。

在接下来 1969 年 3 月 5 日的教学中，拉康表达了和之前截然不同

---

[1]　Jacques Lacan，*Le Séminaire*，*livre XVI*，*D'un Autre à l'autre*（1968—1969），p. 193—194.

的观点。在谈论冲动的时候，他说：

> 当在理论的衔接下，满足在一个行为中显示了口腔冲动、肛门冲动、窥视冲动以及施虐-受虐冲动的运作时，可以说，某物得到了满足，人们只能指示其为"在之下的东西"、一个主体、一个 hupokeimenon，某个以"那里只有工具性的主体"的名义，必然由此导致的分裂。①

很显然，拉康在这里是按照哲学传统，将 hupokeimenon 理解为"基底"，并进一步将其解释为主体，这和他之前对 hupokeimenon 的解读完全不同。

拉康在本年度教学中最后一次提到 hupokeimenon，是在 1969 年 6 月 25 日，在其论述中，hupokeimenon 再次和主体联系在了一起：

> 人们很长时间以来将"主体"和"知识"结合起来，他们相信，所有的知识都蕴涵主体，借助此结合，实体轻轻地在上面滑动。不，这不能如此。同样 hupokeimenon 可以和知识分离，精神分析论证了此事。②

在这段话中，hupokeimenon 毫无疑问指示着 sujet，我们暂且不管应该将后者理解为主体还是主语（因为谈到了实体，而实体在哲学中首要地是和主语有关的），拉康此时肯定还是按照哲学传统来解读 hupokeimenon 的，这和他之前的观点相矛盾。

---

① Jacques Lacan, *Le Séminaire*, *livre XVI*, *D'un Autre à l'autre*（1968—1969）, p. 206.
② Ibid., p. 400.

　　而在之后《精神分析的反面》讨论班中，拉康也谈到了
hupokeimenon：

　　　　没有任何办法能够躲避这个非常精简的公式，即有某物在下面。
　　但，我们不能用任何术语指示这个东西。这不应该是某个东西，这
　　仅仅是"在下面的 1"，一个主体，一个 hupokeimenon。①

　　很明显，hupokeimenon 是被放置在"基底"的背景下来理解的。

　　总之，虽然拉康对 hupokeimenon 的解释并不完全符合他在教学
中表达的观点，但他确实是按照形而上学的传统来构建他的主体理
论的：

　　首先，在概念文字的框架下（第一个理论模型），能指成为代表主
体的专名，此过程也被拉康称为命名。和常识相反，这个授予名称的行
为不是和声音相关的，而是被安放在视觉的"书写"维度中。所以，一
开始能指就和视觉关联起来。

　　其次，在第三个理论模型中，能指诞生于剩余存有（享乐）的客
体 a 中，并且后者是前者的形式因。按照定义，形式因是指当事物完全
实现其目的时，在事物身上所体现出来的模式或结构，因此，形式因是
"事物本质上的所是"。一个雕像的形式因就是雕塑家所想象的关于这座
雕像的一般计划或概念。亚里士多德的形式因和柏拉图的形式相对应。
拉康如此定义能指和客体 a 之间的因果性，正是希望借此提出主体分裂

---

① Jacques Lacan, *Le Séminaire*, *livre XVII*, *L'envers de la psychanalyse* (1969—
1970), p. 53.

的第二种模式：能指和客体 a 是主体自身分化出来的两个部分，因此两者是同质的。因为客体 a 和能指都属于存有（享乐）的维度，所以两者之间的这种同质性仍然不能通过声音来表达，还是只能通过视觉维度来展示。

在能指的最终理论中，拉康将能指定义成单子，而后者是"通过表象活动来映射宇宙的镜子"。根据海德格尔的介绍我们可知，莱布尼茨的"镜子"绝对不是日常生活中的镜子，现实中的镜子和其映射的世界是隔离且异质的，而单子蕴涵的"表象中的行为"就是其映射的"存有自身"。这是为什么拉康要在《精神分析的关键性问题》讨论班中，将能指定义成"知识的存有"，它不仅对应于"真理的存有"（客体 a），更重要的是，拉康想表明这两个概念是从存有分化出来的，它们之间不存在本质性的差异。

最后，第四个镜子理论和之前的三个理论都不同。第一个镜子理论（镜像阶段）中，"镜子"似乎指的是语言；而在第二个和第三个镜子理论中，大它的功能是镜子；现在，镜子却是能指，并且能指不是普通的镜子，这是一面让实在之物处于其中的镜子。

第十二章
小二度——矛盾重重的理论

虽然我们认为，拉康在其教学的一开始（1953 年）就已经完成其理论的构建，但这无法否定一个事实，即他的理论中有一些无法回避的矛盾：既有一些重要观点前后不一致，也涉及对其参考理论的曲解。这导致拉康思想并不是一个严密且一致的理论体系，加上他本人常常有意误导听众，更是令其理论严谨性的问题雪上加霜。

在本章中，我们将把拉康在 1959—1973 年之间的一些重要的矛盾观点展示出来，让读者意识到这些观点的不一致，以免在学习和研究过程中掉入陷阱。

一　能指的形式化

作为拉康最重要的术语之一，"能指"贯穿其整个教学，但其形式化却是开始于拉康第九年的教学——1961—1962 年《认同》讨论班，这一年的教学开启了整个 20 世纪 60 年代的逻辑学和数学的理论构建。在弗雷格的概念文字框架下，能指被考虑成专名，随后被形式化为数字 1。

在 20 世纪 60 年代早期的拉康思想中，能指的结构是重复，而重复得以产生，一方面是因为能指和自身的差异，另一方面是因为其所指的未知导致能指指示功能的失效，只能交托给下一个能指来执行此功能。同时，重复表达了同一性和差异性：前者意味着所有能指拥有同一种形式，而后者标记了每个能指的独特性。为了抽象地表达这个重复，拉康选择了数字 1 作为能指的形式。

　　根据常识，上述观点是可以接受的，因为在日常生活中，人们就是用 1 作为单位来指示和计算不同的物体：每个**不同类**的物体都是一个单位、一个 1，比如，一只猫和一只狗；而**同一类**中的每个物体也是一个 1，比如，每个苹果都可以被 1 标记。然而，我们必须牢记一件事：拉康在形式化能指时，其理论建立在弗雷格的概念文字的基础之上，所以，当人们在考察和试图理解拉康的这些观点之时，一定不能忽略其理论背景。

　　我们在此提出的问题是：将能指形式化为 1，此观点是否遵循概念文字的规定？

　　首先，我们必须看看数在弗雷格逻辑学中的地位。在日常生活中，1 表达的是一个独立体或者整体，因此数字 1 可以被运用于任何物体，从而使得被 1 所标记的物体可以被纳入计算。然而，人们会立即遇到问题：计算涉及的不仅仅是作为单位（这意味着同一性）的个体，还涉及差异性，但在加法算式 1＋1＋1＋1＋1 中，人们并不能在数字层面看到此差异。因此，数学家威廉·史丹利·杰芬斯发明了一个公式来同时表达同一性和差异性：

$$1' + 1'' + 1''' + 1'''' + 1''''' \; ①$$

　　在这个公式中，每个 1 都被标记而变得彼此不同，借此数学家希望

---

① 弗雷格：《算术基础》，第 54 页。

实现代数和经验世界的完美对应。事实上，能指重复的公式 [（S，S′，S″，S‴）① 或（S₁，S₂，S₃）②] 就类似于上述的数学公式。但弗雷格本人严厉批评了这个表达式。对他来说，同一性和差异性并不能共存于数字 1 或者任何一个记号中。他说：

$$1',\ 1'',\ 1''',\ ...$$

　　这些符号生动地表达了下面这种窘境：我们必须有相等；因此必须有 1；我们必须有差异；因此必须有小撇，不过遗憾的是，这些小撇又扬弃了相等。③

　　因此为了避免混淆，弗雷格坚持在"单位"和"一"之间保持严格的区分，对他来说，数字 1 指示着科学研究中**唯一**的对象："没有不同的数一，而是只有一个。"④ 在这个意义上，弗雷格肯定反对以下事实，即人们用 1 来标记一个物体以便计算它：

　　如果想用不同的事物取代总是相同的一，那么即使是用十分相似的符号，也会取消算术；这些符号甚至不可能是毫无错误地相同的。⑤

　　如果我们用 1 表示每个被计数对象，这就是错误的，因为不同的东西得到了相同的符号。如果我们为 1 加上区别的笔画，它对于

① Jacques Lacan, *Le Séminaire*, *L'identification*, séance du 6 décembre 1961, inédit.
② Jacques Lacan, *Le Séminaire*, *livre XVI*, *D'un Autre à l'autre*（1968—1969）, p. 311.
③ 弗雷格：《算术基础》，第 55 页。
④ 同上书，第 56 页。
⑤ 同上。

算术就成了无法应用的。①

最终，在弗雷格逻辑学中，人们仅仅能在概念层面发现数，即"数是某个概念的基数"。根据定义，数字 1 是"属于'与 0 相等'这个概念的基数"。②

在确定了弗雷格关于数以及数字 1 的观点后，我们看看拉康在形式化能指的时候，是如何在参考弗雷格逻辑学的同时又违背其原则的。

我们在第四章中论证了拉康思想和弗雷格逻辑学之间紧密的关系：拉康的主体不是当代哲学中的"自我"，即在施动者意义上的主体，而是分裂在施动者（逻辑主体）和语法主语之间的、被双倍化的主体。并且，拉康不仅仅用弗雷格的概念文字构建了他的第一个理论模型，还参考此逻辑框架来解读了亚里士多德的三段论。

关于能指，我们已经指出，拉康话语中的能指 / 所指公式不应该被置于索绪尔的语言学框架下考虑，而是应该放在概念文字中：它们分别对应着"专名"和"客体"这两个弗雷格的术语③。

不过，拉康虽然了解弗雷格的立场，却坚持将能指数字化，这并不符合弗雷格逻辑学的原则。对弗雷格来说，1 仅仅在"与 0 相等"这个概念的层面被考虑，换句话说，1 是这个概念的基数，它指示着，在这个概念中只有唯一的一个客体 0；但根据拉康的定义，能指 1 出现在作为空概念的大它中，但后者的基数是 0。如果简单参照弗雷格思想来阅

---

① 弗雷格：《算术基础》，第 57—58 页。
② 同上，第 96 页。在法语版中，1 非常清楚地被定义为"属于某个概念的**基数**"，而在中文版中，1 仅仅是"属于某个概念的**数**"，相比法语版来说，中文版没有这么准确，因此我们参考了法文版。
③ Jacques Lacan, *Le Séminaire*, *L'identification*, séance du 10 janvier 1962, inédit.

读拉康，读者必定对拉康思想产生巨大误解。

在第三个理论模型中，拉康借助集合论不仅继续将能指形式化，还实现了能指的重复模式，但此能指模式同样没有遵循集合论的原则。

相对于概念文字来说，数在集合论中是一般性的存在。根据集合论的规定，在任意一个集合中，每个元素都是独一无二的，因此在同一集合内不存在两个等同的元素。那么，如果一个元素重复，则这个重复是无效的，因为所有重复的元素只被看成是一个。为了保证能指重复的有效性，又同时遵循集合论的规定，拉康利用空集的重复，将这些 1 安置在一个有等级的结构中，其中每个 1 的地位因此不同。

能指的**等级结构**第一次出现在 1964 年《精神分析的四个基本概念》讨论班中，拉康用数学公式简要地表达了这个等级结构：

$$1+ （1+ （1+ （1+ （\cdots） ） ） ）^{①}$$

而在 1968—1969 年《从一个大它到另一个》讨论班中，拉康将这个结构用以下图示来表达。此图示强调了一个事实，即空集的不断重复是数字 1 重复的原因。

然而，如果我们对集合论中"数字 1 的诞生"的观点有所了解，就

---

① Jacques Lacan, *Le Séminaire*, *livre XI*, *Les quatre concepts fondamentaux de la psychanalyse*（1964）, p. 251.

② Jacques Lacan, *Le Séminaire*, *livre XVI*, *D'un Autre à l'autre*（1968—1969）, p. 378—380.

会发现，此观点和拉康上述的模型是完全不同的。

集合是数学的语言，而数学首先是研究数的，所以必须用集合为数下定义。人们最初认识的是自然数，它有着非常简单的性质："以 0 为起点，以 1 为步长，依次排列"，所有自然数的运算都可以建立在这个简单的模型上。根据公理集合论 [①]，自然数可能有很多种定义方式，但最严格融洽的一种应该是建立在集合论基础之上的。在集合论的观点下，一切数学对象都是集合（事实上都是空集构造出来的），包括自然数。皮亚诺公理系统就为自然数建立了一个很好的模型，这里我们只介绍冯·诺伊曼用集合为自然数下的定义：首先用空集（$\varnothing$）定义 0、用 $\{\varnothing\}$ 定义 1；需要强调的是，自然数有两个本质属性：一个是数量，一个是顺序，所以 2 既要体现它的大小，又要体现它与 0、1 的关系，所以 2 是 $\{\varnothing, \{\varnothing\}\}$。所以，对于任一自然数，冯·诺伊曼给出了如下巧妙的定义：$0 = \varnothing$，$n + 1 = \{0, 1, 2, n\}$。

对比以上集合论对数的定义，特别是对 0 和 1 之间关系的定义，人们可以发现，在集合论中 0 **并不产生** 1，空集中也 **不产生** 任何东西。相反，数学家们是用 0 **构造** 1。这和拉康理论模型中所表达的内容完全不一样。

二 大它的定义

能指的形式化问题自然会引出另一个问题，即大它的定义。拉康在不同的理论模型中，给大它下了三个不同的定义，而这些定义看似相同却又有差异。在这一节中，我们将分别考察这些定义，并思考它们的合理性。

在 20 世纪 60 年代初，拉康仅仅对大它给出了一个并不清晰的描

---

① https://baike.baidu.com/item/%E5%85%AC%E7%90%86%E9%9B%86%E5%90%88%E8%AE%BA/3334041?fr=aladdin.

述，即"大它是能指的地点"或"语言的宝库"。人们只能根据其教学来推断这句话的含义：在1961—1962年的教学中，拉康引入弗雷格的概念文字，并根据其原则将能指定义为专名，而在弗雷格的术语中，专名所处的地点必然是概念。也就是说，大它是弗雷格逻辑学中的概念（谓词命题）。

直到1968年，在《从一个大它到另一个》讨论班中，这个推论才得以被证实。在1968年12月11日的教学中，拉康为了给大它一个形式化的定义，而分析了"我"的功能和语法结构。他指出，语法的主语仅仅是一个地点，"在那里，某物将再现"[①]，然后大它被定义为一个函数 $R(x)=R: x \notin x$，主体则被定义为变量[②]。此定义不仅仅对应空概念的定义"与自身不相等"，也符合弗雷格在《概念文字》一文中的观点：概念等价于函数，而客体扮演变量的角色［在拉康思想中，是专名（能指）扮演变量的角色］。

如果大它是概念文字中的空概念，我们会立即遇到一个矛盾：按照定义，空概念中是不包含任何客体的，但在拉康思想中，主体偏偏登陆其中。在1961—1962年的理论模型（圆环图和皮尔斯图）中，我们可以看到：

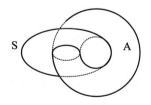

在任一时刻，大它的环中都有一个能指，也就是说，大它并不是空的，

① Jacques Lacan, *Le Séminaire*, *livre XVI*, *D'un Autre à l'autre*（1968—1969），p. 83.
② Ibid.

它是"只包含一个客体的概念"。根据弗雷格在《概念文字》中的论述，空概念和"只包含一个客体"的概念是根本不同的概念。所以，拉康一方面将大它定义为空概念，另一方面又在其中安置能指，此举完全违背了弗雷格逻辑学的规定。

　　事实上，大它的这个数学定义 R（x）= R：x∉x 来自罗素悖论中集合的定义：大它的描述性定义"x 不属于自身"① 对应于罗素悖论中的集合定义"（集合）不属于自身"。不仅如此，拉康在此尝试着将弗雷格的空概念等同于罗素悖论中的集合，因为空概念的定义"与自身不相等"在形式上类似于"不属于自身"的定义。拉康此举的目的便是构建第三个理论模型中的第二个子模型。

　　拉康并不满足于将弗雷格的空概念和罗素悖论中的集合整合在一起，他的最终目标是将空概念等同于空集。在 1969 年 6 月 11 日的教学中，大它以空集的形式出现。

	定　义
空概念	与自身不相等
罗素悖论中的集合	不属于自身 / $y = \{x \mid x \notin x\}$
空集	$B = \{x \in A \mid x \notin x\}$

　　通过以上对比可以发现，这三个概念的定义是类似的，并且能指根据其定义"不指示自身"，都满足这三个概念。然而，类似并不意味着相同，这里有一个关键性的差异：罗素悖论涉及的是集合之间的关系，而概念文字和集合论中涉及的都是"个体"（客体 / 元素）和"整体"（概念 / 集合）之间的关系。

　　从另一个角度来说，空概念、空集和罗素悖论中的集合是本质上完

---

① 　Jacques Lacan, *Le Séminaire*, *livre XVI*, *D'un Autre à l'autre*（1968—1969）, p. 83.

全不同的概念：前两者是**有限**的，后者是**无限**的。

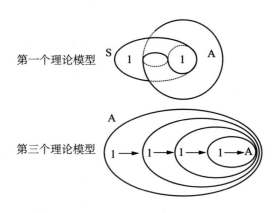

两种概念分别属于第一个理论模型和第三个理论模型，从以上图示中可以更清楚地看到它们之间的差异：在第一个理论模型中，在任意时刻，作为概念的大它之中**只有**一个客体，因此，大它是一个**有限**的概念；而在第三个理论模型中，能指在空集的重复下不断产生，并在大它中堆积，直至**无穷**，所以，此时的大它是一个**无限**的概念。这导致两个理论模型中大它的性质完全不同。

不仅如此，拉康借由罗素悖论中的集合和空集在定义**形式上的类似**来定义大它，但这两个集合的**功能**完全不同，它们共存于一个概念中会导致理论上出现重大问题：根据上图可知，大它有两个功能，一个是包含自身，这是依赖罗素悖论中的集合的性质，另一个则是产生能指，这是拉康根据空集定义而设置的性质；这两个完全不同的功能全部由大它来承担和执行，这在理论上是不可接受的。为了避免这个问题，在第六个理论模型中，空集的功能由客体 a 来承担。

最后，我们还要强调一个事实，即随着大它定义的变化，能指的性质也将会被修改，而这意味着理论的演变。

在拉康思想中，"能指"这个术语主要拥有四个形式：

（1）由于其来自索绪尔的语言学，拉康在谈论能指的时候，偶尔会将其看作"音素"，即能指的原初形式。

（2）当拉康在概念文字的框架下使用此术语时，能指不仅仅拥有了一个全新的形式，即书写，其功能也发生了变化：能指不再是音响形象，而是客体的专名。

（3）随后，能指被形式化为数字1，它诞生在空集中；进一步，当大它被定义为函数的时候，能指又变成了变量。

（4）最终，在罗素悖论的背景下，能指被视为不属于自身的集合。

请考虑以下三个对子：专名-概念，元素-空集，变量-函数。这三个类似的对子中涉及的两个术语都不是同类。但在罗素悖论中，对子中的两个术语都是集合，如果按照此结构，能指和大它应该是同类。这个观点无论如何都不能接受。所以拉康在第三个和第六个理论模型中始终闭口不提"能指的性质"这一话题。

三　第一个理论模型中的一些问题

在《认同》讨论班中，拉康参考概念文字而构建了其第一个理论模型，并用圆环图和全称肯定命题的图示表达了主体和大它之间的动力学。我们之前论述过，这两个图示在结构上是对应的。

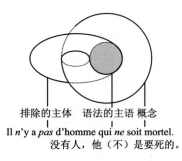

排除的主体　语法的主语　概念

Il *n'*y a *pas* d'homme qui *ne* soit mortel.
没有人，他（不）是要死的。

但两者之间还是存在着一些差异。弗雷格逻辑学是一个**三元结构**：概念、客体和专名。三者缺一不可。但在上面两个图示中，人们可以看到，主体进入大它是一个连续的过程，也就是说，这两个图示其实是**二元结构**，并且在两个图示中分别缺失了不同的术语：在圆环图中，我们找不到术语"客体"，而全称肯定命题中不包含"专名"。接下来我们详细考察这两个缺失。

拉康的全称肯定命题是以弗雷格的视角修改亚里士多德的三段论而产生的：遵照概念文字的规定，拉康将三段论中的三个命题压缩到一个命题中。我们看看此过程是如何发生的。

> 所有人是要死的；
>
> 苏格拉底是人；
>
> 苏格拉底是要死的。

以上是亚里士多德的本质三段论，它表达了"人""要死的"和"苏格拉底"这三个术语之间的同一性。如果我们要按照弗雷格逻辑学来解读此三段论，原本术语之间的关系将变成客体-概念和客体-专名之间的关系。在概念文字的框架下，三段论中的每一个命题都分别向我们描述了一个事件：

> 大前提：存在着一些客体"人"，它们满足概念"要死的"的定义；
>
> 小前提：一个客体"人"获得了其专名"苏格拉底"；
>
> 结论：这个客体携带着其专名"苏格拉底"进入概念"要死的"中，补全了后者。

　　拉康将以上三个命题缩减成了"没有人，他（不）是要死的。"（Il n'y a *pas* d'homme qui *ne* soit mortel.），很明显，拉康是参照概念文字才使之得以实现：将语法的主语和谓词命题（概念）区分开，并将主体看成相对独立的维度——它能够自由进出谓词命题。然而，在拉康构造命题结构的过程中，原本小前提中的命名被取消了，也就是说，客体"人"直接进入谓词命题中，并没有携带其专名。

　　而在圆环图中呈现的是另一个问题：在"一元划线"和数字 1 的形式下，化身为能指的主体自由地进出大它的领域，而在螺旋线或者 1 的连续性中，术语"客体"被抹去了。

　　直到交叉帽图示中，客体 a 才出现：它是能指切口的产物，因此客体 a 被定义为丧失 ①。不过，在弗雷格逻辑学中，客体绝对不是产物，它也不是丧失。

　　最后，在圆环图中还存在着另一个理论上的困难："主体之环"上的这些螺旋线（–1）是有问题的。

　　在拉康思想中，数字 1 是赋予给能指的专属形式。关于能指的诞生地，在第一个理论模型中，毫无疑问是大它，这意味着能指是符号的产物。这意味着无论如何人们不能称呼那些大它之外的螺旋线为 1 或 –1，因为此时主体并没有被命名。拉康本人意识到了这个问题。关于"主体之环"，他说：

---

① 　Jacques Lacan, *Le Séminaire*, *L'identification*, séance du 6 juin 1962, inédit.

　　对于刚才我跟你们所说的东西，我不需要强调以下事实，即在主体知道计算之前，这已经运转了。总之，没有任何东西指出，需要计算主体重复的环，因为它重复但并不自知。[①]

　　既然"主体之环"展示的是被排除的主体，即实在，按照一般的观点，实在是绝对不可知的范畴，它既不可言说也不可表象，为什么拉康偏要坚持将其形象化为螺旋线，并将这些螺旋线命名为 −1 呢？这绝对是一个重要的理论问题，而拉康并没有就此问题给出答案。

　　总之，圆环图和全称肯定命题只能表达二元关系，这满足不了概念文字对三元结构的要求，于是它们随后被抛弃了。

四　0 与 1

　　在第七章中我们介绍过，0 和 1 这两个数最早在 1964—1965 年《精神分析的关键性问题》讨论班中出现，随后它们在第六个理论模型中扮演了重要角色：1 仍然指的是能指，0 则指示客体 a。而随着能指和客体 a 被数字化，两个概念之间的关系发生了根本性的变化。

　　关于"数是什么？"这个问题，不同的学说或者学派有自己独到的观点，因此，要澄清拉康对数的观点，必须要找到其理论来源。在 1964—1965 年的教学中，拉康正式谈论了概念文字，并指出自己关于 0 和 1 的观点就是来自弗雷格的理论，但实际上，如果我们对比拉康和弗雷格关于数的陈述会立即发现，两者的观点有很大差别。为了澄清拉康

──────────

① 　Jacques Lacan, *Le Séminaire*, *L'identification*, séance du 7 mars 1962, inédit.

思想中围绕着 0 和 1 的观点，我们将首先介绍弗雷格对于数的看法，然后再看看拉康如何陈述这两个数之间的关系，从而探讨他的观点究竟来自哪个学说。

1　弗雷格思想中的数

相对于其他大部分数学和逻辑学的学说，在弗雷格思想中，数有着特殊的地位。

按照通俗的看法，人们获得一个数，如同"从事物抽象出颜色、重量、硬度的方式抽象出来"[1]，并且，人们能够用同一个数来列数不同的事物。进一步，算术的计算可以应用于现实世界，这便是物理学的基础。

另外，在集合论和数论中，数成了这些学科纯粹的对象，它和现实世界再无关系，数学家们仅仅考察数与数之间的关系。

因此，关于数，形成了两个对立的阵营：一个阵营强调数和日常经验的紧密关系，而另一个阵营强调其纯粹性，即数和现实世界的分离。

面对这两种对立的立场，弗雷格并不支持任何一方，他有自己独特的观点。对他来说，数不是对事物抽象的结果，数也不是事物的属性。弗雷格认为，数有自己客观和实在的存在，即它不依赖于人的思想而持续存在："数不是物理的东西，但也不是主观的东西，不是表象。"[2]

然后，和代数学相反，在弗雷格思想中，数不参与计算，因为对他来说，每个数都是独立的存在，它们不是产生于计算："数不是通

---

① 弗雷格：《算术基础》，第 64 页。
② 同上。

过把一事物添加到另一事物上而形成的。即使在每次添加之后给予命名，也不会改变任何东西。"[1] 因此，弗雷格对数的观点类似于柏拉图的"理念"。

弗雷格认为，数特别地和概念（谓词命题）有关系，他指出，仅仅在概念层面，人们能够谈论数，即数指示了此概念包含了多少个客体。[2] 通过概念，数建立起了和经验世界的联系。

因此当人们谈论弗雷格思想中的数时，它总是涉及概念和其客体，并且，在不同的数之间没有任何关系。

2　能指和客体 a 的数字化

在 20 世纪 60 年代逻辑学教学的一开始，拉康就将能指数字化为 1，但对于数字化的理由，拉康并没有做出任何说明。直到《精神分析的关键性问题》讨论班，拉康才解释道，这个观点来自弗雷格逻辑学。并且，从这一年的教学开始，不仅仅能指，客体 a 也被数字化。

在拉康自己给出解释之前，雅克-阿兰·米勒在 1965 年 2 月 24 日的讨论班上做了一次名为《缝合：能指逻辑的诸元素》的报告。在此次报告中，米勒详细解释了弗雷格关于数的观点，并总结了弗雷格关于概念、客体和数的理论。接下来，我们将介绍米勒是如何阐述弗雷格思想的，但请读者注意，他所说的并不是弗雷格的观点。

首先，米勒谈论起"数是被产生的"的观点：

现在，1 诞生于数字 0 所变成的概念和客体中……这就是为什

---

[1]　弗雷格：《算术基础》，第 65 页。
[2]　同上书，第 67 页。

么，一旦人们产生了数字 0，就会获得第一个客体。①

对于米勒而言，0 是被产生的，并且它决定了 1 的诞生：

> 那么，人们给出概念"和数字 0 的概念相等"。在那时，落入
> "和数字 0 的概念相等"这个概念之下的客体，是数字 0 这个客体。
> （0 是这个概念的客体。在那里，产生了 1。）
> ……我们有"数字 0 这个概念"，那么数字 0 变成了客体，为了
> 最终产生数字 1。②

照此观点，0 的不断出现导致 1 随之陆续产生，这使得自然数序列
持续地增加：

> 在自然数序列中，0 算入 1。即，这里有 0，0 算入 1。这就是
> 数列产生的基本公式……0 出现，它变成 1，固着于后续的数，虽
> 然后者已经消失。③

最终，1 成了 0 的代表，而 0 则被定义为一个错失：

> 因此 1 应该被看作 0 在真理之域冒起的原初符号，而符号 + 如
> 同"侵犯"的记号，通过它，0 将被 1 所代表，1 是必然产生的表

---

① Jacques Lacan, *Le Séminaire*, *Problèmes cruciaux pour la psychanalyse*, séance du 24 février 1965, inédit.

② Ibid.

③ Ibid.

象，如同意义的效果一般，也是后继的数的名字。

数列中的重复由以下事实支撑，即 0 超越水平轴，它在其代表 1 的形式下，跨越真理之域，而纵轴中，其代表 1 仅仅代替其缺席。①

很显然，米勒所说的并不是弗雷格的观点。首先，对弗雷格而言，1 绝对不是产生于 0。其次，在弗雷格逻辑学中，每个数都是独立存在的，相互之间没有任何关系。因此 0 就是 0 本身，它不会也不可能算入 1。最后，在弗雷格逻辑学中，1 更不可能是 0 的符号或者代表。

虽然米勒所介绍的并非弗雷格的观点，不过令人吃惊的是拉康并没有批评他的观点，相反，在接下来的教学中，拉康本人也表达了类似的观点，并且他明确地表示，能指和客体 a 的数字化来自弗雷格逻辑学，而自己持有弗雷格的立场：

弗雷格必然被引导从这个概念的补充、支撑出发，这个概念的数是 0，为了让 1 从其中冒起，这个同样是不可平息的 1，它总是消失，是为了在其重复中添加在自身之上。②

至于为何要将客体 a 数字化为 0，拉康解释道：

① Jacques Lacan, *Le Séminaire*, *Problèmes cruciaux pour la psychanalyse*, séance du 24 février 1965, inédit.
② Ibid., séance du 3 mars 1965, inédit.

一个剩余物，它显示出，在 0 出现的逻辑水平上，主体的经验让这个我们称为客体 a 的某物出现，此客体通过它独一无二的在场，修改并让这个客体力比多关系、被定性为对象化选择的所有可能的经济学倾斜和改道。①

最后，1 诞生的地点被正式定义为 0：

1 对于我们来说是一个数字，就弗雷格的辩证法允许它从 0 中出来而言，通过我们称为"主体的缝合"的道路实现。②

我们在此提出的问题是：在概念文字的框架下，是否能够将能指和客体 a 分别数字化为 1 和 0？为了回答这个问题，我们必须再次确认弗雷格是如何定义 0 和 1 的。

在概念文字中，0 和 1 的定义是非常清楚的：

0 是适合"与自身不相等"这个概念的这个数。③
1 是属于"与 0 相等"这个概念的这个数。④

这里有两点值得注意。第一，"数"和"概念"在弗雷格思想中绝对不是相等的，而是通过后者我们可以理解前者。准确来说，一个数是

---

① Jacques Lacan，*Le Séminaire*，*Problèmes cruciaux pour la psychanalyse*，séance du 3 mars 1965，inédit.

② Ibid.，séance du 9 juin 1965，inédit.

③ 弗雷格：《算术基础》，第 92 页。

④ 同上书，第 96 页。

某个概念的基数，它指示了在此概念中有多少个客体。那么，跟随弗雷格的思路，我们不能说 0 **是**或者**代表**了空概念，或者说 1 **是**或者**代表**了只包含一个客体的概念。

第二点涉及 0 的多重位置。在以上的两个定义中，0 都有出现：一方面，0 是空概念的基数，另一方面它是基数为 1 的概念所包含的唯一客体。绝对不能混淆这两个位置：前者是在概念的水平上，后者是在概念中。严格来说，在弗雷格逻辑学中，数不应该是任何概念的客体，而应该仅仅是其基数。但因为未知的原因（可能是方便定义只包含一个客体的概念），弗雷格将 0 作为唯一的客体安置在概念中。

另外，关于 0 和 1 的关系，弗雷格的陈述没有任何歧义："1 在自然数序列中紧跟 0。"[1] "紧跟"一词并不蕴涵任何因果性，它仅仅指示空间上的邻近性。

从 1965 年 3 月 3 日的教学开始，0 和 1 作为对子开始出现在拉康的话语中，并且他本人还不断地强调，他关于这两个数字的观点来自弗雷格的思想。显然，拉康不仅仅没有遵循概念文字的规定，他还修改了弗雷格的陈述。接下来我们具体看看他是如何修改的。

我们之前引用了拉康的观点：1 从基数为 0 的空概念中冒起。对比能指的定义"不指示自身"和空概念的定义"与自身不相等"后可以发现，拉康从一开始如此构建能指的定义，就是为了将其放置在弗雷格的空概念之中，并且根据定义，能指注定要被抽象和形式化，因为经验中的任何具体事物都不满足此定义。

另一方面，0 对于拉康来说指示着一个**空结构**：

---

[1]　弗雷格：《算术基础》，第 96 页。

主体如同 0 一样创立和被支撑，0 缺乏被填满……①

拉康明确指出，0 应该在逻辑的水平上被考虑，并且由于能指 1 诞生于 0 之中，我们能够肯定，0（客体 a）就是弗雷格逻辑学中的空概念。按照概念文字的原则，因为空概念的基数是 0，所以它和 0 是相关的，但两者绝对不是相等甚至互换的关系，更不能认为空概念中可以产生任何东西。

那么，拉康的这个观点究竟来自哪里呢？我们并不清楚。因为在集合论中，虽然根据公理集合论，0 = 空集，但数学家们并没有说，1 产生于 0（空集）中，相反，1 = {∅}，也就是说，0 参与对 1 的构建，0 和 1 之间不存在任何因果性。我们并不知道拉康是如何得出上述观点的。

最后，随着能指的诞生地被定位在客体 a 中，大它的地位变得很尴尬，我们会在接下来的一节中讨论这个问题。

3　能指的诞生地

在其教学的一开始（1953 年），拉康就给了"大它"这个术语一个明确的定义：能指的宝库或地点。但这个定义并未告诉我们能指诞生在何处，它仅仅说明，大它必须被考虑成能指登陆的地点。

直到 1961—1962 年《认同》讨论班，在详细考察拉康的论述和理论模型之后，我们才能下论断，"大它"是弗雷格逻辑学中的概念或谓词命题，后者给能指下定义，换句话说，大它是能指的诞生地。

---

① Jacques Lacan，*Le Séminaire*，*Problèmes cruciaux pour la psychanalyse*，séance du 3 mars 1965，inédit.

稍后，在 1968—1969 年《从一个大它到另一个》讨论班中，拉康将大它分别等同于罗素悖论中的集合和空集，而能指的定义（"不指示自身"）满足这两个集合的定义（"x 不属于自身"和"R（x）= R：x∉x"）。对比这些定义可知，确实是大它让能指在自身之中冒起。

然而另一方面，从 1964—1965 年《精神分析的关键性问题》讨论班开始，一个相反的观点出现在教学中：能指 1 从 0 中出来。我们已经论证过，拉康此时将客体 a 数字化为 0。在之后的 1971—1972 年《……或者更糟糕》讨论班中，拉康坚持"能指（1）从客体 a（0）中诞生"的观点，并且客体 a 取代了大它之前的一个功能，从此以后它被定义为空集。

总之，随着理论的发展，能指的诞生地从一开始的大它转移到了客体 a，而这个转移产生了几个后果。

第一个后果是"能指-所指"结构的取消。虽然术语"能指"来自索绪尔语言学，但在第一个理论模型中，"能指 / 所指"的结构是放在弗雷格逻辑学中被解读的，因此这个结构实际上指示的是"专名 / 客体"的对子，而两者之间是代表的关系。但当客体 a 变成概念或者集合并能产生能指的时候，它和能指的关系被彻底改变了：能指作为客体 a 的产物，其专名的功能被取消，并且它们之间不再是代表的关系，而是因果关系。

进一步，我们需要考察两个公式：

$$\frac{S}{s} \longrightarrow S' \qquad\qquad \frac{1}{0} - 1 - 1^n$$

这两个公式都出现在《精神分析的关键性问题》讨论班中，分别表达的是"能指的换喻"和"1 的重复"，它们非常相似但本质性地不同：$\frac{S}{s}$ 实际上表达的是**概念文字**中"专名-客体"的代表关系（第一个理论模型），但$\frac{1}{0}$是建立在**集合论**中的因果关系（第三个理论模型）。

　　事实上，0 和 1 的关系不应该用分数形式来表达，因为如果我们仔细考察第三个理论模型（下图），我们会发现此分数形式的一些问题：

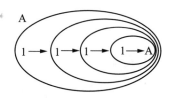

　　从上图中可知，每个 1 都诞生在客体 a（空集）**之内**，但随着下一个空集的出现，能指 1 又在其**之外**。这样一个类似于俄罗斯套娃的结构向我们展示的是能指的层级结构之间的同一性，此结构不能被公式$\frac{1}{0}-1-1^{n}$所表现，而是应该用拉康在 1964 年教学中使用的 1 +（1 +（1 +（1 +（…）)))) 来表达。

　　以上模型引出了第二个问题：能指的归属。在第一个理论模型中，能指的归属是非常清楚的：能指既然产生于大它，自然也属于大它。但在第三个理论模型中，拉康将弗雷格逻辑学、罗素悖论和集合论整合在一起，这导致我们无法判定能指的归属。

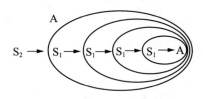

　　上图清楚地表明，此时拉康将"大它"同时定义为罗素悖论中的集合和空集，其目的是让大它既产生能指（S_1）又包含它，既然如此，能指必然归属于大它。

但另一方面，拉康用罗素悖论来讨论 S_1 和 S_2 之间的关系，前者是（一般性的）能指，后者是所有能指的能指。根据罗素悖论，S_2 包含所有的 S_1，因此后者属于前者。这显然和之前的观点相互矛盾。

事实上，以上两个观点不仅相互矛盾，更会产生悖论：大它和 S_2 可以有相同的定义，可它们的本质完全不一样，大它始终是概念或集合，但 S_2 是能指；能指不能属于两个概念，更不用说这是两个本质上完全不同的概念，这在逻辑上是不被允许的。

第三个问题涉及客体 a 的定义和地位。在拉康整个 20 世纪 60 年代的教学中，"大它"始终按照概念文字被定义成一系列的等价术语，比如"概念""谓词命题""集合"和"函数"。即使拉康在 60 年代中后期引入了集合论和数学模型，他仍然没有修改"大它"的定义和功能。然而，随着理论背景的变换，一些术语（尤其是客体 a）定义的改变会导致理论上的一些困难。

拉康在最初构建理论的时候参考的是概念文字，这是一个三元结构的理论，其中"大它""能指"和"客体 a"分别对应着"概念"（谓词命题）、"专名"和"客体"。应该说，这是一个完美的对应，并且理论构建中也没有任何逻辑上的矛盾。但当集合论变成理论背景之后，由于其中只涉及二元结构，我们会发现，理论中竟没有任何位置留给客体 a。不过，作为拉康思想中最为重要的一个基本概念，它是不可能被抛弃的，所以，拉康通过赋予客体 a 一个新的地位而勉强将其安放在理论中。

在 1969 年 5 月 14 日的教学中，"楦"一词首次出现并被用来指称客体 a[①]：客体 a 是"大它的楦"，后者则是空集。客体 a 的功能是双重

---

① Jacques Lacan, *Le Séminaire*, *livre XVI*, *D'un Autre à l'autre* (1968—1969),
　　p. 311.

的：一方面它通过洞穿大它而赋予后者结构①，另一方面它是能指唯一的支撑②。

拉康对客体 a 的此定义很明显是有问题的。在集合论中，不存在任何类似于"楦"的表达，因为一个集合无论是否是空的，和弗雷格的"概念"一样，它的存在仅仅依赖于其**定义**。因此，空概念和空集可以不用包含任何客体或元素而存在。那么，既然大它现在被定义成空集，它并不需要一个"楦"来作为其支撑。但拉康无论如何都不能抛弃"客体 a"这个术语，于是他强行将其安放在第三个理论模型中，可这违背了集合论的规定。

在《……或者更糟糕》讨论班中，拉康通过集合论和三个"大一"构建的第六个理论模型，终于综合了第三个理论模型的两个子模型：

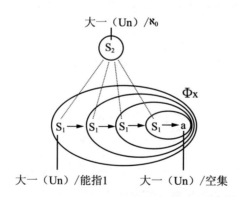

此模型看似完整，但仍然没有解决我们之前指出的能指归属的问题。为了避免第三个理论模型中的矛盾，拉康将大它定义为阳具函数（Φx），客体 a 是产生能指的空集。那么，既然客体 a 产生能指，能指自

① Jacques Lacan, *Le Séminaire*, *livre XVI*, *D'un Autre à l'autre* (1968—1969), p. 311.

② Ibid., p. 313.

然归属于它，但 Φx 在这里的作用是什么呢？Φx 自身是有定义的，它能够规定其下的客体，现在能指出现在 Φx 中，却和函数本身没有任何关系。不仅如此，按照定义，S_1 还归属于 S_2。

"能指的多重归属"这类观点在任何理论中都不可能被接受，但拉康对此却避而不谈。

除此之外，"大它"概念在第六个理论模型中还面临着严峻的形势：既然 S_2 被定义为 $\aleph_0$，这意味着大它是一个**可列数集合**，那么一切和整数的无限集合一一对应的集合均可以作为大它的模型，这将会导致两个后果：

（1）这样一来，大它的定义不再确定，它可以是自然数集、有理数集、奇数集、偶数集……以及上述集合的子集，也就是说，大它对应着无数的无限集合，这导致其稳定性不复存在，而这和拉康对此概念最初的设定——恒定性和稳定性——背道而驰。

（2）拉康似乎注意到了以上矛盾，所以他在这一年教学中按照概念文字将大它定义为**函数 Φ**，可是被定义为 $\aleph_0$ 的 S_2 使得大它必定是一个**可列数集合**，两者来自不同的理论学说且彼此不兼容。拉康对此闭口不谈。

五　"实在"概念的矛盾定义

"实在"（Réel）是拉康思想的基本概念之一，它和"符号"（Symbolique）、"想象"（Imaginaire）构成了三个基本范畴。虽然它如此重要，但拉康从来没有对"实在"这个概念给出过一个严格的定义，我们只能从其话语中推断出"实在"标定了"符号"的边界，即"意义的不可能性"。在第一个理论模型中，拉康区分了"实在"的两种状态，它们分别是"绝对的实在"和"符号中的实在"，并且两者分别对应于表述的主体（sujet de l'énonciation）和叙述的主语（sujet de l'énoncé）。前者是绝对的、被排除的主体，也是存有或享乐，后者处于语法主语的位置上，即客体 a。虽然实在的这两种状态不完全相同，但它们均表达了"不可能性"。

关于"不可能性"，拉康并没有正式定义此术语，人们可以通过他关于客体 a 的观点来推断其含义。在 20 世纪 60 年代的逻辑学教学中，拉康赋予客体 a 三种形式：未知的所指、丧失和剩余享乐。前两种形式表达的正是"无法指称"的含义，第三种形式揭示了客体 a 和享乐之间的联系，而后者是被排除在符号之外的不可认识和想象之物。所以，"不可能性"应该意味着不可言说性或者不可符号化。然而，拉康有时却违背自己对"实在"所下的此定义。

我们首先来看看拉康对"符号中的实在"即客体 a 的一些定义。他选择了虚数 $\sqrt{-1}$ 来定义客体 a，从虚数的历史来看，拉康此举有其理由。

卡尔达诺于 1545 年首次以负数平方根 $\sqrt{-15}$ 的形式揭示了虚数。稍后，1777 年在大数学家欧拉的笔下，$b\sqrt{-1}$ 变成了 ib。但因为虚数违反了代数的规定，所以它一直以来都被数学家们所拒绝，他们称其为"诡辩的"或"不可能"，后来它被称为"想象的"，中文的"虚数"一词就是翻译自"想象之数"（nombre imaginaire）。

虚数的历史向我们表明，它符合拉康对于"符号中的实在"的定义：这个数产生于符号的计算，却因为不能归列到已有的数中而遭到符号系统的拒绝和否定。

从《认同》到《……或者更糟糕》讨论班，拉康一直都坚持将客体 a 定义为 $\sqrt{-1}$。

在 1962 年 1 月 10 日教学的尾声，$\sqrt{-1}$ 被纳入与能指 1 的计算中，拉康明确指出，$\sqrt{-1}$展示了主体在命名之前的状态：

> 第一个是 i + 1，这是谜之点，在那里，我们自问，为了表示这个命名之前的主体的内涵，我们应该赋予 i 哪个价值。[①]

在接下来的那次教学中，拉康一上来就宣称，$\sqrt{-1}$支撑着主体。[②] 在"专名/客体"的框架下，主体以能指（专名）显现，支撑主体的自然就是客体（a）了。

稍后，在 1967 年，客体 a 已经被正式确认为虚数：

> a，如果要用两种相反的方式来规定它，即加上某物和减去某物，a 来自 2，它等于 i。[③]

在 1972 年，拉康谈及了虚数在数学史中的重要地位。他指出，$\sqrt{-1}$同时具有实在和符号的性质，这正是连接实在和符号这两个范畴的客体 a 的定义。

> $\sqrt{-1}$是想象的，如同随后证明的那样，因为复数从那里出发，这是在数学中最有用且最丰富的事物之一。总之，它越是遭到"大一"即整数的反对，它越是证明了，在数学中，实在正是产生于不可能性。[④]

---

① Jacques Lacan, *Le Séminaire*, *L'identification*, séance du 10 janvier 1962, inédit.

② Ibid., séance du 17 janvier 1962, inédit.

③ Jacques Lacan, *Le Séminaire*, *La logique du fantasme*, séance 12 avril 1967, inédit.

④ Jacques Lacan, *Le Séminaire*, *livre XIX*, *... ou pire* (1971—1972), p. 201.

　　然而，如果人们参考虚数自 17 世纪开始的历史会发现，不能将虚数和"实在"概念相提并论。法国数学家达朗贝尔在 1747 年指出，如果按照多项式的四则运算规则对虚数进行运算，那么它的结果总是 a + bi 的形式（a、b 都是实数），这便是复数。在他之后，经过数学家们的不断努力，到了 18 世纪末，复数渐渐被大多数人接受，当时卡斯帕尔·韦塞尔提出复数可看作平面上的一点。数年后，高斯再次提出此观点并大力推广，复数的研究开始高速发展。①

　　由此可知，虚数是**相对**意义上的"实在"概念，从它一开始的被排斥到后来被纳入数学体系，并非它自身发生了变化，而是人们在 15—16 世纪中没有一个合适的数学工具来容纳它，一旦发明了新的工具或理论，这个概念便被数学界所接受。然而，拉康的"实在"概念是在**绝对**意义上被提出的，即无论符号体系如何演化，实在都无法被纳入其中。所以用虚数来定义实在，这违背了"实在"概念的最初设定。

　　实际上，如果人们仔细考察拉康的理论模型会发现，拉康在逻辑学教学的一开始就违背了"实在"概念中的"不可能性"含义。在《认同》讨论班的圆环图中，"主体之环"上充满了螺旋线：

　　既然实在是不可描述和不可想象的，为什么拉康坚持要用螺旋线来结构化这个范畴呢？这毫无疑问是一个悖论。

---

① https://baike.baidu.com/item/%E5%A4%8D%E6%95%B0/254365?fr = aladdin.

从《精神分析的关键性问题》讨论班开始，客体 a 被考虑成空概念和空集，"实在"概念的含义彻底被修改了。

对弗雷格来说，空概念并非不可理解，因为它有清楚的定义："与自身不相等"，而在集合论中，空集和其他集合一样具有明确的定义：$B = \{x \in A \mid x \notin x\}$。不仅如此，为了形象化地认识这个特殊的集合，数学家们将之比喻为"空袋子"，也就是说，空集还是可以想象的。另外，从其诞生之日起，空集和空概念从未被逻辑学家和数学家所否定或拒绝承认，相反，它们一直被认为是逻辑学和数学的根基。

因此，当客体 a 变成空概念和空集，它不再指示"符号的边界和无能为力"，相反，它不仅仅是符号系统的一部分，还是其基础。此观点完全颠覆了"实在"概念最初的设定。

六 能指的增殖模式中的问题

拉康使用了两个不同的模式来表达能指的增殖，它们分别来自弗雷格逻辑学和集合论。在《从一个大它到另一个》讨论班中，这两个模式被放在以下等式的两端：

$$\frac{1}{a} = 1 + a \qquad ①$$

拉康对等式的两边没有做任何解释就按照斐波那契数列构建起能指的递增和递减序列。然而，如果我们仔细考察等式两边会发现，它们绝对不是相等的。

---

① Jacques Lacan, *Le Séminaire*, *livre XVI*, *D'un Autre à l'autre*（1968—1969），
　　p. 128.

左边的 $\frac{1}{a}$ 来自弗雷格逻辑学，其中能指 1 是客体 a 的专名，而后者是未知的所指。按照弗雷格逻辑学，每个客体都携带着自己独一无二的专名，不存在专名的替换。

此观点从精神分析的角度来看是不可接受的，因为逻辑学中的稳定结构对于精神来说是死亡和惰性的结构，精神分析必然追求动力学。因此，为了搭建一个有活力的结构，必须在某种程度上修改弗雷格逻辑学：不可能增加或减少客体的数量，因为按照弗雷格逻辑学的原则，客体**量**的改变意味着概念**质**的变化，而作为概念的大它必须是稳定的，所以，只能在专名的数量上动脑筋。

正因如此，为了实现动力学，拉康借鉴索绪尔语言学中"能指-所指"的对子来理解"专名-客体"的关系：能指的换喻是源于无法指称未知的所指。

这个操作看似合理，但我们要指出的是，能指概念的理论构建中存在着一个严重的问题。我们首先对比空概念和能指的定义：

空概念：与自身不相等

能指：不指示自身

显然能指是符合弗雷格的空概念的定义的，可如果我们仔细研究弗雷格对空概念的解释，很容易看出拉康理论中的问题。弗雷格非常清楚地指出，空概念是对客体施加判断，而不是其专名：

我是这样使用"概念"一词的：

"a 处于 F 这个概念之下"

是一种可判断的内容的普遍形式，这个内容涉及一个对象 a（客体

a），并且无论用什么替代 a，这个内容依然是可判断的。而在这种
意义下，

"a 处于'与自身不相等'这个概念之下"

与

"a 与自身不相等"

或

"a 不等于 a"

是有相同意谓的。①

　　根据弗雷格本人的以上陈述，很明显，判断的内容仅仅施加在客体
之上，换句话说，是客体而不是专名符合"概念"的定义，专名在《概
念文字》中仅仅是客体的一个记号，它并没有任何定义或者特别的性
质，其功能是让这些不同的客体得以区分。然而，在拉康思想中这一切
被颠倒了过来：作为专名的能指被赋予了能够满足空概念的定义，而客
体 a 由于属于实在而无法被规定，因此它被定义为"不可判断性"。由
此可知，拉康参考概念文字构建其第一个理论模型，但他和弗雷格的理
论设定是相互颠倒的。

　　因此，奠基在概念文字之上的 $\frac{1}{a}$ 是充满问题的。另外，重要的
是，"能指的动力学"在这里表达的不是能指的增殖，而是能指的出现-
消失。

　　另一边，$1 + a$ 同样问题重重。我们首先要关注其中的加号是什么含
义。加号在这里不指加法、合取或者运算。关于这个加号，我们可以从
《精神分析的四个基本概念》中的公式 $1 + (1 + (1 + (1 + (\ldots))))$ 和《从

---

① 　弗雷格：《算术基础》，第 93—94 页。

一个大它到另一个》讨论班中的有序对结构（S→A）来推测其含义，在这两者中，加号指示"靠近"（approcher）。所以，1＋a 建立在集合论的基础之上。

不过，如果 1＋a 是有序对的抽象表达，我们立即会遇到矛盾：在1968—1969 年的教学中，有序对涉及的是能指和大它，即 S→A。我们可以将有序对的结构总结为 1＋A，而这显然和 1＋a 是截然不同的。

我们介绍过，在有序对的模型中，本来没有客体 a 的位置，拉康通过将其定义为"大它的楦"而强行将 a 安插进模型中。所以，如果我们一定要表达式表达这个模型，应该是：

$$1 + \frac{A}{a}$$

显然，以上这个式子也和 1＋a 是不同的。由此可见，如何在理论中安置客体 a 而不引起矛盾，这是拉康在《从一个大它到另一个》讨论班中没有处理好的问题。

七　主体动力学中的困难

拉康在不同的理论模型中，分别通过参考弗雷格逻辑学和集合论，构建了两个主体动力学的模式，但这两个学说本身仅仅是静态的结构，为了实现动力学，拉康对其做了些许修改，而这些修改导致了理论上的困难。

1　第一个理论模型中的动力学问题

在第一个理论模型（概念文字）中，关于主体的动力学有两种观点：

第一种是大众流行的观点，根据此观点，因为所指的不可指称造成了能指的滑动，而能指代表着主体，所以能指的换喻表达了主体的动力学。不过我们已经指出，此动力学模式在拉康的任何一个理论模型中都从未出现过，并且无论是根据弗雷格逻辑学还是集合论或数论，能指的换喻都是不成立的，因此此种观点是对拉康思想的误读。

第二种观点是，我们根据拉康文本所揭示的主体的分裂，即表述的主体和叙述的主语的二分，主体在这两个部分之间滑动，构成了主体的动力学。这种动力学在圆环图、全称肯定命题及皮尔斯图中得到图示化。

在圆环图中，拉康将主体用一个充满螺旋线的圆环来形象化地表达，而主体的分裂实际上是主体所处位置的不同——在大它之外或在大它之内——造成的：

问题是：当拉康用"论域"来定义"主体之环"的时候，这会和弗雷格逻辑学发生冲突。

在《认同》讨论班 1962 年 3 月 14 日的教学中，拉康谈到，"主体之环"上的这些重复的环，虽然其支撑是实在的小棍，但它们还没有来到主体，主体的经验必须由"论域"来构成，而这个经验假设了大它的地点。

关于"论域"，我们介绍过，这个术语指示的是"任一学科研究的客体，这些客体构成一个不空的集合"。在弗雷格的术语中，这表达了"在某一概念中所包含的客体"。

我们可以发现，"论域"一词是对客体的定义，而在拉康思想中，客体的数量只有一个，并且，此客体始终在大它之内，根本不存在由外到内又由内到外的运动。

那么，接下来人们自然会对"主体之环"上的螺旋线提问：这些螺旋线代表的究竟是什么？首先，它们绝对不是客体 a。那么它们是专名吗？也不是。专名只有在大它之内才是专名，而根据概念文字的规定，这些在外部的螺旋线应该是无法被指认的，不仅如此，在此理论框架下构建动力学也是不可能的，因为只要存在满足概念定义的客体，它（们）会一次性地被包含在其中。这显然是拉康不愿面对的情况。为了构建动力学，拉康忽略"论域"的定义并转移术语：他仅仅谈论主体的分裂，而回避讨论这到底是专名（能指）的分裂还是客体（a）的分裂。

2　集合论模型中的动力学问题

在第三个理论模型中，拉康利用罗素悖论中的集合和空集定义的相似，将两者融合起来定义大它。我们已经论证，这两个集合本质上是异质的，绝对不能将两者混淆或者等同。

罗素悖论中的集合不涉及动力学：所有不属于自身的集合在**一瞬**间被包含于一个集合中，而不是一个一个**相继**进入其中。为了从无到有地构建"能指集合"，拉康利用空集的特殊性质，并终于完成了能指增殖的模式。

大它在整个过程中扮演了两种角色：第一，包含能指；第二，产生能指。这两个角色虽然定义类似，但它们和能指的关系完全不一样。并且在产生能指的过程中，大它还包含自身。根据集合论的规定，"一个集合包含自身"是不允许的。

另外，第三个理论模型的目的在于构建能指在大它中的增殖，而如果我们仔细考察此理论模型会发现，不像第一个理论模型之下的众模型是同构的，第三个理论模型并非一个统一的整体，它包含的是两个有本质性差异的子模型，两者分别对应着罗素悖论和集合论。

关于第一个子模型，虽然拉康在 1968—1969 年教学的一开始就引入了有序对，不过他的真正意图是通过罗素悖论来阐述能指的两种位置以及这两种能指之间的关系。在 1968 年 12 月 4 日以及 12 月 11 日的教学中，拉康介绍了罗素悖论并给出了以下图示：

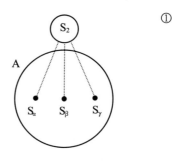

①

上图中，S_2 是大它内所有能指集合的能指。我们之前已经论证，S_2 的功能其实和大它的功能重叠，都是"包含 S_α、S_β、S_γ……"。现在我们要指出的是，根据罗素悖论构建出的这个理论模型中是不存在动力学的，并且最重要的是，大它之外的能指这个位置是**后天的**，即在所有能指被包含或者被产生**之后**才将一个能指排除，以便构成所有能指集合的能指。拉康通过图示清晰地向我们展示了这个过程：

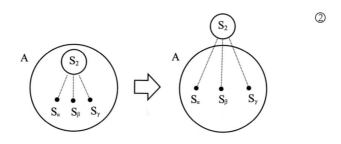

②

① Jacques Lacan, *Le Séminaire*, *livre XVI*, *D'un Autre à l'autre* (1968—1969), p. 76, p. 84.
② Ibid., p. 76. 中间的箭头是我们加的，以便读者了解其中的时序。

以上就是第三个理论模型的第一个子模型。第二个子模型直到讨论班的尾声才出现（下图）：

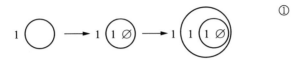

此模型是动力性的，它通过空集的不断重复产生能指。而对比这两个子模型，我们可以清楚地发现两者之间的差异：

（1）第一个子模型不是动力学模型，它展示的是两类能指（S_2 和 S_α、S_β、S_γ……）之间的关系，因此在大它之内，一字排开的能指仅仅展示其数量，不具有任何动力性，只有在第二个子模型中才出现了主体的动力学。

（2）第一个子模型中，最初存在的能指是大它内的 S_α、S_β、S_γ……指示能指总和的 S_2 是**后天**出现的，相反在第二个子模型中，这个被排除的能指从一开始就存在，它是**先天的**，并且正是因为这个被排除的能指进入大它中[2]，才开启了在大它内部产生能指的动力学。

因此，两个子模型呈现出截然相反的主体情势。

值得注意的是，拉康在讨论班一开始展示的图示（下图）并不对应任何一个子模型：

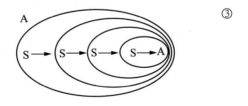

---

[1]　Jacques Lacan, *Le Séminaire*, *livre XVI*, *D'un Autre à l'autre*（1968—1969），p. 378—380.

[2]　Ibid., p. 380—381.

[3]　Ibid., p. 59.

　　拉康在1968年11月27日的教学中给出此图示（上页下图）时，他刚刚引入有序对，还没有介绍罗素悖论，更没有引入空集。从图示中可知，能指有着明显的时间性，即随着大它的重复，能指从左向右不断地产生，这应该对应于第二个子模型；但在大它之外没有任何东西，这又像是第一个子模型中S_2产生之前的状态。不过第一个子模型不涉及动力学，更不存在大它的重复，所以此图示是一个错误的图示。

　　第六个理论模型综合了第三个理论模型的两个子模型，但它没有解决本质性的问题，尤其是主体**最初的动力学**问题，而整个问题都围绕S_2和大它之间的关系。

　　为了澄清此关系，我们首先回到第一个理论模型中：

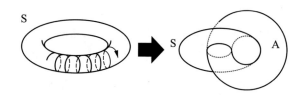

　　上图清晰地展示了"主体之环"和"大它之环"之间的动力学。在此我们需要指出的是，在大它之内永远只有一个螺旋线，绝大部分的螺旋线都存在于大它之外，这意味着"主体的总和"是一个**集合**。此形势和后来的理论模型所呈现的完全不同。

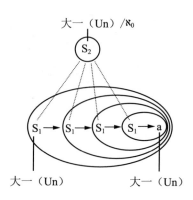

我们以第六个理论模型（它包含了第三个理论模型）为例：指示"S_1 的整体"的 S_2 是一个**能指**，这个能指如同一个数（比如 $\aleph_0$）一样处于大它之外。

对比以上两个模型可知，两者并非简单的颠倒和对立，在此我们只关心动力学的差异。第一个理论模型中的动力学非常符合直观："主体之环"上的螺旋线一个个列队准备进入大它的中心洞，每次只有一个螺旋线显现在大它中。

第三个和第六个理论模型中，动力学看似简单，实则不然：当"主体的整体"被缩减为一个能指或者数的时候，它进入大它时会产生一个理论上的难题。我们参考下图来展示此难题：

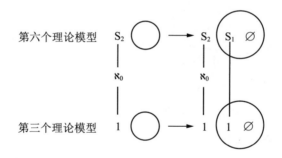

在第三个理论模型的第二个子模型中，拉康用数字 1 同时标记 S_2 和 S_1，这时人们不会注意到量的问题，但在第六个理论模型中随着 S_2 被定义为 $\aleph_0$，这时当它进入大它，人们不得不考虑量的因素，问题也随之浮现：从图中可知，超限基数 $\aleph_0$ 进入大它之后，产生了能指 1 和空集，这显然是不符合数学原则的。试想，一个数值上无比大的数突然缩减为 1，而空集本身不蕴含任何数值或者量的维度，这完全违背数量守恒的规律。拉康对此保持沉默。

八　量词逻辑中的女人

我们一直强调的一个事实是，不同于弗洛伊德的理论，拉康所构建的精神分析理论不是对临床的直接描述或抽象总结，因此，我们不可能将拉康思想直接对应于经验世界。事实上，拉康在其前四个理论模型中都没有涉及具体的经验，直到第五个模型（量词逻辑）他才开始用不同的逻辑公式来描述男女的位置。这产生了一些理论上的困难，特别是在描述女人位置的时候。

我们知道，拉康用下列逻辑公式矩阵来表达男女性别：

$$\exists x.\,\overline{\Phi x} \quad\bigg|\quad \overline{\exists x.\,\Phi x}$$
$$\forall x.\,\Phi x \quad\bigg|\quad \overline{\forall x.\,\Phi x}$$

左边的两个公式指示男人，右边则是女人。

因为量词逻辑不涉及动力学，它仅仅涉及"能指和能指"以及"能指和函数"之间的**关系**，所以，男人的两个公式可以对应于第三个理论模型中的第一个子模型：

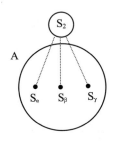

对比以上图示和量词逻辑公式可知，男人的两个公式描述的正是上述结构：公式 $\forall x.\,\Phi x$ 讲述的是，所有的 x 都满足函数 Φ 的定义，因此它们——S_α、S_β、S_γ——处在函数 **Φ 之内**；公式 $\exists x.\,\overline{\Phi x}$ 则表达了例外，

即存在着一个 x 不满足函数 Φ 的定义，它——S$_2$——位于函数**之外**。

但考察右边的两个公式我们会立即发现，这和之前对女人的定义是有冲突的。

拉康在 1962—1963 年《焦虑》讨论班中就开始讨论男女关系，并且他将男人定义为能指，女人则是客体 a。拉康认为，女人不是男人欲望的客体，而是其欲望的原因。我们在 1972—1973 年《继续》讨论班中仍然可以找到此观点（下图）。

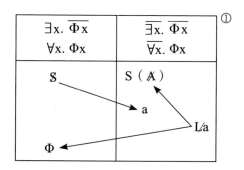

图中S→a表达的正是男人的欲望指向其原因（女人）。然而，当我们用量词公式来描述女人时，却要面对两难的处境：

（1）如果女人是客体 a，那么人们无法用量词逻辑公式来描述她（们），因为，一方面，量词逻辑公式中的变量 x 指示的是能指，绝对不能替换成客体 a，另一方面，既然逻辑公式中表达的仅仅是能指 x 和函数之间的关系，那么就没有客体 a 的位置。

（2）当女人的公式中出现了"不是全部"，意味着女人是**复数**的，这导致了一个结果：女人的结构不再符合第三个理论模型。我们可以看到，男人的公式严格对应第三个理论模型的第一个子模型，但当女人也以和男人对称的方式被量词公式陈述时，这个"不是全部"暗示着一个

---

① Jacques Lacan, *Le Séminaire*, *livre XX*, *Encore*（1972—1973），p. 99.

事实，即函数之内存在着复数的女人，且**不止一个**女人在函数之外，这样的结构不存在于拉康的任何一个理论模型中。

（3）如果坚持将女人定义成客体 a，客体 a 从始至终只有一个，是**单数**，这不符合量词"不是全部"的描述；如果要用逻辑公式来对应经验现实，必须抛弃将女人定义成客体 a 的观点，因为经验世界中的女人是复数的，这样，客体 a 将变成一个多余的概念，这是拉康不能接受的事实。

（4）最后一个问题是，在男人的公式中，不服从函数就意味着被排除，这是存在量词 ∃ 所描述的情势；但在女人这边，当一些女人也不服从函数，即 $\bar{\forall}$，客体 a 的位置到底在哪里？就算客体 a 不服从函数，它也必须待在其中，因为根据定义它是"符号中的实在"，这不符合逻辑学的理论框架。

拉康肯定知道，如果将女人定义成客体 a，这会给逻辑公式带来困难，所以，他也将女人定义成无理数，而男人因为是 1，所以是有理数。因为无理数既是无限的，也是不可列数的，刚好可以和有理数形成对应且有区分的关系。不过，这对于方程来说是不可能的。

在数学中，一个**确定**方程的根可以既有有理数又有无理数，但既然是一个**确定的**方程，那么其根的数量是固定的，也就是说是**有限的**。拉康一直强调，只有一个大它，这意味着它是稳定和确定的，那么当大它变成"方程"之时，我们可知其根是有限的，其中绝不能放入无限的能指作为根。

从另一个角度考虑，在这一年的教学中大它是**无限的**方程，因为有无限的根满足其定义。如果此观点成立，这意味着方程不是确定的，而是变化的，这直接和大它不变的定义相冲突。

因此，将男女用"方程根"这个术语来描述，必然会产生理论上的困难。

九　能指：表象还是表象代表？

我们在第十一章中已经阐明，拉康思想中的能指并不是索绪尔语言学中的概念——语音，而是位于视觉维度的表象或表象代表，两者没有本质性的差异，区别仅仅在于功能的不同。

在拉康的话语中，能指虽然确实地处在视觉维度，但它有两种不同的功能，即表象和表象代表，前者存在于传统思想中，后者仅仅存在于弗洛伊德的冲动理论中，两者的功能完全不同。

拉康反复强调，能指是代表而不是表象，但我们的研究发现，拉康的能指无论如何都只能理解为表象。接下来我们看看在各个理论模型中能指所起的作用。

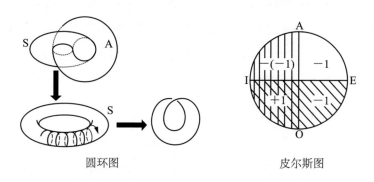

圆环图　　　　　　　　　　　　皮尔斯图

以上是第一个理论模型（1961—1962 年《认同》讨论班）中两个代表性的模型，两者是同构的。在左边的圆环图中，大它**之外**和**之内**的能指都是螺旋线结构，右边的皮尔斯图则呈现出能指的"数字"模式——在和大它的不同关系中，能指始终被数字 1 所标记。直观来看，能指应该是表象而不是代表。

细心的读者必定会提出疑问，第一个理论模型中的能指为何能定义为表象呢？毕竟大它内只有一个螺旋线，大量的螺旋线在外部，这时将能指定义为表象，表达的是部分映射整体的观点，这绝对不合逻辑。乍看之下确实如此，但第一个理论模型却有些微妙之处，能指表象的不是外部的整体，而是刚进入大它的**那个螺旋线**。

冲动公式S◇D准确地向我们展示了这个结构。我们介绍过，因为涉及"请求"（Demande）概念，所以公式S◇D对应于第一个理论模型，而S只能被理解为被能指命名的主体。

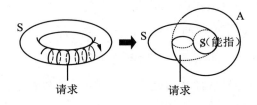

由上图可知，拉康选择"冲动"概念并构造这样一个公式，是为了避免请求在大它的主语位置上**直接变成**能指。除此之外，人们还必须注意到量的维度，模型中大它的主语位置上在任何时刻都只有**一个能指**，因此它表象的是**一个请求**，换句话说，两个螺旋线位于冲动左右且相互对应，这是一个镜像般的对称结构（下图）。

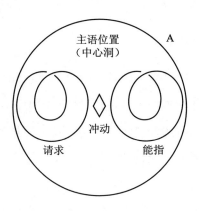

由此我们肯定，此时能指的功能就是表象。

在第二个理论模型中，我们很难在 1964 年的异化图中发现存有和能指之间的对应关系，但通过对 1964—1965 年教学中关于"存有的分裂"的论述，我们总结出了下图：

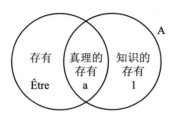

虽然从图中我们无法从形式上断定能指（知识的存有）是存有的表象，但可以肯定的是，能指和存有是**同质**的，这和"冲动-表象"的关系不一样。弗洛伊德将表象的功能定义为"（冲动）代表"，是因为冲动是纯粹的能量，它没有自身的形象，所以它在精神中找到的表象仅能起到代表的作用。换句话说，冲动和表象是**异质**的，两者之间不是必然性的关系，这种偶然性的关系不是"能指-存有"这两个概念描述的关系。

第三个理论模型的两个子模型都体现了大它内外能指在形式上的同一性。

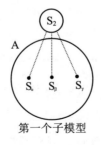

第一个子模型

第一个子模型（上图）是建立在罗素悖论的基础之上的，因此 S_2 和

S_α、S_β、S_γ 具有相同的定义"不属于自身"，因此它们具有相同的形式。

第二个子模型

　　相比第一个子模型，能指之间形式的一致性在第二个子模型（上图）中体现得非常直观：所有（在大它之外和之内的）能指都是 1。那么，是否人们可以确定第三个理论模型中能指的功能是表象呢？未必如此。

　　根据模型所示，S_2 是众多 S_1 的总和，如果将 S_1 定义为 S_2 的表象，这仍然表达的是部分映射整体的观点，因此在此模型中能指不是表象。

　　至于第六个理论模型中的"大一"（Un）理论，我们很难确定能指的功能。

　　在这个融合了康托集合论和弗雷格逻辑学的"大一"理论中，拉康将第三个理论模型中的 S_2、客体 a 和能指 1 都用"大一"来指称。他特意选择了相同的形式来指示定义上有差异的概念，就是为了强调三者之间的一致性。

　　但我们绝对不能说能指 1 是 S_2 的表象，理由和第三个理论模型中的情况一样。因为根据定义，能指 1 是自然数 1，而 S_2 是超限基数（$\aleph_0$），后者指示自然数序列的总和，显然，自然数 1 映照整个自然数列（超限基数），此观点在数学上不成立；另外，我们也不能说能指 1 是客体 a 的表象，因为后者是空集，并且这两个概念的定义完全不同，一个是集合，一个是元素，元素能映射出集合吗？这绝不可能。

　　而讽刺的是，正是在这一年的讨论班上，拉康将能指定义为单子，由此暗示自己的第四个镜子理论，但根据我们以上的论述可知，在集合论和数学的框架下不能把能指看成表象、代表或镜子。换句话说，莱布尼茨哲学中的"镜子"（单子）在数学中并不成立。

　　总之，通过对拉康思想中不同阶段的理论模型的回顾，我们只能确定，能指在拉康思想中绝对不是位于听觉的维度，但将能指定义成"镜子"，除了在第一个理论模型中成立，在其他理论模型中尚存争议。

十　游移不定的"变量"

　　从拉康第三个理论模型开始，"大它"这个概念的定义从之前的"概念/谓词命题"变成了函数和集合，此变化的根据来自弗雷格的概念文字。在新的理论模型中，原来的"专名-概念"的对子变成了"变量-函数"的对子，然而我们发现，拉康在不同的讨论班中，对"变量"的定义并不一致。

　　在探讨拉康思想中"变量"的定义之前，我们先看看弗雷格是如何将"专名-客体-概念"的三元结构压缩成"变量-函数"的二元结构的。从《弗雷格哲学论著选辑》的目录中可知，弗雷格先介绍了概念文字，然后才将概念拓展到函数，而在《函数和概念》一文中，我们发现，弗雷格忽略了"专名"这一术语，从而保证之前的三元结构变成现在的二元结构。

　　在将"概念"等同于"函数"[①]之后，他确认了客体扮演"自变量"的角色：

　　　　如果我们这样允许对象（**客体**）没有限制地作自变元和函数值，那么现在就要问，这里什么叫作对象（**客体**）。我认为不可能有一

————————

[①]　弗雷格：《函数和概念》，收录于《弗雷格哲学论著选辑》，第 66 页。

条严格的定义，因为我们这里的东西十分简单，以致不能对它进行逻辑分析。只能说明它是什么意思。这里只能简明地说：对象（客体）是一切不是函数的东西，因此它的表达不带有空位。

　　一个断定句不含有空位，因此应该把它的意谓看作对象（客体）。但这种意谓是一个真值。因此我们说的两个真值都是对象（客体）。①

对于弗雷格来说，他在任何时候强调的都是"客体-概念"和"自变量-函数"的关系，至于专名，它仅仅是客体的某种标记，无足轻重，其功能只是表现每个客体的独一无二性。

我们已经介绍过，拉康在参考弗雷格理论时，并没有严格遵循其理论设置。在拉康思想中，是作为专名的能指，而不是客体（a），满足"概念"（大它）的定义，这一理论设定同样出现在引入第三个理论模型的时刻。

在1968年12月11日的教学中，拉康明确定义，能指就是变量，大它也就是函数：

　　　　上一次我们已经将集结 S_α、S_β、S_γ 的 S 抽离出大它的领域，我们想要在这些能指（S_α、S_β、S_γ）的水平上抓住主体，而这些 S 满足某一个函数 R，在大它的领域中，这个函数被定义为"x 不属于自身"。

$$R(x) = R: x \notin x$$

　　　　R（x）将所有的元素，即能指，转换成了仍然是未确定的、打

---

① 弗雷格：《函数和概念》，收录于《弗雷格哲学论著选辑》，第68页。

开的某物，这也是具有变量功能（x）的某物……并非"变量"必须是好的或者红的或者蓝的，而是，它必须是"主体"。①

但在第五个理论模型中，拉康对变量的定义发生了变化，或者准确来说，此时变量有众多定义，但彼此之间充满矛盾。

在 1971 年 5 月 19 日的教学中，拉康将变量定义为实数②。随后，因为涉及男女量词公式，变量又被定义为男人和女人③。此时，变量包含了能指和客体 a 两个概念：能指对应着有理数，客体 a 则是虚数④；男人是自然数，女人是无理数⑤。

但在 1971 年 6 月 16 日的教学中，拉康一改之前的观点，将变量定义成享乐：

> 没有癔症就没有我现在给你们书写的第一个逻辑草图，即 Φx。享乐，在函数中被写作 x 的变量，和 Φ 有关，此符号指示阳具。⑥

可以肯定，这里的"享乐"是剩余享乐，即客体 a。而纵观变量在拉康思想中的历史可以发现，之前拉康对变量的定义并没有遵循弗雷格概念文字的规定，而当他最后将变量仅仅定义为客体 a 时，虽然终于符合弗雷格逻辑学的原则，却让自己的理论中出现了严重的难题。

---

① Jacques Lacan, *Le Séminaire*, *livre XVI*, *D'un Autre à l'autre*（1968—1969），p. 83.

② Jacques Lacan, *Le Séminaire*, *livre XVIII*, *D'un discours qui ne serait pas du semblant*（1971），p. 139.

③ Ibid., p. 142—143.

④ Ibid., p. 139—140.

⑤ Ibid., p. 174.

⑥ Ibid., p. 170.

拉康此时是在探讨第五个理论模型（量词逻辑）的构造，其中的变量不仅涉及在**质**的水平上对男和女的区分，还涉及在**量**的水平上讨论整体和个体的不同命运，因此，"变量 x" 必须是复数且分成彼此异质的两类，但客体 a 只有一个，这会导致量词逻辑瘫痪。

十一　客体 a 的起源之谜

拉康曾经在其教学中说，如果他曾提出过一个自己的原创概念，那么这个概念就是"客体 a"，由此可见此概念在拉康心中的分量。不过在我们看来，此概念并非拉康独创，我们可以在很多他参考的理论中找到线索。

（1）在弗洛伊德的理论中，个体追忆着第一次满足冲动的客体，这个"被找寻的客体"被拉康认为是客体 a。通过"被找寻的客体"这个概念，拉康一方面展示了客体 a 和弗洛伊德理论的连续性，另一方面让读者借助"经验化的客体"——乳房、粪便、目光和声音——来想象和理解相对抽象的客体 a。

（2）在概念文字中也存在着"客体"这个概念，并且通过我们的介绍可知，拉康第一个理论模型中的客体 a 就是参考弗雷格的"客体"概念而构建的。

（3）从第二个理论模型开始，客体 a 的角色和功能发生了变化，它和哲学中的"种"这个概念有了关系，我们稍后会介绍。

总之，拉康的概念"客体 a"并非和其他学说毫无关系，不过，即便我们找到了其理论来源，也无法完全澄清这个概念所蕴含的困难。在此我们想探讨的一个问题是：在拉康的理论模型中，客体 a 是如何诞生的？这个问题看似简单，但一旦深究便会发现很多理论上的缺陷。

在《认同》讨论班中，拉康引入了其第一个理论模型，此模型奠基在概念文字之上。在概念文字中，客体和概念是独立存在的，但我们不能单独地谈论客体，只有当它进入概念之中时，我们才可以说，这是这个概念所包含的客体。拉康的理论模型描述了这个过程，我们以圆环图和全称肯定命题为例来解读它：

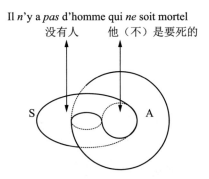

以上两者是同构的，但并不等同：命题结构中，是客体从外进入大它，然后又离开，而圆环图展示的是专名（能指）进入大它又离开。其中最大问题是，它们都是二元结构，而概念文字是三元结构。而当拉康在这一年教学的尾声正式提出"客体 a"这个概念的时候，他用交叉帽图来表达弗雷格的三元结构，不过，在此结构（下图）中，如果我们考察客体 a 的诞生这个问题，会遭遇理论上的困难。

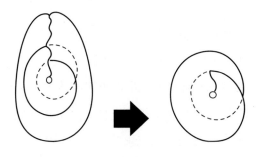

　　交叉帽图呈现的事实是：在大它这个一半是莫比乌斯面、另一半是普通球面的结构上（上页左图），出现了能指作为切口而运动，在完成了莫比乌斯带的边的轨迹之后，此运动产生了一个碎片（上页右图），这个碎片就是客体 a。我们论证过，交叉帽图是圆环图的逻辑后续图，在圆环图中，作为螺旋线的能指从外部进入大它，因此在大它中，能指仍然是螺旋线结构。问题是，螺旋线的轨迹产生了异质的客体 a，这一点无法得到有逻辑且合理的解释。

　　在之前 1959—1960 年《精神分析的伦理学》讨论班中，拉康就隐晦地提到了客体 a，这个"客体"是物（Chose），它和作为表象代表的能指是异质的。在 1961—1962 年的教学中，在大它的面上，能指的运动**产生**了客体 a。如果我们在弗雷格的框架下考察这三个概念的性质，会发现，大它是概念或谓词命题，能指是专名，它们都属于符号体系，因此是**同质**的，但这个客体是和外部现实或身体有关的物，和前两个概念**异质**。那么，从逻辑上来看，无论能指如何切割大它这个面，都无法产生一个异质的客体。

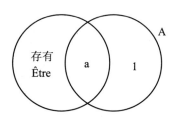

　　如果第二个理论模型异化图（上图）建立在集合论的基础上，作为物的客体 a 的起源问题可以得到解释。因为身体和精神的领域必须相交才能形成整体，而相交一定意味着有公共区域，此区域扮演着两个领域的中介角色。

　　但拉康明确指出"异化图并不以集合论为基础"，这样人们解释不了"实在的客体 a 为什么会位于符号的大它之中",或者"物是如何进入精神的"这些对于理论构建来说颇具关键性的问题。

在《从一个大它到另一个》讨论班中,拉康引入第三个理论模型,客体 a 在其中被命名为"剩余享乐",大它也变成了封闭空间,并被称为"被洗净的场地"。这些观点不但没有解决问题,反而增加了新的疑惑:以上术语似乎暗示了一段史前史,曾经在大它中充满了享乐,但从某一时刻开始,享乐被排除出大它,随后大它关闭,变成一个封闭性的场域,不过享乐被排除得并不彻底,还留下了一点,这就是剩余享乐。如果这段历史存在,客体 a 的起源问题总算是找到了答案,可这导致人们不得不追问另外一系列的问题:

那个大它被享乐充满的状态是在什么时候,婴儿出生前吗?

为什么大它会被享乐充满?这是否暗示了某种原初的混沌状态(符号和实在的混合或未区分状态)?那么,又是什么机制或者机构启动了对享乐的排除?

进一步,享乐是如何被排除出大它的?

为什么享乐不能完全排除,还留有一点剩余呢?

这点剩余涉及量的因素,每个人的剩余享乐都是一样的吗,还是说有个体差异呢?

如果残留在每个人身上的剩余享乐是等量的,如何保证实现等量呢?

这些问题拉康从来没有尝试回答过。

拉康在第五个理论模型(量词逻辑)中,用"大一"来分别指称享乐、客体 a 和能指,完全回避了以上诸问题。

另外，理论模型的变换不仅仅会带来术语之间关系的变化，也会改变解释经验事实的视角。拉康的"实在"概念在哲学中指示着物质世界，在精神分析中对应着身体，拉康探讨实在和符号的联结，实际上是在讨论身体和精神的关系。

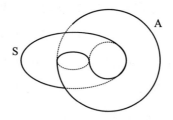

在第一个理论模型（上图）中，我们可以清晰地看到来自身体的请求是如何进入精神的概念中然后又回到身体，重要的是，身体和精神之间的动力学是不停歇的，这正是我们日常经验到的事实：身体不断地给精神发送信息，而精神也根据感知到的信息来回应身体的要求。

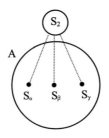

但从第三个理论模型开始（上图），精神的动力学和身体之外的享乐切断了联系。在第一个子模型中，我们可以通过回溯知道这个被排除的享乐，但大它本身是封闭的，不接受外部的任何信息，换句话说，身体和精神的关系被切断了。

在第二个子模型（上页最下图）中，虽然拉康在大它之外安置了享乐，但享乐进入精神**只有一次**，从此以后，能指的不断增加是依靠大它内空集的重复，而此空集和享乐没有关系。在此子模型中，大它仍然是封闭的，那么，享乐对精神的唯一一次干预是如何发生的呢？那么，既然有第一次干预，为什么没有第二次甚至第三次呢？是什么阻止了享乐接着对精神产生作用呢？拉康并没有解释其中的机制。就算只有一次相互作用，按此逻辑，身体与精神的相互作用只有一次，这是我们无论如何都接受不了的事实。

第六个理论模型不但没有解决以上问题，还产生了新的问题：在这个模型中，连最初身体和精神的第一次相互作用都没有，能指的增加完全依赖客体 a 在大它内的重复。身体和精神彻底失去了联系。

很遗憾，拉康没有试图回答和解决以上这些理论难点。

附 录

　　细心的读者一定会发现，本书中介绍的理论模型并没有包含拉康著名的"四个话语"，为此我们在附录中陈述此模型。

　　相比其他的模型，人们实际上更熟悉"四个话语"这个理论模型，因为其中涉及经验，更容易理解，不仅如此，人们还可以用这些公式讨论众多的主题，比如"主人与奴隶""权力与制度""分析的设置"，等等。然而，仅从理论构建层面上来看，这四个公式并没有构成一个完整的理论模型：公式之间并没有逻辑关系，甚至一些概念的含义在不同公式中都会发生变化。虽然存在诸多缺点，但毕竟"四个话语"是不能忽略的模型，接下来，我们从理论构建的视角来解读这四个公式。

　　"四个话语"在1969—1970年《精神分析的反面》讨论班中被提出，并仅仅在这一年教学中被讨论。表面上看，"四个话语"和其前后的理论模型并没有关系，但它和拉康在前一年（1968—1969年）的教学中提出的第三个理论模型有直接的关系。

　　"四个话语"中都涉及四个概念，这些概念的位置和功能变化构成了不同的话语，但不为人知的是，随着话语的更替，某些概念的含义也发生了改变。关于话语中的这四个基本概念，首先是"分裂的主体"（$）

这个概念。我们已经澄清，拉康的主体不是一个实体，而是分裂的存在，换句话说，"分裂"一词意味着主体必须由两个概念来表达。因此，"分裂的主体"实际上涉及两个概念，而拉康在此却将其看成一个独立的概念，这是不符合理论框架的。[①] 另外，关于"主人的能指"（S_1）和"知识的能指"（S_2）这两个概念，它们并不是全新的概念，在 1968—1969 年《从一个大它到另一个》讨论班中，它们就已经被提出，只不过在不同的话语中，两者的含义会发生变化。

$$\frac{S_1}{\mathbb{S}} \longrightarrow \frac{S_2}{a}$$

在教学中，拉康首先阐述的是"主人的话语"（上图）。关于这个"主人的能指"（S_1），拉康有两个陈述：

（1）S_1 介入（出现在）称为"知识"的领域中，这个知识是能指的链条；[②]

（2）通过介入这个知识的领域，S_1 代表着某物。[③]

S_1 出现在能指网络中，并且代表着某物，根据常识，这应该指的是普通意义上的能指，其功能是为另一个能指代表主体的能指。随后，拉康谈到了主人话语中 S_1 和 S_2 的关系：S_1 是能指的功能，"主人的本质"奠基于此能指之上，而 S_2 指示的是"奴隶的领域"，它也是"知识"。[④]

---

① 用"四个话语"中的术语，主体要么分裂在 S_1 和 S_2 之间，要么分裂在 S_1 和 a 之间。一般来说，当拉康使用符号 $\mathbb{S}$ 时，他谈论的是能指（S_1）。

② Jacques Lacan, *Le Séminaire*, *livre XVII*, *L'envers de la psychanalyse*（1969—1970）, p. 11—12.

③ Ibid., p. 12.

④ Ibid., p. 20.

我们都知道，"主人的话语"中涉及黑格尔的"主奴辩证法"，但拉康在此谈到的却是古希腊的传统：在亚里士多德的《政治学》中，奴隶被描述为"知识的支撑"[1]；而柏拉图在著作《美诺篇》中提到，苏格拉底认为知识不是外在于人的，而是在每个人的心灵中，哪怕是奴隶的心灵也拥有知识，于是他通过对一个小奴隶提问，让后者回忆起潜藏的数学知识[2]。

拉康进一步指出：

在第一时间冒起的 S_1 在 S_2 的旁边（auprès de）重复。[3]

事实上，在前一年的教学（《从一个大它到另一个》讨论班）中，拉康在描述第三个理论模型的第一个子模型时，同样谈到两类能指的区分，并使用了相同的表达方式：在……旁边（auprès de）。

我们将在 A 中构造所有能指（S_α，S_β，S_γ，S_δ）的子集 B，这些能指（S_α，S_β，S_γ，S_δ）不属于自身。B 实际上是我的公式的另一个能指，S_2，在其附近（auprès de）其他所有能指代表主体，也就是说，这个能指将其他所有能指如同主体一样归入（包含）。[4]

对比两段话可知，"主人的话语"中 S_1 和 S_2 的关系对应第三个理论模型的第一个子模型。不过从整体来看，"主人的话语"是对第三个理

---

[1] Jacques Lacan, *Le Séminaire*, *livre XVII*, *L'envers de la psychanalyse*（1969—1970），p. 20.

[2] Ibid., p. 21—22.

[3] Ibid., p. 18.

[4] Jacques Lacan, *Le Séminaire*, *livre XVI*, *D'un Autre à l'autre*（1968—1969），p. 75.

论模型中两个子模型的综述。

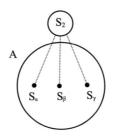

在第三个理论模型的第一个子模型（上图）中，拉康探讨的是大它内的所有能指和指示这些能指整体的能指之间的关系，在此模型中不存在动力学，也没有客体 a 的位置。

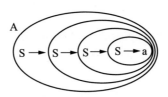

而在第二个子模型（上图）中，拉康展示了大它内的能指是如何依靠客体 a（空集）的重复，从无到有地产生，直至无穷。在此动力学模型中，却没有阐述大它内外的两类能指之间的关系。

在"主人的话语"中，拉康一方面强调了 S_1 在大它（知识的领域）中的冒起，另一方面又指出了 S_2 作为在大它之外的知识，是知识的所在地。这样，"主人的话语"就是第三个理论模型中两个子模型的综合，即第六个理论模型（下图），换句话说，拉康提前陈述了下一年的教学内容：

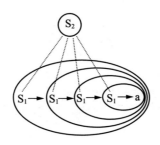

对"大学的话语"（下图）的解读必须从"主人的话语"出发，而解读的关键就是占据动因位置的 S_2。

$$\frac{S_2}{S_1} \longrightarrow \frac{a}{\$}$$

拉康认为，从"主人的话语"过渡到"大学的话语"，知识的地位发生了根本性的变化：在"主人的话语"中，知识在奴隶的一边，这是古希腊的传统，用黑格尔的话说，奴隶才是主人；而"大学的话语"涉及的是当代的主人，即资本主义话语下的主人。当代的主人颠覆了古希腊的主人，这也意味着知识地位的改变：此时的 S_2 就是"主人的话语"中的 S_1，它指示着"知识新的专制"①。

在随后的教学中，拉康再次肯定了此观点：

> 比如，人们可以这样书写，"主人的话语"中的 S_1 可以说和"大学的话语"中的 S_2 是全等的或者相等的。
> 主人的话语（S_1）≌大学的话语（S_2）②

对于"大学的话语"中的 S_1，拉康并没有给出任何解释，而 S_2 在不同话语中含义的变化这一事实提醒我们，在解读"四个话语"时，一定要紧紧跟随拉康的解释，考虑其思想背景的变换，这样才能确定关键术语的含义。

$$\frac{\$}{a} \longrightarrow \frac{S_1}{S_2}$$

---

① Jacques Lacan, *Le Séminaire*, *livre XVII*, *L'envers de la psychanalyse*（1969—1970）, p. 33—35.

② Ibid., p. 117.

关于"癔症的话语"（上页下图），和流行的观点相反，拉康并没有讨论癔症症状，而是关心"绝对知识"的展开。拉康谈到黑格尔并指出，"癔症的话语"允许我们意识到，历史机器抵达了绝对知识，这仅仅是在这个激励知识的功能的东西完成时，标记了废除、失败和消散——它（知识）和享乐的辩证法。

$$\frac{a}{S_2} \quad \blacktriangle \quad \frac{\mathcal{S}}{S_1}$$

至于最后的"分析的话语"（上图），分析家作为客体 a 来到了主导的位置，另一方面，拉康在 S_1 和 S_2 之间放置了一个黑色的三角形，它指示着"栅栏"。

拉康将"主人的话语"和"分析的话语"放在一起来解读，这意味着"分析的话语"仍然对应第三个理论模型：S_2 是位于真理之位上的知识[①]，但其本质是大它之外的享乐；S_1 是"主人的能指"，此时它位于产物的位置上[②]，而"产出"（分析的话语）和"冒起"（主人的话语）仅仅是从不同角度对同一事件的差异性解释，两者实际上描述的是同一过程。

在接下来一年的教学（《论一个不应该是假装的话语》讨论班）中，拉康用不同的术语再次探讨了"主人的话语"。在 1971 年 6 月 16 日的教学中，拉康在将量词逻辑和弗洛伊德的"原父神话"结合起来时，提到了"主人的话语"：首先，因为量词逻辑中涉及阳具函数，所以拉康谈到作为能指的"阳具"概念，而"阳具"和"阳具函数"是两个完全不同的概念，绝对不能混淆[③]。然后，拉康明确将"阳具"定义为

---

① Jacques Lacan, *Le Séminaire*, *livre XVII*, *L'envers de la psychanalyse*（1969—1970）, p. 124.

② Ibid., p. 151.

③ Jacques Lacan, *Le Séminaire*, *livre XVIII*, *D'un discours qui ne serait pas du semblant*（1971）, p. 170.

"父之名"①，最后，"父之名"被等同于"主人的话语"中的主人的能指（S_1）。②

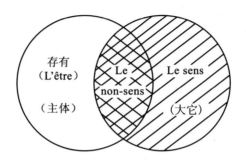

在之前对异化图进行解读的章节中，我们介绍过，图中的"存有"概念是贯穿西方形而上学历史的基本概念，它在中世纪和上帝联系在了一起。另外，存有的位置也是绝对享乐的位置。在第三个理论模型中，拉康将以上两点和弗洛伊德的"原父神话"结合了起来。

弗洛伊德构造"原父神话"是为了解释"弑父欲望的古老传承"和"法则的诞生"，按照其意图，在一个原始部落中，一位强大的父亲拥有部落中所有的女人，他的儿子们被剥夺了性关系，于是心生怨恨，某天他们一起杀死了父亲，分享女人，但在庆祝的那一刻，大家都产生了罪恶感，然后他们一起制定了法则。

拉康在第三个理论模型的框架下指出，"原父"是纯粹的享乐③，而他的死催生了法则，这个法则是在大它之内的 S_1（主人的能指）④，因此，儿子们的享乐仅仅是受限制的享乐，即客体 a，而法则保留了和父

① Jacques Lacan, *Le Séminaire*, *livre XVIII*, *D'un discours qui ne serait pas du semblant*（1971）, p. 172.

② Ibid., p. 173.

③ Ibid., p. 177.

④ Jacques Lacan, *Le Séminaire*, *livre XVII*, *L'envers de la psychanalyse*（1969—1970）, p. 48.

亲的关系，是"父之名"。

　　第三个理论模型的两个子模型可以分别从不同的角度来描述这个事件：

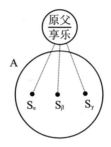

　　第一个子模型（上图）可以表述为，从现有法则（S_α、S_β、S_γ）可以推论出，曾经存在着一位原父，他是纯粹的享乐，他的死导致了法则的诞生。

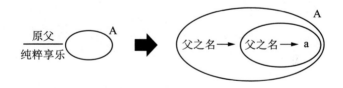

　　第二个子模型（上图）则展示了法则诞生的过程：原父被谋杀，即他的消失，标志着法则的诞生，因此一开始大它中是空的，而法则的诞生过程也可以表达为"父之名"（阳具／主人的能指）和剩余享乐（a）的动力学，换句话说，曾经在大它之外的原父和纯粹享乐的关系，变成了在大它之内的"父之名"（阳具／主人的能指）和剩余享乐（a）之间的动力学。

参考文献

中文文献

陈嘉映.语言哲学［M］.北京：北京大学出版社，2003.

弗雷格.弗雷格哲学论著选辑［M］.王路，译.北京：商务印书馆，2013.

——.逻辑［M］.//弗雷格哲学论著选辑.王路，译.北京：商务印书馆，2006.

——.概念文字：一种模仿算术语言构造的纯思维的形式语言［M］.//弗雷格哲学论著选辑.王路，译.北京：商务印书馆，2006.

——.论概念文字的科学根据［M］.//弗雷格哲学论著选辑.王路，译.北京：商务印书馆，2006.

——.论概念和对象［M］.//弗雷格哲学论著选辑.王路，译.北京：商务印书馆，2006.

——.数学中的逻辑［M］.//弗雷格哲学论著选辑.王路，译.北京：商务印书馆，2006.

——.函数和概念［M］.//弗雷格哲学论著选辑.王路，译.北京：

商务印书馆，2006.

——. 算术基础［M］. 王路，译. 北京：商务印书馆，2000.

康德. 纯粹理性批判［M］. 李秋零，译. 北京：中国人民大学出版社，2012.

M. 克莱因. 数学：确定性的丧失［M］. 李宏魁，译. 长沙：湖南科技出版社，2004.

梯利. 西方哲学史［M］. 葛力，译. 北京：商务印书馆，1995.

西格蒙德·弗洛伊德. 释梦［M］. 孙名之，译. 北京：商务印书馆，2017.

——. 癔症研究［M］. 金星明，译.// 弗洛伊德文集 1. 长春：长春出版社，2004.

——. 冲动及其命运［M］. 宋广文，译.// 弗洛伊德文集 3. 长春：长春出版社，2004.

——. 压抑［M］. 宋广文，译.// 弗洛伊德文集 3. 长春：长春出版社，2004.

——. 论潜意识［M］. 高峰强，廖凤林，译.// 弗洛伊德文集 3. 长春：长春出版社，2004.

——. 自我与本我［M］. 杨韶刚，译.// 弗洛伊德文集 6. 长春：长春出版社，2004.

——. 关于心理人格的剖析［M］. 程小平，译.// 精神分析导论讲演新篇. 北京：国际文化出版公司，2000.

——. 精神分析纲要［M］. 王勇希，译.// 精神分析导论讲演新篇. 北京：国际文化出版公司，2000.

朱新春. 莱布尼茨自然有机论研究［D］. 合肥：中国科学技术大学，2010.

外文文献

Aristote. *La métaphysique* vol. 2［M］. Trad. Tricot. Paris：Vrin，2002.

Aubenque P. *Études sur Parménide*［M］. Paris：Vrin，2000.

Bardout J.-C. *Penser l'existence*［M］. Paris：Vrin，2013.

Barnes J. *Les catégories et leur histoire*［M］. Paris：Vrin，2005.

Barnes J. "Les syllogismes dialectiques"［M］. // *Logique et Dalectique dans l'Antiquité*. Éd. Gourinat J.-B，Lemaire J. Paris：Vrin，2016.

Boehm R. *La métaphysique d'Aristote：le Fondamental et l'Essentiel*［M］. Trad. Martineau E. Paris：Gallimard，1976.

Bonitz H. *Index Aristotelicus*［M］. Berlin：W. De Gruyter，1961.

Cassin B，Libera A D. "Sujet"［M］. // *Vocabulaire européen des philosophies*. Paris：Le Robert-Seuil，2004.

D'Aquin T. *Somme contre les Gentils，Livre sur la vérité de la foi catholique contre les erreurs des infidèles*［M］. Trad. Inédite par Aubin V，Michon C et Moreau D. Paris：Flammarion，1999.

Descombes V. *Le complément de sujet. Enquête sur le fait d'agir de soi-même*［M］. Paris：Gallimard，2004.

Freud S. "L'analyse finie et l'analyse infinie"［M］. // *Résultats，idées，problèmes II（1921—1938）*. Trad. Altounian J. Paris：PUF，1998.

Gilson E. *Constantes philosophiques de l'être*［M］. Paris：Vrin，1983.

Gourinat J.-B. "Introduction"［M］. // *Logique et Dalectique dans l'Antiquité*. Éd. Gourinat J.-B，Lemaire J. Paris：Vrin，2016.

Heidegger. "La métaphysique en tant qu'histoire de l'être"［ M ］. //
Nietzsche, t.2. Trad. Klossowski P. Paris: Gallimard, 1971.

——. "Le nihilisme européen — la souveraineté du sujet dans les Temps
modernes"［ M ］. // *Nietzsche*, t. 2. Trad. Klossowski P. Paris: Gallimard,
1971.

——. *Grundprobleme der phänomenologie*［ M ］. Trad. Courtine J.-F.
Paris: Gallimard, 1985.

Hintikka J. *Knowledge and Belief — An Introduction to the Logic of the
Two Notions*［ M ］. Ithaca: Cornell University Press, 1962.

Kant. *Anthropologie d'un point de vue pragmatique*［ M ］. Trad.
Foucault M. Paris: Vrin, 1984.

Lacan J. *Le Séminaire, livre I, Les écrits techniques de Freud*
(1953—1954)［ M ］. Texte établi par Miller J.-A. Paris: Édition du Seuil,
1998.

——. *Le Séminaire, livre VI, Désir et son interprétation* (1958—
1959)［ M ］. Texte établi par Miller J.-A. Paris: Édition de La Martinière,
2013.

——. *Le Séminaire, livre VII, L'éthique de la psychanalyse* (1959—
1960)［ M ］. Texte établi par Miller J.-A. Paris: Édition du Seuil, 1986.

——. *Le Séminaire, livre X, L'angoisse* (1962—1963)［ M ］. Texte
établi par Miller J.-A. Paris: Édition du Seuil, 2004.

——. *Le Séminaire, L'identification*, inédit.

——. *Le Séminaire, livre XI, Les quatre concepts fondamentaux de la
psychanalyse* (1964)［ M ］. Texte établi par Miller J.-A. Paris: Édition du
Seuil, 1973.

——. *Le Séminaire, Problèmes cruciaux pour la psychanalyse*, inédit.

——. *Le Séminaire, L'objet de la psychanalyse*, inédit.

——. *Le Séminaire, La logique du fantasme*, inédit.

——. *Le Séminaire, L'acte psychanalytique*, inédit.

——. *Le Séminaire, livre XVI, D'un Autre à l'autre*（1968—1969）[M]. Texte établi par Miller J.-A. Paris：Édition du Seuil, 2006.

——. *Le Séminaire, livre XVIII, D'un discours qui ne serait pas du semblant*（1971）[M]. Texte établi par Miller J.-A. Paris：Édition du Seuil, 2006.

——. *Le Séminaire, livre XIX, ...ou pire*（1971—1972）[M]. Texte établi par Miller J.-A. Paris：Édition du Seuil, 2011.

——. *Le Séminaire, livre XX, Encore*（1972—1973）[M]. Texte établi par Miller J.-A. Paris：Édition du Seuil, 1975.

——. "Subversion du sujet et dialectique du désir dans l'inconscient freudien" [M]. // *Écrits*. Paris：Seuil, 1966.

Laplanche J, Pontalis J. -B. *Vocabulaire de la psychanalyse* [M]. Paris：PUF, 1967.

Le Blond J M. *Logique et méthode chez Aristote* [M]. Paris：Vrin, 1939.

Libera A D. *L'invention du sujet moderne* [M]. Paris：Vrin, 2015.

——. *Naissance du sujet, Archeologie du sujet I* [M]. Paris：Vrin, 2007.

——. *La quête de l'identité, Archeologie du sujet II* [M]. Paris：Vrin, 2008.

——. *La double revolution*, *L'acte de penser*（*1*）, *Archeologie du sujet III*［M］. Paris: Vrin, 2014.

Locke. *Essai philosophique concernant l'entendement humain*［M］. Trad. Coste P. Paris: Vrin, 1972.

——. *An Essay Concerning Human Understanding*［M］. Éd. révisée par Yolton J. Londres: J.M.Dent & Sons（Everyman's Library）, 1965.

Matsumakia M.-P. M. *Précis de logique non classique*［M］. Paris: Publibook, 2010.

Nietzsche. *Par-delà le bien et le mal*［M］. Trad. Wotling P. Paris: GF Flammarion, 2000.

——.*Frammenti postum 1887—1888*, Vol. III, t. II［M］. Éd. Par Colli G, Montinari M. Milan: Adelphi, 1971.

Ong-Van-Cung K S. L'objet de nos pensées: Descartes et l'intentionnalité ［M］. Paris: Vrin, 2012.

Philopon J, Wallies M. *In Analytica posteriora*［M］. Berlin: G.Reimer, 1909.

Ricœur P. *Soi-même comme un autre*［M］. Paris: Seuil, 1969.

Robin L. "Sur la conception aristotélicienne de la causalité"［M］. // *La pensée hellénique des origines à Épicure*. Paris: PUF, 1967.

Rodier G. *Traité de l'âme d'Aristote*, 2 vol. in-8°［M］. Paris: Leroux, 1900.

Wéber É. -H. *La personne humaine au XIIIe siècle*［M］. Paris: Vrin, 1991.

Wolff F. "Pourquoi la dialectique?"［M］. // *Logique et Dialectique dans l'Antiquité*. Éd. Gourinat J.-B, Lemaire J. Paris: Vrin, 2016.